U0922215

徐州统计年鉴

XUZHOU STATISTICAL YEARBOOK

2017

（总第 30 期）

徐 州 市 统 计 局
国家统计局徐州调查队 编

中国统计出版社
China Statistics Press

图书在版编目(CIP)数据

徐州统计年鉴. 2017/ 徐州市统计局，国家统计局徐州调查队编. -- 北京：中国统计出版社，2017.8
ISBN 978-7-5037-8198-8

Ⅰ. ①徐…
Ⅱ. ①徐… ②国…
Ⅲ. ①统计资料—徐州市—2017—年鉴
Ⅳ. ①C832.533-54

中国版本图书馆 CIP 数据核字(2017)第 164667 号

徐州统计年鉴-2017

作　　者 / 徐州市统计局　国家统计局徐州调查队
责任编辑 / 陈越月
装帧设计 / 陈　燕　贺　凤
出版发行 / 中国统计出版社
地　　址 / 北京市丰台区西三环南路甲 6 号
邮　　编 / 100073
电　　话 / 邮购(010)63376909　　书店(010)68783171
网　　址 / http://csp.stats.gov.cn
印　　刷 / 徐州市今日彩色印刷有限公司
经　　销 / 新华书店
开　　本 / 890mm×1240mm　1/16
字　　数 / 1180 千字
印　　张 / 31
版　　别 / 2017 年 8 月第 1 版
版　　次 / 2017 年 8 月第 1 次印刷
书　　价 / 300.00 元

如有印装差错，由本社发行部调换。

《徐州统计年鉴－2017》编辑委员会

《徐州统计年鉴－2017》编辑部

编 者 说 明

《徐州统计年鉴-2017》是一部全面、系统反映徐州市国民经济和社会发展情况的资料性年刊。书中汇集了徐州市及各县(市)2016年经济和社会各方面的统计数据,以及历史重要年份和改革开放以来的主要统计数据。

全书内容分为26个篇目,即:1.综合;2.国民经济核算;3.人口;4.就业人员和职工工资;5.固定资产投资;6.对外经济贸易和国际旅游;7.能源消费与库存;8.财政、金融和保险;9.物价指数;10.人民生活;11.自然资源、城市概况和环境保护;12.农林牧渔业;13.工业;14.建筑业;15.交通运输和邮电;16.批发零售和住宿餐饮业;17.科技和教育;18.卫生和社会服务;19.文化和体育;20.公共管理及其他;21.县(市)社会经济;22.乡镇基本情况;附录1.江苏省市、县主要经济指标;附录2.江苏省市辖区主要经济指标;附录3.淮海经济区主要经济指标;附录4.企业选介。为方便读者使用,大部分篇末附有《主要统计指标解释》。

与2016版《徐州统计年鉴》相比较,本年鉴在统计内容和编辑上主要做了如下修订:

根据方法制度变化、实际编辑情况和用户需求,对第十一篇自然资源、城市概况和环境保护,第十五篇交通运输和邮电,附录1江苏省市、县主要经济指标,附录2江苏省市辖区主要经济指标等部分内容进行了调整修订。

本年鉴部分数据合计数或相对数由于单位取舍不同产生的计算误差均未作机械调整;年鉴文稿中所用数字,如有与表中数据不一致的,读者在引用时均以表中数据为准;凡与本年鉴有出入的历史资料数据,均以本年鉴为准。

本年鉴表中的符号使用说明:“…”表示数据不足本表最小单位数;“空格”表示该项统计指标数据不详或无该项数据;“#”表示其中的主要项。

本年鉴编辑过程中,得到中国统计出版社和江苏省统计局综合处的悉心指导,得到市财政局、市交通局、市农委、市农机局、市国土局、市气象局、市水利局、市城乡建设局、市环保局、市卫计委、市民政局、市人保局、市司法局、市教育局、市旅游局、市商务局、市文广新局、市体育局、市政协、市妇联、市邮政管理局、人民银行徐州中心支行、市公安交警支队、市公安消防支队、市车管所、市保险协会、市通信管理局及各通信公司等有关部门、单位以及广大统计工作人员的大力支持,在此我们表示诚挚的感谢。恳请各界人士和读者对年鉴的不足之处批评指正,以期进一步提高编辑水平,更好地为广大读者服务。

目　录

五、固定资产投资

六、对外经济贸易和国际旅游

七、能源消费与库存

八、财政、金融和保险

九、物价指数

十、人民生活

十一、自然资源、城市概况和环境保护

十二、农林牧渔业

十三、工　业

十四、建筑业

十五、交通运输和邮电

十六、批发零售和住宿餐饮业

十七、科技和教育

十八、卫生和社会服务

十九、文化和体育

二十、公共管理及其他

二十一、县（市）社会经济（1978-2016）

二十二、乡镇基本情况

CONTENTS

CHART OF THE ACHIEVEMENTS OF XUZHOU´S NATIONAL ECONOMY AND SOCIAL DEVELOPMENT

Chapter 1 GENERAL SURVEY

Chapter 2 NATIONAL ACCOUNTS

Chapter 3 POPULATION

Chapter 4 EMPLOYMENT AND WAGES

Chapter 5 INVESTMENT IN FIXED ASSETS

Chapter 6 FOREIGN ECONOMY & TRADE AND INTERNATIONAL TOURISM

Chapter 7 ENERGY CONSUMPTION AND STOCK

Chapter 8 FINANCE, BANKING AND INSURANCE

Chapter 9 PRICE INDICES

Chapter 10 PEOPLE'S LIVELIHOOD

Chapter 11 NATURAL RESOURCES, GENERAL SURVEY OF CITIES AND ENVIROMENTAL PROTECTION

Chapter 12 AGRICULTURE FORESTRY, ANIMAL HUSBANDRY AND FISHERY

Chapter 13 INDUSTRY

Chapter 14 CONSTRUCTION

Chapter15 TRANSPORTATION, POSTAL AND TELECOMMUNICATIONS SERVICES

Chapter 16 WHOLESALE, RETAIL AND ACCOMMDATIONS CATERING INDUSTRY

Chapter 17 SCIENCE AND TECHNOLOGY, EDUCATION

Chapter 18 PUBLIC HEALTH AND SOCIAL SERVICES

Chapter 19 CULTURE AND SPORTS

Chapter 20 PUBLIC MANAGEMENT AND OTHERS

Chapter 21 SOCLAL ECONOMIC OF COUNTIES (CITIES) (1978-2016)

Chapter 22 BASIC CONDITIONS OF COUNTRY AND TOWN (1978-2016)

地区生产总值（亿元）

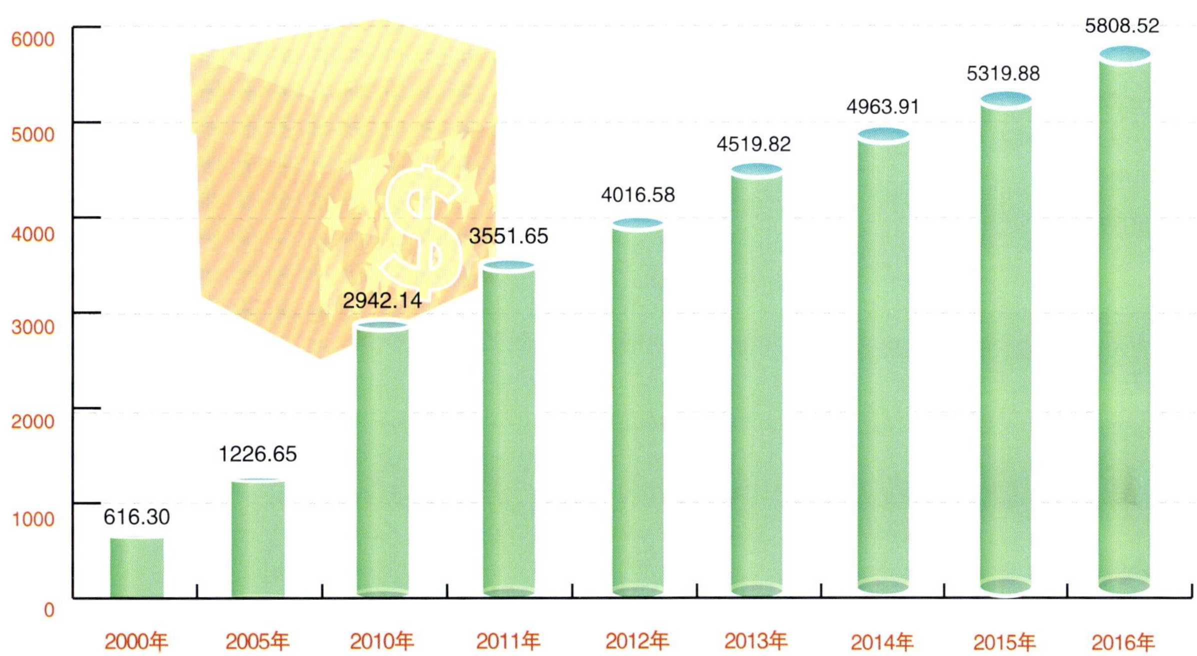

三次产业比重（%）

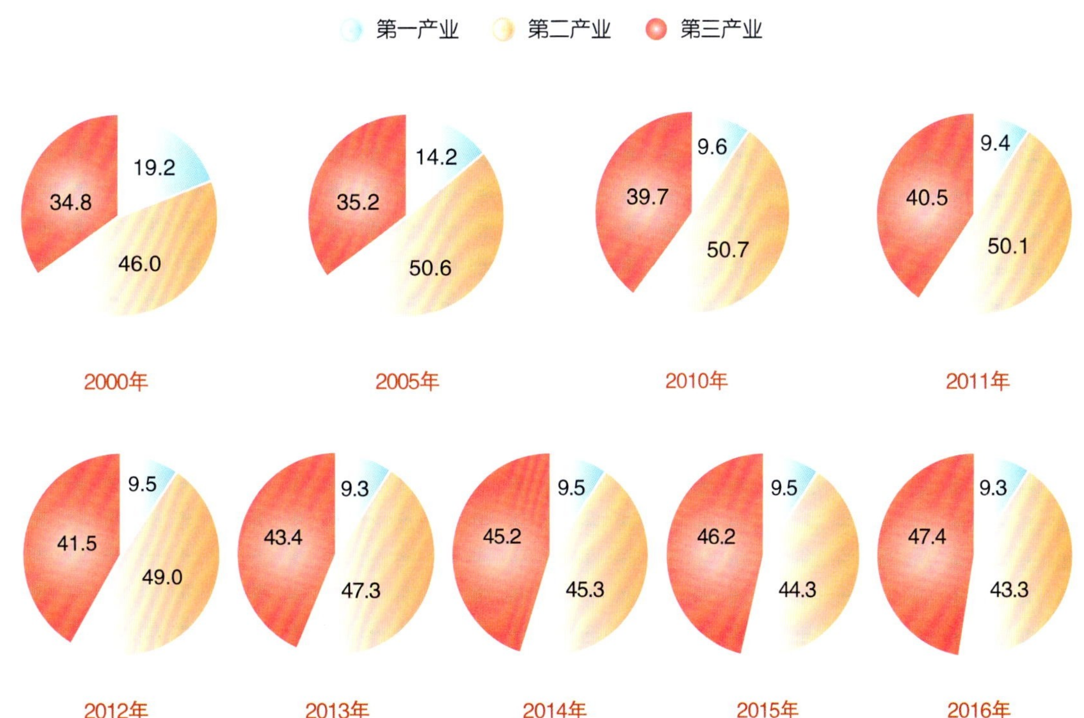

总人口（万人）

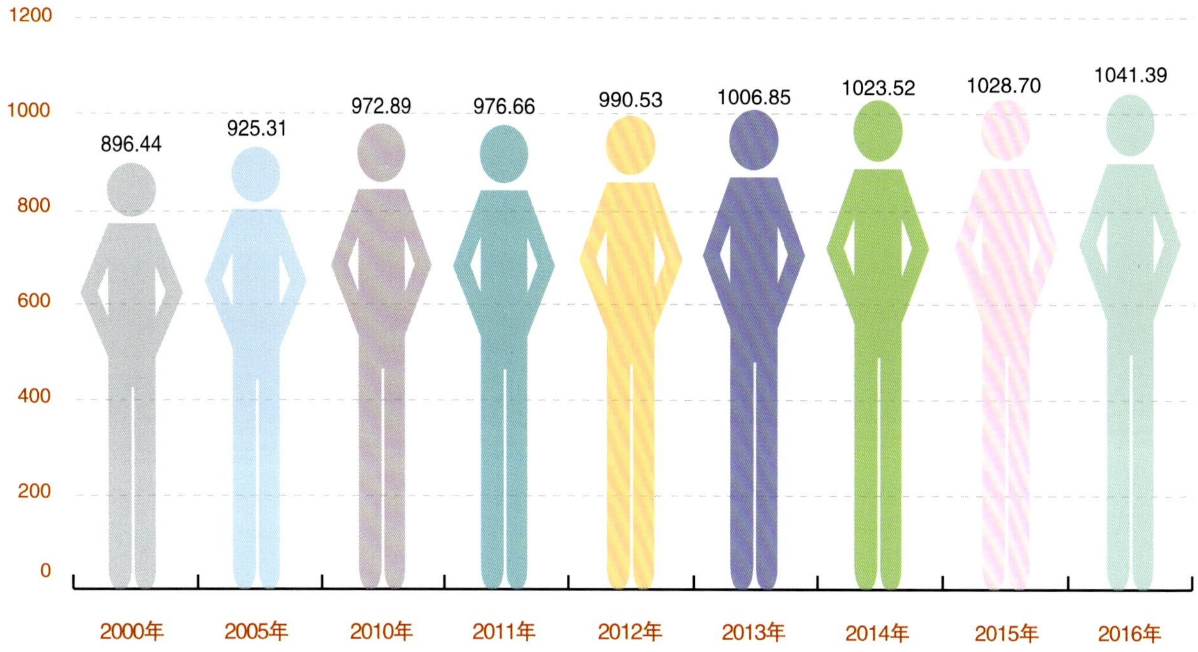

农业人口与非农业人口之比（%）

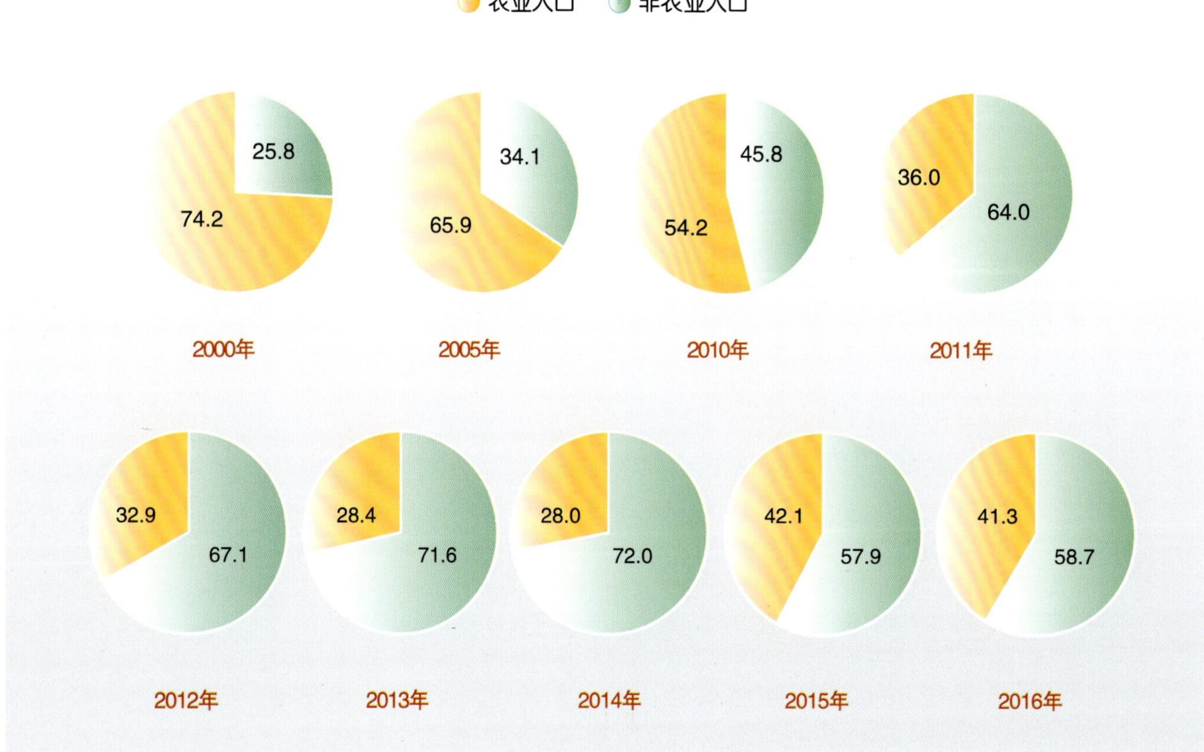

从业人员与职工人数（万人）

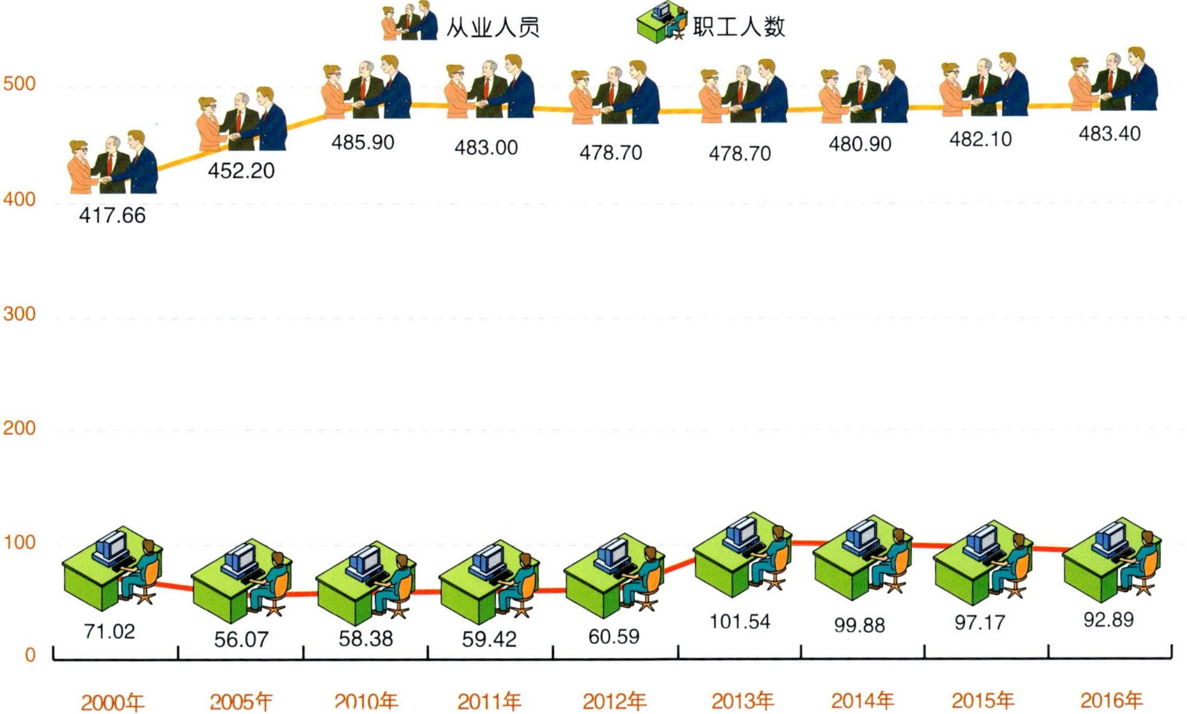

注：从2010年开始从业人数为推算数。

从业人员三次产业构成（%）

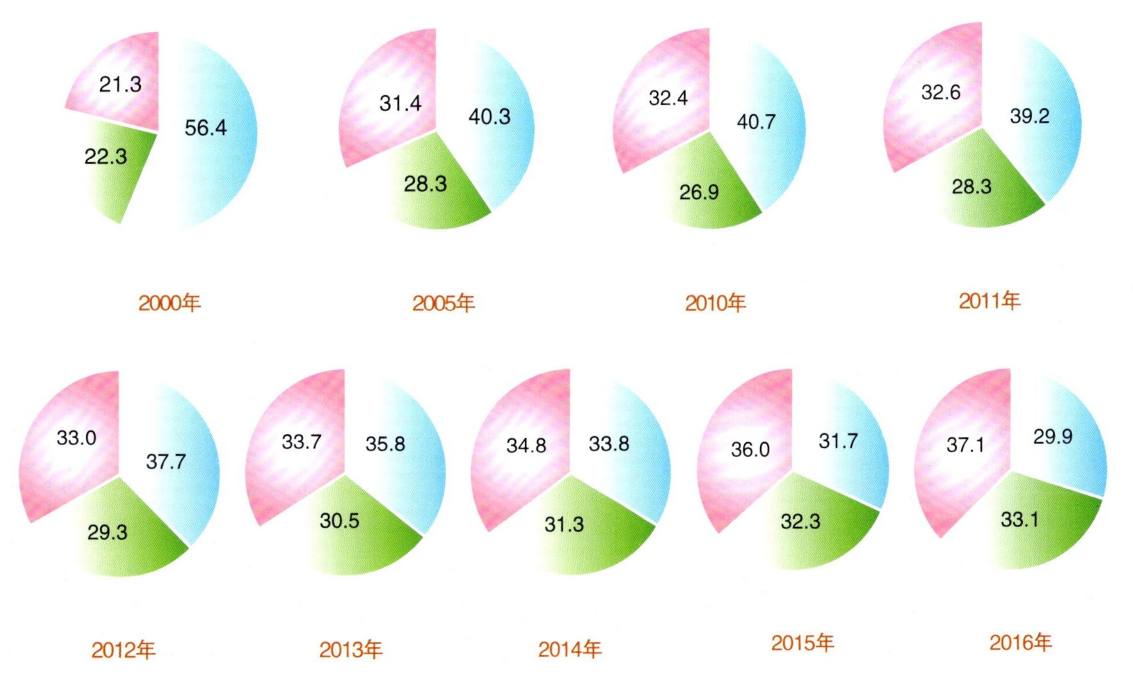

固定资产投资完成额（亿元）

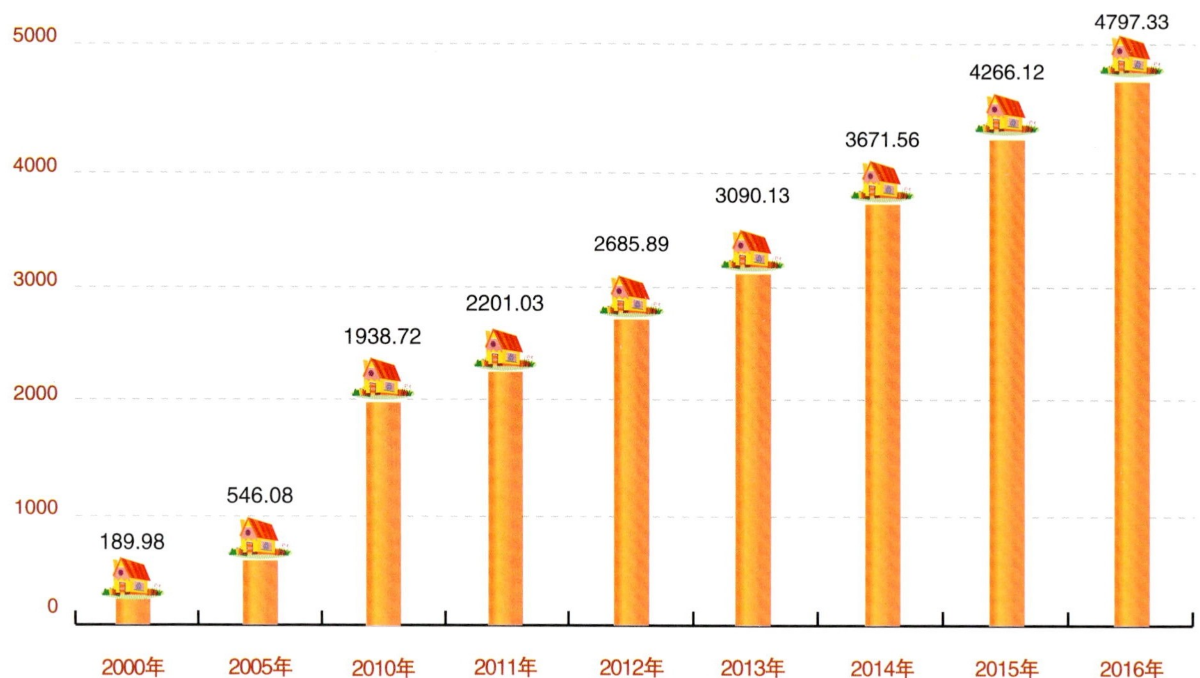

固定资产投资竣工房屋面积（万平方米）

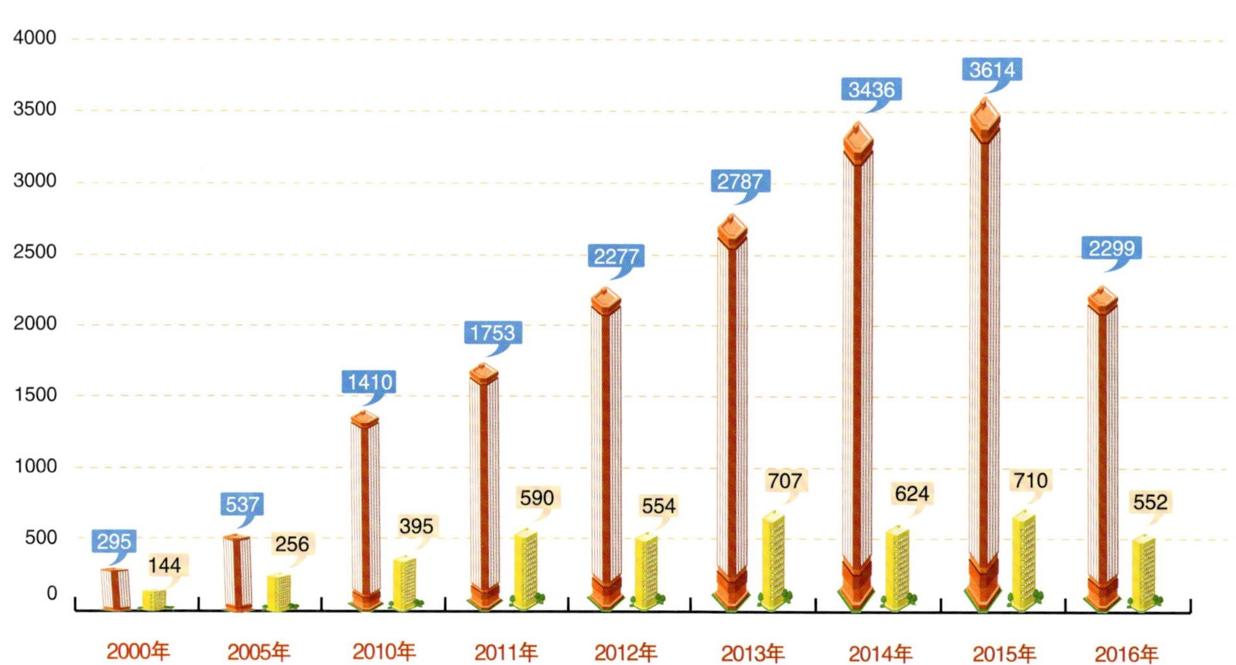

财政收支（亿元）

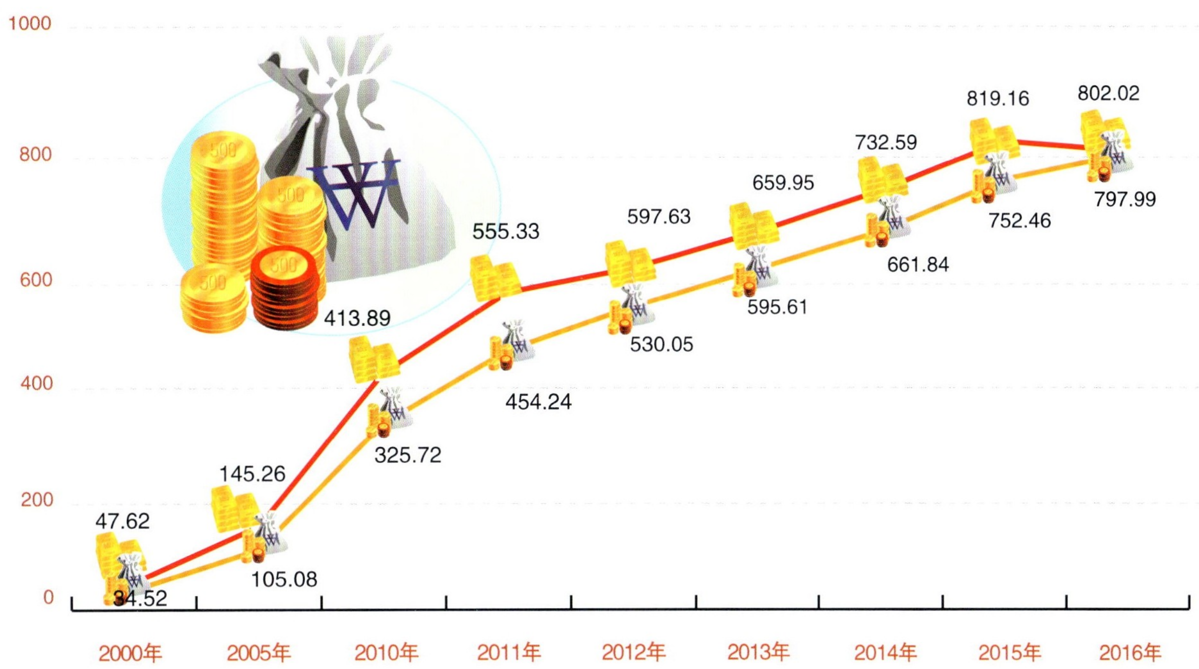

金融机构存贷款（亿元）

金融机构存款余额 金融机构贷款余额

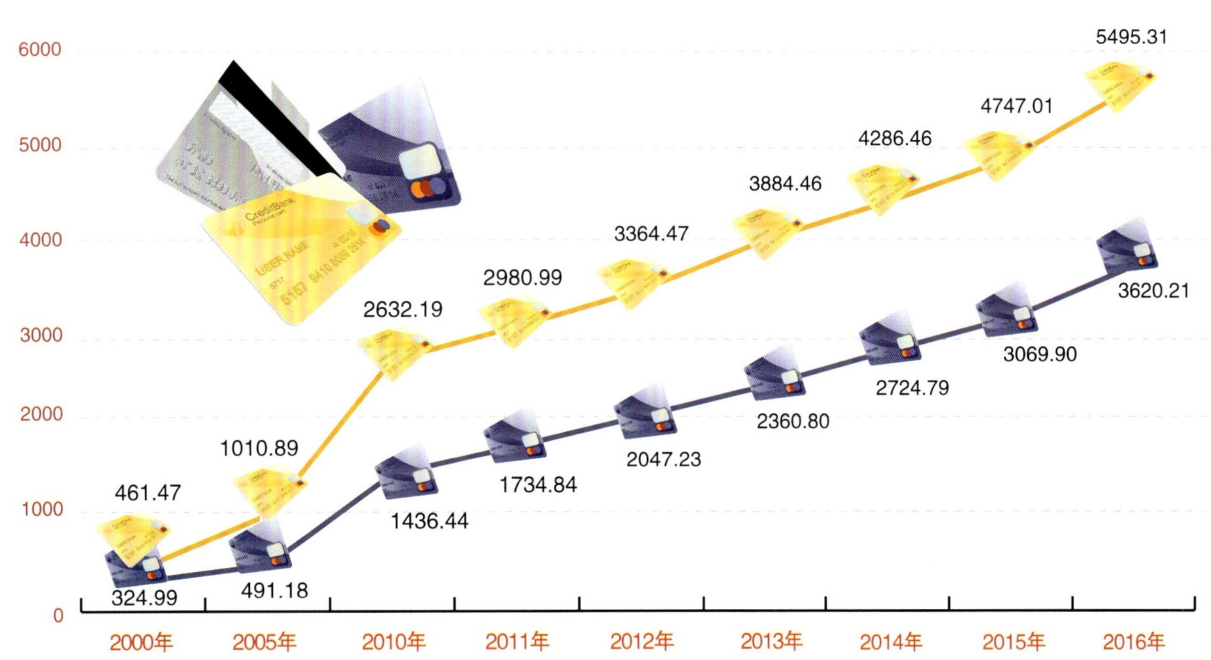

社会消费品零售总额（亿元）

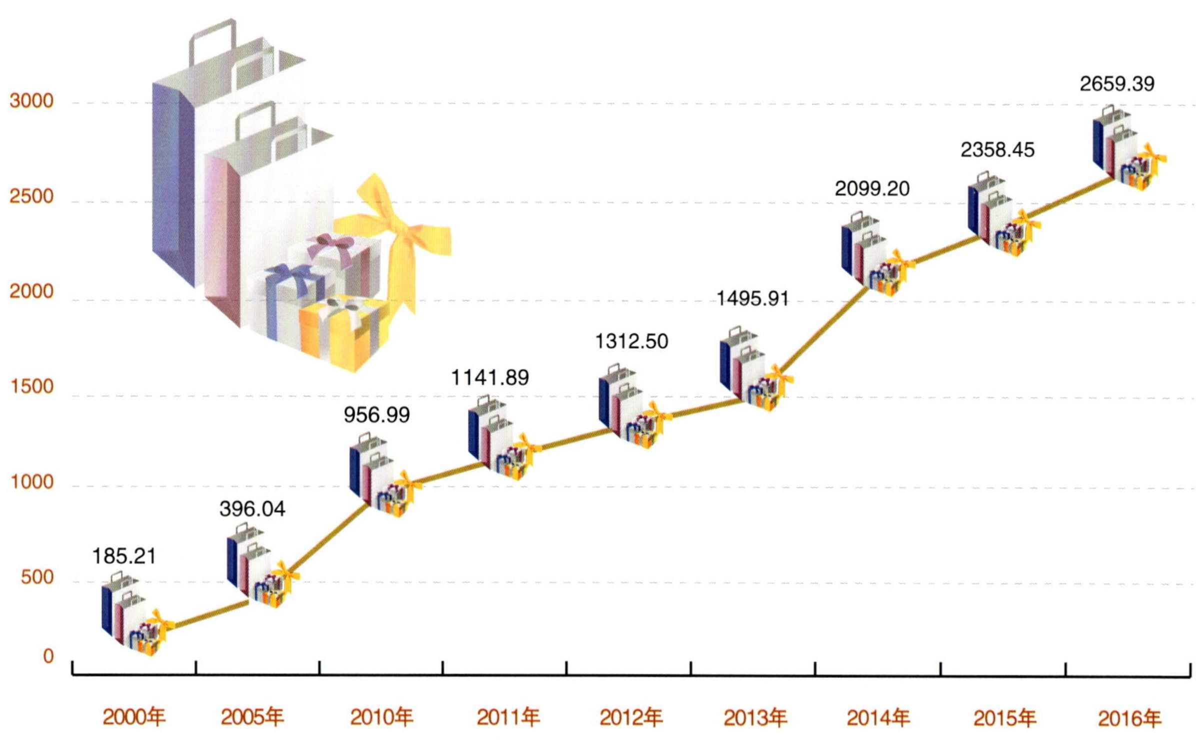

价格总指数（%）

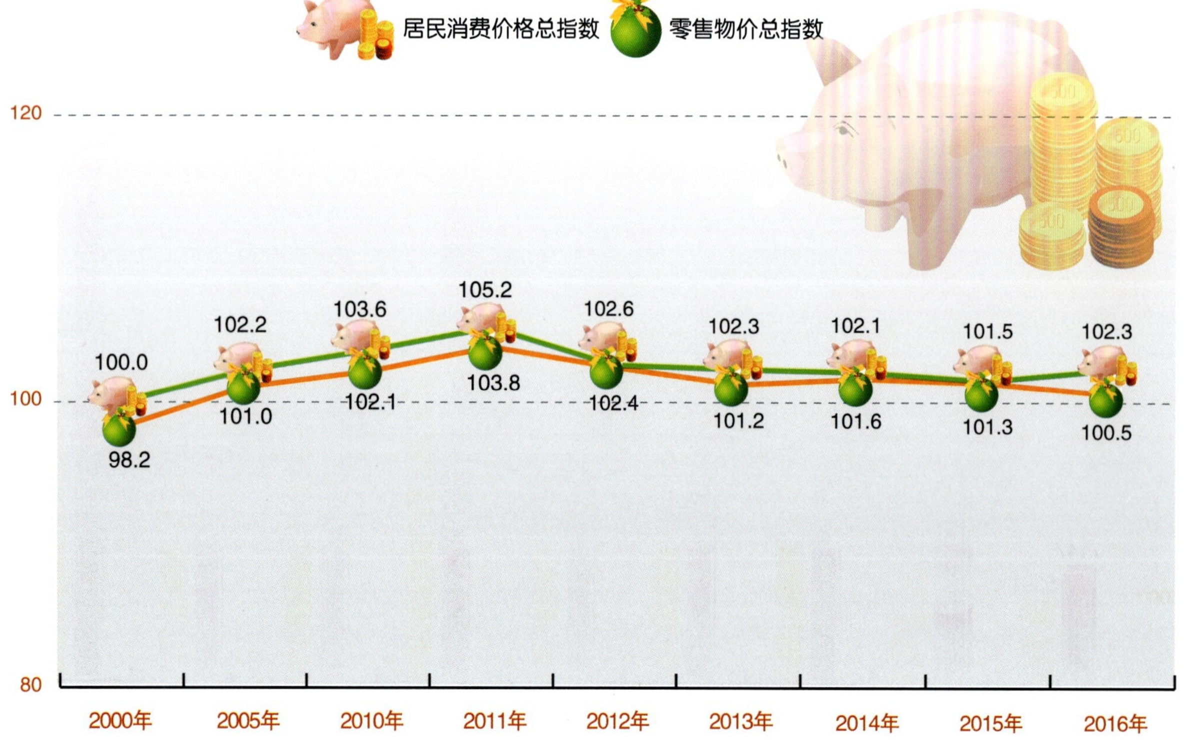

农村居民收入与支出（元）

农民人均收入　农民人均生活消费支出

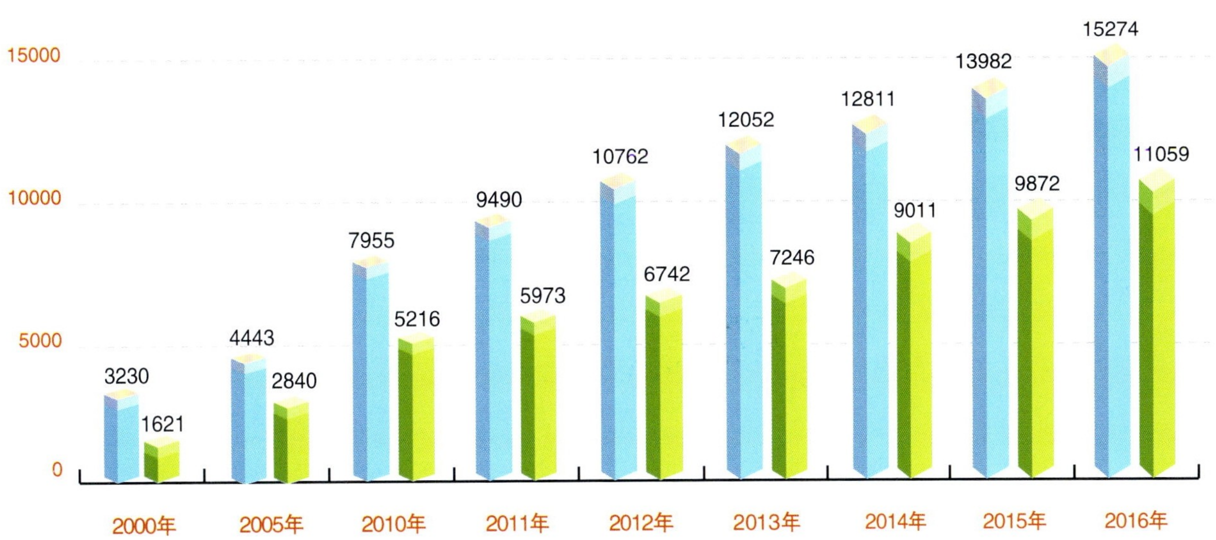

注：2013年及以前为纯收入口径，2014年、2015年为可支配收入口径

城市居民收入与支出（元）

城市居民人均可支配收入　城市居民人均消费性支出

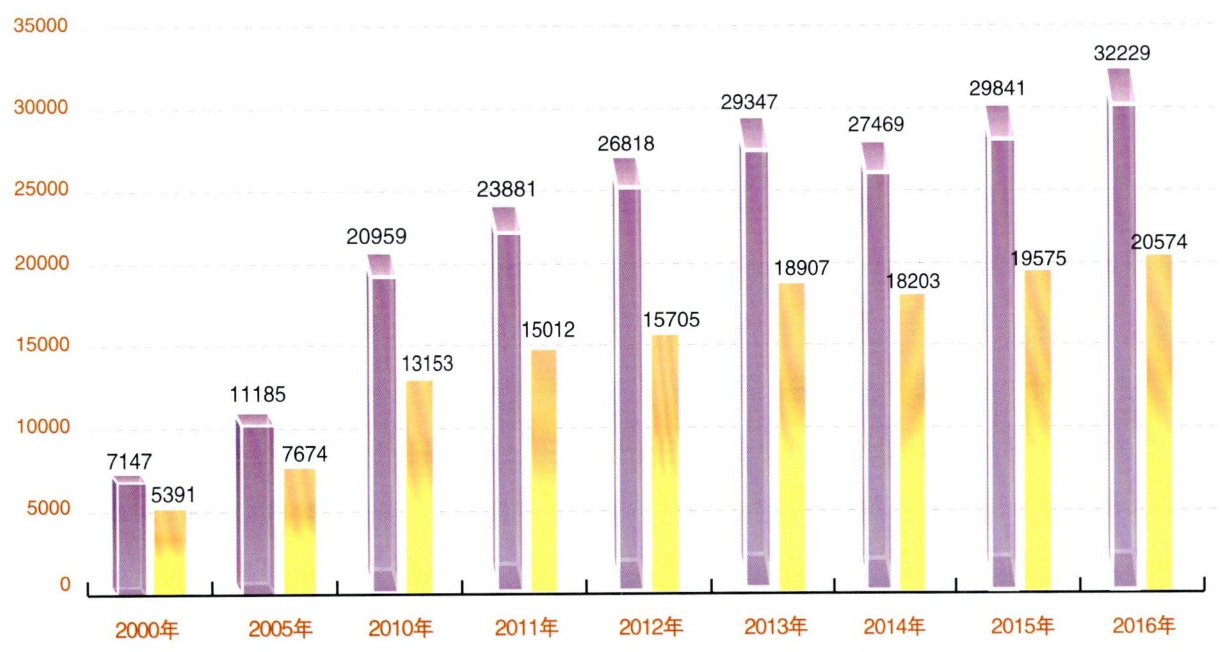

注：2014年、2015年城市居民人均可支配收入、支出调查方法发生变化，与往年不可比。

粮食总产量（万吨）

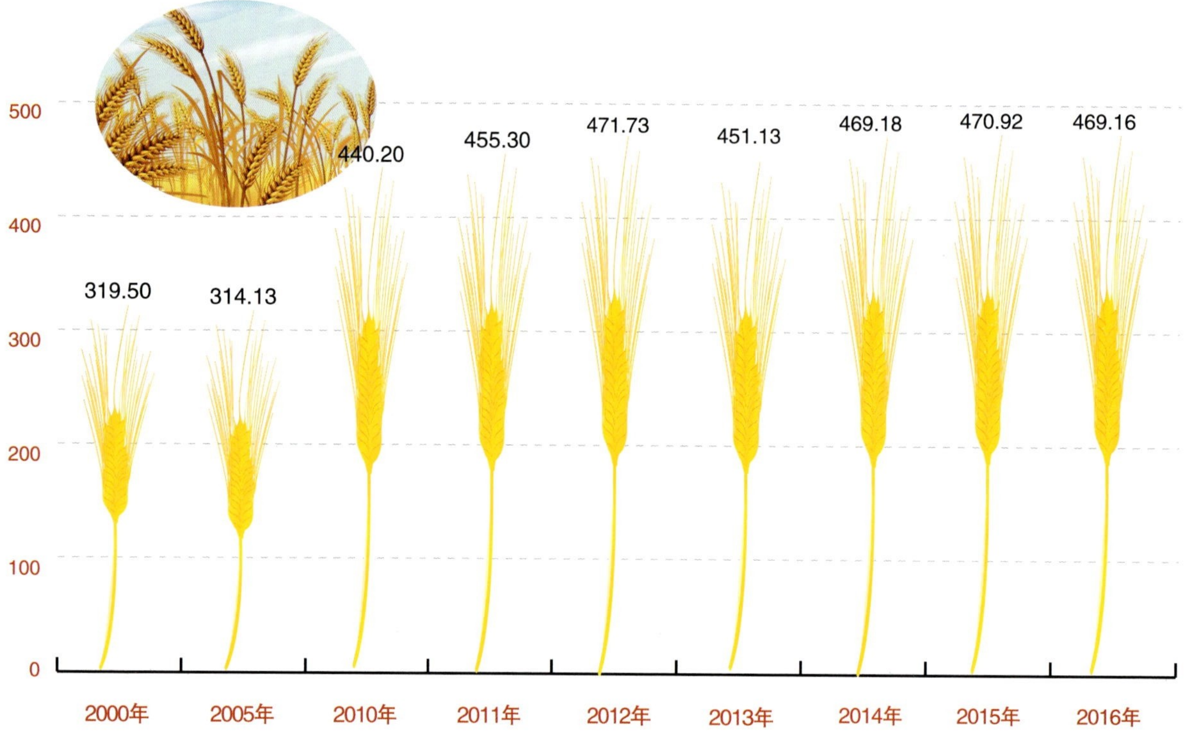

棉花总产量（万吨）

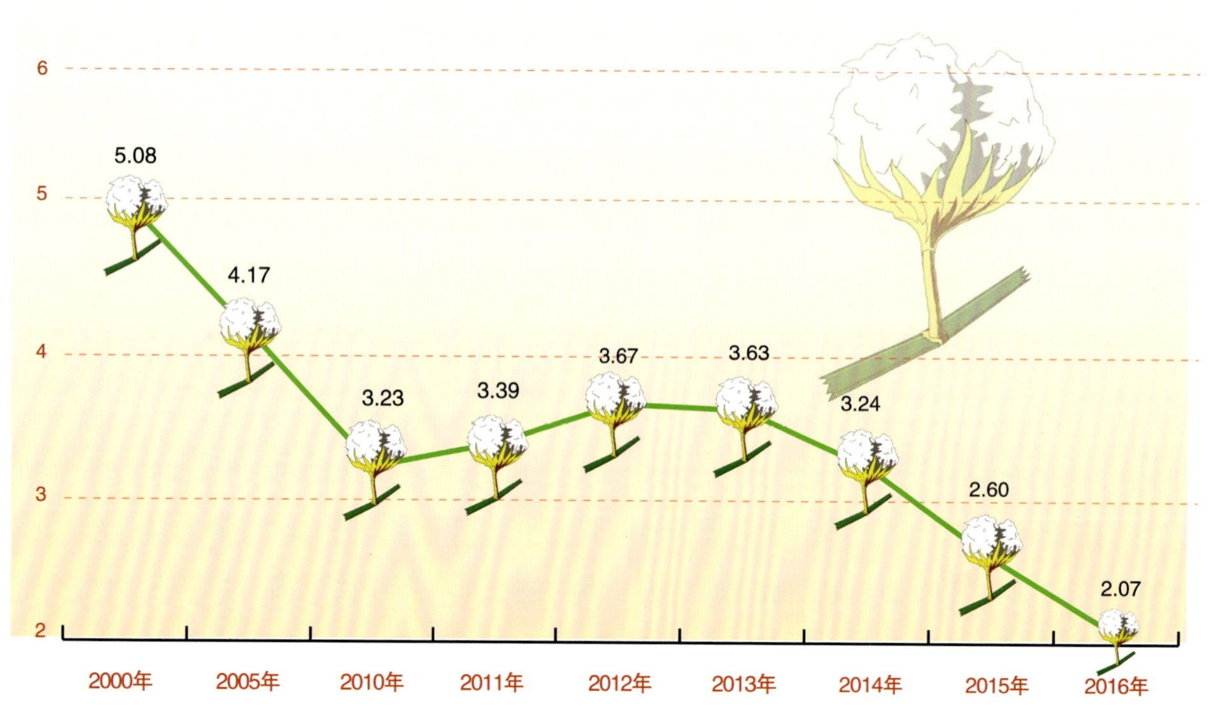

油料总产量（万吨）

水产品总产量（万吨）

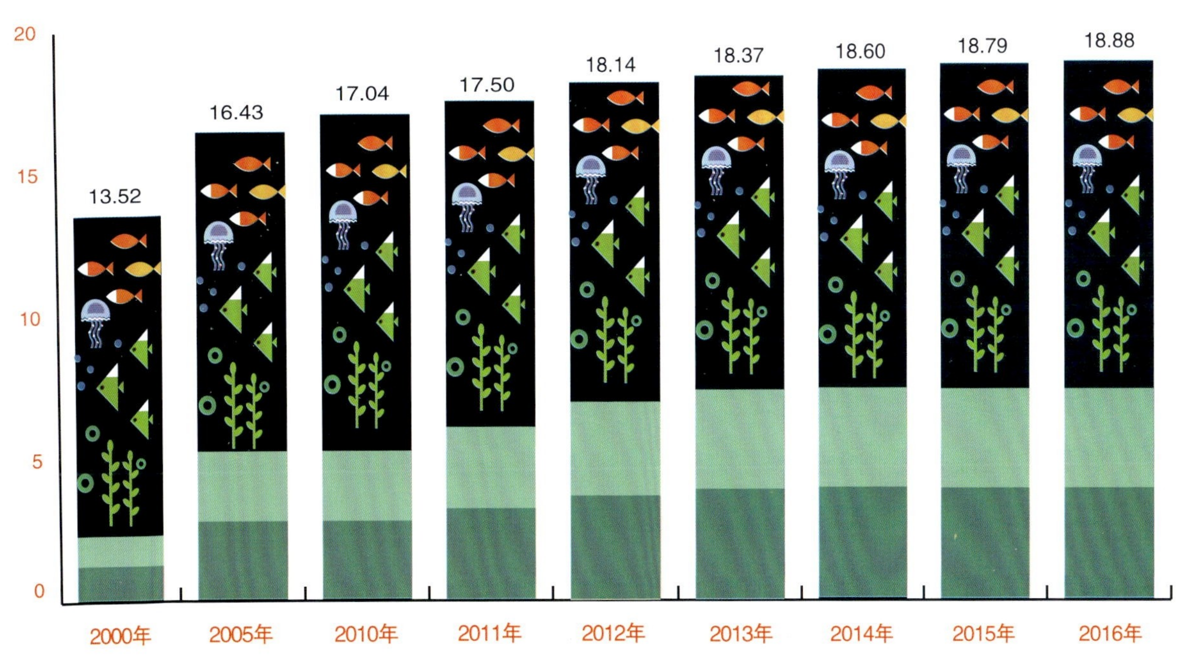

发电量（亿千瓦时）

原煤（万吨）

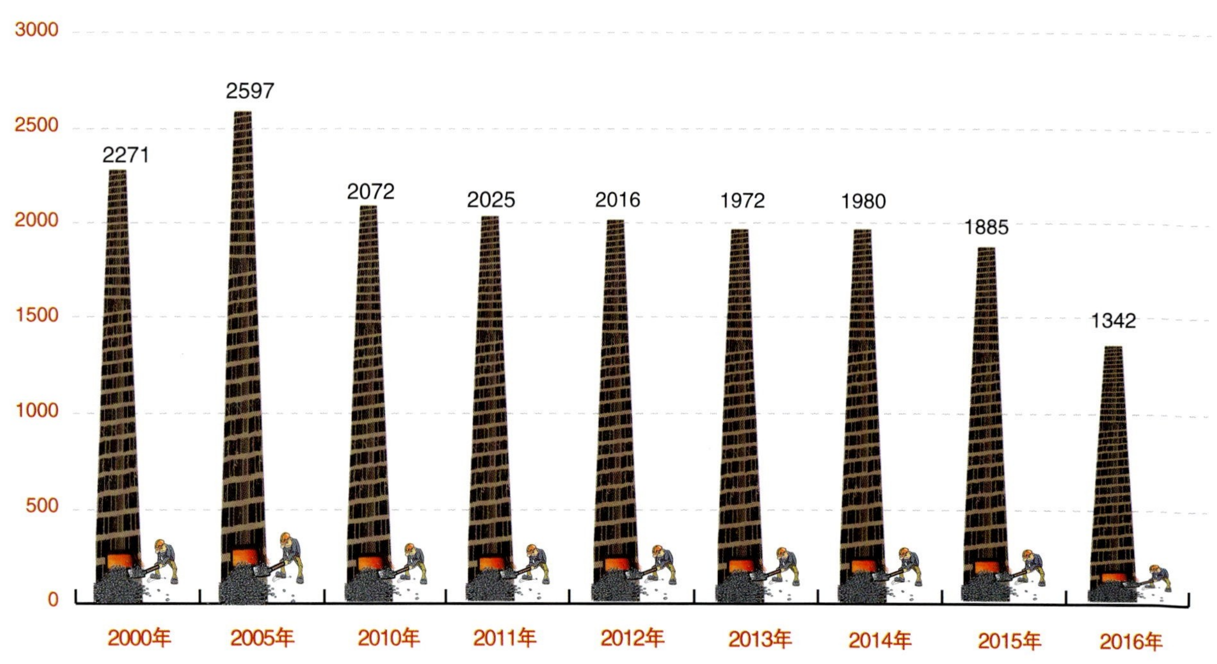

全社会供水量（万立方米）

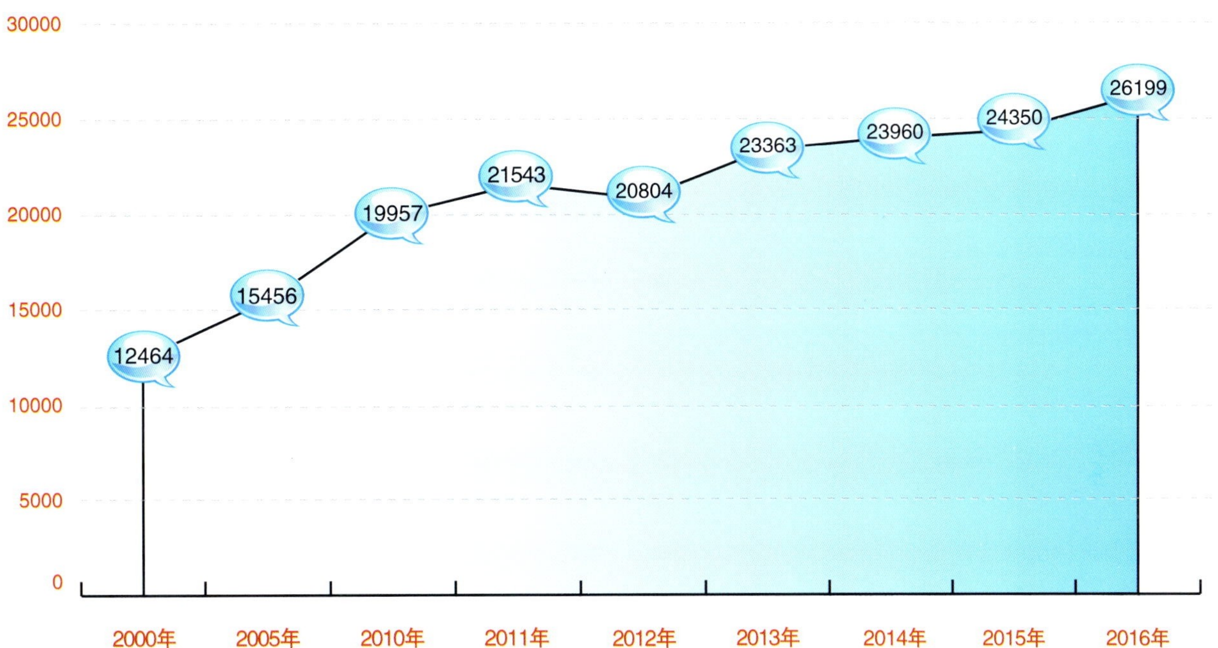

煤气、天然气供应量（万立方米）

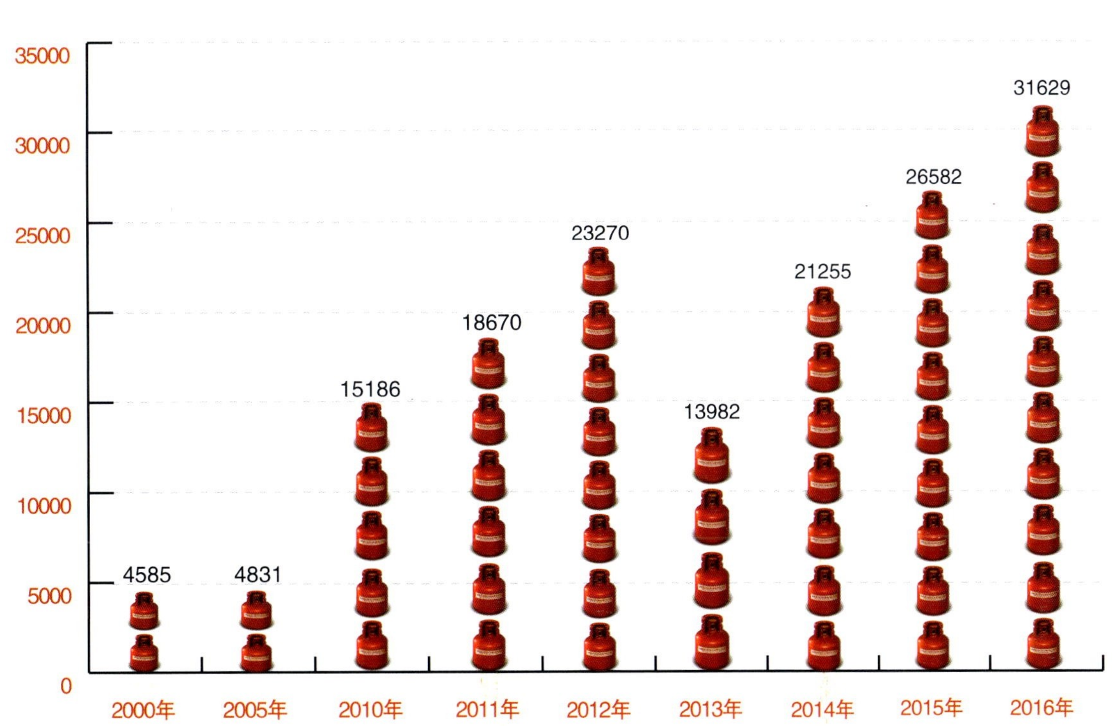

全社会客运量（万人）

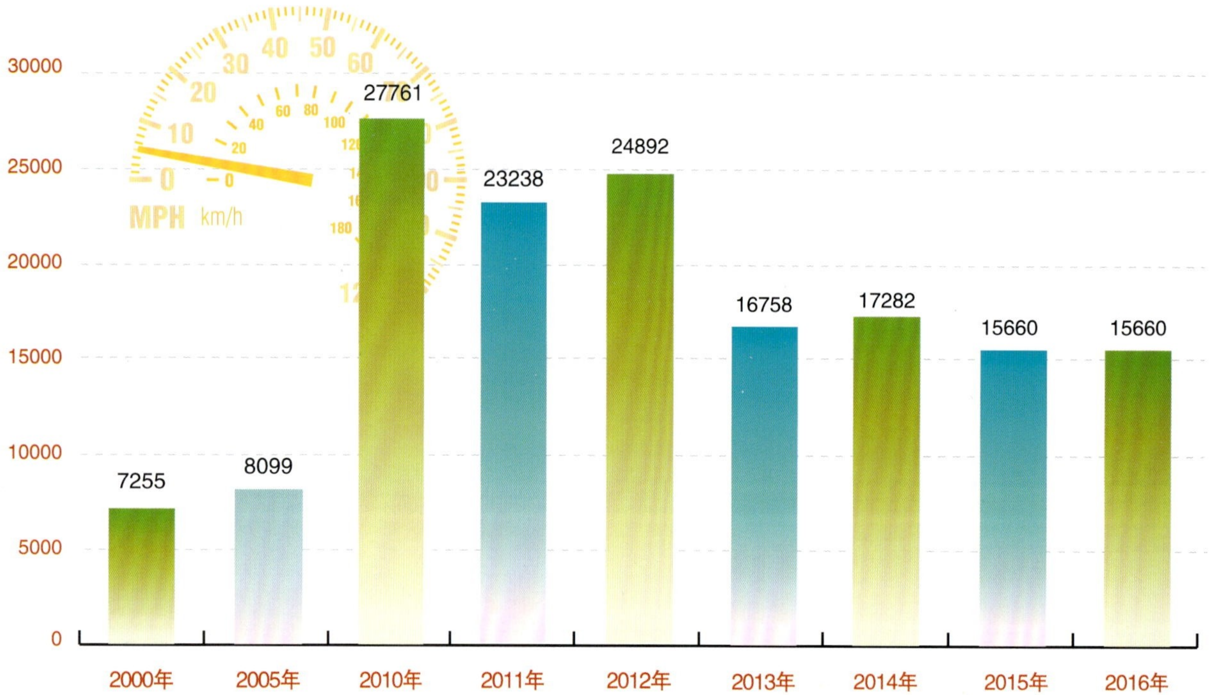

全社会货运量（万吨）

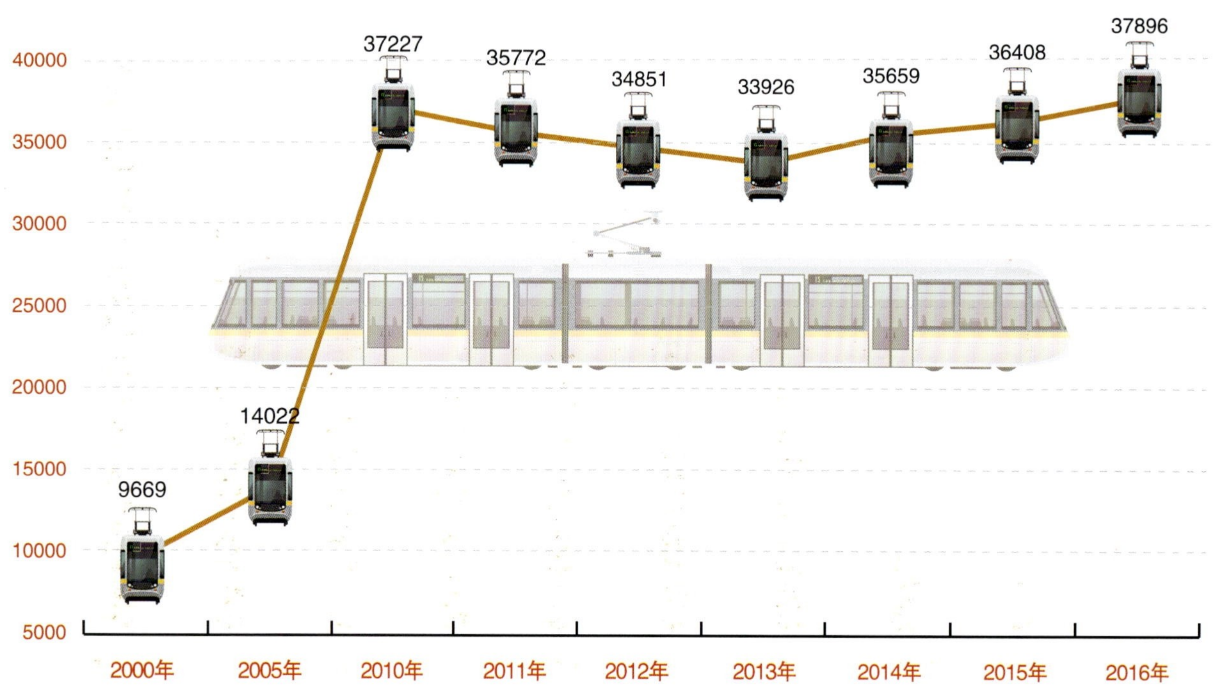

城市铺装道路长度（公里）

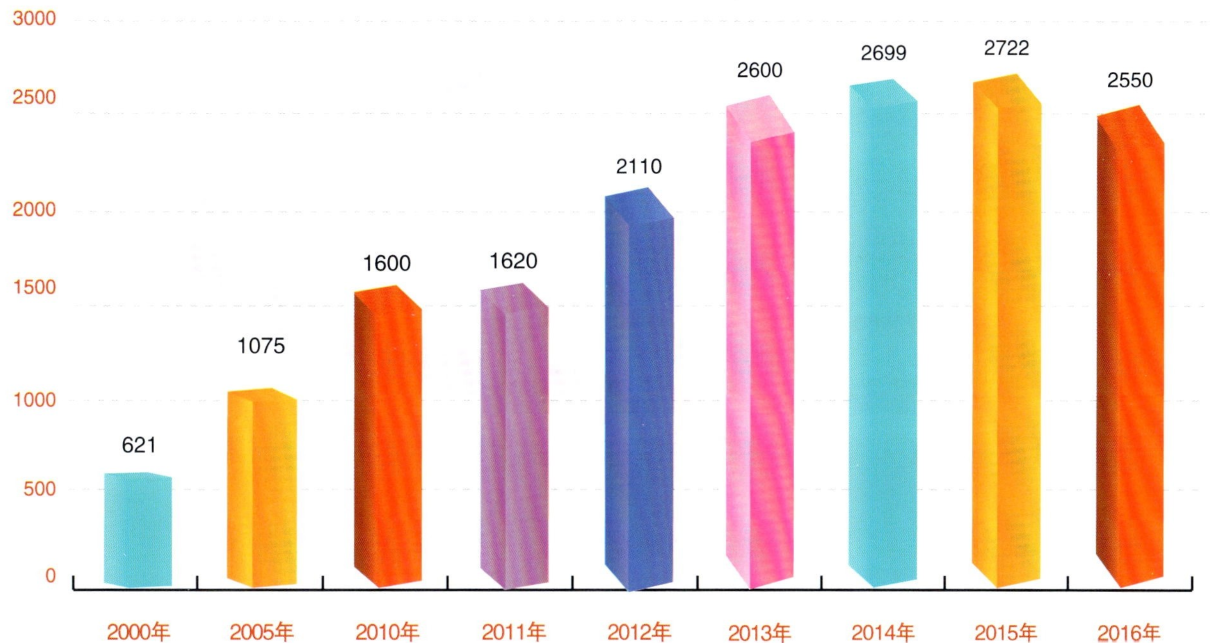

城市人均绿地（平方米）

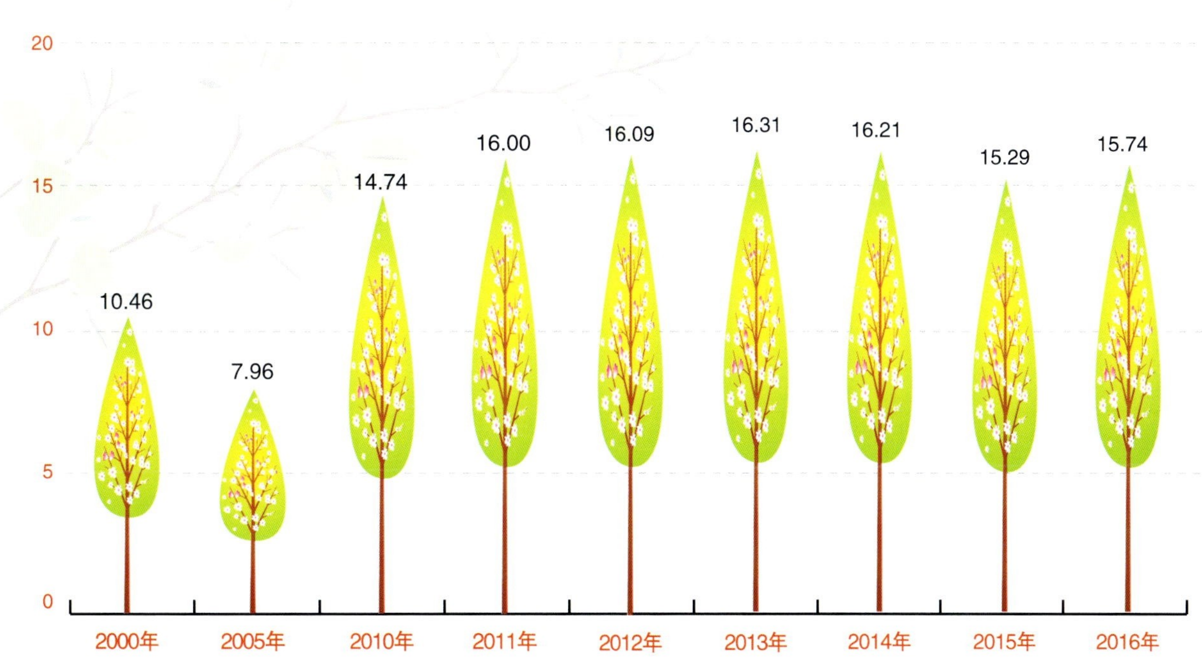

固定电话用户（万户）

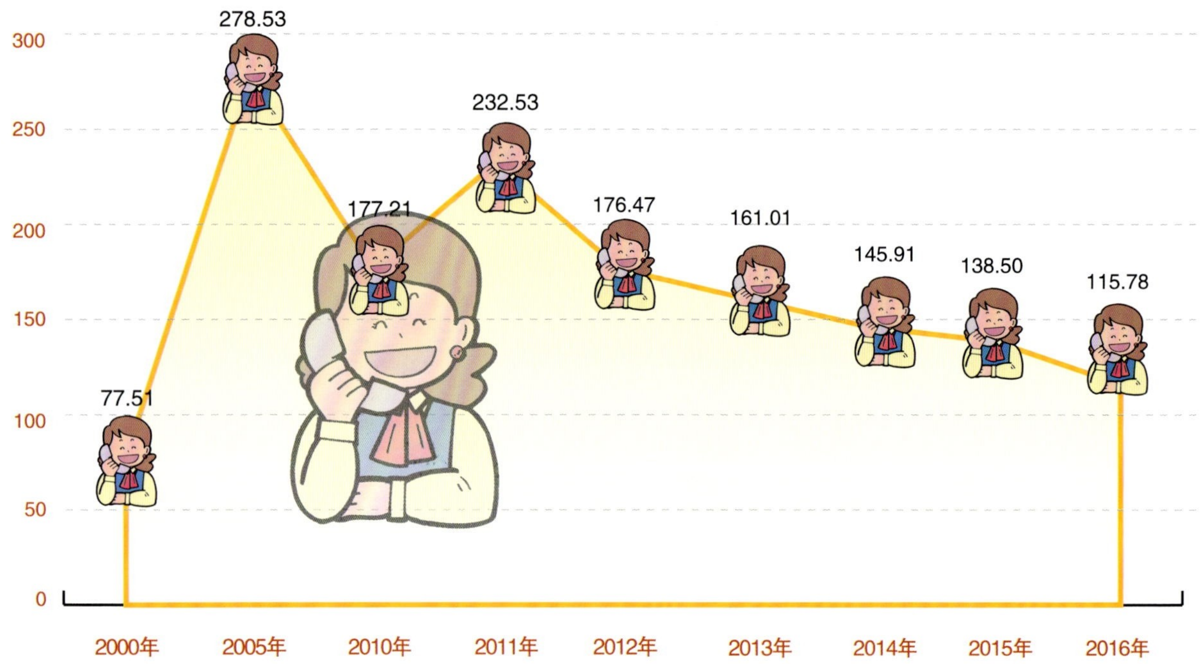

邮电业务总量（亿元）

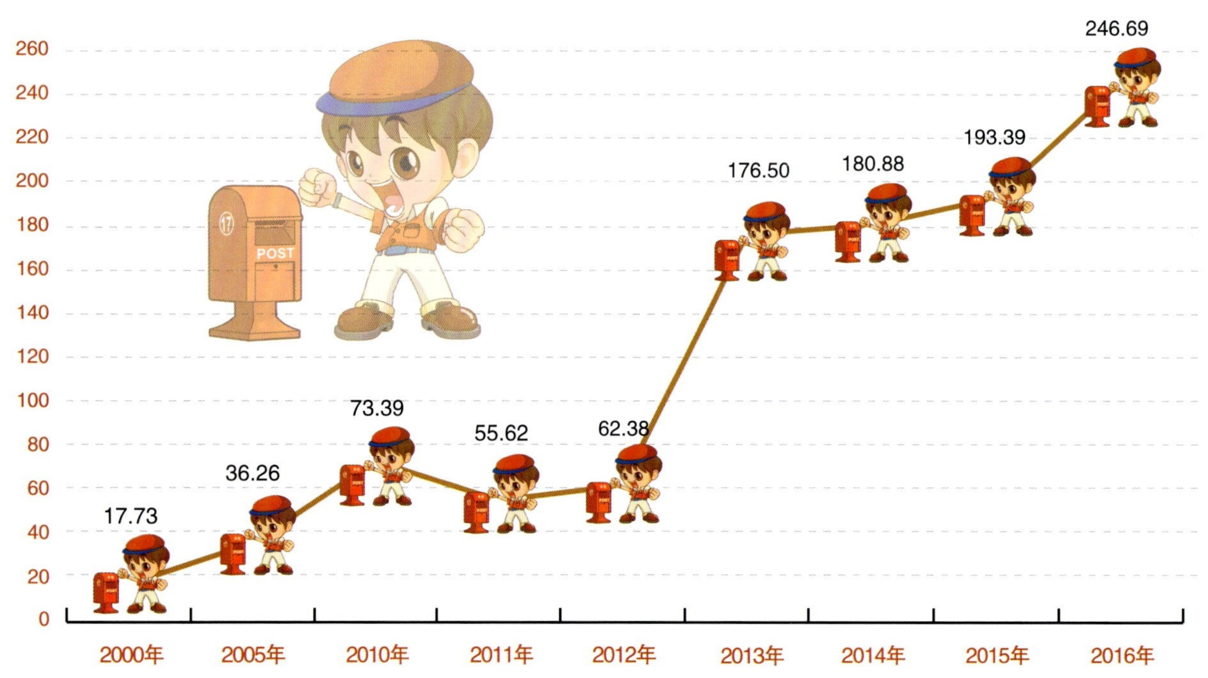

实际到帐注册外资（万美元）
200000
150000
100000
50000
0
20790
26057
101330
146569
170021
150047
165786
142788
150574
2000年
2005年
2010年
2011年
2012年
2013年
2014年
2015年
2016年

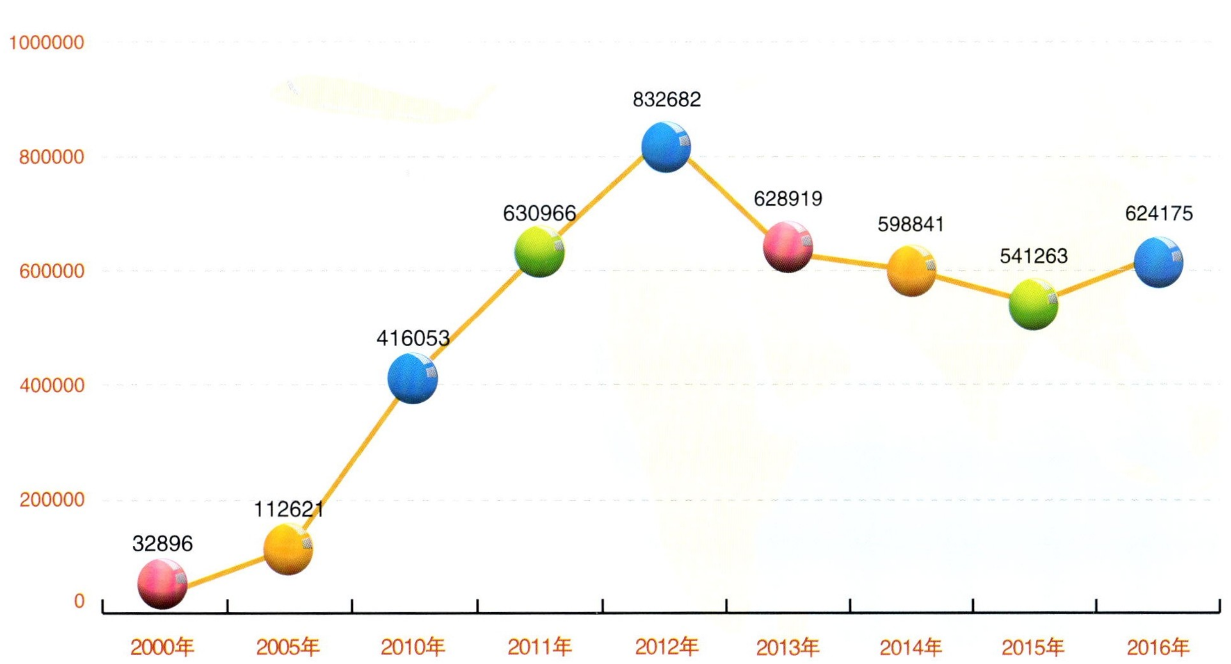
进出口总额（万美元）
1000000
800000
600000
400000
200000
0
32896
112621
416053
630966
832682
628919
598841
541263
624175
2000年
2005年
2010年
2011年
2012年
2013年
2014年
2015年
2016年

医生与床位数

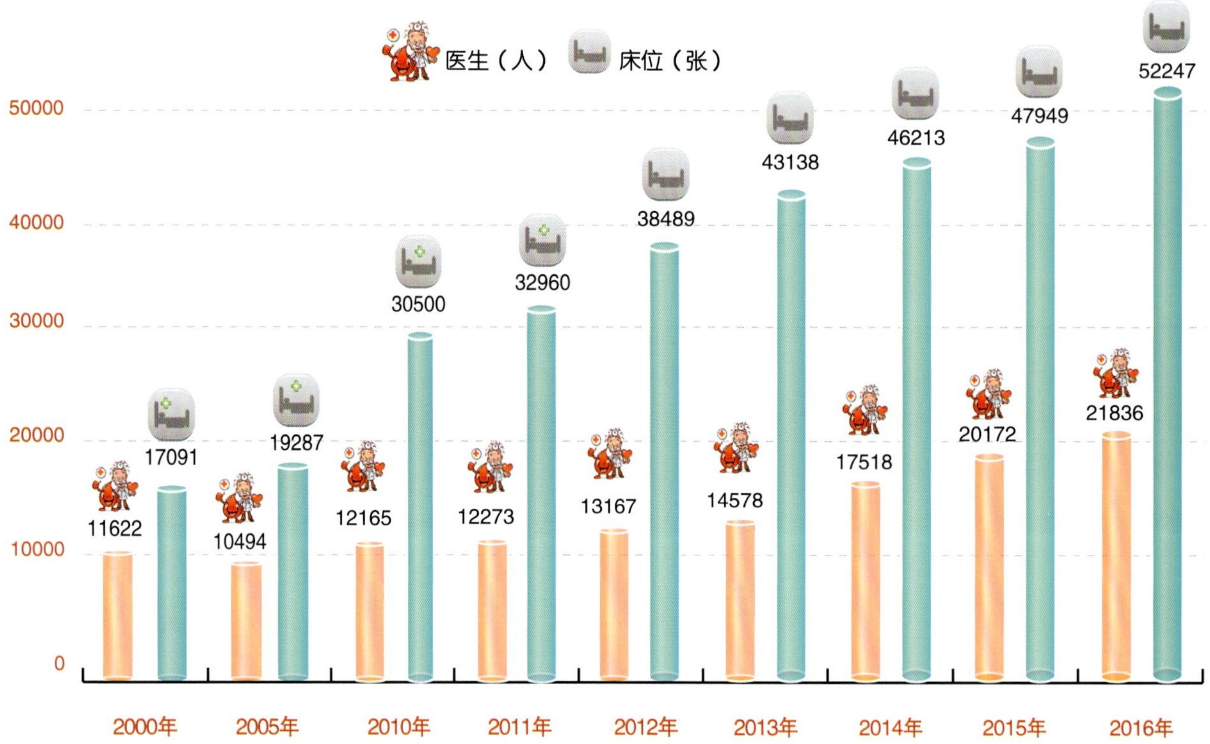

全社会专业技术人员（万人）

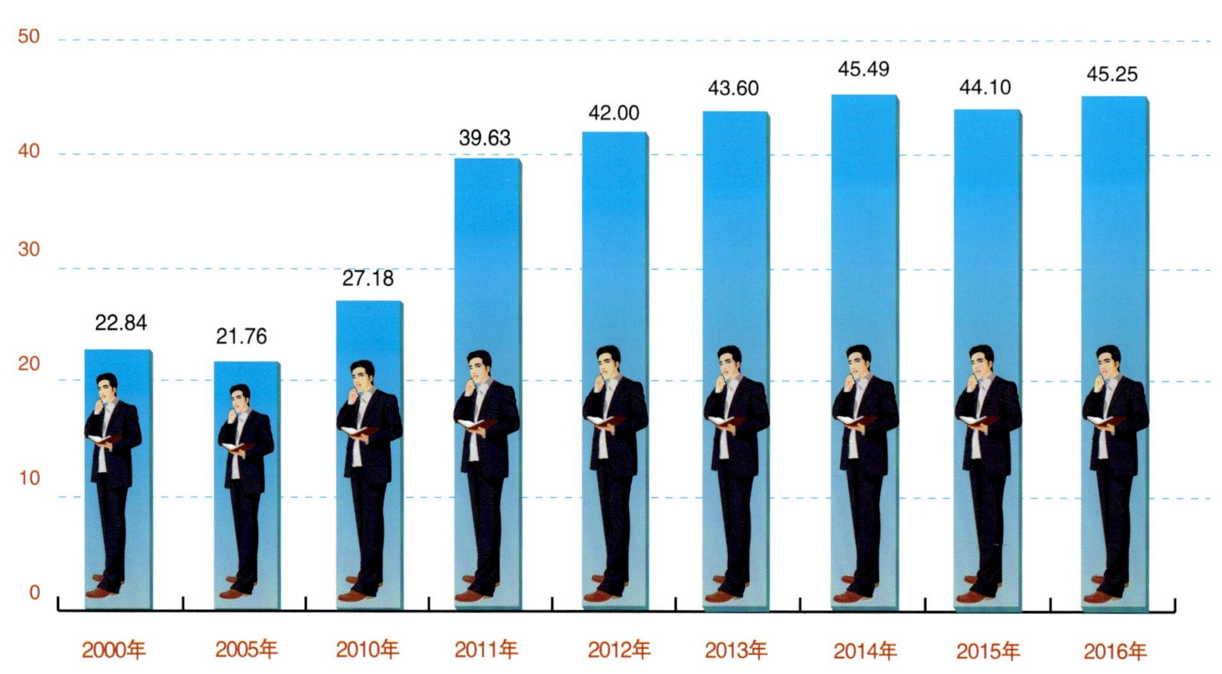

1 GENERAL SURVEY
综　合

版面负责人：张玉强　牛坚强

编　　　辑：徐向忠　冯洋洋

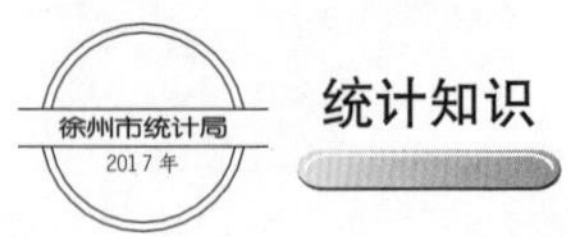

中华人民共和国国务院令

第681号

《中华人民共和国统计法实施条例》已经2017年4月12日国务院第168次常务会议通过，现予公布，自2017年8月1日起施行。

总理　**李克强**

2017年5月28日

中华人民共和国统计法实施条例

第一章　总　　则

第一条　第一条　根据《中华人民共和国统计法》(以下简称统计法)，制定本条例。

第二条　统计资料能够通过行政记录取得的，不得组织实施调查。通过抽样调查、重点调查能够满足统计需要的，不得组织实施全面调查。

编辑：徐向忠

徐州自然概貌

位　置

徐州市位于江苏省的西北部，东经 116°22′ ~ 118°40′ 、北纬 33°43′ ~ 34°58′ 之间，东西长约 210 公里，南北宽约 140 公里，土地总面积 11765 平方公里。地处苏、鲁、豫、皖四省交界，为东部沿海与中部地带、上海经济区与环渤海经济圈的结合部。“东襟淮海，西接中原，南屏江淮，北扼齐鲁”，素有“五省通衢”之称。京沪、陇海两大铁路在此交汇，京杭大运河傍城而过贯穿徐州南北，公路四通八达，北通京津，南达沪宁，西接兰新，东抵海滨，为全国重要水陆交通枢纽和东西、南北经济联系的重要“十字路口”。

地　貌

徐州市地貌，根据成因和区域特征自西向东大致可分为丰、沛黄泛冲积平原，铜、邳、睢低山剥蚀平原，沂、沭河洪冲积平原三个地貌区。地形由平原和山丘岗地两部分组成，以平原为主，约占全市总面积的 90%，属黄淮平原一部分，地势低平，海拔高度在 20 ~ 50 米之间，大致由西北向东南降低，系黄河、淮河的支流长期合力冲积所成。丘陵岗地约占 10%，为鲁中南低山丘陵向南延续部分，海拔高度大都在 100 ~ 300 米之间，多属顶平坡缓的侵蚀残丘。

水　系

徐州市位于淮河流域，分属三个水系：故黄河水系、沂沭泗水系、濉安河水系。故黄河是历史上的黄河故道，自成独立水系，是沂沭泗水系和濉安河水系的分水岭，徐州境内长 196km，流域面积 885km^2。故黄河以北为沂沭泗水系，境内面积 8479km^2，流域内主要骨干河道有沂河、沭河、中运河及邳苍分洪道，并有南四湖及骆马湖两座湖泊调蓄洪水。故黄河以南为濉安河水系，境内面积 2020km^2，分为安河和濉河，均直接排入洪泽湖。主要支流有龙河、潼河、徐沙河、闸河、奎河、灌沟河、琅河、阎河、看溪河、运料河等。徐州境内有两座湖泊、五座中型水库及六十九座小型水库。各水系河网密布，河、湖、库相互沟通，已初步形成具有防洪、除涝、供水、灌溉、降渍等功能的水利工程体系。

气　候

徐州市位居中纬度地区，属暖温带季风气候区，既受东南季风影响，又受西北季风控制，资源丰富，光、热、水配合较好，有利于农作物的生长，气候资源的地区差异较大，有利于农林牧渔的综合发展。其主要气候特点有：气候温和，四季分明，光照充足，雨量适中；四季之中，冬、夏季长，春、秋季短，春季天气多变，夏季高温多雨，秋季天高气爽，冬季寒潮频袭；以中运河为界，东部属暖温带湿润季风区，西部属暖温带半湿润季风区；主要气象灾害有旱、涝、风、霜冻、冰雹等；全年太阳辐射总量约 119.4 千卡 / 平方厘米，平均日照时数 2100 小时左右，平均降水量 900 毫米左右，无霜期 200–230 天。

土　壤

徐州市土壤，根据成土条件、过程、土体结构和性质的差异，主要分为棕土、褐土、紫色土、潮土、砂姜黑土、水稻土六大类。其中棕土、褐土为暖温带湿润、半湿润气候和落叶植被环境下的地带性土壤，面积分别为 33.9 千公顷和 77.5 千公顷；潮土类为本区冲积平原的主要土类，面积约为 649.9 千公顷，占全市土壤总面积的 79.5%。此外在一些湖荡洼地中还有少量的沼泽土类。

矿　产

徐州市地层发育齐全，地质构造复杂，岩浆活动频繁，地质历史时期环境多变，为不同类型矿产的形成和储存，提供了良好的条件。现已查明和开采的矿产资源有铁、铜、煤、石灰石、大理石、钾、磷、岩盐、石膏、石英岩（砂）、粘土、白云岩等。其中铁矿主要属接触交代型内生铁矿，以磁铁矿、赤铁矿为主，矿石品位高，含量多为大于 50% 的富矿，同时，部分矿体中还伴有铜、金、银等有色和稀贵金属，具有较高的综合开发利用价值，已探明储量 8300 万吨；煤矿具有储量大、层次多、煤层厚、质量好、分布稳定而有规律等特点，已探明储量 39 亿吨以上，预测储量在 69 亿吨以上；岩盐已探明储量 5.53 亿吨，预测储量 21 亿吨；石膏已探明储量 3.2 亿吨，预测储量 44.4 亿吨。此外，金刚石及其伴生矿物亦多处有所发现。

1-1 行政区划、土地面积与人口密度

（2016年底） 单位：个

地 区	镇	办事处	村民委员会	居民委员会	土地面积（平方公里）	人口密度（常住）（人/平方公里）
全市合计	**97**	**66**	**2001**	**788**	**11764.89**	**740**
市 区	23	48	469	338	3062.51	1067
鼓楼区		7		66	66.23	5806
云龙区		8	24	51	119.72	3499
贾汪区	5	4	97	54	620.26	691
泉山区		14		114	99.97	7132
铜山区	17	11	294	29	1871.19	561
开发区	1	4	54	24	285.14	963
县(市)	74	18	1532	450	8702.38	625
丰 县	12	3	343	68	1450.28	654
沛 县	13	4	243	152	1805.77	618
睢宁县	15	3	268	132	1769.34	580
新沂市	13	4	219	59	1592.30	572
邳州市	21	4	459	39	2084.69	690

1-2　各行政区划街道办事处(镇)名称

（2016 年底）

地　　区	街道办事处或镇数(个)	街道办事处或镇名称
鼓楼区	7	黄楼街道、丰财街道、琵琶街道、牌楼街道、铜沛街道、环城街道、九里街道
云龙区	8	彭城街道、子房街道、黄山街道、骆驼山街道、大郭庄街道、翠屏山街道、大龙湖街道、潘塘街道
贾汪区	9	老矿街道、大泉街道、大吴街道、潘安湖街道、青山泉镇、紫庄镇、塔山镇、汴塘镇、江庄镇
泉山区	14	王陵街道、七里沟街道、永安街道、湖滨街道、段庄街道、翟山街道、奎山街道、和平街道、金山街道、泰山街道、庞庄街道、火花街道、桃园街道、苏山街道
铜山区	28	三河尖街道、张双楼街道、垞城街道、张集街道、义安街道、利国街道、电厂街道、拾屯街道、铜山街道、新区街道、三堡街道、何桥镇、黄集镇、马坡镇、郑集镇、柳新镇、刘集镇、大彭镇、汉王镇、棠张镇、张集镇、房村镇、伊庄镇、单集镇、利国镇、大许镇、茅村镇、柳泉镇
开发区	5	金山桥街道、东环街道、大黄山街道、大庙街道、徐庄镇
丰　县	15	中阳里街道、凤城街道、孙楼街道、首羡镇、顺河镇、常店镇、欢口镇、师寨镇、华山镇、梁寨镇、范楼镇、宋楼镇、大沙河镇、王沟镇、赵庄镇
沛　县	17	沛城街道、大屯街道、汉源街道、汉兴街道、龙固镇、杨屯镇、胡寨镇、魏庙镇、五段镇、张庄镇、张寨镇、敬安镇、河口镇、栖山镇、鹿楼镇、朱寨镇、安国镇
睢宁县	18	睢城街道、金城街道、睢河街道、王集镇、双沟镇、岚山镇、李集镇、桃园镇、官山镇、高作镇、沙集镇、凌城镇、邱集镇、古邳镇、姚集镇、魏集镇、梁集镇、庆安镇
新沂市	17	新安街道、北沟街道、墨河街道、唐店街道、瓦窑镇、港头镇、合沟镇、草桥镇、窑湾镇、棋盘镇、马陵山镇、新店镇、邵店镇、时集镇、高流镇、阿湖镇、双塘镇
邳州市	25	东湖街道、运河街道、戴圩街道、炮车街道、邳城镇、官湖镇、四户镇、宿羊山镇、八义集镇、土山镇、碾庄镇、港上镇、邹庄镇、占城镇、新河镇、八路镇、铁富镇、岔河镇、陈楼镇、邢楼镇、戴庄镇、车辐山镇、燕子埠镇、赵墩镇、议堂镇

1–3 主要年份国民经济和社会发展主要指标

指标		1978	1990	1995	2000	2005	2010	2013	2014	2015	2016
年末人口(常住)	**(万人)**					**881.33**	**858.21**	**859.10**	**862.83**	**866.90**	**871.00**
城镇人口						381.60	462.58	498.97	513.04	529.24	543.85
乡村人口						499.73	395.63	360.13	349.79	337.66	327.15
城镇化率	**(%)**					**43.30**	**53.90**	**58.08**	**59.46**	**61.05**	**62.44**
年末人口(户籍)	**(万人)**	**645.41**	**807.14**	**851.15**	**896.44**	**925.31**	**972.89**	**1006.85**	**1023.52**	**1028.70**	**1041.39**
#非农业人口		74.51	138.26	168.62	231.11	315.85	445.38	720.62	737.39	595.34	611.34
从业人数	**(万人)**	**283.64**	**408.50**	**425.43**	**417.66**	**452.20**	**485.90**	**478.70**	**480.90**	**482.10**	**483.40**
#职工人数		60.12	87.35	92.39	71.02	56.07	58.38	101.54	99.88	97.17	92.89
#国有经济单位		41.16	63.69	72.52	57.74	40.13	38.59	32.98	34.06	32.05	31.76
城镇集体经济		18.96	23.53	19.13	8.30	3.60	2.89	3.04	3.32	3.16	3.21
地区生产总值(当年价格)	**(亿元)**	**21.39**	**112.84**	**403.46**	**616.30**	**1226.65**	**2942.14**	**4519.82**	**4963.91**	**5319.88**	**5808.52**
第一产业		9.40	38.69	100.67	118.57	174.24	282.82	418.88	473.54	504.76	542.88
第二产业		8.95	44.91	184.14	283.56	620.13	1490.92	2140.03	2246.24	2355.06	2513.85
#工业		8.06	40.93	165.94	243.54	527.93	1268.61	1807.98	1883.70	1976.57	2122.58
第三产业		3.04	29.24	118.65	214.16	432.29	1168.40	1960.91	2244.13	2460.07	2751.79
固定资产投资	**(亿元)**										
固定资产投资						546.08	1938.72	3090.13	3671.56	4266.12	4797.33
#房地产开发投资			1.22	6.07	28.05	62.57	205.32	380.47	468.88	470.22	549.13
#住宅投资					19.18	46.79	169.70	288.94	316.95	338.80	415.04
固定资产投资竣工的住宅建筑面积	(万平方米)	36.40	58.40	91.90	143.62	255.92	395.22	702.67	623.70	709.87	551.89
财政	**(亿元)**										
财政总收入		3.27	10.23	25.30	47.62	145.26	413.89	659.95	732.59	819.16	802.02
#公共财政预算收入					22.45	55.22	222.16	422.84	472.33	530.68	516.06
地方财政支出		1.77	8.56	18.02	34.52	105.08	325.72	595.61	660.93	752.46	797.99
物价	**(%)**										
城市居民消费价格总指数		100.0	104.5	116.9	100.0	102.2	103.6	102.3	102.1	101.5	102.3
城市商品零售价格总指数		100.1	103.9	113.2	98.2	101.0	102.1	101.2	101.6	101.3	100.5
人民生活											
职工工资总额	(亿元)	3.14	18.59	50.68	65.31	107.26	198.51	458.72	501.18	524.81	526.69
职工平均工资	(元)	554	2179	5537	9339	18849	34243	47013	50268	54310	57228
农民人均收入	(元)	112	661	1800	3230	4443	7955	12052	12811	13982	15274

注:2005年及以后从业人员及乡村劳动者中未剔除外出打工人数;2007年及以后财政总收入及财政支出中不包括基金收入(支出);2010年以前固定资产投资竣工的住宅建筑面积为城镇口径;2013年及以前"农民人均收入"为纯收入口径,2014年起为可支配收入口径(后同)。

1-3　续表 1

指　　标	1978	1990	1995	2000	2005	2010	2013	2014	2015	2016
城市居民人均可支配收入　（元）		1687	4665	7147	11185	20959	29347	27469	29841	32229
城乡居民储蓄存款余额　（亿元）	0.89	44.64	140.06	305.80	650.61	1324.39	2089.77	2377.44	2780.60	3090.21
城市居民人均住房使用面积（平方米）		11.07	12.71	14.51	17.12	21.16	28.90	33.40	33.80	33.15
农民人均生活用房面积　（平方米）		18.73	19.51	22.52	29.36	41.83	47.50	49.73	51.30	53.95
国有工业企业　（亿元）										
利税总额	2.14	5.32	20.62	13.11	56.68	127.88	189.46	0.66	–1.60	–1.59
利润总额		–0.71	5.27	0.24	15.37	33.21	48.24	–0.44	–2.15	–1.71
固定资产原价	17.20	72.97	173.09	132.63	47.47	111.45	78.18	15.18	14.73	8.56
固定资产净值	10.19	50.92	117.62	84.14	28.22	68.14	48.50	10.77	10.17	6.45
运输、邮电										
全社会客运量　（万人次）	2030	3156	6071	7255	8099	27761	16758	17282	15660	15660
全社会货运量　（万吨）	2608	6073	10859	9669	14022	37227	33926	35659	36408	37896
内河港口货物吞吐量　（万吨）		837	1399	1452	4189	6308	8226	9202	9030	9122
邮电业务总量　（亿元）	0.07	0.62	3.88	17.73	36.26	73.39	176.50	180.88	193.39	246.69
邮电业务收入　（亿元）				13.06	27.05	48.14	69.40	70.30	74.11	84.55
计费函件（不含广告）　（万件）		2463	2579	2512	2041	4728	2613	1568	1488	850
订销报刊累计份数　（万份）		10291	17075	16451	9116	10845	12236	11706	11015	10508
国内外贸易、旅游										
社会消费品零售总额　（亿元）	7.71	42.23	115.07	185.21	396.04	956.99	1495.91	2099.20	2358.45	2659.39
进出口总额（海关数）　（万美元）		1015	24696	32896	112621	416053	628919	598841	541263	624838
# 出口总额		599	14724	18715	75196	263060	489709	467657	438935	525438
实际到帐注册外资　（万美元）		1324	10432	20790	26057	101330	150047	165786	142788	150574
接待国外旅游人数（含港澳台）（人次）		4325	4988	17825	73010	158277	25849	29485	33776	34105
科技、教育　（万人）										
专业技术人员	3.09	12.53	18.40	22.84	21.76	27.18	43.60	45.49	44.10	45.25
高等学校在校学生	0.21	1.16	1.86	4.61	9.27	11.88	13.63	13.72	13.76	14.08
中等专业学校在校学生	0.29	1.11	2.45	3.41	5.12	5.54	4.81	4.71	4.36	4.25
普通中学在校学生	45.98	31.38	42.47	58.43	81.51	52.07	37.52	35.93	34.74	36.10
小学在校学生	95.62	84.77	110.34	126.06	72.24	53.02	66.18	75.45	84.13	90.54

注：2014 年城乡一体化住户调查后，“城市居民人均可支配收入”与往年口径不可比；“实际利用外资”2005 年及以后为“实际到账注册外资”，口径与往年不可比；2011 年及以后邮电业务总量按 2010 年价格计算；2013 年起接待国外旅游人数和专业技术人员统计口径有调整，与往年不可比；“进出口总额”、“出口总额”1997 年及以前年度数字为“自营进出口总额”、“自营出口总额”口径；“城乡居民储蓄存款余额”自 2015 年更改为“住户存款余额”口径，与往年不可比。本表中高等学校在校学生数不含成人本专科学生数，以便与历史数据可比。中等专业学校在校学生数含成人中专。因移动公司数据调整，对 2013 年至 2016 年邮电业务总量作了修改。

1-3 续表 2

指标		1978	1990	1995	2000	2005	2010	2013	2014	2015	2016
卫生											
卫生机构数	（个）	652	1058	1052	993	1384	1213	4454	4620	4601	4584
床位数	（张）	11325	17303	18596	17736	19888	30500	43138	46213	47949	52247
卫生技术人员数	（万人）	1.57	2.44	2.94	3.05	2.83	3.24	4.36	4.70	5.16	5.55
# 医生		0.49	0.99	1.12	1.16	1.05	1.18	1.46	1.75	2.02	2.18
主要工农业产品产量	**（万吨）**										
粮食		206.15	399.00	406.13	319.50	314.13	440.20	451.13	469.18	470.92	469.16
棉花		2.47	5.57	5.91	5.08	4.17	3.23	3.63	3.24	2.60	2.07
油料		1.59	4.77	8.35	20.28	16.26	12.11	9.96	10.62	11.20	13.45
水果		2.62	14.13	35.78	81.91	87.52	106.31	92.81	116.11	108.47	110.07
生猪存栏	（万头）	149.21	170.81	215.78	201.07	214.26	293.19	297.20	306.91	299.61	275.05
猪、牛、羊肉	（万吨）	5.18	18.73	31.15	27.51	35.05	46.58	47.87	51.11	50.09	44.91
蚕茧	（吨）	525	6032	22100	15176	13212	6805	6815	7977	6512	3674
水产品	（万吨）	0.72	3.70	8.49	13.52	16.43	17.04	18.37	18.60	18.79	18.88
生铁		15.19	29.22	52.00	37.10	152.53	304.92	522.43	437.80	475.96	607.09
铝锭		0.31	0.76	1.94	0.50	1.08	10.87	5.71	1.22		
原煤		1445	2032	2344	2271	2597	2072	1972	1980	1885	1342
发电量	（亿千瓦时）	27.08	104.40	119.38	146.87	309.97	399.57	574.70	517.28	497.22	506.21
合成氨	（万吨）	7.07	13.40	14.86	19.16	36.96	66.40	98.61	93.00	93.21	67.30
农用化肥(折 100%)		4.91	12.52	19.76	15.42	29.58	48.05	53.98	54.23	45.76	26.94
水泥		66.68	297.67	1031.48	983.36	1295.66	3205.35	2488.69	2749.01	2681.63	2755.19
纱		1.68	3.63	4.64	7.16	23.01	81.58	103.88	152.92	141.21	156.63
布	（万米）	5474	12112	13883	8196	10551	16056	18059	27015	31490	34119
机制纸及纸板	（万吨）	2.47	16.44	71.60	32.65	48.91	105.54	38.34	44.40	27.58	38.66
卷烟	（万箱）	14.74	33.50	34.00	34.40	57.57	60.94	68.46	71.73	66.50	70.30
饮料酒	（万千升）	1.35	4.99	11.42	8.50	20.28	45.73	68.02	64.00	58.85	58.14
多晶硅	（吨）						17799	50440	66876	74358	69345
汽车起重机	（台）		419	683	1087	5368	18623	7939	7864	4088	5111
装载机	（辆）			1298	1777	9442	15212	18967	11945	7142	8298
压路机	（台）		802	1897	2466	2434	6874	4460	4048	2721	3379

1-4　国民经济主要指标发展速度

指　标	指数(2016 年为以下各年的%)							1979–2016 年平均增长(%)	2001–2016 年平均增长(%)
	1978	1990	1995	2000	2005	2010	2015		
从业人数	**170.4**	**118.3**	**113.6**	**115.7**	**106.9**	**99.5**	**100.3**	**1.4**	**0.9**
# 职工人数	154.5	106.3	100.5	130.8	165.7	159.1	95.6	1.2	1.7
# 国有经济单位	77.2	49.9	43.8	55.0	79.1	82.3	99.1	–0.7	–3.7
城镇集体经济	16.9	13.6	16.8	38.7	89.2	111.1	101.6	–4.6	–5.8
地区生产总值(可比价格)	**7349.6**	**2523.0**	**1175.6**	**667.7**	**368.3**	**188.0**	**108.2**	**12.0**	**12.6**
第一产业	678.9	455.7	296.5	198.9	156.4	123.8	102.0	5.2	4.4
第二产业	14472.9	3762.1	1453.1	792.2	401.3	191.6	108.7	14.0	13.8
# 工业	14918.7	3830.2	1479.7	826.0	419.3	195.5	109.4	14.1	14.1
第三产业	14118.5	3091.4	1394.1	772.0	408.8	199.9	109.1	13.9	13.6
固定资产投资额					**878.5**	**247.4**	**112.5**		
# 房地产开发投资		45010.7	9046.6	1957.7	877.6	267.5	116.8		20.4
财政									
财政总收入	24526.6	7839.9	3170.0	1684.2	552.1	193.8	95.7	15.6	19.3
# 公共财政预算收入				2298.7	934.6	232.3	97.2		21.6
地方财政支出	45084.2	9322.3	4428.4	2311.7	759.4	245.0	106.1	17.4	21.7
人民生活									
职工年平均工资	10330.0	2626.3	1033.6	612.8	303.6	167.1	105.4	13.0	12.0
农民人均收入	13637.5	2310.7	848.6	472.9	343.8	192.0	109.2	13.8	10.2
城市居民人均可支配收入		1910.4	690.9	450.9	288.1	153.8	108.0		9.9
城乡居民年末储蓄存款余额	347214.6	6922.5	2206.3	1010.5	475.0	233.3	111.1	23.9	15.6
运输、邮电									
全社会旅客运输量	771.4	496.2	258.0	215.9	193.4	56.4	100.0	5.5	4.9
全社会货物运输量	1396.0	599.5	335.3	376.5	259.6	97.8	104.1	7.2	8.6
邮电业务总量	136200.0	15377.4	2457.2	537.7	262.9	129.9	127.6	20.9	11.1
国内外贸易、旅游									
社会消费品零售总额	34492.7	6297.4	2311.1	1435.9	671.5	277.9	112.8	16.6	18.1
进出口总额		61560.4	2530.1	1899.4	554.8	150.2	115.4		20.2
# 出口总额		87719.2	3568.6	2807.6	698.8	199.7	119.7		23.2
实际利用外资		11372.7	1443.4	724.3	577.9	148.6	105.5		13.2
国际旅游人数		788.6	683.7	191.3	46.7	21.5	101.0		4.1

1-4　续表

指　　标	指数(2016 年为以下各年的%)							1979-2016 年平均增长(%)	2001-2016 年平均增长(%)
	1978	1990	1995	2000	2005	2010	2015		
科技、教育									
专业技术人员	1464.4	361.1	245.9	198.1	208.0	166.5	102.6	7.3	4.4
高等学校在校学生	6704.8	1213.8	757.0	305.4	151.9	118.5	102.3	11.7	7.2
中等专业学校在校学生	1465.5	382.9	173.5	124.6	83.0	76.7	97.5	7.3	1.4
普通中学在校学生	78.5	115.0	85.0	61.8	44.3	69.3	103.9	-0.6	-3.0
小学在校学生	94.7	106.8	82.1	71.8	125.3	170.8	107.6	-0.1	-2.0
卫生									
卫生机构数	703.1	433.3	435.7	461.6	331.2	377.9	99.6	5.3	10.0
床位数	461.3	302.0	281.0	294.6	262.7	171.3	109.0	4.1	7.0
卫生技术人员数	353.5	227.5	188.8	182.0	196.1	171.3	107.6	3.4	3.8
# 医生	444.9	220.2	194.6	187.9	207.6	184.7	107.9	4.0	4.0
主要工农业产品产量									
粮食	227.6	117.6	115.5	146.8	149.4	106.6	99.6	2.2	2.4
棉花	83.8	37.2	35.0	40.7	49.6	64.1	79.6	-0.5	-5.5
油料	845.9	282.0	161.1	66.3	82.7	111.1	120.1	5.8	-2.5
水果	4201.1	779.0	307.6	134.4	125.8	103.5	101.5	10.3	1.9
生猪存栏	184.3	161.0	127.5	136.8	128.4	93.8	91.8	1.6	2.0
猪、牛、羊肉	867.0	239.8	144.2	163.2	128.1	96.4	89.7	5.8	3.1
蚕茧	699.8	60.9	16.6	24.2	27.8	54.0	56.4	5.3	-8.5
水产品	2622.2	510.3	222.4	139.6	114.9	110.8	100.5	9.0	2.1
生铁	3996.6	2077.7	1167.5	1636.4	398.0	199.1	127.6	10.2	19.1
原煤	92.9	66.1	57.3	59.1	51.7	64.8	71.2	-0.2	-3.2
发电量	1869.3	484.9	424.0	344.7	163.3	126.7	101.8	8.0	8.0
合成氨	951.9	502.2	452.9	351.3	182.1	101.4	72.2	6.1	8.2
农用化肥(折 100%)	548.7	215.2	136.3	174.7	91.1	56.1	58.9	4.6	3.5
水泥	4132.0	925.6	267.1	280.2	212.6	86.0	102.7	10.3	6.7
纱	9323.2	4314.9	3375.6	2187.6	680.7	192.0	110.9	12.7	21.3
布	623.3	281.7	245.8	416.3	323.4	212.5	108.3	4.9	9.3
机制纸及纸板	1565.2	235.2	54.0	118.4	79.0	36.6	140.2	7.5	1.1
卷烟	476.9	209.9	206.8	204.4	122.1	115.4	105.7	4.2	4.6
饮料酒	4306.7	1165.1	509.1	684.0	286.7	127.1	98.8	10.4	12.8
多晶硅						389.6	93.3		
汽车起重机		1219.8	748.3	470.2	95.2	27.4	125.0		10.2
装载机			639.3	467.0	87.9	54.5	116.2		10.1
压路机		421.3	178.1	137.0	138.8	49.2	124.2		2.0

1-5　各时期国民经济主要指标平均增长速度

单位:%

指　　标	"一五"时期	"二五"时期	调整时期	"三五"时期	"四五"时期	"五五"时期
年末总人口(户籍)	**2.9**	**0.6**	**1.9**	**2.9**	**1.7**	**1.4**
职工人数	**4.4**	**11.0**	**-3.6**	**7.8**	**14.1**	**8.8**
# 国有单位	4.4	11.0	-3.6	7.8	5.7	9.1
地区生产总值	**9.9**	**4.4**	**7.4**	**8.9**	**7.9**	**15.3**
第一产业	-0.2	-1.3	11.1	7.2	5.1	10.7
第二产业	34.3	3.5	12.5	15.7	10.5	20.0
# 工业						
第三产业	16.3	6.0	-0.8	4.2	7.7	16.0
农林牧渔业总产值	**1.3**	**-1.1**	**9.0**	**4.7**	**7.7**	**6.2**
固定资产投资额	**43.3**	**25.2**	**10.2**	**5.3**	**10.6**	**31.7**
# 房地产开发投资						
财政						
财政收入	18.5	3.2	4.5	11.8	5.2	12.9
财政支出	26.0	-4.5	12.0	3.6	11.5	13.4
人民生活						
职工工资总额	9.2	12.5	-2.9	3.5	13.5	16.3
职工年平均工资	2.6	-0.9	3.0	-1.6	-1.6	7.0
城乡居民储蓄存款余额	29.1	4.8	17.3	4.3	14.7	33.6
运输、邮电						
邮电业务总量	14.9	16.8	-1.8	2.4	7.8	6.8
内外贸易						
社会消费品零售总额	14.3	5.0	1.5	2.9	10.9	13.8
教育						
高等学校在校学生数			-28.4			12.2
中等专业学校在校学生数	7.0	0.8	-7.3			17.1

1-5　续表 1　　单位:%

指　　标	"一五"时期	"二五"时期	调整时期	"三五"时期	"四五"时期	"五五"时期
普通中学在校学生数	23.2	9.6	0.5	23.9	5.1	10.0
小学在校学生数	8.4	1.6	15.5	-1.9	10.8	-1.3
卫生						
卫生机构数	14.3	6.1	3.7	-0.6	7.4	9.2
床位数	17.6	24.1	-0.5	4.4	5.6	5.3
卫生技术人员数	16.3	13.3	6.5	6.0	8.9	8.7
# 医生	20.4	12.0	5.6	-0.3	4.7	10.6
主要工农业产品产量						
粮食	1.2	0.6	1.4	6.4	7.3	6.0
棉花	13.3	-12.2	34.3	25.6	2.8	5.5
油料	-8.4	-13.7	32.9	-10.4	2.8	21.1
水果	-4.1	-13.2	8.5	14.5	9.9	9.5
生猪存栏	12.5	0.4	13.1	3.0	10.0	2.2
水产品	1.7	-0.1	14.0	-19.3	24.9	18.2
生铁		65.4	-0.6	23.1	19.1	8.1
铝锭			6.7	9.3	7.7	5.3
原煤	10.0	20.0	1.8	6.0	7.3	10.9
发电量	35.1	33.1	5.6	10.3	17.2	24.5
合成氨				80.4	27.0	29.4
农用化肥(折 100%)		89.0	22.9	24.6	30.0	3.1
水泥		68.8	9.7	7.6	23.0	16.7
纱	1.4	22.5	60.8	15.0	5.9	13.5
布	17.7	11.1	17.3	17.9	13.9	16.6
机制纸及纸板	150.6	11.7	-1.6	20.0	4.3	22.9
卷烟	-2.0	1.0	38.4	9.7	1.9	10.1
饮料酒	15.7	2.8	-3.6	9.7	12.8	17.5

1-5　续表 2　　　　单位：%

指　标	"六五"时期	"七五"时期	"八五"时期	"九五"时期	"十五"时期	"十一五"时期	"十二五"时期
年末总人口(常住)						**-0.5**	**0.2**
年末总人口(户籍)	**1.4**	**2.7**	**1.1**	**1.0**	**0.6**	**1.0**	**1.1**
职工人数	**3.7**	**2.3**	**1.1**	**-1.7**	**-4.6**	**0.8**	**10.7**
# 国有单位	4.1	2.9	2.6	-1.6	-7.0	-0.8	-3.6
地区生产总值	**11.3**	**7.0**	**16.5**	**12.0**	**12.6**	**14.4**	**11.7**
第一产业	8.2	0.8	9.0	8.3	4.9	4.8	4.0
第二产业	12.5	8.3	21.0	12.9	14.6	15.9	12.0
# 工业	11.7	9.2	21.0	12.4	14.5	16.5	12.3
第三产业	14.2	12.1	17.3	12.5	13.5	15.3	12.9
农林牧渔业总产值	**10.5**	**3.9**	**10.7**	**8.9**	**4.6**	**9.1**	**4.5**
固定资产投资额	**7.6**	**9.3**	**36.8**	**25.4**	**19.7**	**27.7**	**17.1**
# 房地产开发投资			32.7	38.8	8.5	26.3	18.0
财政							
财政收入	10.0	12.2	19.9	13.5	24.5	28.8	15.1
财政支出	13.4	20.5	16.1	13.9	24.9	25.4	18.2
人民生活							
职工工资总额	15.8	14.8	22.2	6.2	10.4	13.1	21.5
职工年平均工资	11.5	12.1	20.5	8.5	15.1	12.7	9.7
城乡居民储蓄存款余额	36.6	35.5	25.7	16.9	16.3	15.3	16.0
运输、邮电							
客运量	5.7	-2.5	14.0	3.6	1.8	27.9	-10.8
货运量	14.1	-0.7	12.3	-2.3	7.7	21.6	-0.4
邮电业务总量	11.2	34.5	44.5	35.5	15.4	15.1	5.4
内外贸易							
社会消费品零售总额	16.4	12.6	22.2	10.0	12.7	19.3	19.8
进出口总额				15.7	27.9	29.9	5.4
实际到帐注册外资				13.0	14.1	34.7	7.1
教育							
高等学校在校学生数	31.0	3.1	8.7	19.9	13.2	5.1	3.0
中等专业学校在校学生数	6.4	5.0	17.2	6.8	3.6	1.6	-4.6

1-5　续表 3　　　　单位：%

指　　标	"六五"时期	"七五"时期	"八五"时期	"九五"时期	"十五"时期	"十一五"时期	"十二五"时期
普通中学在校学生数	-3.0	0.2	6.2	6.6	6.9	-8.6	-7.8
小学在校学生数	-1.9	-0.7	5.4	2.7	-10.5	-6.0	9.7
卫生							
卫生机构数	4.2	0.1	-0.1	-1.1	6.9	-2.6	30.6
床位数	4.6	2.3	1.5	-0.9	2.3	8.9	9.5
卫生技术人员数	3.8	3.5	3.8	0.7	-1.5	2.7	9.8
# 医生	6.2	4.9	2.5	0.7	-2.0	2.4	11.4
主要工农业产品产量							
粮食	10.9	1.5	0.4	-4.7	-0.4	7.0	1.4
棉花	9.6	-4.6	1.2	-3.0	-3.9	-5.0	-4.2
油料	27.2	-14.6	11.8	19.4	-4.3	-5.7	-1.6
水果	9.1	19.6	20.4	18.0	1.3	4.0	0.4
生猪存栏	5.7	-2.2	4.8	-1.4	1.3	6.5	0.4
水产品	8.2	15.8	18.1	9.8	4.0	0.7	2.0
生铁	0.2	12.1	12.2	-6.5	32.7	14.9	9.3
铝锭	2.4	19.8	20.6	-23.7	16.6	58.7	
原煤	3.7	2.4	2.9	-0.6	2.7	-4.4	-1.9
发电量	4.1	12.3	2.7	4.2	16.1	5.2	4.5
合成氨	2.9	-1.3	2.1	5.2	14.1	12.4	7.0
农用化肥(折 100%)	1.5	9.6	-4.8		13.9	10.2	-1.0
水泥	8.0	28.2	-1.0		5.7	19.9	-3.5
纱	2.9	8.4	5.0	9.1	26.3	28.8	11.6
布	-0.4	10.5	2.8	-10.0	5.2	8.8	14.4
机制纸及纸板	15.6	20.5	34.2	-14.5	8.4	16.6	-23.5
卷烟	6.1	5.1	0.3	0.2	10.8	1.1	1.8
饮料酒	7.0	11.9	18.0	-5.7	19.0	17.7	5.2
多晶硅							33.1
汽车起重机		5.2	10.3	9.7	37.6	28.2	-26.2
装载机				6.5	39.7	10.0	-14.0
压路机		1.9	18.8	5.4	-0.3	23.1	-16.9

1-6　徐州的一天

指　　标	1985	1990	1995	2000	2005	2010	2013	2014	2015	2016
全市每天创造的财富										
地区生产总值（万元）	1522	3092	11054	16885	33607	80607	123831	135998	145750	159138
第一产业	607	1060	2758	3248	4774	7748	11476	12974	13829	14873
第二产业	651	1230	5045	7769	16990	40847	58631	61541	64522	68873
工业	568	1121	4546	6672	14464	34756	49534	51608	54153	58153
建筑业	83	109	499	1096	2526	6091	9152	9989	10370	10784
第三产业	264	801	3251	5868	11843	32011	53724	61483	67399	75392
#运输和邮电业		198	810	1567	3523	6648	11764	10853	13310	13648
批发、零售、住宿和餐饮业		187	869	1594	3358	10517	18759	21434	23512	25654
财政总收入（万元）	158	280	693	1305	3980	11339	18081	20071	22952	21973
#公共财政预算收入				615	1513	6087	11585	12940	14539	14139
生铁（吨）	453	800	1425	1016	4179	8354	14313	11995	13040	16633
原煤（万吨）	4.93	5.57	6.40	6.22	7.12	5.68	5.40	5.40	5.16	3.68
发电量（万千瓦时）	1599	2860	3271	4024	8492	10947	15745	14172	13623	13869
水泥（吨）	5562	8155	28247	26941	35498	87818	68183	75315	73469	75485
布（万米）	20.14	33.18	38.00	22.45	28.91	43.99	49.48	74.00	86.27	93.48
机制纸及纸板（吨）	178	451	1962	895	1340	2892	1050	1216	756	1059
卷烟（箱）	715	918	932	942	1577	1670	1876	1965	1822	1926
全市每天消费量										
社会消费品零售总额（万元）	640	1157	3183	5074	10850	26219	40984	57512	64615	72860
城市居民每人生活费支出（元）	1.85	3.86	10.09	14.77	21.02	36.04	51.80	49.38	53.03	56.37
#食品消费	1.00	2.22	5.04	5.44	7.42	12.32	17.36	14.49	15.54	16.49
农民每人生活费支出（元）	0.90	1.47	3.11	4.44	7.78	14.29	19.85	24.69	27.05	30.30
#食品消费	0.47	0.78	1.86	1.87	3.31	5.37	7.10	7.89	8.64	9.52
每天其他经济活动										
旅客运输量（万人次）	9.84	8.65	16.63	19.88	22.19	76.06	45.91	47.35	42.91	42.91
货物运输量（万吨）	17.21	16.64	29.75	26.49	38.42	101.99	92.95	97.70	99.75	103.82
房屋建筑竣工面积（平方米）	3539	3063	5022	8078	14720	12524	19251	13934	18405	16487
#住宅竣工面积	1839	1600	2517	3935	7012	10372	16865	11811	14269	13390
邮寄函件（万件）	7.05	8.15	8.59	6.88	5.59	12.95	7.16	4.30	4.08	2.33
每天人口变动和婚姻										
出生人数（人）	235	432	228	460	192	596	580	563	416	505
死亡人数（人）	93	98	108	122	62	218	92	83	162	108
结婚对数（对）	145	189	178	153	146	279	342	328	269	270
离婚对数（对）	2	1	3	4	17	30	51	49	60	69

注：2010年之前房屋建筑竣工面积和住宅竣工面积为固定资产投资中的竣工面积，2010年之后为房地产开发中的竣工面积。

1-7 徐州市国民经济主要指标占全省比重

（2016 年）

指　　　标		全　省	徐州市	徐州市占全省的　比　重（%）
年末人口(常住)	**(万人)**	**7998.60**	**871.00**	**10.9**
年末人口(户籍)		7775.66	1042.40	13.4
就业人数		4756.22	483.40	10.2
# 职工人数		1410.73	92.89	6.6
地区生产总值(GDP)(当年价格)	**(亿元)**	**76086.17**	**5808.52**	**7.6**
第一产业		4078.48	542.88	13.3
第二产业		33855.73	2513.85	7.4
# 工业		29689.92	2122.58	7.1
第三产业		38151.96	2751.79	7.2
人均 GDP	(元)	95259	66845	70.2
社会消费品零售总额	**(亿元)**	**28707.12**	**2659.39**	**9.3**
进出口总额	**(亿美元)**	**5096.12**	**62.48**	**1.2**
# 出口总额		3193.44	52.54	1.6
实际到帐注册外资		**245.43**	**15.06**	**6.1**
财政总收入	**(亿元)**	**13416.70**	**802.02**	**6.0**
# 公共财政预算收入		8121.23	516.06	6.4
地方财政支出		9990.12	798.89	8.0
职工工资总额	**(亿元)**	**10583.16**	**526.69**	**5.0**
城镇非私营单位在岗职工平均工资	**(元)**	**71574**	**57228**	
居民人均可支配收入		**32070**	**22348**	
农村居民人均可支配收入		17606	15274	
城镇居民人均可支配收入		40152	28421	
金融机构存款余额	**(亿元)**	**121106.58**	**5495.31**	**4.5**
# 住户存款		43900.50	3090.21	7.0
金融机构贷款余额		91107.56	3620.21	4.0

注:就业人数为全省劳动力抽样调查数据,非全社会口径。空格部分不填数,无法计算占比。

1-7 续表 （2016 年）

指 标		全 省	徐州市	徐州市占全省的 比 重（%）
全社会客运量	**（万人）**	**134604**	**15660**	**11.6**
全社会货运量	（万吨）	213832	37896	17.7
邮电业务总量	（亿元）	3431.20	246.69	7.2
高等学校本专科在校学生	**（万人）**	**174.58**	**17.91**	**10.3**
普通中学在校学生		290.1	36.1	12.4
小学在校学生		522.2	90.56	17.3
卫生机构数	**（个）**	**32135**	**4584**	**14.3**
# 医院、卫生院		2720	291	10.7
卫生机构床位数	（万张）	44.31	5.22	11.8
# 医院、卫生院		41.5	4.89	11.8
卫生技术人员数	（万人）	51.71	5.55	10.7
# 执业医师、执业助理医师		20.47	2.18	10.6
主要工农业产品产量	**（万吨）**			
粮食		3466.01	469.16	13.5
棉花		7.38	2.07	28.0
油料		131.93	13.45	10.2
水产品产量		524.75	18.88	3.6
原煤		1367.91	1342.43	98.1
发电量	（亿千瓦时）	4667.73	506.21	10.8
农用化肥（折 100%）	（万吨）	207.63	26.94	13.0
水泥		17989.78	2755.19	15.3
纱		536.86	156.63	29.2
布	（亿米）	91.46	3.41	3.7

注：为与全省可比，本表中高等学校本专科在校学生含成人本专科学生数。

1-8 主要年份国民经济和社会发展结构指标

单位：%

指　　标	1978	1990	1995	2000	2005	2010	2013	2014	2015	2016
人口结构										
常住人口										
城镇人口					43.3	53.9	58.1	59.5	61.1	62.4
农村人口					56.7	46.1	41.9	40.5	39.0	37.6
户籍人口										
农业人口	88.5	82.9	80.2	74.2	65.9	54.2	28.4	28.0	42.1	41.3
非农业人口	11.5	17.1	19.8	25.8	34.1	45.8	71.6	72.0	57.9	58.7
就业结构										
第一产业	72.1	61.0	56.9	56.4	40.3	40.7	35.8	33.8	31.7	29.9
第二产业	15.3	23.4	25.3	22.3	28.3	26.9	30.5	31.3	32.3	33.1
第三产业	12.6	15.6	17.8	21.3	31.4	32.4	33.7	34.8	36.0	37.1
地区生产总值产业结构										
第一产业	44.0	34.3	25.0	19.2	14.2	9.6	9.3	9.5	9.5	9.3
第二产业	41.8	39.8	45.6	46.0	50.6	50.7	47.3	45.3	44.3	43.3
第三产业	14.2	25.9	29.4	34.8	35.2	39.7	43.4	45.2	46.2	47.4
地区生产总值支出结构										
总消费			45.3	48.9	50.4	46.1	49.0	49.3	40.5	43.0
居民消费			84.9	80.5	79.5	73.0	68.1	67.8	74.1	75.8
政府消费			15.1	19.5	20.5	27.0	31.9	32.2	25.9	24.2
资本形成总额			44.3	49.5	55.6	58.3	59.5	59.2	56.6	58.6
固定资产形成			64.1	85.7	88.0	97.4	94.7	93.9	96.3	95.9
存货增加			35.9	14.3	12.0	2.6	5.3	6.1	3.7	4.1
财政总收入相当于地区生产总值比例	**15.3**	**9.1**	**6.2**	**7.3**	**12.0**	**14.1**	**14.9**	**14.8**	**15.7**	**13.8**
科教文卫事业费占财政支出的比例		**33.1**	**40.4**	**33.5**	**24.1**	**41.4**	**31.5**	**31.7**	**31.6**	**31.9**
农林牧渔业总产值结构										
农　业	84.1	65.0	59.4	65.7	62.7	62.9	61.7	62.5	62.3	62.2
林　业	2.7	2.3	2.4	2.6	2.7	2.0	1.7	1.7	1.7	1.8
牧　业	12.5	30.0	35.0	26.1	27.2	28.3	30.0	29.1	29.1	28.8
渔　业	0.7	2.7	3.2	5.6	5.4	4.9	4.1	4.0	3.9	4.1
农林牧渔服务业					2.0	2.1	2.5	2.7	3.0	3.1
农作物播种面积结构										
粮食作物	74.1	86.1	76.8	59.3	56.3	65.0	64.8	65.0	63.4	63.9
经济作物	23.7	8.8	9.9	10.7	13.0	7.6	7.1	6.9	6.9	6.6
其他作物	2.2	5.1	13.3	30.0	30.7	27.4	28.1	28.1	29.7	29.5

注：因国民经济核算年报调整，对2015年地区生产总值支出结构数据进行了修改。

1-8　续表　　　　单位：%

指　　标	1978	1990	1995	2000	2005	2010	2013	2014	2015	2016
工业总产值按经济类型分										
国有工业	74.7	68.2	57.0	26.9	9.5	4.5	3.0	2.0	0.1	…
集体工业	25.3	31.3	36.2	12.9	0.1	0.3	0.2	0.2	0.1	0.1
其他工业		0.5	6.8	60.2	90.4	95.2	96.8	97.8	99.8	99.9
工业总产值按轻重工业分										
轻工业	39.6	45.6	42.5	44.0	32.0	27.4	29.7	31.1	32.8	33.8
重工业	60.4	54.4	57.5	56.0	68.0	72.6	70.3	68.9	67.2	66.2
货运量结构										
铁路	56.7	43.8	18.6	17.6	10.6	26.7	3.1	2.6	2.7	1.8
公路	25.0	45.9	61.9	49.5	43.6	39.6	45.6	47.6	46.4	46.4
水运	3.6	7.6	10.9	5.8	6.3	6.8	14.1	14.1	15.5	15.3
管道	14.7	2.7	8.6	27.1	39.5	26.8	37.2	35.7	35.3	36.4
在校学生结构										
大学生	0.1	1.0	1.2	2.4	5.0	10.2	10.6	10.1	9.6	9.3
中学生	32.6	28.6	30.1	33.2	53.2	44.5	38.2	34.5	31.8	30.6
小学生	67.2	70.4	68.8	64.5	41.8	45.3	51.2	55.4	58.6	60.1
专任教师结构										
大学		3.6	3.3	3.6	6.3	8.0	9.0	9.1	9.0	9.1
中学		37.4	38.1	39.3	46.4	48.8	47.5	46.1	44.9	43.4
小学		59.0	58.6	57.1	47.3	43.2	43.4	44.8	46.1	47.5
城市居民消费结构										
食品		57.4	49.9	36.8	35.3	34.2	33.5	29.4	29.3	29.3
衣着		14.0	15.1	10.0	9.5	10.8	9.3	8.5	8.4	8.3
娱乐文教		8.7	8.7	14.4	16.5	11.4	13.4	11.3	11.4	11.3
居住		2.3	6.0	6.3	11.3	9.2	7.8	19.1	19.3	19.4
用品及其他		17.5	20.3	32.5	27.4	34.4	35.9	31.7	31.6	31.7
农村居民消费结构										
食品		53.4	59.9	42.2	42.6	37.6	35.8	32.0	31.9	31.4
衣着		10.3	7.2	6.2	6.9	8.3	8.3	8.0	8.0	7.7
娱乐文教		6.2	6.5	12.0	16.7	15.3	18.0	10.2	10.7	10.6
居住		17.8	15.4	19.9	10.8	15.6	14.7	18.8	18.4	18.7
用品及其他		18.5	17.6	31.8	23.0	23.1	23.2	31.0	31.0	31.6
卫生技术人员结构										
# 医生	31.0	40.5	38.1	38.1	37.1	36.0	37.1	37.3	39.1	39.3
护师、护士		28.3	33.4	28.6	30.3	36.6	41.4	41.9	41.4	43.9
治理污染资金使用结构										
治理废水		69.7	68.2	34.7	15.6	29.6	1.0	5.2	37.5	
治理废气		26.8	18.1	64.4	81.6	61.4	97.3	70.8	47.3	
治理固体废物		1.3	12.8	0.7	0.7	7.6				
治理噪声		2.0	0.8	0.1	1.3					
其他		0.2		0.1	0.8	1.4	1.7	24.0	15.2	

1-9 全市法人单位数及从业人员数

项目	法人单位数(个)		从业人员数(万人)	
	2015	2016	2015	2016
合计	**115976**	**144276**	**315.32**	**334.90**
按机构类型分				
企业	100468	121769	273.13	285.02
事业单位	3739	3685	21.04	20.46
机关	1023	1008	6.56	6.59
社会团体	1417	2562	1.85	2.50
民办非企业单位	1685	2409	3.14	3.54
基金会	16	24	0.02	0.02
居委会	672	913	0.65	0.74
村委会	2077	2100	1.58	1.60
农民专业合作社		8252		13.09
其他组织机构	4879	1554	7.34	1.33
按登记注册类型分				
内资	115448	143751	306.19	325.88
国有	5561	5481	36.33	34.50
集体	1042	1101	4.02	3.90
股份合作	122	123	0.76	0.73
联营	87	82	0.18	0.14
国有联营	11	10	0.05	0.02
集体联营	42	39	0.08	0.07
国有与集体联营	8	9	0.01	0.01
其他联营	26	24	0.05	0.04
有限责任公司	5024	5056	47.95	46.11
国有独资公司	124	134	7.48	6.83
其他有限责任公司	4900	4922	40.47	39.27
股份有限公司	1090	1061	11.57	11.17
私营	85141	109161	179.98	201.48
私营独资	23542	30256	34.16	38.27
私营合伙	1270	1321	2.11	2.07
私营有限责任公司	58422	75195	137.61	154.56
私营股份有限公司	1907	2389	6.10	6.58
其他内资	17381	21686	25.39	27.86

注:全市法人单位数、从业人员数为2016年12月31日时点数。

1-9　续表

项　目	法人单位数(个)		从业人员数(万人)	
	2015	2016	2015	2016
港澳台商投资	283	281	4.82	4.79
与港澳台商合资经营	90	83	2.45	2.36
与港澳台商合作经营	11	9	0.09	0.08
港澳台商独资	170	176	2.10	2.18
港澳台商投资股份有限公司	10	11	0.18	0.17
其他港、澳、台商投资	2	2		
外商投资	245	244	4.31	4.22
中外合资经营	124	128	2.66	2.52
中外合作经营	3	3	0.11	0.11
外资企业	106	101	1.53	1.49
外商投资股份有限公司	7	8	0.01	0.11
其他外商投资	5	4		
按行业分				
农、林、牧、渔业	4998	7014	7.79	9.56
采矿业	211	198	8.90	8.50
制造业	21361	24044	114.87	121.14
电力、燃气及水的生产和供应业	304	427	1.74	2.03
建筑业	5041	6912	50.54	48.41
批发和零售业	42206	52312	48.52	53.07
交通运输、仓储和邮政业	3164	3754	9.25	11.17
住宿和餐饮业	1112	1330	2.56	2.60
信息传输、软件和信息技术服务业	2621	4062	2.84	3.92
金融业	831	772	2.17	2.09
房地产业	3516	4094	6.39	6.98
租赁和商务服务业	9828	13024	11.64	13.62
科学研究和技术服务业	6118	7985	8.22	9.73
水利、环境和公共设施管理业	894	937	2.05	2.31
居民服务、修理和其他服务业	1821	2637	2.28	2.89
教育	2376	2826	13.83	14.07
卫生和社会工作	1258	1547	6.38	6.53
文化、体育和娱乐业	1575	2270	2.08	2.40
公共管理、社会保障和社会组织	6741	8131	13.28	13.89

1-10 全市产业活动单位数及从业人员数

项　　目	产业活动单位(个)		从业人员数(万人)	
	2015	2016	2015	2016
合　计	**126793**	**156554**	**322.60**	**353.08**
按机构类型分				
企业	106657	129461	278.70	301.45
事业单位	6965	6892	22.81	22.24
机关	1520	1506	6.34	6.39
社会团体	1433	2579	1.54	2.20
民办非企业单位	1678	2399	3.11	3.50
基金会	16	24	0.02	0.02
居委会	671	914	0.65	0.75
村委会	2078	2099	1.59	1.60
农民专业合作社		8253		13.09
其他组织机构	5775	2427	7.85	1.83
按登记注册类型分				
内资	126147	155903	313.27	343.56
国有	10135	10037	42.02	40.35
集体	2023	2086	6.64	8.61
股份合作	173	174	0.88	0.85
联营	117	121	0.21	0.17
国有联营	23	21	0.06	0.03
集体联营	51	50	0.08	0.08
国有与集体联营	15	16	0.02	0.02
其他联营	28	34	0.05	0.04
有限责任公司	5399	5430	39.61	44.90
国有独资公司	145	150	4.05	8.52
其他有限责任公司	5254	5280	35.56	36.38
股份有限公司	2069	2093	13.86	13.77
私营	87634	113014	183.28	205.63
私营独资	24117	31010	35.05	39.13
私营合伙	1320	1371	2.17	2.14
私营有限责任公司	60186	78093	139.66	157.32
私营股份有限公司	2011	2540	6.39	7.05
其他内资	18597	22948	26.76	29.28

注:全市产业活动单位数、从业人员数为2016年12月31日时点数。

1-10　续表

项　　目	产业活动单位(个)		从业人员数(万人)	
	2015	2016	2015	2016
港澳台商投资	330	334	4.77	5.07
与港澳台商合资经营	101	99	2.44	2.55
与港澳台商合作经营	12	10	0.07	0.06
港澳台商独资	203	205	2.12	2.28
港澳台商投资股份有限公司	10	14	0.14	0.17
其他港、澳、台商投资	4	6	0.01	0.01
外商投资	316	317	4.57	4.44
中外合资经营	141	145	2.77	2.66
中外合作经营	3	3	0.11	0.11
外资企业	147	141	1.65	1.62
外商投资股份有限公司	16	19	0.04	0.06
其他外商投资	9	9	0.01	0.01
按行业分				
农、林、牧、渔业	5024	7034	7.89	9.66
采矿业	234	223	6.59	10.69
制造业	21520	24213	115.69	122.23
电力、燃气及水的生产和供应业	403	556	2.02	2.38
建筑业	5364	7290	50.33	53.26
批发和零售业	44251	55210	50.39	55.60
交通运输、仓储和邮政业	3722	4384	10.57	11.94
住宿和餐饮业	1241	1479	2.78	2.87
信息传输、软件和信息技术服务业	3280	4722	3.41	4.38
金融业	2405	2458	4.43	4.49
房地产业	3741	4377	6.94	7.64
租赁和商务服务业	10151	13543	11.64	14.26
科学研究和技术服务业	6300	8207	8.42	9.95
水利、环境和公共设施管理业	957	1005	2.12	2.40
居民服务、修理和其他服务业	1860	2696	2.36	2.99
教育	3059	3514	14.29	14.56
卫生和社会工作	3983	4266	6.97	7.11
文化、体育和娱乐业	1619	2314	2.11	2.43
公共管理、社会保障和社会组织	7679	9063	13.65	14.24

主要统计指标解释

平均每年增长速度 在我国计算平均增长速度有两种方法，一种是习惯上经常使用的“水平法”，又称几何平均法，是以间隔期最后一年的水平同基期水平对比来计算平均每年增长(或下降)速度。另一种是“累计法”，又称代数平均法或方程法，是以间隔期内各年水平的总和同基期水平对比来计算平均每年增长(或下降)速度。

在一般正常情况下，两种方法计算的平均每年增长速度比较接近，但在经济发展不平衡，出现大起大落时，两种方法计算的结果差别较大。

本《年鉴》内所列的平均每年增长速度，除固定资产投资是用“累计法”计算以外，其余均用“水平法”计算。从某年到某年平均增长速度的年份，均不包括基期年在内。如改革开放以来的平均增长速度是以1978年为基期计算的，则写为1979-2015年平均增长速度，其余类推。

各个计划时期 表内所用各个“时期”代表的年份如下：恢复时期为1950年到1952年；第一个五年计划时期(简称一五时期)为1953年到1957年；第二个五年计划时期(简称二五时期)为1958年到1962年；三年调整时期为1963年到1965年；第三个五年计划时期(简称三五时期)为1966年到1970年；第四个五年计划时期(简称四五时期)为1971年到1975年；第五个五年计划时期(简称五五时期)为1976年到1980年；第六个五年计划时期(简称六五时期)为1981年到1985年；第七个五年计划时期(简称七五时期)为1986年到1990年；第八个五年计划时期(简称八五时期)为1991年到1995年，第九个五年计划时期(简称九五时期)为1996年到2000年；第十个五年计划时期(简称十五时期)为2001年到2005年；第十一个五年计划时期(简称十一五时期)为2006年到2010年；第十二个五年计划时期（简称十二五时期)为2011年到2015年。

“倍数”的用法 倍，就是跟原数相同的数。倍数，只能用于数字的增加，不能用于数字的减少。如“增长多少倍”、“扩大多少倍”、“提高多少倍”都可以，但不能说“降低多少倍”、“缩小多少倍”、“减少多少倍”。因为减少一倍就减完了，再无什么可减了。运用倍数时，还要注意词的准确。如“增加了两倍”即原来是一，现在是三；“增加到两倍”，即原来是一，现在是二。这里的“了”和“到”不能缺少，也不能互换。

“百分数”的用法 百分数，是用一百做分母的分数，在数学中用“%”来表示，在文章中一般都写作“百分之多少”。百分数与倍数不同，它既可以表示数量的增加，也可以表示数量的减少。运用百分数时，也要注意概念的精确。如“比过去增长30%，即过去为100，现在是“130”；比过去降低30%，即过去是100，现在是“70”；“降低到原来的30%”，即原来是100，现在是“30”。

运用百分数时，还要注意有些数最多只能达到100%，如产品合格率，种子发芽率等；有些百分数只能小于100%，如粮食出粉率等；有些百分数却可以超过100%，如产品产量计划完成情况等。

“番”的用法与“倍”的关系 增加一倍，就是增加100%；翻一番，也是增加100%。除了一倍与一番相当外，两倍与两番以上数字含义就不同了，而且数字越大，差距越大。如增加两倍，就指增加200%；翻两番，就是400%(一番二、二番是四、三番就是八)，所以说翻两番就是增加了300%，翻三番就是增加了700%。“番”是按几何级数计算的，“倍”是按算术级数计算的。

计算翻番公式为：

n=[lg(报告期数÷基数)]÷lg2

n表示翻番数 lg是常用对数符号

2 NATIONAL ACCOUNTS
国民经济核算

版面负责人：卓卫华

编　　　辑：王　楠

统计知识

中华人民共和国统计法实施条例

第三条 县级以上人民政府统计机构和有关部门应当加强统计规律研究，健全新兴产业等统计，完善经济、社会、科技、资源和环境统计，推进互联网、大数据、云计算等现代信息技术在统计工作中的应用，满足经济社会发展需要。

第四条 地方人民政府、县级以上人民政府统计机构和有关部门应当根据国家有关规定，明确本单位防范和惩治统计造假、弄虚作假的责任主体，严格执行统计法和本条例的规定。

地方人民政府、县级以上人民政府统计机构和有关部门及其负责人应当保障统计活动依法进行，不得侵犯统计机构、统计人员独立行使统计调查、统计报告、统计监督职权，不得非法干预统计调查对象提供统计资料，不得统计造假、弄虚作假。

统计调查对象应当依照统计法和国家有关规定，真实、准确、完整、及时地提供统计资料，拒绝、抵制弄虚作假等违法行为。

第五条 县级以上人民政府统计机构和有关部门不得组织实施营利性统计调查。

国家有计划地推进县级以上人民政府统计机构和有关部门通过向社会购买服务组织实施统计调查和资料开发。

编辑：徐向忠

2-1 主要年份地区生产总值

单位:万元

年 份	地区生产总值	第一产业	第二产业	工 业	建筑业	第三产业	#交通、仓储邮电通信业	#批发零售、住宿餐饮业	人均地区生产总值
1949	17274	13388	1282			2604			46
1952	22978	16401	2717			3860			60
1957	36912	17195	11501			8216			83
1962	45752	20558	14176			11018			100
1965	56658	26883	19016			10759			117
1970	86926	39808	33926			13192			156
1975	126877	53488	54233			19156			207
1978	213899	94036	89475	80640	8835	30388			334
1979	248679	107103	106042	95109	10933	35534			383
1980	286203	112976	129855	117494	12361	43372			436
1981	303742	125809	131965	120773	11192	45968			456
1982	354094	144961	152552	136971	15581	56581			522
1983	422603	169141	177376	152040	25336	76086			468
1984	496828	203530	205616	182030	23586	87682			713
1985	555667	221573	237589	207209	30380	96505			790
1986	630445	246074	259605	219901	39704	124766			886
1987	719853	272596	296863	254061	42802	150394			999
1988	846322	302814	364213	325963	38250	179295			1152
1989	992598	347872	402214	366541	35673	242512			1319
1990	1128406	386894	449104	409314	39790	292408	72126	68281	1438
1991	1300510	436804	501072	457482	43590	362634	82331	92901	1598
1992	1621503	468032	702902	623641	79261	450569	96581	117949	1969
1993	2205695	558606	1036980	934658	102322	610109	148636	159699	2656
1994	3147560	797131	1482083	1346900	135183	868346	208401	224935	3754
1995	4034596	1006725	1841433	1659430	182003	1186438	295570	317301	4762
1996	4880421	1156698	2232087	1997969	234118	1491636	374708	406308	5706
1997	5042259	1079337	2338385	2081981	256404	1624537	413969	447971	5841
1998	5367632	1124458	2479489	2158727	320762	1763685	469179	488742	6159
1999	5770945	1135814	2700239	2340678	359561	1934892	518356	521626	6583
2000	6162952	1185711	2835638	2435429	400209	2141603	571968	581651	6948
2001	6814908	1260273	3143812	2698419	445393	2410823	633089	653360	7579
2002	7493386	1340458	3511425	3028844	482581	2641503	685237	726092	8297
2003	8522604	1346800	4198275	3627200	571075	2977529	724227	846509	9401
2004	10311200	1615900	5116400	4353500	762900	3578900	1003800	985500	11596
2005	12266500	1742400	6201400	5279300	922100	4322900	1285800	1225700	13861
2006	14647400	1900500	7564900	6475000	1089900	5181900	1580100	1475600	16665
2007	17478700	2075800	9093300	7870100	1223200	6309600	1917100	1818400	20003
2008	21188400	2300000	11057600	9527000	1530600	7830800	2299100	2312000	24350
2009	23901600	2499000	12490400	10652800	1837600	8912200	2496800	2738400	27514
2010	29421400	2828200	14909200	12686100	2223100	11684000	2851800	3838600	34084
2011	35516500	3345400	17770400	15098200	2672200	14400700	3350100	5158700	41407
2012	40165800	3824600	19685200	16666200	3019000	16656000	3825900	5941800	46877
2013	45198200	4188800	21400300	18079800	3340400	19609100	4293900	6847000	52694
2014	49639100	4735400	22462400	18837000	3646100	22441300	4785700	7823500	57655
2015	53198800	5047600	23550600	19765700	3806500	24600700	4858100	8581900	61511
2016	58085200	5428800	25138500	21225800	3936000	27517900	4981400	9363600	66845

注:根据国家统计局《三次产业划分规定》(国统字[2012]108 号)要求,2013 年起原第一产业中的农林牧渔服务业调整到第三产业中,原第二产业中的金属制品、机械和设备修理业调整到第三产业中,产业划分调整后,工业与建筑业合计要大于等于第二产业;1993-2004 年数据是 2004 年第一次经济普查调整修订数据;2006-2008 年数据是第二次经济普查调整修订数据;2013 年数据是第三次经济普查调整修订数据(下同)。

2-2 主要年份地区生产总值指数

（按可比价格计算、以1978年为100）

年份	地区生产总值	第一产业	第二产业	工业	建筑业	第三产业	#交通、仓储邮电通信业	#批发零售、住宿餐饮业	人均地区生产总值
1978	100.0	100.0	100.0	100.0	100.0	100.0			100.0
1979	106.0	92.1	117.4	117.5	117.2	115.4			105.3
1980	121.3	96.3	143.7	144.5	136.1	133.0			119.2
1981	127.0	104.3	146.7	149.3	122.9	139.2			122.9
1982	145.5	112.8	171.8	172.1	168.9	169.7			138.4
1983	172.7	126.8	202.1	193.8	277.9	228.0			161.6
1984	197.5	144.7	232.9	230.3	256.2	256.5			182.8
1985	207.6	142.9	258.6	251.4	324.4	257.8			190.2
1986	224.3	146.3	276.6	261.5	415.3	311.3			203.2
1987	240.6	146.2	305.0	290.6	436.1	343.2			215.3
1988	251.0	132.2	347.5	346.1	360.5	334.5			220.2
1989	263.4	145.3	345.5	349.6	307.3	387.4			225.6
1990	291.3	149.0	384.7	389.5	340.4	456.7	100.0	100.0	239.4
1991	334.7	165.8	422.8	423.8	417.0	581.4	101.4	139.2	265.3
1992	407.0	176.2	566.1	561.5	611.7	707.6	115.9	162.4	318.6
1993	459.1	184.5	730.3	745.1	592.7	679.3	134.4	188.8	356.7
1994	537.1	200.2	867.6	885.9	695.8	832.8	176.9	218.4	399.3
1995	625.2	229.0	996.0	1008.2	893.4	1012.7	229.6	268.2	460.1
1996	722.7	248.0	1181.3	1188.7	1130.2	1171.7	245.0	320.3	524.2
1997	810.1	282.2	1319.5	1326.6	1265.8	1311.1	293.5	362.6	582.2
1998	908.9	306.8	1497.6	1489.8	1620.2	1463.2	331.9	385.8	646.8
1999	1000.7	325.8	1653.4	1637.4	1874.6	1632.9	374.1	422.5	707.9
2000	1100.8	341.4	1827.0	1806.1	2120.2	1828.8	423.9	475.3	769.6
2001	1221.9	363.6	2048.1	2021.0	2393.7	2044.6	469.3	538.0	842.7
2002	1361.2	386.5	2320.5	2310.0	2599.6	2277.7	529.4	604.2	934.6
2003	1531.4	379.5	2719.6	2728.1	2924.6	2576.1	591.3	705.1	1047.2
2004	1745.8	417.5	3135.7	3118.2	3532.9	2929.0	685.3	798.2	1185.4
2005	1995.4	434.1	3606.1	3557.9	4278.4	3453.3	846.4	956.2	1360.9
2006	2297.7	452.8	4248.1	4196.3	5006.0	3995.7	973.3	1121.6	1577.3
2007	2650.4	471.4	4998.2	5037.4	5200.4	4637.6	1137.8	1296.6	1829.6
2008	3009.5	498.7	5698.9	5791.1	5602.7	5351.0	1306.2	1544.3	2085.3
2009	3429.3	526.1	6528.3	6572.4	6841.5	6185.3	1446.0	1860.8	2379.3
2010	3909.4	548.3	7554.0	7630.3	7742.6	7063.6	1534.2	2223.7	2729.1
2011	4439.1	572.9	8653.8	8817.2	8429.9	8084.7	1707.2	2717.4	3117.2
2012	5025.1	602.1	9908.6	10086.9	9728.1	9168.0	1860.8	3114.1	3531.8
2013	5616.0	620.6	11129.5	11405.5	10488.5	10337.5	2021.7	3685.3	3942.9
2014	6203.3	643.3	12123.3	12451.2	11263.4	11745.1	2238.8	4138.7	4339.0
2015	6792.6	665.8	13311.4	13636.1	12593.1	12943.1	2354.3	4518.8	4730.8
2016	7349.6	678.9	14472.9	14918.7	13246.7	14118.5	2467.5	4885.3	5097.0

2-3 主要年份地区生产总值指数

（按可比价格计算、以上年为100）

年 份	地区生产总值	第一产业	第二产业			第三产业			人均地区生产总值
				工 业	建筑业		#交通、仓储邮电通信业	#批发零售、住宿餐饮业	
1978	100.0	100.0	100.0	100.0	100.0	100.0			100.0
1979	106.0	92.1	117.4	117.5	117.2	115.4			105.3
1980	114.4	104.6	122.4	123.0	116.1	115.3			113.2
1981	104.7	108.3	102.1	103.3	90.3	104.7			103.1
1982	114.6	108.1	117.1	115.3	137.4	121.9			112.6
1983	118.7	112.4	117.6	112.6	164.5	134.4			116.8
1984	114.4	114.1	115.2	118.8	92.2	112.5			113.1
1985	105.1	98.8	111.0	109.2	126.6	100.5			104.0
1986	108.0	102.4	107.0	104.0	128.0	120.8			106.8
1987	107.3	99.9	110.3	111.1	105.0	110.2			106.0
1988	104.3	90.4	113.9	119.1	82.7	97.5			102.3
1989	104.9	109.9	99.4	101.0	85.2	115.8			102.5
1990	110.6	102.5	111.3	111.4	110.8	117.9			106.1
1991	114.9	111.3	109.9	108.8	122.5	127.3	101.4	139.2	110.8
1992	121.6	106.3	133.9	132.5	146.7	121.7	114.3	116.7	120.1
1993	112.8	104.7	129.0	132.7	96.9	96.0	116.0	116.3	112.0
1994	117.0	108.5	118.8	118.9	117.4	122.6	131.6	115.7	111.9
1995	116.4	114.4	114.8	113.8	128.4	121.6	129.8	122.8	115.2
1996	115.6	108.3	118.6	117.9	126.5	115.7	106.7	119.4	113.9
1997	112.1	113.8	111.7	111.6	112.0	111.9	119.8	113.2	111.1
1998	112.2	108.7	113.5	112.3	128.0	111.6	113.1	106.4	111.1
1999	110.1	106.2	110.4	109.9	115.7	111.6	112.7	109.5	109.4
2000	110.0	104.8	110.5	110.3	113.1	112.0	113.3	112.5	108.7
2001	111.0	106.5	112.1	111.9	112.9	111.8	110.7	113.2	109.5
2002	111.4	106.3	113.3	114.3	108.6	111.4	112.8	112.3	110.9
2003	112.5	98.2	117.2	118.1	112.5	113.1	111.7	116.7	112.0
2004	114.0	110.0	115.3	114.3	120.8	113.7	115.9	113.2	113.2
2005	114.3	104.0	115.0	114.1	121.1	117.9	123.5	119.8	114.8
2006	115.1	104.3	117.8	117.9	117.0	115.7	115.0	117.3	115.9
2007	115.3	104.1	117.7	120.0	103.9	116.1	116.9	115.6	116.0
2008	113.5	105.8	114.0	115.0	107.7	115.4	114.8	119.1	114.0
2009	113.9	105.5	114.6	113.5	122.1	115.6	110.7	120.5	114.1
2010	114.0	104.2	115.7	116.1	113.2	114.2	106.1	119.5	114.7
2011	113.5	104.5	114.6	115.6	108.9	114.5	111.3	122.2	114.2
2012	113.2	105.1	114.5	114.4	115.4	113.4	109.0	114.6	113.3
2013	111.8	103.1	112.3	113.1	107.8	112.8	108.6	118.3	111.6
2014	110.5	103.7	108.9	109.2	107.4	113.6	110.7	112.3	110.0
2015	109.5	103.5	109.8	109.5	111.8	110.2	105.2	109.2	109.0
2016	108.2	102.0	108.7	109.4	105.2	109.1	104.8	108.1	107.7

2-4 市区主要年份地区生产总值

（当年价格） 单位:万元

年份	地区生产总值	第一产业	第二产业	工业	建筑业	第三产业	#交通、仓储邮电通信业	#批发零售、住宿餐饮业	人均地区生产总值
1949	2999	130	1180			1689			100
1952	4800	243	2416			2141			215
1957	13961	311	9972			3678			367
1962	17942	330	12136			5476			392
1965	20029	299	14484			5246			391
1970	34074	642	27317			6115			625
1975	50598	1111	42074			7413			841
1978	76966	1473	63559	59772	3787	11934			1169
1979	92885	1453	76488	72392	4096	14944			1347
1980	114121	1404	92906	87787	5119	19811			1588
1981	115615	1911	92268	86945	5323	21436			1564
1982	132620	2651	102819	96100	6719	27150			1742
1983	158974	3277	120463	104405	16058	35234			2031
1984	178795	2573	139174	127450	11724	37048			2236
1985	201382	3944	155271	142093	13178	42167			2469
1986	226245	3473	167736	146660	21076	55036			2717
1987	261723	3641	185152	162570	22582	72930			3086
1988	290004	5416	197585	183348	14237	87003			3357
1989	393946	26854	243492	229027	14465	123600			3036
1990	465430	28945	286638	267966	18672	149847	47377	34909	3486
1991	527063	34667	302487	281089	21398	189909	52387	52176	3864
1992	691488	35101	423675	380596	43079	232712	60256	66734	5005
1993	1010701	43486	636807	584435	52372	330408	95675	101473	7217
1994	1407532	48151	872348	809989	62359	487033	128744	144742	9922
1995	1756497	65060	1023748	938593	85155	667689	174146	214297	12199
1996	2099264	73753	1155934	1039063	116871	869577	223403	283423	14356
1997	2268272	66222	1263562	1122431	141131	938488	244896	308787	15291
1998	2443284	69244	1395261	1186598	208663	978779	253128	337690	16224
1999	2578059	65613	1406279	1175659	230620	1106167	277688	371413	16945
2000	2903331	66504	1561564	1289353	272211	1275263	329705	429898	18551
2001	3225039	69606	1702464	1401992	300472	1452969	376668	482627	19959
2002	3593285	74009	1911036	1585572	325464	1608240	410094	544230	21970
2003	4259982	74000	2343692	1998038	345654	1842290	461838	628954	25672
2004	5383900	80700	3052100	2607600	444500	2251100	575700	761400	28544
2005	6258100	117900	3551600	3116700	434900	2588600	622500	936100	31203
2006	7272800	111800	4111800	3720300	391500	3049200	683300	1167000	38836
2007	8686000	162800	4820900	4432500	388400	3702300	750000	1478200	45407
2008	9984800	177100	5517000	5183700	333300	4290700	937900	1803400	50586
2009	11433600	174200	6189200	5775800	413400	5070200	1078500	2119300	56833
2010	17794700	521200	9673700	8831100	842600	7599800	1532100	2906400	57743
2011	21151700	632600	11495300	10340000	1155300	9023800	1239300	3266900	68564
2012	24029300	677900	13070100	11792100	1278000	10281300	1845900	4021400	76923
2013	26417600	725100	14231800	12819300	1412500	11460700	2043100	4584100	83976
2014	27929400	916000	14452400	12795200	1657200	12561000	2191200	5017600	87617
2015	29104800	1035200	14350600	12651900	1702800	13719000	2421900	5378500	90287
2016	30721800	1090100	14427900	12683900	1748200	15203900	2704000	5679500	94402

2-5　市区主要年份地区生产总值指数

（按可比价格计算、以 1978 年为 100）

年　份	地区生产总　值	第一产业	第二产业			第三产业			人均地区生产总值
				工　业	建筑业		#交通、仓储邮电通信业	#批发零售、住宿餐饮业	
1978	100.0	100.0	100.0	100.0	100.0	100.0			100.0
1979	119.4	79.8	119.5	120.6	102.4	123.6			114.0
1980	145.1	76.4	144.9	145.7	131.5	154.7			132.9
1981	146.9	101.1	144.5	145.0	136.3	165.2			130.8
1982	169.5	131.6	163.3	162.9	169.9	207.4			146.6
1983	204.3	156.8	193.3	179.5	410.9	268.9			171.8
1984	228.6	116.8	222.3	217.6	297.1	276.0			188.2
1985	244.4	162.4	238.3	232.6	328.3	286.8			197.2
1986	264.7	131.8	251.9	235.3	514.4	349.6			209.2
1987	289.4	124.6	267.9	250.9	536.7	423.8			224.5
1988	286.3	150.9	265.6	262.6	313.0	413.3			218.2
1989	334.9	716.1	294.5	294.7	290.7	502.8			249.8
1990	391.6	711.7	345.8	344.1	372.7	595.9	100.0	100.0	286.5
1991	456.6	911.7	358.9	352.0	467.4	833.7	100.4	160.4	329.2
1992	591.3	859.7	479.5	463.2	734.8	1079.6	115.9	176.0	419.7
1993	667.0	1097.8	625.3	623.5	648.8	909.0	129.3	223.3	465.0
1994	779.1	999.0	704.7	706.4	675.4	1163.5	176.4	247.6	341.8
1995	867.9	1273.7	741.3	733.9	870.6	1432.3	230.7	306.8	417.1
1996	979.9	1348.8	813.9	793.3	1175.3	1713.0	262.8	357.4	455.0
1997	1078.9	1583.5	904.2	873.4	1446.7	1846.6	293.5	375.3	493.7
1998	1173.8	1721.3	1010.9	945.0	2162.8	1913.1	306.1	409.5	529.2
1999	1270.1	1772.9	1064.5	985.6	2446.1	2180.9	337.6	447.6	566.8
2000	1432.7	1804.8	1185.9	1089.1	2869.3	2529.8	419.0	490.6	621.5
2001	1580.3	1913.1	1279.4	1186.0	3193.5	2820.7	490.2	535.2	664.0
2002	1776.3	2012.6	1472.5	1363.9	3445.8	3147.9	537.7	587.1	737.4
2003	2064.1	1934.1	1750.8	1668.0	3618.1	3585.5	625.1	655.2	844.3
2004	2435.6	2282.2	1988.9	2035.0	4204.2	4105.4	715.7	750.2	987.0
2005	2813.2	2257.1	2337.0	2376.8	5150.2	4667.8	959.8	865.7	1072.9
2006	3251.5	2056.2	2731.7	2802.3	5721.3	5357.7	1104.7	1009.4	1208.0
2007	3765.6	2118.8	3175.0	3262.3	6584.2	6196.4	1289.4	1151.3	1369.0
2008	4266.4	2226.9	3603.6	3735.3	7005.6	7070.1	1454.4	1341.3	1518.1
2009	4890.7	2426.5	4061.7	4178.6	8959.5	8293.5	1690.1	1535.7	1706.3
2010	5678.0	2318.7	4613.1	4679.6	11934.1	10059.6	1789.8	1934.4	1953.0
2011	6401.0	2373.2	5222.1	5248.3	14822.0	11352.0	1939.6	2064.2	2181.5
2012	7225.8	2466.9	5913.3	5944.3	16748.0	12827.2	2168.8	2419.6	2432.4
2013	8042.3	2541.4	6563.8	6598.1	18591.5	14386.0	2412.3	2778.1	2682.9
2014	8845.7	2638.1	7400.5	7439.6	20954.2	15363.5	2446.7	3087.8	2956.5
2015	9444.8	2724.1	7747.4	7747.1	23036.3	16862.2	2719.8	3318.3	3121.5
2016	10015.0	2823.3	8078.7	8074.0	24059.6	18221.3	3089.5	3472.0	3278.7

2-6 市区主要年份地区生产总值指数

（按可比价格计算、以上年为 100）

年 份	地区生产总 值	第一产业	第二产业	工 业	建筑业	第三产业	# 交通、仓储邮电通信业	# 批发零售、住宿餐饮业	人均地区生产总值
1978	100.0	100.0	100.0	100.0	100.0	100.0			100.0
1979	119.4	79.8	119.5	120.6	102.4	123.6			114.0
1980	121.5	95.7	121.3	120.8	128.4	125.2			116.6
1981	101.2	132.3	99.7	99.5	103.7	106.8			98.4
1982	115.4	130.2	113.0	112.3	124.7	125.5			112.1
1983	120.5	119.1	118.4	110.2	241.8	129.7			117.2
1984	111.9	74.5	115.0	121.2	72.3	102.6			109.5
1985	106.9	139.0	107.2	106.9	110.5	103.9			104.8
1986	108.3	81.2	105.7	101.2	156.7	121.9			106.1
1987	109.3	94.5	106.4	106.6	104.3	121.2			107.3
1988	98.9	121.1	99.1	104.7	58.3	97.5			97.2
1989	117.0	474.6	110.9	112.2	92.9	121.7			114.5
1990	116.9	99.4	117.4	116.8	128.2	118.5			114.7
1991	116.6	128.1	103.8	102.3	125.4	139.9	100.4	160.4	114.9
1992	129.5	94.3	133.6	131.6	157.2	129.5	115.4	109.7	127.5
1993	112.8	127.7	130.4	134.6	88.3	84.2	111.6	126.9	110.8
1994	116.8	91.0	112.7	113.3	104.1	128.0	136.4	110.9	73.5
1995	111.4	127.5	105.2	103.9	128.9	123.1	130.8	123.9	122.0
1996	112.9	105.9	109.8	108.1	135.0	119.6	113.9	116.5	109.1
1997	110.1	117.4	111.1	110.1	123.1	107.8	111.7	105.0	108.5
1998	108.8	108.7	111.8	108.2	149.5	103.6	104.3	109.1	107.2
1999	108.2	103.0	105.3	104.3	113.1	114.0	110.3	109.3	107.1
2000	112.8	101.8	111.4	110.5	117.3	116.0	124.1	109.6	109.7
2001	110.3	106.0	107.9	108.9	111.3	111.5	117.0	109.1	106.8
2002	112.4	105.2	115.1	115.0	107.9	111.6	109.7	109.7	111.1
2003	116.2	96.1	118.9	122.3	105.0	113.9	116.3	111.6	114.5
2004	118.0	118.0	113.6	122.0	116.2	114.5	114.5	114.5	116.9
2005	115.5	98.9	117.5	116.8	122.5	113.7	134.1	115.4	108.7
2006	115.6	91.1	116.9	117.9	111.1	114.8	115.1	116.6	112.6
2007	115.8	103.0	116.2	116.4	115.1	115.7	116.7	114.1	113.4
2008	113.3	105.1	113.5	114.5	106.4	114.1	112.8	116.5	110.9
2009	114.6	109.0	112.7	111.9	127.9	117.3	116.2	114.5	112.4
2010	116.1	95.6	113.6	112.0	133.2	121.3	105.9	126.0	114.5
2011	112.7	102.4	113.2	112.2	124.2	112.8	108.4	106.7	111.7
2012	112.9	103.9	113.2	113.3	113.0	113.0	111.8	117.2	111.5
2013	111.3	103.0	111.0	111.0	111.0	112.2	111.2	114.8	110.3
2014	110.0	103.8	112.7	112.8	112.7	106.8	101.4	111.1	110.2
2015	106.8	103.3	104.7	104.1	109.9	109.8	111.2	107.5	105.6
2016	106.0	103.6	104.3	104.2	104.4	108.1	113.6	104.6	105.0

2–7 全市及市区主要年份生产总值构成

（当年价格）

年 份	全市地区生产总值	第一产业	第二产业	第三产业	市区地区生产总值	第一产业	第二产业	第三产业
1949	100.0	77.5	7.4	15.1	100.0	4.3	39.3	56.3
1952	100.0	71.4	11.8	16.8	100.0	5.1	50.3	44.6
1957	100.0	46.6	31.2	22.3	100.0	2.2	71.4	26.3
1962	100.0	44.9	31.0	24.1	100.0	1.8	67.6	30.5
1965	100.0	47.4	33.6	19.0	100.0	1.5	72.3	26.2
1970	100.0	45.8	39.0	15.2	100.0	1.9	80.2	17.9
1975	100.0	42.2	42.7	15.1	100.0	2.2	83.2	14.7
1978	100.0	44.0	41.8	14.2	100.0	1.9	82.6	15.5
1979	100.0	43.1	42.6	14.3	100.0	1.6	82.3	16.1
1980	100.0	39.5	45.4	15.2	100.0	1.2	81.4	17.4
1981	100.0	41.4	43.4	15.1	100.0	1.7	79.8	18.5
1982	100.0	40.9	43.1	16.0	100.0	2.0	77.5	20.5
1983	100.0	40.0	42.0	18.0	100.0	2.1	75.8	22.2
1984	100.0	41.0	41.4	17.6	100.0	1.4	77.8	20.7
1985	100.0	39.9	42.8	17.4	100.0	2.0	77.1	20.9
1986	100.0	39.0	41.2	19.8	100.0	1.5	74.1	24.3
1987	100.0	37.9	41.2	20.9	100.0	1.4	70.7	27.9
1988	100.0	35.8	43.0	21.2	100.0	1.9	68.1	30.0
1989	100.0	35.0	40.5	24.4	100.0	6.8	61.8	31.4
1990	100.0	34.3	39.8	25.9	100.0	6.2	61.6	32.2
1991	100.0	33.6	38.5	27.9	100.0	6.6	57.4	36.0
1992	100.0	28.9	43.3	27.8	100.0	5.1	61.3	33.7
1993	100.0	25.3	47.0	27.7	100.0	4.3	63.0	32.7
1994	100.0	25.3	47.1	27.6	100.0	3.4	62.0	34.6
1995	100.0	25.0	45.6	29.4	100.0	3.7	58.3	38.0
1996	100.0	23.7	45.7	30.6	100.0	3.5	55.1	41.4
1997	100.0	21.4	46.4	32.2	100.0	2.9	55.7	41.4
1998	100.0	20.9	46.2	32.9	100.0	2.8	57.1	40.1
1999	100.0	19.7	46.8	33.5	100.0	2.5	54.5	42.9
2000	100.0	19.2	46.0	34.7	100.0	2.3	53.8	43.9
2001	100.0	18.5	46.1	35.4	100.0	2.2	52.8	45.1
2002	100.0	17.9	46.9	35.3	100.0	2.1	53.2	44.8
2003	100.0	15.8	49.3	34.9	100.0	1.7	55.0	43.2
2004	100.0	15.7	49.6	34.7	100.0	1.5	56.7	41.8
2005	100.0	14.2	50.6	35.2	100.0	1.9	56.8	41.4
2006	100.0	13.0	51.6	35.4	100.0	1.5	56.5	41.9
2007	100.0	11.9	52.0	36.1	100.0	1.9	55.5	42.6
2008	100.0	10.9	52.2	37.0	100.0	1.8	55.3	43.0
2009	100.0	10.5	52.3	37.3	100.0	1.5	54.1	44.3
2010	100.0	9.6	50.7	39.7	100.0	2.9	54.4	42.7
2011	100.0	9.4	50.0	40.5	100.0	3.0	54.3	42.7
2012	100.0	9.5	49.0	41.5	100.0	2.8	54.4	42.8
2013	100.0	9.3	47.3	43.4	100.0	2.7	53.9	43.4
2014	100.0	9.5	45.3	45.2	100.0	3.3	51.7	45.0
2015	100.0	9.5	44.3	46.2	100.0	3.6	49.3	47.1
2016	100.0	9.3	43.3	47.4	100.0	3.5	47.0	49.5

2-8 分行业地区生产总值

（当年价格）　　单位:亿元

行业	全市				市区			
	2013	2014	2015	2016	2013	2014	2015	2016
地区生产总值	**4519.82**	**4963.91**	**5319.88**	**5808.52**	**2641.76**	**2792.94**	**2910.48**	**3072.18**
农、林、牧、渔业	432.38	489.87	524.10	563.19	74.59	94.94	107.85	113.30
农业	297.87	339.44	361.83	385.97	49.61	64.61	73.51	77.28
林业	8.58	9.30	9.84	10.89	1.55	0.97	1.06	1.19
牧业	92.23	102.38	109.31	119.35	17.8	21.85	24.33	25.56
渔业	20.21	22.42	23.77	26.67	3.55	4.18	4.62	4.98
农、林、牧、渔服务业	13.50	16.33	19.34	20.31	2.08	3.34	4.33	4.29
工业	1807.98	1883.70	1976.57	2122.58	1281.93	1279.52	1265.19	1268.39
采矿业	143.56	133.74	127.50	128.69	146.63	117.47	106.46	107.55
制造业	1596.21	1682.65	1780.06	1933.43	1081.10	1106.24	1100.65	1104.69
电力、燃气及水的生产和供应	68.21	67.31	69.01	60.46	54.19	55.81	58.08	56.14
建筑业	334.04	364.61	380.65	393.60	141.25	165.72	170.28	174.82
批发和零售业	606.55	691.15	755.54	825.76	414.03	452.90	482.91	510.48
交通运输、仓储和邮政业	359.51	396.13	405.71	414.78	146.33	159.25	188.48	216.28
住宿和餐饮业	78.15	91.20	102.65	110.60	44.38	48.87	54.93	57.47
信息传输、计算机服务和软件业	69.88	82.43	80.10	83.36	57.98	59.87	53.71	54.11
金融业	177.32	206.89	236.88	279.53	104.7	117.43	129.06	148.00
房地产业	167.49	177.54	188.18	221.86	79.35	76.94	83.16	106.26
租赁和商务服务业	84.88	103.88	109.63	113.34	49.4	57.35	58.52	57.72
科学研究、技术服务和地质勘查业	36.30	43.63	47.25	57.63	20.59	31.91	34.84	36.83
水利、环境和公共设施管理业	13.54	16.05	20.54	22.38	8.85	9.61	10.87	9.23
居民服务和其他服务业	53.53	62.13	97.94	174.37	16.21	20.27	36.71	74.14
教育	78.98	93.99	102.83	130.42	71.25	72.06	78.41	76.54
卫生、社会保障和社会福利业	71.81	84.65	106.20	150.92	47.16	52.30	64.28	93.98
文化、体育和娱乐业	18.85	24.42	23.24	17.95	7.07	9.12	10.22	9.20
公共管理和社会组织	128.63	151.64	161.88	126.28	76.69	84.86	81.07	65.43

主要统计指标解释

国内生产总值(GDP) 指一个国家(地区)所有常住单位在一定时期内生产活动的最终成果。国内生产总值有三种表现形态,即价值形态、收入形态和产品形态。从价值形态看,它是所有常住单位在一定时期内所生产的全部货物和服务价值超过同期投入的全部非固定资产货物和服务价值的差额,即所有常住单位的增加值之和;从收入形态看,它是所有常住单位在一定时期内所创造并分配给常住单位和非常住单位的初次分配收入之和;从产品形态看,它是所有常住单位在一定时期内最终使用的货物和服务减去进口货物和服务价值。在实际核算中,国内生产总值的三种表现形态表现为三种计算方法,即生产法、收入法和支出法。三种方法分别从不同的方面反映国内生产总值及其构成。对于地区(省、市、县),GDP中文名称为“地区生产总值”。

当年价格 指报告期的实际价格,如工厂的出厂价格,农产品的收购价格,商业的零售价格等。使用当年价格计算的数字,是为了使国民经济各项指标互相衔接,便于考察当年社会经济效益,便于对生产和流通、生产和分配、生产和消费进行经济核算和综合平衡。

按当年价格计算的价值指标,在不同年份之间进行对比时,因为包含有各年间价格变动的因素,不能确切地反映实物量的增添变动。必须消除价格变动因素后,才能真实反映经济发展动态。因此,在计算增长速度时都使用按可比价格计算的数字。

可比价格 指在不同时期的价值指标对比时,扣除了价格变动的因素,以确切反映物量的变化。按可比价格计算有两种方法:一种是直接用产品产量乘某一年的不变价格计算;另一种是用价格指数换算。

不变价格 指用同类产品的年平均价格作为固定价格,来计算各年产品价值。按不变价格计算的产品价值消除了价格变动因素,不同时期对比可以反映生产的发展速度。新中国成立后,随着工农业产品价格水平的变化,国家统计局先后五次制定了全国统一的工业产品不变价格和农业产品不变价格,从1949年到1957年使用1952年工(农)业产品不变价格,从1957年到1971年使用1957年不变价格,从1971年到1981年使用1970年不变价格,从1981年到1990年使用1980年不变价格,从1990年开始使用1990年不变价格。

三次产业 根据社会生产活动历史发展的顺序对产业结构的划分,产品直接取自自然界的部门称为第一产业,对初级产品进行再加工的部门称为第二产业,为生产和消费提供各种服务的部门称为第三产业。它是世界上通用的产业结构分类,但各国的划分不尽一致。我国的三次产业划分是:

第一产业是指农、林、牧、渔业(不含农、林、牧、渔服务业)。

第二产业是指采矿业(不含开采辅助活动),制造业(不含金属制品、机械和设备修理业),电力、热力、燃气及水生产和供应业,建筑业。

第三产业即服务业,是指除第一产业、第二产业以外的其他各业。第三产业包括:批发和零售业,交通运输、仓储和邮政业,住宿和餐饮业,信息传输、软件和信息技术服务业,金融业,房地产业,租赁和商务服务业,科学研究和技术服务业,水利、环境和公共设施管理业,居民服务、修理和其他服务业,教育,卫生和社会工作,文化、体育和娱乐业,公共管理、社会保障和社会组织,国际组织,以及农、林、牧、渔业中的农、林、牧、渔服务业,采矿业中的开采辅助活动,制造业中的金属制品、机械和设备修理业。

3 POPULATION 人口

版面负责人：李跃东

编　　辑：闫礼建

中华人民共和国统计法实施条例

第二章　统计调查项目

第六条　部门统计调查项目、地方统计调查项目的主要内容不得与国家统计调查项目的内容重复、矛盾。

第七条　统计调查项目的制定机关(以下简称制定机关)应当就项目的必要性、可行性、科学性进行论证,征求有关地方、部门、统计调查对象和专家的意见,并由制定机关按照会议制度集体讨论决定。

重要统计调查项目应当进行试点。

编辑:徐向忠

3-1　主要年份户数、人口数及构成(常住人口)

(年底数)

年　份	总户数(万户)	总人口(万人)	按性别分				平均每户人数(人/户)	年平均人口(万人)	人口密度(人/平方公里)
			男		女				
			人口数(万人)	比重(%)	人口数(万人)	比重(%)			
2006	284.06	872.07	436.91	50.1	435.16	49.9	3.07	—	741
2007	280.10	871.12	437.30	50.2	433.82	49.8	3.11	871.60	740
2008	275.94	869.21	436.34	50.2	432.87	49.8	3.15	870.17	739
2009	273.88	868.19	436.70	50.3	431.49	49.7	3.17	868.70	738
2010	264.88	858.21	431.68	50.3	426.53	49.7	3.24	863.20	729
2011	267.89	857.26	431.20	50.3	426.06	49.7	3.20	857.74	729
2012	271.02	856.41	429.92	50.2	426.49	49.8	3.16	856.84	728
2013	271.01	859.10	432.13	50.3	426.97	49.7	3.17	857.76	730
2014	271.33	862.83	434.00	50.3	428.83	49.7	3.18	860.97	733
2015	270.91	866.90	436.92	50.4	429.98	49.6	3.20	864.87	737
2016	271.34	871.00	438.98	50.4	432.02	49.6	3.21	868.95	740

注:除普查年份外,数据均以年度人口抽样调查数据测算。

3-2　全市镇、乡村人口数及其构成(常住人口)

(年底数)　　单位:万人

年　份	总人口数	#城镇人口		乡　村	
		人口数	占总人口比重(%)	人口数	占总人口比重(%)
2006	872.07	390.69	44.8	481.38	55.20
2007	871.12	398.97	45.8	472.15	54.20
2008	869.21	416.35	47.9	452.86	52.10
2009	868.19	430.62	49.6	437.57	50.40
2010	858.21	462.58	53.9	395.63	46.10
2011	857.26	475.18	55.43	382.08	44.57
2012	856.41	485.67	56.71	370.74	43.29
2013	859.10	498.97	58.08	360.13	41.92
2014	862.83	513.04	59.46	349.79	40.54
2015	866.90	529.24	61.05	337.66	38.95
2016	871.00	543.85	62.44	327.15	37.56

3–3 主要年份人口数及构成(户籍人口)

(年底数)

单位:万人

年份	总人口	按性别分				按户口性质分			
		男		女		农业人口		非农业人口	
		人口数	比重(%)	人口数	比重(%)	人口数	比重(%)	人口数	比重(%)
1949	372.61	186.90	50.2	185.71	49.8	340.89	91.5	31.72	8.5
1952	390.60	195.09	49.9	195.51	50.1	362.62	92.8	27.98	7.2
1957	450.86	225.50	50.0	225.36	50.0	401.62	89.1	49.24	10.9
1962	463.94	233.10	50.2	230.84	49.8	410.56	88.5	53.38	11.5
1965	490.87	248.12	50.5	242.75	49.5	434.30	88.5	56.57	11.5
1970	565.88	286.11	50.6	279.77	49.4	508.33	89.8	57.55	10.2
1975	616.98	313.92	50.9	303.06	49.1	549.55	89.1	67.43	10.9
1978	645.41	329.21	51.0	316.20	49.0	570.90	88.5	74.51	11.5
1979	652.47	333.30	51.1	319.44	48.9	572.40	87.7	80.34	12.3
1980	659.86	336.37	51.0	323.49	49.0	576.22	87.3	83.64	12.7
1981	672.02	343.13	51.1	328.89	48.9	585.14	87.1	86.88	12.9
1982	684.45	350.08	51.1	334.37	48.9	594.34	86.8	90.11	13.2
1983	692.94	355.10	51.2	337.84	48.8	599.89	86.6	93.05	13.4
1984	700.04	358.91	51.3	341.13	48.7	603.98	86.3	96.06	13.7
1985	707.56	363.42	51.4	344.14	48.6	605.66	85.6	101.90	14.4
1986	715.41	367.27	51.3	348.14	48.7	610.43	85.3	104.98	14.7
1987	725.88	372.76	51.4	352.12	48.6	616.53	84.9	109.35	15.1
1988	743.78	382.42	51.4	361.36	48.6	621.93	83.6	121.85	16.4
1989	761.81	390.65	51.3	371.16	48.7	629.65	82.7	132.16	17.3
1990	807.14	412.92	51.2	394.22	48.8	668.88	82.9	138.26	17.1
1991	820.17	419.73	51.2	400.44	48.8	675.69	82.4	144.48	17.6
1992	826.74	423.34	51.2	403.40	48.8	676.90	81.9	149.84	18.1
1993	833.94	427.03	51.2	406.91	48.8	678.33	81.3	155.61	18.7
1994	843.21	431.56	51.2	411.65	48.8	683.15	81.0	160.06	19.0
1995	851.15	435.79	51.2	415.36	48.8	682.53	80.2	168.62	19.8
1996	859.43	440.95	51.3	418.48	48.7	682.89	79.5	176.54	20.5
1997	867.16	444.54	51.3	422.62	48.7	684.73	79.0	182.43	21.0
1998	875.78	450.53	51.4	425.25	48.6	687.36	78.5	188.42	21.5
1999	877.53	452.68	51.6	424.85	48.4	684.36	78.0	193.17	22.0
2000	896.44	461.12	51.4	435.32	48.6	665.33	74.2	231.11	25.8
2001	901.86	463.64	51.4	438.21	48.6	661.15	73.3	240.71	26.7
2002	904.44	465.45	51.5	438.99	48.5	654.14	72.3	250.30	27.7
2003	908.66	467.80	51.5	440.86	48.5	624.16	68.7	284.50	31.3
2004	916.85	471.36	51.4	445.49	48.6	614.31	67.0	302.54	33.0
2005	925.31	476.08	51.5	449.23	48.5	609.46	65.9	315.85	34.1
2006	934.73	481.46	51.5	453.27	48.5	613.97	65.7	320.76	34.3
2007	940.95	484.56	51.5	456.39	48.5	617.49	65.6	323.46	34.4
2008	946.86	488.31	51.6	458.55	48.4	610.21	64.4	336.65	35.6
2009	957.61	494.55	51.6	463.06	48.4	579.09	60.5	378.52	39.5
2010	972.89	502.44	51.6	470.45	48.4	527.51	54.2	445.38	45.8
2011	976.66	505.72	51.8	470.94	48.2	351.16	36.0	625.50	64.0
2012	990.52	513.26	51.8	477.26	48.2	325.46	32.9	665.06	67.1
2013	1006.85	521.91	51.8	484.94	48.2	286.23	28.4	720.62	71.6
2014	1023.52	530.37	51.8	493.15	48.2	286.13	28.0	737.39	72.0
2015	1028.70	533.06	51.8	495.64	48.2	433.36	42.1	595.34	57.9
2016	1041.39	539.47	51.8	501.92	48.2	430.05	41.3	611.34	58.7

注:户籍人口由公安部门提供。

3-4　主要年份户口数、平均人口及人口密度(户籍人口)

年　份	户　数（万户）	平均每户人口（人）	年平均人口（万人）	农业人口	非农业人口	人口密度（人/平方公里）
1949	85.85	4.34				331
1952	91.05	4.29	384.46	357.37	27.07	347
1957	104.97	4.30	445.51	398.88	46.63	400
1962	115.02	4.03	458.18	402.01	56.17	412
1965	116.76	4.20	485.20	429.36	55.84	436
1970	124.88	4.53	557.98	499.57	58.41	503
1975	132.87	4.64	611.72	545.36	66.36	548
1978	143.57	4.50	640.77	567.85	72.92	573
1979	146.72	4.45	649.07	571.65	77.42	580
1980	149.43	4.42	656.30	574.31	81.99	586
1981	155.52	4.32	665.94	580.68	85.26	597
1982	157.29	4.35	678.24	589.74	88.50	608
1983	158.32	4.38	688.69	597.11	91.58	616
1984	161.16	4.34	696.49	601.93	94.56	622
1985	163.80	4.32	703.80	604.82	98.98	628
1986	168.46	4.25	711.48	608.04	103.44	635
1987	173.15	4.19	720.65	613.48	107.17	645
1988	182.07	4.09	734.83	619.23	115.60	661
1989	191.43	3.98	752.80	625.79	127.01	677
1990	204.40	3.95	784.47	649.26	135.21	717
1991	209.15	3.92	813.65	672.28	141.37	729
1992	214.47	3.85	823.46	676.30	147.16	734
1993	216.59	3.85	830.34	677.62	152.72	741
1994	220.58	3.82	838.58	680.74	157.84	749
1995	227.60	3.74	847.18	682.84	164.34	756
1996	232.50	3.70	855.29	682.71	172.58	763
1997	238.73	3.63	863.29	683.81	179.48	770
1998	249.75	3.51	871.47	686.04	185.43	778
1999	257.66	3.41	876.66	685.86	190.80	779
2000	270.80	3.31	886.99	674.85	212.14	796
2001	275.91	3.27	899.15	663.24	235.91	801
2002	279.22	3.24	903.15	657.64	245.51	803
2003	282.84	3.21	906.55	639.15	267.40	807
2004	285.00	3.22	912.75	619.23	293.52	814
2005	286.44	3.23	921.08	611.89	309.19	822
2006	284.25	3.29	930.02	611.71	318.31	830
2007	279.33	3.37	937.84	615.73	322.11	836
2008	277.76	3.41	943.91	613.86	330.05	841
2009	278.46	3.44	952.24	594.65	357.59	851
2010	277.28	3.51	965.25	553.30	411.95	864
2011	273.21	3.57	974.78	439.34	535.44	867
2012	274.09	3.61	983.59	338.31	645.28	879
2013	275.57	3.65	998.69	305.85	692.84	894
2014	277.82	3.68	1015.19	286.18	729.00	909
2015	277.66	3.70	1026.11	359.75	666.36	919
2016	278.49	3.74	1035.04	431.71	603.33	925

3-5 主要年份人口自然变动(户籍人口)

单位:人

年份	出生		死亡		自然增长	
	人数	‰	人数	‰	人数	‰
1949		24.95				
1952	129371	33.65				
1957	138958	31.19	40675	9.13	98273	22.06
1962	164440	35.89	34635	7.56	129805	28.33
1965	181877	37.48	44313	9.13	137564	28.35
1970	185564	33.26	37511	6.72	148053	26.54
1975	125373	20.50	36260	5.93	89113	14.57
1978	102744	16.03	35276	5.51	67468	10.52
1979	85371	13.15	34814	5.36	50557	7.79
1980	125947	19.19	44562	6.79	81385	12.40
1981	120099	18.03	36366	5.46	83733	12.57
1982	119391	17.60	32890	4.85	86501	12.75
1983	98387	14.29	32972	4.79	65415	9.50
1984	98214	14.10	35109	5.04	63105	9.06
1985	85653	12.17	33919	4.82	51734	7.35
1986	97011	13.64	33463	4.70	63548	8.94
1987	110981	15.40	33568	4.66	77413	10.74
1988	169348	23.04	35284	4.80	134064	18.24
1989	170011	22.58	34013	4.52	135998	18.06
1990	157605	20.09	35867	4.57	121738	15.52
1991	156429	19.23	40402	4.97	116027	14.26
1992	101899	12.37	42462	5.16	59437	7.21
1993	99582	11.99	42517	5.12	57065	6.87
1994	113310	13.51	41946	5.00	71364	8.51
1995	83162	9.82	39442	4.66	39442	5.16
1996	81414	9.52	41982	4.91	39432	4.61
1997	99902	11.57	40210	4.66	59692	6.91
1998	91325	10.48	41298	4.74	50027	5.74
1999	71921	8.20	34545	3.94	37376	4.26
2000	167764	18.91	44483	5.02	123281	13.89
2001	69383	7.72	29094	3.24	40289	4.48
2002	69905	7.74	33811	3.74	36094	4.07
2003	85756	9.46	34229	3.78	51527	5.68
2004	132605	14.53	42775	4.69	89830	9.84
2005	125308	13.60	22775	2.47	102533	11.13
2006	138879	14.93	34254	3.68	104644	11.25
2007	190322	20.29	133825	14.27	56497	6.02
2008	170661	18.08	106845	11.32	63816	6.76
2009	182950	19.21	68358	7.18	114592	12.03
2010	217399	22.52	79390	8.22	138009	14.30
2011	177663	18.23	71598	7.35	106065	10.88
2012	193812	19.71	45778	4.65	148045	15.05
2013	211582	21.19	33430	3.35	178152	17.84
2014	205463	20.24	30120	2.97	175343	17.27
2015	151956	14.81	59174	5.77	92782	9.04
2016	184364	17.81	39293	3.80	145071	14.02

3-6　市区主要年份人口数及构成(户籍人口)

（年底数）　　　　单位：万人

年份	总人口	按性别分				按户口性质分			
		男		女		农业人口		非农业人口	
		人口数	比重(%)	人口数	比重(%)	人口数	比重(%)	人口数	比重(%)
1949	29.94	15.91	53.1	14.03	46.9	4.30	14.4	25.64	85.6
1952	22.21	11.53	51.9	10.68	48.1	3.19	14.4	19.02	85.6
1957	38.66	19.93	51.6	18.73	48.4	3.00	7.8	35.66	92.2
1962	45.35	23.63	52.1	21.72	47.9	8.46	18.7	36.89	81.3
1965	51.73	27.76	53.7	23.97	46.3	7.32	14.2	44.41	85.8
1970	53.86	28.68	53.2	25.18	46.8	8.82	16.4	45.04	83.6
1975	61.24	33.21	54.2	28.03	45.8	10.32	16.9	50.92	83.1
1978	67.07	36.57	54.5	30.50	45.5	11.08	16.5	55.99	83.5
1979	70.87	38.74	54.7	32.13	45.3	10.05	14.2	60.82	85.8
1980	72.85	39.71	54.5	33.14	45.5	9.92	13.6	62.93	86.4
1981	74.96	40.78	54.4	34.18	45.6	10.18	13.6	64.78	86.4
1982	77.29	42.16	54.5	35.13	45.5	10.48	13.6	66.81	86.4
1983	79.28	43.34	54.7	35.94	45.3	10.69	13.5	68.59	86.5
1984	80.64	44.04	54.6	36.60	45.4	10.73	13.3	69.91	86.7
1985	82.48	44.99	54.5	37.49	45.5	10.31	12.5	72.17	87.5
1986	84.08	45.83	54.5	38.25	45.5	10.24	12.2	73.84	87.8
1987	85.57	46.45	54.3	39.12	45.7	10.32	12.1	75.25	87.9
1988	87.20	47.27	54.2	39.93	45.8	9.88	11.3	77.32	88.7
1989	89.27	48.34	54.2	40.93	45.8	9.92	11.1	79.35	88.9
1990	90.66	48.98	54.0	41.68	46.0	10.09	11.1	80.57	88.9
1991	91.86	49.52	53.9	42.34	46.1	10.00	10.9	81.86	89.1
1992	93.65	50.48	53.9	43.17	46.1	9.64	10.3	84.01	89.7
1993	95.17	51.14	53.7	44.03	46.3	9.64	10.1	85.53	89.9
1994	142.84	74.73	52.3	68.11	47.7	49.13	34.4	93.71	65.6
1995	145.14	75.74	52.2	69.39	47.8	48.65	33.5	96.48	66.5
1996	147.34	76.91	52.2	70.42	47.8	47.13	32.0	100.21	68.0
1997	149.34	77.90	52.2	71.44	47.8	47.12	31.5	102.22	68.5
1998	151.87	79.09	52.1	72.78	47.9	47.40	31.2	104.47	68.8
1999	152.41	79.12	51.9	73.29	48.1	46.90	30.8	105.51	69.2
2000	160.61	83.28	51.9	77.33	48.1	51.51	32.1	109.10	67.9
2001	162.54	84.27	51.8	78.27	48.2	50.49	31.1	112.05	68.9
2002	164.55	85.30	51.8	79.25	48.2	43.47	26.4	121.08	73.6
2003	167.33	86.87	51.9	80.46	48.1	31.89	19.1	135.44	80.9
2004	167.42	86.76	51.8	80.66	48.2	28.76	17.2	138.66	82.8
2005	179.87	93.21	51.8	86.66	48.2	30.22	16.8	149.65	83.2
2006	181.61	94.11	51.8	87.50	48.2	27.88	15.4	153.73	84.6
2007	182.93	94.70	51.8	88.23	48.2	26.87	14.7	156.06	85.3
2008	184.40	95.38	51.7	89.02	48.3	26.42	14.3	157.98	85.7
2009	186.22	96.29	51.7	89.93	48.3	26.91	14.4	159.31	85.6
2010	312.72	161.06	51.5	151.66	48.5	108.50	34.7	204.22	65.3
2011	315.67	162.58	51.5	153.09	48.5	70.59	22.4	245.08	77.6
2012	320.85	165.27	51.5	155.58	48.5	71.07	22.2	249.78	77.8
2013	326.36	167.96	51.5	158.40	48.5	40.89	12.5	285.47	87.5
2014	331.47	170.37	51.4	161.10	48.6	38.87	11.7	292.60	88.3
2015	333.46	171.26	51.4	162.20	48.6	88.04	26.4	245.42	73.6
2016	337.65	173.17	51.3	164.48	48.7	87.27	25.8	250.82	74.2

3-7 市区主要年份户数、平均人口及人口密度(户籍人口)

年份	户数（万户）	平均每户人口（人）	年平均人口（万人）	农业人口	非农业人口	人口密度（人/平方公里）
1949	5.99	5.00				667
1952	5.31	4.18	22.34	3.21	19.13	621
1957	8.73	4.43	38.04	4.50	33.54	721
1962	9.76	4.65	45.74	7.90	37.84	2153
1965	10.31	5.02	51.27	7.23	44.04	2970
1970	11.11	4.85	54.52	8.68	45.84	3092
1975	12.95	4.73	60.16	10.11	50.05	3515
1978	14.76	4.54	65.82	11.13	54.69	3636
1979	15.80	4.49	68.97	10.57	58.40	3842
1980	16.82	4.33	71.86	9.99	61.87	3950
1981	18.22	4.11	73.90	10.05	63.85	4063
1982	19.60	3.94	76.13	10.33	65.80	4189
1983	20.64	3.84	78.29	10.59	67.70	4297
1984	21.70	3.72	79.96	10.71	69.25	4371
1985	22.79	3.62	81.56	10.52	71.04	4470
1986	23.71	3.55	83.28	10.28	73.00	4557
1987	24.46	3.50	84.83	10.28	74.55	4638
1988	25.56	3.41	86.39	10.10	76.29	4726
1989	26.57	3.36	88.24	9.90	78.34	4838
1990	27.44	3.30	89.97	10.01	79.96	4914
1991	28.18	3.26	91.26	10.05	81.21	4979
1992	28.84	3.25	92.76	9.82	82.94	5076
1993	29.42	3.24	94.41	9.64	84.77	5158
1994	42.92	3.33	141.86	49.13	93.71	1483
1995	44.02	3.30	143.99	48.89	95.10	1507
1996	44.76	3.29	146.24	47.89	98.35	1530
1997	45.72	3.27	148.34	47.12	101.22	1551
1998	46.66	3.25	150.60	47.26	103.34	1577
1999	47.35	3.22	152.14	47.15	104.99	1583
2000	49.74	3.23	156.51	49.20	107.31	1547
2001	50.65	3.21	161.58	51.00	110.31	1566
2002	51.22	3.21	163.55	46.98	116.57	1576
2003	51.81	3.23	165.94	37.68	128.26	1612
2004	52.29	3.20	167.38	30.33	137.05	1613
2005	56.29	3.20	179.03	35.78	143.25	1543
2006	56.59	3.21	180.74	29.05	151.69	1566
2007	56.84	3.22	182.27	27.38	154.90	1577
2008	57.15	3.23	183.67	26.65	157.02	1590
2009	57.52	3.24	185.31	26.67	158.64	1605
2010	95.16	3.29	314.58	110.36	204.22	1029
2011	94.77	3.33	314.20	89.55	224.65	1039
2012	95.27	3.36	318.26	70.83	247.43	1056
2013	96.14	3.39	323.61	55.98	267.63	1074
2014	96.93	3.42	328.90	39.86	289.04	1092
2015	97.10	3.43	332.46	63.45	269.01	1104
2016	97.91	3.45	335.56	87.66	247.90	1118

3-8　市区主要年份人口自然变动(户籍人口)

单位:人

年　份	出　生		死　亡		自然增长	
	人　数	出生率(‰)	人　数	死亡率(‰)	人　数	自然增长率(‰)
1949						23.44
1952	8237	36.87	2784	12.46	5453	24.41
1957	14012	36.84	2898	7.62	11114	29.22
1962	18156	39.70	3022	6.61	15134	33.09
1965	12905	25.10	2840	5.50	10065	19.60
1970	14121	25.90	3217	5.90	10904	20.00
1975	10242	17.02	2821	4.69	7421	12.33
1978	7190	10.92	3001	4.56	4189	6.36
1979	9081	13.17	3129	4.54	5952	8.63
1980	11590	16.13	3405	4.74	8185	11.39
1981	13518	18.29	3478	4.71	10040	13.59
1982	13343	17.53	3455	4.54	9888	12.99
1983	10570	13.50	3294	4.21	7276	9.29
1984	9512	11.90	3325	4.16	6187	7.74
1985	9612	11.78	3429	4.20	6183	7.58
1986	12006	14.42	3253	3.91	8753	10.51
1987	14076	16.59	3472	4.09	10604	12.50
1988	13299	15.39	3598	4.17	9701	11.22
1989	12535	14.21	3642	4.13	8893	10.08
1990	7662	8.52	3525	3.92	4137	4.60
1991	8139	8.92	4013	4.40	4126	4.52
1992	8131	8.77	3953	4.26	4178	4.51
1993	8885	9.41	4252	4.50	4633	4.91
1994	15513	10.94	4873	3.44	10640	7.50
1995	11960	8.31	5650	3.92	6310	4.39
1996	11831	8.09	5939	4.06	5892	4.03
1997	14429	9.73	5590	3.77	8839	5.96
1998	14758	9.80	8273	5.49	6485	4.31
1999	12234	8.04	5819	3.82	6415	4.22
2000	23718	15.15	8152	5.21	15566	9.94
2001	11175	6.92	4366	2.70	6809	4.22
2002	11598	7.09	5444	3.33	6154	3.76
2003	11459	6.91	5540	3.34	5919	3.57
2004	13234	7.91	6690	4.00	6544	3.91
2005	17323	9.68	5551	3.10	11772	6.58
2006	19567	10.83	5368	2.97	14199	7.86
2007	23946	13.14	15701	8.61	8245	4.53
2008	24004	13.07	9462	5.15	14542	7.92
2009	25797	13.92	5511	2.97	20286	10.95
2010	64556	20.72	31217	9.92	33339	10.60
2011	59766	19.02	19167	6.10	40599	12.92
2012	58680	18.43	10139	3.18	48541	15.25
2013	62770	19.40	11104	3.43	51666	15.97
2014	56863	17.29	10068	3.06	46795	14.23
2015	45790	13.77	20886	6.28	24904	7.49
2016	45298	13.50	8951	2.67	36347	10.83

3-9　市区分区户数、人口数(户籍人口)

(2016年底)　　单位:人

地　　区	总户数(户)	总人口(人)	男	女	农业人口	非农业人口
市　　区	**979049**	**3376515**	**1731671**	**1644844**	**872704**	**2503811**
鼓楼区	184946	610230	310012	300218		610230
云龙区	111931	348421	173475	174946		348421
贾汪区	139277	525689	274912	250777	218646	307043
泉山区	185942	569612	287610	282002		569612
铜山区	356953	1322563	685662	636901	654058	668505

3-10　市区分区人口自然变动(户籍人口)

(2016年底)　　单位:人、‰

年　　份	出　　生		死　　亡		自然增长	
	人　数	出生率	人　数	死亡率	人　数	自然增长率
市　　区	**45298**	**13.50**	**8951**	**2.67**	**36347**	**10.83**
鼓楼区	8635	14.29	1395	2.31	7240	11.98
云龙区	5201	15.18	767	2.24	4434	12.94
贾汪区	6806	13.01	964	1.84	5842	11.17
泉山区	6733	11.87	1482	2.61	5251	9.26
铜山区	17923	13.60	4343	3.29	13580	10.30

主要统计指标解释

总人口数　是指在一定时点、一定地域范围内所有的有生命的个人总和，它是由不同性别、不同年代出生的人所组成，是反映一个国家人口资源的重要指标。

人口总数随人口的出生、死亡、迁入、迁出的变动而变动，也随计算时地域范围和依据的人口范畴（户籍人口和常住人口）的不同而不同，如户籍人口统计中的人口总数和人口普查所取得的人口总数，由于统计的口径不同，在相同地域范围内得到的人口数也不尽相同。

户籍人口　是指在户口管理部门登记了常住户口的人。本《年鉴》内所列人口数除特别说明外均为户籍人口。

农业人口　依靠从事农业生产（包括林、牧、渔业）维持生活的全部人口，包括实际从事农业生产的人口以及由他们所抚养的人口。由于改革开放，一些人外出务工经商，其户口性质仍为农村户口的人也统计在农业人口范围内。

非农业人口　不依靠从事农业生产的职业来维持生活的人口，主要指城镇的非农业户口性质的人口。

年平均人数　是指一年内的各个时点人口的平均数。在实际统计工作中，由于资料的限制，无法按理论上所讲的方法计算，一般根据年初、年末人数按简单算术平均数计算，也常用年中人数来表示年平均人数。

出生率　一定时期内出生人数与同期平均人口数之比。又称总出生率或粗出生率。它反映人口的出生水平。出生人口数是指活产，即离开母体时有生命现象的活产婴儿总和。

出生率通常以年为单位计算，计算方法为：年出生人数除以年平均人数，以千分数表示。

死亡率　一定时期内（通常为一年）死亡人数与同期平均人数（或期中人数）之比。说明该时期人口的死亡强度。计算方法为：年死亡人数除以年平均人数，以千分数表示。

自然增长率　它是表明人口自然增长的趋势和程度（或速度）的指标，即一定时期内人口自然增长数（出生人数减死亡人数）与同期平均人口数之比。通常以一年为期计算，用千分数表示。计算公式为：人口自然增长率 =（全年出生人数减死亡人数）/ 年平均总人数 × 1000‰。实际工作中，一般用出生率减死亡率计算而得。

4 EMPLOYMENT AND WAGES
就业人员和职工工资

版面负责人：李跃东　张玉强　顾元林
编　　　辑：闫礼建　徐向忠　何　蕾

中华人民共和国统计法实施条例

第八条 制定机关申请审批统计调查项目，应当以公文形式向审批机关提交统计调查项目审批申请表、项目的统计调查制度和工作经费来源说明。

申请材料不齐全或者不符合法定形式的，审批机关应当一次性告知需要补正的全部内容，制定机关应当按照审批机关的要求予以补正。

申请材料齐全、符合法定形式的，审批机关应当受理。

第九条 统计调查项目符合下列条件的，审批机关应当作出予以批准的书面决定：

（一）具有法定依据或者确为公共管理和服务所必需；

（二）与已批准或者备案的统计调查项目的主要内容不重复、不矛盾；

（三）主要统计指标无法通过行政记录或者已有统计调查资料加工整理取得；

（四）统计调查制度符合统计法律法规规定，科学、合理、可行；

（五）采用的统计标准符合国家有关规定；

（六）制定机关具备项目执行能力。

不符合前款规定条件的，审批机关应当向制定机关提出修改意见；修改后仍不符合前款规定条件的，审批机关应当作出不予批准的书面决定并说明理由。

编辑：徐向忠

4-1 从业人员

单位:万人

年 份	从业人数	职工人数	国有经济单 位	城镇集体经济单位	其他经济类型单位	城镇私营企业从业人员和个体劳动者	其 他从业人员
1978	283.64	60.12	41.16	18.96			
1979	282.72	61.94	41.04	20.90		0.19	
1980	292.22	64.97	45.16	19.81		0.53	
1981	302.62	67.64	47.80	19.84		0.74	
1982	314.75	70.10	50.18	19.92		0.36	
1983	322.66	72.17	52.60	19.57		0.57	
1984	337.62	76.65	53.40	23.25		1.10	
1985	349.04	78.06	55.19	22.87		1.56	
1986	357.72	80.41	56.82	23.58	0.01	1.15	
1987	367.36	82.15	58.96	23.17	0.02	1.44	
1988	381.43	85.87	61.88	23.96	0.04	2.29	
1989	390.31	85.39	61.88	23.42	0.09	3.16	
1990	408.50	87.35	63.69	23.53	0.13	3.27	
1991	419.35	89.59	65.55	23.85	0.19	2.60	
1992	421.81	90.25	67.10	22.87	0.28	3.04	
1993	423.40	91.83	69.40	21.54	0.89	3.62	1.08
1994	423.45	91.39	70.80	19.60	0.99	5.12	1.16
1995	425.43	92.39	72.52	19.13	0.74	8.03	1.24
1996	428.26	94.16	73.94	18.78	1.44	8.98	0.91
1997	432.88	93.85	74.41	17.76	1.68	12.42	1.30
1998	421.09	77.72	63.66	9.79	4.27	17.33	1.35
1999	418.65	75.07	61.95	9.39	3.73	17.81	1.42
2000	417.66	71.02	57.74	8.30	4.98	19.21	1.26
2001	415.78	67.64	53.65	7.01	6.98	20.58	1.29
2002	391.81	61.76	44.55	4.92	12.28	16.09	1.50
2003	382.03	59.15	43.32	4.25	11.58	17.73	2.15
2004	395.50	56.31	40.19	3.90	12.22	28.73	3.08
2005	452.20	56.07	40.13	3.60	12.34	37.74	10.39
2006	469.15	56.91	39.87	3.57	13.47	43.51	15.98
2007	477.21	57.56	40.00	3.35	14.21	53.61	11.49
2008	486.05	58.34	39.53	3.44	15.37	59.38	13.95
2009	501.17	58.29	38.49	2.99	16.81	68.93	15.20
2010	485.90	58.38	38.59	2.89	16.9	80.17	15.96
2011	483.00	59.42	38.94	2.93	17.55	88.82	15.56
2012	478.70	60.59	39.50	2.62	18.46	93.62	15.85
2013	478.70	101.54	32.98	3.04	65.51	104.88	16.21
2014	480.90	99.88	34.06	3.32	62.49	109.77	19.78
2015	482.10	97.17	32.05	3.16	61.95	112.58	22.49
2016	483.40	92.89	31.76	3.21	57.92	134.70	27.20

注:从 2013 年年报开始在岗职工期末人数为劳资老口径与一套表四上单位合并数据,且为在岗职工与劳务派遣工之和,所以从业人数较上年增加较多。从 2010 年开始从业人数为推算数。

4-2 市区从业人员

年份	从业人数	职工人数	国有经济单位	城镇集体经济单位	其他经济类型单位	城镇私营企业从业人员和个体劳动者	其他从业人员
1978	43.76	39.20	28.07	11.13			
1979	46.66	42.12	28.90	13.22		0.02	
1980	47.26	42.71	30.76	11.95		0.12	
1981	49.16	44.41	32.44	11.97		0.19	
1982	51.19	46.28	34.24	12.04		0.21	
1983	53.74	48.37	36.37	12.00		0.37	
1984	55.88	50.01	37.69	12.32		0.75	
1985	58.14	51.42	39.51	11.91		1.18	
1986	58.95	52.69	40.30	12.38	0.01	0.72	
1987	59.82	53.34	41.09	12.23	0.02	0.97	
1988	61.42	54.06	42.03	11.98	0.05	1.90	
1989	61.35	54.01	42.22	11.70	0.09	1.72	
1990	62.50	55.05	43.12	11.81	0.12	1.82	
1991	63.48	56.05	43.93	11.93	0.19	1.93	
1992	63.35	56.07	44.57	11.27	0.23	2.06	
1993	63.95	56.13	44.88	10.59	0.66	2.65	0.25
1994	80.20	55.75	45.21	9.69	0.85	3.11	0.63
1995	82.89	55.92	45.98	9.52	0.42	5.11	0.67
1996	82.21	56.12	45.78	9.30	1.04	5.24	0.40
1997	82.85	55.41	45.53	9.00	0.87	7.17	0.42
1998	74.39	44.72	38.92	3.60	2.20	10.52	0.28
1999	71.29	42.84	37.62	3.48	1.74	9.09	0.39
2000	72.16	40.10	34.32	2.88	2.90	10.61	0.43
2001	72.81	38.12	32.08	2.24	3.79	11.91	0.51
2002	63.22	34.33	25.23	1.70	7.40	6.92	0.71
2003	62.74	32.64	24.45	1.40	6.79	8.21	0.64
2004	71.37	30.71	21.99	1.21	7.51	17.42	1.46
2005	91.10	30.35	22.31	1.02	7.02	23.77	8.79
2006	99.74	30.18	22.00	1.00	7.18	26.55	12.75
2007	96.42	30.55	22.39	0.84	7.32	29.74	6.73
2008	99.17	30.30	21.79	1.14	7.37	30.19	9.00
2009	103.83	30.00	21.33	0.84	7.83	34.13	8.27
2010	157.24	35.22	24.17	1.03	10.02	43.98	11.51
2011	156.30	35.48	24.29	1.13	10.06	48.84	10.38
2012	154.91	35.82	24.51	0.87	10.43	51.59	6.93
2013	154.91	54.85	14.69	0.92	39.23	60.36	7.35
2014	155.62	52.84	15.03	0.77	37.04	62.01	5.28
2015	156.01	50.17	14.32	0.70	35.15	61.64	16.52
2016	156.82	45.80	14.43	0.71	30.66	74.43	19.79

注:2010 年以后市区为包含铜山区口径,与往年不可比。2010 年以后从业人数为推算数。

4-3 分三次产业从业人数及构成

单位：万人、%

年　份	从业人数	第一产业		第二产业		第三产业	
		人　数	比　重	人　数	比　重	人　数	比　重
1978	283.64	204.41	72.1	43.56	15.3	35.67	12.6
1979	282.72	204.52	72.4	45.06	15.9	33.14	11.7
1980	292.22	209.96	71.8	49.69	17.0	32.57	11.2
1981	302.62	216.86	71.7	51.80	17.1	33.96	11.2
1982	314.75	221.17	70.3	57.62	18.3	35.96	11.4
1983	322.66	223.59	69.3	61.30	19.0	37.77	11.7
1984	337.62	223.01	66.0	69.74	20.7	44.87	13.3
1985	349.04	222.57	63.8	78.65	22.5	47.82	13.7
1986	357.72	222.38	62.2	84.04	23.5	51.30	14.3
1987	367.35	225.07	61.3	89.84	24.4	52.45	14.3
1988	381.43	226.65	59.4	97.06	25.5	57.72	15.1
1989	390.31	235.21	60.2	95.49	24.5	59.61	15.3
1990	408.50	249.36	61.0	95.41	23.4	63.73	15.6
1991	419.35	260.56	62.1	93.90	22.4	64.89	15.5
1992	421.81	258.67	61.3	98.13	23.3	65.01	15.4
1993	423.40	247.05	58.3	105.18	24.9	71.17	16.8
1994	423.45	247.36	58.4	103.56	24.5	72.53	17.1
1995	425.43	242.09	56.9	107.66	25.3	75.68	17.8
1996	428.26	239.60	55.9	108.63	25.4	80.03	18.7
1997	432.88	240.85	55.6	106.11	24.5	85.92	19.9
1998	421.09	242.24	57.5	92.02	21.9	86.83	20.6
1999	418.65	235.80	56.3	92.26	22.0	90.59	21.7
2000	417.66	235.35	56.4	93.24	22.3	89.07	21.3
2001	415.78	230.49	55.4	95.79	23.0	89.50	21.6
2002	391.81	216.01	55.1	94.83	24.2	80.97	20.7
2003	382.03	196.26	51.4	103.31	27.0	82.46	21.6
2004	395.50	189.72	48.0	111.45	28.2	94.33	23.8
2005	452.20	182.63	40.3	127.69	28.3	141.88	31.4
2006	469.15	177.20	37.8	144.99	30.9	146.96	31.3
2007	477.21	170.31	35.7	152.18	31.9	154.72	32.4
2008	486.05	163.19	33.5	168.99	34.8	153.87	31.7
2009	501.17	162.08	32.4	180.01	35.9	159.08	31.7
2010	485.90	197.80	40.7	130.60	26.9	157.50	32.4
2011	483.00	189.10	39.2	136.50	28.3	157.40	32.6
2012	478.70	180.40	37.7	140.30	29.3	158.00	33.0
2013	478.70	171.50	35.8	145.80	30.5	161.40	33.7
2014	480.90	162.70	33.8	150.70	31.3	167.50	34.8
2015	482.10	152.80	31.7	155.60	32.3	173.70	36.0
2016	483.40	144.30	29.9	159.90	33.1	179.20	37.1

注：从 2010 开始从业人数为推算数。

4-4 市区分三次产业从业人数及构成

单位:万人、%

年 份	从业人数	第一产业		第二产业		第三产业	
		人 数	比 重	人 数	比 重	人 数	比 重
1978	43.76	3.90	8.9	24.66	56.4	15.20	34.7
1979	46.66	3.83	8.2	27.73	59.4	15.10	32.4
1980	47.26	3.65	7.7	29.47	62.4	14.14	29.9
1981	49.16	3.65	7.4	30.60	62.3	14.91	30.3
1982	51.19	3.56	7.0	32.25	63.0	15.38	30.0
1983	53.74	3.50	6.5	34.59	64.4	15.65	29.1
1984	55.88	3.28	5.9	36.60	65.5	16.00	28.6
1985	58.14	2.78	4.8	39.89	66.9	16.47	28.3
1986	58.95	2.84	4.8	38.85	65.9	17.26	29.3
1987	59.82	2.79	4.6	40.25	67.3	16.78	28.1
1988	61.42	2.71	4.4	40.46	65.9	18.25	29.7
1989	51.35	2.86	4.7	39.94	65.1	18.55	30.2
1990	62.50	2.91	4.7	39.41	63.0	20.19	32.3
1991	63.48	2.83	4.4	39.97	63.0	20.68	32.6
1992	63.35	2.71	4.3	41.23	65.1	19.41	30.6
1993	63.95	2.24	3.5	40.79	63.8	20.92	32.7
1994	80.20	11.46	14.3	43.90	54.7	24.84	31.0
1995	82.89	11.83	14.3	45.71	55.1	25.35	30.6
1996	82.21	11.86	14.4	44.61	54.3	25.74	31.3
1997	82.85	10.96	13.2	44.24	53.4	27.65	33.4
1998	74.39	10.21	13.7	34.85	46.9	29.33	39.4
1999	71.29	10.06	14.1	33.38	46.8	27.85	39.1
2000	72.16	11.18	15.5	32.22	44.6	28.76	39.9
2001	72.81	12.78	17.6	31.19	42.8	28.84	39.6
2002	63.22	11.73	18.6	27.21	43.0	24.28	38.4
2003	62.75	10.71	17.1	26.78	42.7	25.26	40.2
2004	71.38	10.01	14.0	27.80	39.0	33.56	47.0
2005	91.10	12.06	13.2	32.08	35.2	46.95	51.5
2006	99.74	12.41	12.4	34.35	34.5	52.98	53.1
2007	96.42	9.26	9.6	33.07	34.3	54.09	56.1
2008	99.17	10.70	10.8	39.72	40.0	48.75	49.2
2009	103.83	11.82	11.4	42.22	40.7	49.79	47.9
2010	157.24	54.28	34.5	38.83	24.7	64.13	40.8
2011	156.30	51.62	33.0	40.59	26.0	64.09	41.0
2012	154.91	48.86	31.5	41.72	26.9	64.33	41.5
2013	154.91	45.84	29.6	43.35	28.0	65.72	42.4
2014	155.62	42.61	27.4	44.81	28.8	68.20	43.8
2015	156.01	39.02	25.0	46.27	29.7	70.72	45.3
2016	156.82	33.34	21.3	48.89	31.2	74.58	47.6

注:2010 年以后市区为包含铜山区口径,与往年不可比。从 2010 开始从业人数为推算数。

4-5　分行业城镇私营个体从业人员

（2016年底）　　单位：人

行业	全市	市区
合　计	**1346983**	**744299**
第一产业	25577	10665
第二产业	375169	166801
工业	262387	115862
建筑业	112782	50939
第三产业	946237	566833
交通运输、仓储和邮政业	82223	38691
信息传输、计算机服务和软件业	17370	10982
批发和零售业	513692	303421
住宿和餐饮业	73013	47196
金融业	1962	969
房地产业	33914	18782
租赁和商务服务业	85422	56736
科学研究、技术服务和地质勘查业	60172	42462
水利、环境和公共设施管理业	2150	1280
居民服务和其他服务业	61037	37868
教育	3545	1793
卫生、社会保障和社会福利业	2853	2061
文化、体育和娱乐业	8835	4547
其他	49	45

4-6　分行业乡村从业人员

（2016年底）　　单位：万人

行业	全市	市区
合　计	**358.55**	**86.24**
第一产业	130.56	29.17
#农业	105.96	22.88
第二产业	156.10	37.20
工业	104.30	26.15
建筑业	51.80	11.05
第三产业	71.89	19.87
交通运输、仓储和邮政业	15.63	5.33
信息传输、计算机服务和软件业	1.83	0.57
批发和零售业	22.39	6.23
住宿、餐饮业	10.14	2.48
金融和保险业	1.45	0.45
房地产和社会服务业	1.93	0.43
科学研究、技术服务和地质勘查业	0.59	0.16
教育、文化、艺术和广播电视业	3.01	0.64
卫生、体育和社会福利业	2.09	0.46
公共管理和社会组织	0.96	0.23
其他	11.87	2.89

4-7 主要年份在岗职工人数

（年底数）　　　　单位：万人

年　份	全市合计	国有经济单　位	城镇集体经济单位	其他经济类型单位	市区合计	国有经济单　位	城镇集体经济单位	其他经济类型单位
1949	6.11	6.11			4.88	4.88		
1952	8.11	8.11			6.00	6.00		
1957	10.04	10.04			6.86	6.86		
1962	16.94	16.94			16.81	12.21	4.60	
1965	15.18	15.18			15.23	10.45	4.78	
1970	22.12	22.12			18.94	13.84	5.10	
1975	42.69	29.21	13.48		27.06	19.86	7.20	
1978	60.12	41.16	18.96		39.20	28.07	11.13	
1979	61.94	41.04	20.90		42.12	28.90	13.22	
1980	64.97	45.16	19.81		42.71	30.76	11.95	
1981	67.64	47.80	19.84		44.41	32.44	11.97	
1982	70.10	50.18	19.92		46.28	34.24	12.04	
1983	72.17	52.60	19.57		48.37	36.37	12.00	
1984	76.65	53.40	23.25		50.01	37.69	12.32	
1985	78.06	55.19	22.87		51.42	39.51	11.91	
1986	80.41	56.82	23.58	0.01	52.69	40.30	12.38	0.01
1987	82.15	58.96	23.17	0.02	53.34	41.09	12.23	0.02
1988	85.87	61.88	23.96	0.04	54.06	42.03	11.98	0.05
1989	85.39	61.88	23.42	0.09	54.01	42.22	11.70	0.09
1990	87.35	63.69	23.53	0.13	55.05	43.12	11.81	0.12
1991	89.59	65.55	23.85	0.19	56.05	43.93	11.93	0.19
1992	90.25	67.10	22.87	0.28	56.07	44.57	11.27	0.23
1993	91.83	69.40	21.54	0.89	56.13	44.88	10.59	0.66
1994	91.39	70.80	19.60	0.99	55.75	45.21	9.69	0.85
1995	92.39	72.52	19.13	0.74	55.92	45.98	9.52	0.42
1996	94.16	73.94	18.78	1.44	56.12	45.78	9.30	1.04
1997	93.85	74.41	17.76	1.68	55.41	45.53	9.00	0.87
1998	77.72	63.66	9.79	4.27	44.72	38.92	3.60	2.20
1999	75.07	61.95	9.39	3.73	42.84	37.62	3.48	1.74
2000	71.02	57.74	8.30	4.98	40.10	34.32	2.88	2.90
2001	67.64	53.65	7.01	6.98	38.12	32.08	2.24	3.79
2002	61.76	44.55	4.92	12.28	34.33	25.23	1.70	7.40
2003	59.15	43.32	4.25	11.58	32.64	24.45	1.40	6.79
2004	56.31	40.19	3.90	12.22	30.71	21.99	1.21	7.51
2005	56.07	40.13	3.60	12.34	30.35	22.31	1.02	7.03
2006	56.91	39.87	3.57	13.47	30.18	22.00	1.00	7.18
2007	57.56	40.00	3.35	14.21	30.55	22.39	0.84	7.32
2008	58.34	39.53	3.44	15.37	30.30	21.79	1.14	7.37
2009	58.29	38.49	2.99	16.81	30.00	21.33	0.84	7.83
2010	58.38	38.59	2.89	16.90	35.22	24.17	1.03	10.02
2011	59.42	38.94	2.93	17.54	35.48	24.30	1.13	10.05
2012	60.59	39.50	2.62	18.46	35.82	24.51	0.87	10.43
2013	101.53	32.98	3.04	65.51	54.84	14.69	0.92	39.23
2014	99.88	34.06	3.32	62.50	52.84	15.03	0.77	37.04
2015	97.17	32.05	3.16	61.95	50.17	14.32	0.70	35.15
2016	92.89	31.76	3.21	57.92	45.80	14.43	0.71	30.66

注：从 2013 年年报开始在岗职工期末人数为劳资原口径与一套表四上单位合并数据，且为在岗职工与劳务派遣工之和。

4-8 在岗职工人数

（2016 年底） 单位：人

项目	在岗职工人数	国有经济单位	城镇集体经济单位	其他经济类型单位
总计	**928876**	**317566**	**32078**	**579232**
按企业、事业、机关分				
企业	686182	88158	21031	576993
事业	175259	162161	11047	2051
机关	65411	65411		
民间非营利组织	36			36
其他	1988	1836		152
按国民经济行业分				
农、林、牧、渔业	12483	12379	69	35
采矿业	58302	2036	97	56169
制造业	223017	2037	2123	218857
电力、煤气及水的生产和供应业	8006	1098	148	6760
建筑业	238280	29042	9004	200234
批发和零售业	33721	7107	3715	22899
交通运输、仓储及邮政业	45440	17384	1042	27014
住宿和餐饮业	4640	1178	341	3121
信息传输、计算机服务和软件业	6482	1409	7	5066
金融业	16903	5902	3507	7494
房地产业	10458	1500	323	8635
租赁和商务服务业	19833	7090	613	12130
科学研究、技术服务和地质勘查业	10915	7630	330	2955
水利、环境和公共设施管理业	12886	11024	719	1143
居民服务和其他服务业	1403	725	25	653
教育	101369	97914	46	3409
卫生、社会保障和社会福利业	49350	37523	9901	1926
文化、体育和娱乐业	4471	3671	68	732
公共管理和社会组织	70917	70917		
按隶属关系分（国有经济）				
中央	19446	19446		
省	29518	29518		
省辖市	58322	58322		
县及县以下	207707	207707		
其他	2573	2573		

4-9 市区在岗职工人数

（2016 年底） 单位:人

项　　目	在岗职工人　数	国有经济单位	城镇集体经济单位	其他经济类型单位
总　计	**457989**	**144292**	**7066**	**306631**
按企业、事业、机关分				
企业	350968	39571	5149	306248
事业	73802	71502	1917	383
机关	33219	33219		
民间非营利组织				
其他				
按国民经济行业分				
农、林、牧、渔业	4587	4526	26	35
采矿业	30027	2036		27991
制造业	139083	2037	759	136287
电力、煤气及水的生产和供应业	5691	271	148	5272
建筑业	72349	2796	1254	68299
批发和零售业	18440	3197	862	14381
交通运输、仓储及邮政业	32325	11050	516	20759
住宿和餐饮业	3602	1032	185	2385
信息传输、计算机服务和软件业	4827		7	4820
金融业	10267	2683	901	6683
房地产业	7024	840	118	6066
租赁和商务服务业	14495	5484	257	8754
科学研究、技术服务和地质勘查业	7098	5498	135	1465
水利、环境和公共设施管理业	5986	4951	101	934
居民服务和其他服务业	531	213		318
教育	39360	38383	42	935
卫生、社会保障和社会福利业	23980	21515	1755	710
文化、体育和娱乐业	3277	2740		537
公共管理和社会组织	35040	35040		
按隶属关系分(国有经济)				
中央	13707	13707		
省	18894	18894		
省辖市	55079	55079		
县及县以下	54550	54550		
其他	2062	2062		

4-10 女性在岗职工人数

（2016年底） 单位：人

项　　目	在岗职工人　　数	国有经济单位	城镇集体经济单位	其他经济类型单位
总　计	**325180**	**146392**	**13387**	**165401**
按企业、事业、机关分				
企业	202038	31782	6250	164006
事业	103065	94666	7137	1262
机关	19196	19196		
民间非营利组织	35			35
其他	846	748		98
按国民经济行业分				
农、林、牧、渔业	7473	7421	27	25
采矿业	13490	283	23	13184
制造业	83106	540	991	81575
电力、煤气及水的生产和供应业	2393	508	56	1829
建筑业	25545	2461	820	22264
批发和零售业	18232	3080	1481	13671
交通运输、仓储及邮政业	14398	5827	441	8130
住宿和餐饮业	3032	654	246	2132
信息传输、计算机服务和软件业	2910	668	4	2238
金融业	15959	7525	1542	6892
房地产业	4631	593	168	3870
租赁和商务服务业	5792	1019	285	4488
科学研究、技术服务和地质勘查业	3126	2230	110	786
水利、环境和公共设施管理业	6321	4900	888	533
居民服务和其他服务业	489	221	13	255
教育	58793	56714	43	2036
卫生、社会保障和社会福利业	36497	29146	6221	1130
文化、体育和娱乐业	2078	1687	28	363
公共管理和社会组织	20915	20915		

4-11 主要年份职工工资总额

单位:万元

年份	全市				市区			
	全部职工	国有经济单位	城镇集体经济单位	其他经济类型单位	全部职工	国有经济单位	城镇集体经济单位	其他经济类型单位
1949	1962	1962			1707	1707		
1952	3680	3680			3177	3177		
1957	5709	5709			4251	4251		
1962	10295	10295			8042	8042		
1965	9418	9418			7106	7106		
1970	11199	11199			8136	8136		
1975	21093	15939	5154		14896	11824	3072	
1978	31439	23706	7733		22573	17598	4975	
1979	36925	27781	9144		27260	21129	6131	
1980	44954	34084	10870		32809	25473	7336	
1981	47170	35891	11279		34194	26615	7579	
1982	51676	39575	12101		37389	29355	8033	
1983	55388	43349	12039		40701	32699	8001	
1984	80714	60828	19886		58779	46285	12493	
1985	93432	72426	21006		68323	55947	12376	
1986	110187	85424	24754	9	80480	65838	14633	9
1987	117231	91512	25689	30	84543	69518	14995	28
1988	149139	117615	31454	70	104028	86618	17340	64
1989	165525	132521	32819	185	118228	100083	17960	185
1990	185938	150380	35187	371	132593	112898	19324	371
1991	208723	169855	38397	471	149964	127972	21524	468
1992	244828	202261	41831	736	175433	151564	23203	666
1993	304255	253382	47734	3139	218454	189200	26586	2668
1994	407761	349729	53041	4991	287245	253793	28832	4620
1995	506766	437394	66563	2809	355676	317499	36295	1880
1996	584442	506673	68847	8922	402383	358696	36286	7401
1997	609772	534263	64613	10896	419217	375289	36310	7618
1998	592951	514526	48949	29476	396614	357549	23395	15670
1999	624029	546719	49089	28221	417883	378034	23453	16396
2000	653127	565585	42684	44858	439909	390587	18473	30849
2001	700349	596699	39062	64588	482073	423530	15307	43235
2002	742489	572711	31159	138619	516553	397782	13763	105008
2003	802685	621748	29756	151181	569467	440515	12119	116832
2004	894607	679066	33849	181692	641470	483484	15473	142513
2005	1072593	825124	35199	212270	763816	587518	14430	161868
2006	1250866	943120	40150	267595	888450	679934	14744	193772
2007	1367407	1034032	42865	290510	932620	720634	13729	198257
2008	1549543	1141926	56183	351434	1032278	776277	20991	235010
2009	1808200	1289097	58151	460952	1179995	860207	17196	302592
2010	1985130	1431819	70534	482777	1404233	1034203	29191	340839
2011	2347680	1673845	91401	582434	1621227	1187306	41355	392566
2012	2664762	1890555	92391	681817	1813377	1326132	33376	453870
2013	4587245	1617517	119932	2849796	2806363	867345	37131	1901887
2014	5011775	1782705	144653	3084417	2997160	963758	37083	1996319
2015	5248123	1957397	148450	3142276	3020812	1037061	36704	1947048
2016	5266856	2083555	159849	3023452	2945037	1119808	40686	1784543

注:在岗职工工资总额为劳资原口径与一套表四上单位合并后的在岗职工工资总额与劳务派遣工工资总额之和(新口径)。

4-12 主要年份职工平均工资

单位:元

年份	全市				市区			
	全部职工	国有经济单位	城镇集体经济单位	其他经济类型单位	全部职工	国有经济单位	城镇集体经济单位	其他经济类型单位
1949					349	349		
1952	503	503			529	529		
1957	573	573			619	619		
1962	548	548			590	590		
1965	599	599			594	680	407	
1970	553	553			547	587	436	
1975	509	564	392		580	595	426	
1978	554	593	430		605	664	446	
1979	605	676	459		647	731	464	
1980	715	791	535		768	828	613	
1981	720	772	569		770	820	633	
1982	755	808	609		807	857	667	
1983	780	840	621		841	898	667	
1984	1105	1178	884		1175	1228	1014	
1985	1231	1351	941		1220	1303	944	
1986	1403	1537	1077	1828	1400	1503	1067	645
1987	1463	1601	1119	2021	1511	1625	1136	1934
1988	1798	1973	1349	2101	1800	1935	1329	1633
1989	1965	2177	1410	2224	2189	2370	1535	2189
1990	2179	2417	1531	3050	2708	2618	1636	3091
1991	2379	2644	1647	2656	2715	2913	1804	2521
1992	2753	3052	1867	2838	3151	3426	2068	3115
1993	3355	6698	2245	3702	3914	4244	2512	4119
1994	4524	5013	2732	5202	5186	5658	2971	5583
1995	5537	6101	3481	3957	6381	6938	3791	4669
1996	6279	6933	3707	6308	7208	7878	3916	7197
1997	6521	7211	3636	6580	7533	8214	3994	8764
1998	7717	8149	5150	7023	8999	9234	6998	7796
1999	8447	8955	5351	7731	9911	10169	7015	9945
2000	9339	9908	5243	9531	11144	11442	6706	11940
2001	10501	11174	5630	10171	12837	13143	7041	13710
2002	11887	12683	6235	11264	14929	15633	8246	14027
2003	13551	14327	6777	13209	17518	18073	8528	17405
2004	15809	16864	8387	14789	20898	22046	12735	18876
2005	18849	20373	9597	16670	24838	26223	13545	22230
2006	21896	23639	11058	19673	29191	30969	14163	26047
2007	23711	25791	12674	20465	30652	32299	15904	27338
2008	26824	29000	16253	23534	33982	35610	18075	31689
2009	31173	33575	19527	27715	39392	40387	20230	38766
2010	34243	37406	24377	28737	40254	43371	28185	34075
2011	39493	43102	30823	33008	45909	49355	36327	38794
2012	44070	47890	35540	37076	50715	54249	37936	43510
2013	47013	50192	40499	45680	51903	59051	40505	49445
2014	50268	53761	43619	48784	55387	63929	48059	52170
2015	54310	61794	47722	50809	59373	72206	52751	54356
2016	57228	66580	50405	52520	63077	77868	57621	56468

注:在岗职工工资总额为劳资原口径与一套表四上单位合并后的在岗职工工资总额与劳务派遣工工资总额之和(新口径)。

4-13 职工工资总额

（2016 年底） 单位：万元

项　　目	在岗职工人　　数	国有经济单位	城镇集体经济单位	其他经济类型单位
总　　计	**5266856**	**2083555**	**159849**	**3023452**
按企业、事业、机关分				
企业	3530456	425718	94541	3010197
事业	1230494	1153228	65309	11957
机关	489950	489950		
民间非营利组织	141			141
其他	15815	14658		1157
按国民经济行业分				
农、林、牧、渔业	31798	31332	368	98
采矿业	399138	7590	393	391154
制造业	1163825	8962	6621	1148243
电力、煤气及水的生产和供应业	65960	5002	958	60001
建筑业	1035987	131640	31079	873268
批发和零售业	141931	30490	10775	100667
交通运输、仓储及邮政业	281269	119783	3905	157582
住宿和餐饮业	15674	4186	1094	10394
信息传输、计算机服务和软件业	50990	7890	62	43038
金融业	165876	46803	36276	82797
房地产业	58348	9162	1194	47992
租赁和商务服务业	72848	20689	2166	49992
科学研究、技术服务和地质勘查业	72937	54834	1686	16417
水利、环境和公共设施管理业	69667	61393	3703	4571
居民服务和其他服务业	7226	4003	65	3158
教育	718730	699602	137	18992
卫生、社会保障和社会福利业	366845	295921	59074	11850
文化、体育和娱乐业	24850	21317	292	3241
公共管理和社会组织	522958	522958		
按隶属关系分(国有经济)				
中央	125785	125785		
省	186233	186233		
省辖市	471035	471035		
县及县以下	1282460	1282460		
其他	18043	18043		

4-14 市区职工工资总额

（2016 年底） 单位：万元

项目	在岗职工人数	国有经济单位	城镇集体经济单位	其他经济类型单位
总计	**2945037**	**1119808**	**40686**	**1784543**
按企业、事业、机关分				
企业	2030390	222455	26861	1781075
事业	625583	608289	13826	3469
机关	289064	289064		
民间非营利组织				
其他				
按国民经济行业分				
农、林、牧、渔业	11685	11356	231	98
采矿业	224821	7590		217231
制造业	804762	8962	2809	792992
电力、煤气及水的生产和供应业	52481	1655	958	49868
建筑业	328065	16652	3989	307424
批发和零售业	91190	17354	3226	70610
交通运输、仓储及邮政业	217278	85205	1964	130109
住宿和餐饮业	12489	3641	570	8278
信息传输、计算机服务和软件业	41411		62	41349
金融业	111872	25194	11277	75402
房地产业	41449	6099	444	34906
租赁和商务服务业	47588	14503	818	32268
科学研究、技术服务和地质勘查业	50448	42846	472	7130
水利、环境和公共设施管理业	41108	36761	817	3530
居民服务和其他服务业	2865	1721		1145
教育	333580	327008	123	6448
卫生、社会保障和社会福利业	211665	195538	12925	3202
文化、体育和娱乐业	18394	15839		2555
公共管理和社会组织	301886	301886		
按隶属关系分(国有经济)				
中央	89927	89927		
省	147847	147847		
省辖市	448114	448114		
县及县以下	418660	418660		
其他	15260	15260		

4-15 职工平均工资

（2016年底）　　单位:元

项目	在岗职工年平均工资	国有经济单位	城镇集体经济单位	其他经济类型单位
总　计	**57228**	**66580**	**50405**	**52520**
按企业、事业、机关分				
企业	51971	50108	45215	52493
事业	70751	71598	60448	58498
机关	75296	75296		
民间非营利组织	39111			39111
其他	79551	79750		77113
按国民经济行业分				
农、林、牧、渔业	23057	22890	53391	28706
采矿业	61709	36351	40979	62588
制造业	51756	44038	31725	52016
电力、煤气及水的生产和供应业	81634	45634	64757	87771
建筑业	46726	53652	34787	46389
批发和零售业	42206	42805	29034	44164
交通运输、仓储及邮政业	61658	68999	37435	57903
住宿和餐饮业	33256	35146	32088	32674
信息传输、计算机服务和软件业	78350	55290	88429	84821
金融业	98349	79705	103765	110425
房地产业	55793	61616	36966	55494
租赁和商务服务业	37196	30314	35280	41159
科学研究、技术服务和地质勘查业	66084	70726	51097	55575
水利、环境和公共设施管理业	53676	55234	51219	40058
居民服务和其他服务业	51395	55289	26160	48064
教育	71118	71670	30356	55827
卫生、社会保障和社会福利业	75975	80424	61198	64507
文化、体育和娱乐业	55605	58628	42897	42369
公共管理和社会组织	74101	74101		
按隶属关系分（国有经济）				
中央	64446	64446		
省	60856	60856		
省辖市	81325	81325		
县及县以下	63406	63406		
其他	68369	68369		

4–16 市区职工平均工资

（2016 年底）　　单位：元

项　　目	在岗职工年平均工资	国有经济单位	城镇集体经济单位	其他经济类型单位
总　计	**63077**	**77868**	**57621**	**56468**
按企业、事业、机关分				
企业	56288	55722	52208	56426
事业	85377	85699	72159	92005
机关	87845	87845		
民间非营利组织				
其他				
按国民经济行业分				
农、林、牧、渔业	25134	24746	88923	28706
采矿业	61405	36351		62920
制造业	57166	44038	37348	57468
电力、煤气及水的生产和供应业	91066	61055	64757	93317
建筑业	44844	58860	31890	44504
批发和零售业	49768	54011	37385	49561
交通运输、仓储及邮政业	66566	77220	37992	61692
住宿和餐饮业	33882	34839	30816	33706
信息传输、计算机服务和软件业	85595		88429	85591
金融业	109165	94748	125019	112759
房地产业	58926	72438	37627	57467
租赁和商务服务业	32953	26832	31446	36768
科学研究、技术服务和地质勘查业	69843	76170	34993	48732
水利、环境和公共设施管理业	66788	71758	78538	38039
居民服务和其他服务业	53962	80779		36000
教育	85058	85483	30098	69861
卫生、社会保障和社会福利业	89868	92475	73775	48803
文化、体育和娱乐业	55470	58512		41952
公共管理和社会组织	86921	86921		
按隶属关系分（国有经济）				
中央	65254	65254		
省	78801	78801		
省辖市	81967	81967		
县及县以下	76870	76870		
其他	71576	71576		

4-17 城镇登记失业人数及失业率

单位：人

年份	当年需要安置的人数	当年已安置就业的人数	年末城镇登记失业人数	#失业青年	#失业女青年	年末城镇登记失业率（%）
1981	42995	22600	10294	10294		1.52
1982	28451	18432	5144	5144		0.73
1983	20261	8336	10633	10633		1.44
1984	22729	13584	8396	8396		1.08
1985	27051	14654	11605	11605		1.45
1986	30373	18158	11854	11854		1.43
1987	32082	16469	15200	15200		1.78
1988	36679	22722	13469	13469		1.5
1989	74534	22780	50947	50947		5.44
1990	71500	44775	22440	22440		2.42
1991	50367	29702	18622	18622	12054	1.98
1992	42113	19787	18754	18754	11627	1.97
1993	37681	19406	16997	16275	9615	1.81
1994	33896	17241	15576	14875	8815	1.7
1995	31238	14971	15390	15078	8869	1.6
1996	31431	14568	15276	13795	7742	1.5
1997	29154	13083	15073	13181	7232	1.62
1998	27155	13481	13163	10398	6295	1.3
1999	28125	13087	15038	12981	8035	1.52
2000	34107	14078	18625	8482	4433	1.89
2001	44654	16512	26836	9956	5650	2.4
2002	60674	21098	38099			3.58
2003	66044	22521	37980	7430	3492	4.3
2004	67288	27905	37231	6571	3815	4.03
2005	66614	31263	33560	10385	5980	3.44
2006	78964	45611	32581	9589	5273	3.03
2007	84262	50696	33488	17268	9478	2.8
2008	88393	54628	33665			2.7
2009	96903	61063	35738			2.86
2010	106308	72665	33613			2.63
2011	115628	77798	37824			2.55
2012	117890	82521	35369			2.39
2013	156404	122597	33785			2.14
2014	132486	100534	31914			1.91
2015	155995	124366	31611			1.89
2016	169543	138586	30953			1.85

主要统计指标解释

从业人员 指从事一定社会劳动并取得劳动报酬或经营收入的全部劳动力。包括：

(1)全部职工

(2)城镇私营企业从业人员

(3)城镇个体劳动者

(4)农村社会劳动者

(5)其他社会劳动者

这一指标反映了一定时期内全部劳动力资源的实际利用情况，是研究基本国情国力的重要指标。

各单位的从业人员是指在各级国家机关、政党机关、社会团体及企业、事业单位中工作，并取得劳动报酬的全部人员。包括职工、再就业的离退休人员、民办教师以及在各单位中工作的外方人员和港、澳、台方人员。

各单位的从业人员反映了各单位实际参加生产或工作的全部劳动力。

职工 指在国有经济、城镇集体经济、联营经济、股份制经济、外商和港、澳、台投资经济、其他经济单位及其附属机构工作，并由其支付工资的各类人员。

合同制职工 指各单位根据国务院国发（1986)77号文件和国务院令第99号的规定，通过签订有固定期限劳动合同、无固定期限劳动合同和以完成一项工作为期限劳动合同所使用的职工。包括实行全员劳动合同制单位的全部职工。

使用的农村劳动力 指国有经济、城镇集体经济、联营经济、股份制经济、外商和港、澳、台投资经济、其他经济单位的职工中，现仍保留农村户籍关系的人员。

长期职工 指用工期限在一年以上(含一年)的职工。包括原固定职工、合同制职工、长期临时工以及国有单位使用的城镇集体所有制单位的人员和其他使用期限在一年以上的原计划外用工。

临时职工 指用工期限不超过一年的职工。包括各单位根据国家有关规定招用的，签订一年以内的劳动合同或使用期不超过一年的临时性、季节性用工。

其他从业人员 指劳动统计制度规定不作职工统计，但实际参加社会劳动并取得劳动报酬的人员。

各单位的其他从业人员是指单位中除职工以外的全部参加本单位生产或工作并取得劳动报酬的人员。包括再就业的离退休人员、民办教师以及在各单位中工作的外方人员和港、澳、台方人员。

城镇集体经济单位职工 指在城镇集体经济单位及其管理部门工作并由其支付工资的各类人员。

其他经济单位职工 指在联营经济、股份制经济、外商投资经济、港、澳、台投资经济单位工作，并由其支付工资的各类人员。

城镇个体劳动者 指经工商行政管理部门核准登记，领取营业执照，参加生产经营活动，户口在城镇的全部人员。

农村社会劳动者 指农村人口中经常参加合作经济组织(包括乡(镇)办企业事业单位)和家庭副业生产劳动的劳动力。凡是由合作经济组织分配劳动任务或承包各种生产任务，并从中直接取得实物、现金收入和从承包的生产任务中获得实物、现金收入的劳动力，不管从事何种劳动，都要统计为农村社会劳动者。国家从乡(村)调用的建勤民工；由集体经费支付工资或补贴的乡(村)脱产管理干部；乡(村)劳动力到国有经济单位或城镇集体经济单位工作，其收入交给合作经济组织，并从中取得实物或现金收入的合同工、临时工、亦工亦农人员；自行外出，但户口没有转出的劳动力，都应包括在内。

城镇登记失业人员 指有非农业户口，在一定的劳动年龄内(16岁以上及男50岁以下、女45岁以下)，有劳动能力，无业而要求就业，并在当地就业服务机构进行待业登记的人员。

城镇登记失业率 是城镇登记失业人数同城镇在业人数加城镇登记失业人数之比。计算公式为：

$$\text{城镇失业率}=\frac{\text{城镇登记失业人数}}{\text{城镇在业人数}+\text{城镇登记失业人数}}\times 100\%$$

从业人员劳动报酬 各单位一定时期内直接支付给本单位全部从业人员的劳动报酬总额。包括职工工资总额和本单位其他从业人员劳动报酬两部分。

职工工资总额 指各单位在一定时期内直接支付给本单位全部职工的劳动报酬总额。

工资总额的计算原则应以直接支付给职工的全部劳动报酬为根据。各单位支付给职工的劳动报酬以及其他根据有关规定支付的工资，不论是计入成本的还是不计入成本的，不论是按国家规定列入计征奖金税项目的，还是未列入计征奖金税项目的，不论是以货币形式支付的还是以实物形式支付的，均包括在工资总额内。

计时工资 指按计时工资标准(包括地区生活费补贴)和

工作时间支付给个人的劳动报酬,以及根据国家法律、法规和政策规定,因病、工伤、产假、计划生育假、婚丧假、事假、探亲假、定期休假、停工学习、执行国家或社会义务等原因按计时工资标准或计时工资标准的一定比例支付的工资。

计件标准工资 是指实行计件工资制的单位按照批准的计件单价和规定的劳动定额或工作量应支付给计件工人的劳动报酬。

计件超额工资 是计件工资的一部分,指计件工人超额完成定额任务后所得的工资。即计件工人实得的全部计件工资减去应得的计件标准工资后的数额。某些企业的工人由于从事生产的工作物等级高于本人工资等级,因而其计件标准工资高于本人标准工资,其计件超额工资也应是全部工资减去应得的计件标准工资后的数额。

奖金 指支付给职工的超额劳动报酬和增收节支的劳动报酬。

津贴和补贴 指为了补偿职工特殊或额外的劳动消耗和因其他特殊原因支付给职工的津贴,以及为了保证职工工资水平不受物价影响支付给职工的物价补贴。

其他从业人员劳动报酬 指各单位在一定时期内直接支付给本单位其他从业人员的全部劳动报酬。

职工平均工资 指企业、事业、机关单位的职工在一定时间内平均每人所得的货币工资额。它表明一定时期职工工资收入的高低程度,是反映职工工资水平的主要指标。计算公式为:

$$职工平均工资=\frac{报告期实际支付的全部职工工资总额}{报告期全部职工平均人数}$$

职工平均实际工资 指扣除物价变动因素后的职工平均工资。计算公式为:

$$职工平均实际工资=\frac{报告期职工平均工资}{报告期全部职工生活费价格指数}$$

5 INVESTMENT IN FIXED ASSETS
固定资产投资

版面负责人：许　清

编　　　辑：张　虹　孙　伟

统计知识

中华人民共和国统计法实施条例

第十条 统计调查项目涉及其他部门职责的，审批机关应当在作出审批决定前，征求相关部门的意见。

第十一条 审批机关应当自受理统计调查项目审批申请之日起20日内作出决定。20日内不能作出决定的，经审批机关负责人批准可以延长10日，并应当将延长审批期限的理由告知制定机关。

制定机关修改统计调查项目的时间，不计算在审批期限内。

编辑：徐向忠

5-1 全社会固定资产投资

单位:万元

年份	全社会固定资产投资完成额	# 城镇规模以上	农村规模以上	# 城乡个私	# 城镇个私
1978	32052	32052			
1979	39965	39965			
1980	46737	46737			
1981	31140	31140			
1982	45100	45100			
1983	61776	61776			
1984	72575	72575			
1985	81993	81993			
1986	186435	111793	46816	27826	13530
1987	223523	120516	54252	48755	15040
1988	203704	101872	62359	39473	16000
1989	211255	88112	70066	73077	16730
1990	244092	117535	84417	42140	19460
1991	300167	153137	99315	47715	22890
1992	448089	256335	132420	59334	23160
1993	513891	308967	134000	70924	15986
1994	772145	407060	247278	117807	31959
1995	1036880	532002	407263	97615	20696
1996	1365558	713616	542778	109164	18626
1997	1521073	812015	573291	135767	21696
1998	1882611	1137480	510507	211098	7529
1999	2202118	1313145	404029	422971	47274
2000	2521865	1540283	359501	541440	81474
2001	2878503	1715698	137554	182724	109437
2002	3231237	1776036	121704	272936	128717
2003	3830289	2447598	412593	292571	130034
2004	4452726	3187501	717778	726871	281055
2005	6013112	4509921	950880	1613051	881267
2006	7529941	5985211	816056	2386794	1800453
2007	9607018	7695881	1027195	6310559	5364624
2008	12506684	10150379	1467142	4397099	3293322
2009	16245718	13375634	2314293	7555693	5821889
2010	20492595	16469766	2917392	9003877	6810346

注:1.2002 年以前城镇、农村规模以上分别为城镇、农村集体以上;2.2010 年以后不再统计全社会固定资产投资。

5-2 固定资产投资

单位:万元

年份	全市	#城乡个私	市区	#城乡个私
1978	32052		27988	
1979	39965		34622	
1980	46737		40763	
1981	31140		26990	
1982	45100		38339	
1983	61776		54607	
1984	72575		64757	
1985	81993		69413	
1986	158609	27826	106534	5816
1987	174768	48755	118110	6935
1988	164231	39473	95271	7917
1989	158178	73077	85194	7378
1990	201952	42140	117947	9486
1991	252452	47715	142140	10426
1992	388755	59334	233176	9293
1993	442967	70924	205394	6145
1994	654338	117807	316251	11149
1995	939265	97615	425293	13867
1996	1256394	109164	584478	18347
1997	1385306	135767	752279	36649
1998	1647987	211098	1098821	19776
1999	1717174	422971	1153101	100599
2000	1899784	541440	1269190	150387
2001	1853252	182724	1401933	87082
2002	1897740	272936	1461694	94483
2003	2860191	292571	1788761	49681
2004	3905279	726871	2041714	130810
2005	5460801	1613051	2492481	465764
2006	6801267	2386794	2936655	631616
2007	8723076	6310559	3617867	2402901
2008	11617521	4397099	5218485	2177161
2009	15689927	7555693	6270237	2248229
2010	19387158	9003877	10220846	3953299
2011	22010274	8934776	11930894	3448110
2012	26858891	9599343	14485002	2939545
2013	30901313	12552369	16824224	4944903
2014	36715594	17262719	19315592	7573667
2015	42661166	20133071	21670386	8223614
2016	47973323	27041925	23542260	11099451

注:2011 年起,固定资产投资统计的起点标准从计划总投资 50 万元提高到 500 万元。

5-3　各时期固定资产投资完成额

单位：万元

时　期	合　计	基本建设	更新改造	其他投资	房地产开发
1949	**257**	**257**			
恢复时期	**2065**	**2065**			
“一五”时期	**15602**	**15602**			
“二五”时期	**70222**	**70222**			
调整时期	**14262**	**14262**			
“三五”时期	**18586**	**18586**			
“四五”时期	**63127**	**60974**	**2153**		
“五五”时期	**151718**	**134899**	**12287**	**4532**	
1976	14432	14432			
1977	18532	18532			
1978	32052	29141	1870	1041	
1979	39965	32579	6402	984	
1980	46732	40215	4015	2507	
“六五”时期	**292584**	**177653**	**79905**	**35026**	
1981	31140	22524	5465	3151	
1982	45100	24312	14281	6507	
1983	61776	37279	17443	7054	
1984	72575	48622	17164	6789	
1985	81993	44916	25552	11525	
“七五”时期	**539828**	**285696**	**180358**	**61560**	**12214**
1986	111793	66508	29063	16222	
1987	120516	75020	31166	14330	
1988	101872	40804	46889	14179	
1989	88112	46274	34590	7248	
1990	117535	57090	38650	9581	12214
“八五”时期	**1657501**	**826093**	**526087**	**151031**	**154290**
1991	153137	74263	50691	13114	15069
1992	256335	116204	94656	29404	16071
1993	308967	126040	119234	35333	28360
1994	407060	205272	131971	35682	34135
1995	532002	304314	129535	37498	60655
“九五”时期	**5516539**	**2909525**	**1257699**	**449088**	**900227**
1996	713616	375182	186272	71520	80642
1997	812015	419068	202617	74937	115393
1998	1137480	591413	270144	90292	185631
1999	1313145	720580	283647	70847	238071
2000	1540283	803282	315019	141492	280490
“十五”时期	**13636754**	**5179894**	**1925784**	**847621**	**1799272**
2001	1715698	921817	359585	120944	313352
2002	1776036	1020760	398013	107174	250089
2003	2447598	1344223	520720	281697	300958
2004	3187501	1893094	647466	337806	309135
2005	4509921				625738
“十一五”时期	**53676871**				**6661018**
2006	5985211				707983
2007	7695881				1001097
2008	10150379				1308123
2009	13375634				1590593
2010	16469766				2053222
“十二五”时期	**159147238**				**18847603**
2011	22010274				2551217
2012	26858891				3100707
2013	30901313				3804668
2014	36715594				4688767
2015	42661166				4702244
“十三五”时期	**47973323**				**5491309**
2016	47973323				5491309

注：1.2002年以前为城镇集体以上投资，2005年以后取消了基本建设和更新改造的分类；2.2011年以前为城镇规模以上固定资产投资；3.2011年起为500万元以上固定资产投资，不再区分城镇和农村。

5-4 市区固定资产投资完成额

单位:万元

年　份	合　计	基本建设	更新改造	其他投资	房地产开发
1978	27988	25927	1144	917	
1979	34622	28415	5418	789	
1980	40763	35533	3171	2059	
1981	26990	20409	4270	2311	
1982	38339	21143	11801	5395	
1983	54607	33224	15401	5982	
1984	64757	44088	14998	5671	
1985	69413	38898	22367	8148	
1986	95150	60380	24007	10763	
1987	104174	70483	24933	8758	
1988	78745	35361	36892	6492	
1989	68047	38675	27081	2294	
1990	95455	45083	32432	5726	12214
1991	119408	60097	39380	6875	13056
1992	195860	86709	75680	19008	14463
1993	201019	68547	88506	20131	23835
1994	253437	130328	78598	19578	24933
1995	338392	196442	76004	17063	48883
1996	443879	252482	91128	38360	61909
1997	577803	316030	134249	42989	84535
1998	902936	481654	205674	65758	149850
1999	1048339	614299	211568	32237	190235
2000	1205265	681585	236759	62123	224798
2001	1328481	741555	295767	62149	229010
2002	1401555	832978	325980	72250	170347
2003	1788761	1134523	420109	53217	180912
2004	2231004	1557209	448594	35911	189290
2005	2451166				362170
2006	2924555				451565
2007	3607867				478393
2008	5185735				741589
2009	6162667				797912
2010	9664307				1266145
2011	11930894				1517773
2012	14485002				1995752
2013	16824224				2611336
2014	19315592				2996808
2015	21670386				2863281
2016	23542260				3263851

注:1.2011 年以前为城镇规模以上固定资产投资;2.2011 年起为 500 万元以上固定资产投资,不再区分城镇和农村。

5-5 各时期投资新增固定资产

单位:万元

时期	合计	基本建设	更新改造	其他投资	房地产开发
1949	**248**	**248**			
恢复时期	**1776**	**1776**			
“一五”时期	**12643**	**12643**			
“二五”时期	**52985**	**52985**			
调整时期	**11619**	**11619**			
“三五”时期	**11759**	**11759**			
“四五”时期	**35169**	**35169**			
“五五”时期	**120222**	**108726**	**8258**	**3238**	
1976	9446	9446			
1977	9458	9458			
1978	30475	27986	1789	700	
1979	30209	25844	3807	558	
1980	40634	35992	2662	1980	
“六五”时期	**225890**	**129838**	**63086**	**32966**	
1981	22041	15323	4097	2621	
1982	31357	15074	11754	4529	
1983	35124	14919	12514	7691	
1984	51932	30733	13882	7317	
1985	85436	53789	20839	10808	
“七五”时期	**439936**	**226017**	**147703**	**54849**	**11367**
1986	89636	48050	25724	15862	
1987	96080	60055	27876	8149	
1988	95252	48063	33199	13990	
1989	74117	34597	31245	8275	
1990	84851	35252	29659	8573	11367
“八五”时期	**1130113**	**526560**	**375736**	**128774**	**99043**
1991	114583	50726	39636	10026	14195
1992	186138	92456	56505	26802	10375
1993	191284	76848	84971	26428	3037
1994	252013	108300	87916	33537	22260
1995	386095	198230	106708	31981	49176
“九五”时期	**4160683**	**2118938**	**1041554**	**417666**	**582526**
1996	610805	319035	172302	58363	61105
1997	757218	425798	178475	67624	85321
1998	752613	303985	250117	80716	117795
1999	968298	520106	179786	86004	182402
2000	1071749	550014	260874	124958	135903
“十五”时期	**8627742**	**2848831**	**1427736**	**731525**	**1122436**
2001	1070252	582891	134992	110582	241787
2002	1549933	786760	559860	77321	125992
2003	1295044	672868	270887	225322	125967
2004	1718860	806312	461997	318300	132251
2005	2993653				496439
“十一五”时期	**36739637**				**3820079**
2006	3024852				298673
2007	6163555				448651
2008	5513772				497972
2009	9252496				1261300
2010	12784962				1313483
“十二五”时期	**124550840**				**10389210**
2011	15040675				1539050
2012	20447653				1360822
2013	24690737				2684251
2014	30741958				2152080
2015	33629817				2653007
“十三五”时期	**33204575**				**1984917**
2016	33204575				1984917

注:1、2002年以前为城镇集体以上投资,2005年以后取消了基本建设和更新改造的分类;2.2011年以前为城镇规模以上固定资产投资;3.2011年起为500万元以上固定资产投资,不再区分城镇和农村。

5-6 市区投资新增固定资产

单位:万元

年份	合计	基本建设	更新改造	其他投资	房地产开发
1978	26866	25315	970	581	
1979	25972	22452	3066	454	
1980	35533	31935	2033	1565	
1981	18034	13109	3078	1847	
1982	25881	12913	9497	3471	
1983	29766	12206	10875	6685	
1984	44568	26544	11892	6132	
1985	75673	49688	17681	8204	
1986	73299	42141	20519	10629	
1987	80186	54202	21992	3891	
1988	75532	42957	26722	5853	
1989	55544	28219	24011	3314	
1990	64294	21322	13423	6171	11367
1991	84047	26233	27873	4974	13000
1992	150991	81358	42839	17559	9235
1993	119722	36283	52825	12914	16700
1994	135861	51271	49550	16641	18399
1995	207292	64720	51384	14704	43484
1996	375765	211880	91132	29017	43735
1997	537990	329431	102839	42557	62163
1998	553824	205359	192031	60488	95946
1999	731316	421070	124137	34668	151441
2000	772075	456828	185994	40513	88740
2001	662624	408353	79246		175025
2002	1193645	600972	483374	41657	67642
2003	762273	498133	183849	31992	48299
2004	909183	526150	263125	38431	81477
2005	1579550				246009
2006	1764597				89433
2007	2344769				448651
2008	2719346				234540
2009	3723923				797912
2010	8237121				697580
2011	6991822				826774
2012	10519995				623425
2013	12075838				1583159
2014	15337399				1154480
2015	16990739				1470955
2016	15731872				923570

注:1.2011 年以前为城镇规模以上固定资产投资;2.2011 年起为 500 万元以上固定资产投资,不再区分城镇和农村。

5-7 固定资产投资竣工房屋建筑面积

单位:万平方米

年份	竣工的房屋建筑面积	基本建设	更新改造	其他投资	房地产开发
1978	75.6	64.8	4.2	6.6	
1979	97.3	78.0	13.4	5.9	
1980	113.5	96.3	6.8	10.4	
1981	109.4	84.2	14.4	10.8	
1982	110.1	60.5	27.5	22.1	
1983	132.4	63.5	39.0	29.9	
1984	131.6	68.4	30.5	32.7	
1985	129.2	63.7	29.3	36.2	
1986	153.0	63.6	42.4	47.0	
1987	124.2	60.3	27.2	36.7	
1988	105.1	44.7	31.0	29.4	
1989	80.9	42.8	23.9	14.2	
1990	111.8	38.0	27.7	8.9	37.2
1991	115.6	42.3	25.7	14.4	33.2
1992	129.6	54.7	25.9	18.2	30.8
1993	160.1	62.2	32.8	17.3	47.8
1994	140.3	43.5	25.4	15.8	55.6
1995	183.3	89.0	17.8	15.9	60.6
1996	224.0	86.0	37.2	17.8	83.0
1997	261.5	101.9	34.3	21.6	130.7
1998	245.4	84.4	11.7	21.9	127.4
1999	380.8	118.1	6.1	46.9	209.8
2000	294.8	123.7	23.4	60.7	87.0
2001	431.1	179.1	16.1	35.5	200.4
2002	385.5	186.4	20.4	46.5	132.3
2003	211.6	66.6	7.6	26.0	111.4
2004	199.6	53.0	13.0	29.3	104.3
2005	537.3				320.1
2006	463.4				172.3
2007	767.5				265.7
2008	685.2				224.4
2009	689.3				407.9
2010	1409.6				457.1
2011	1752.8				562.5
2012	2276.7				481.5
2013	2787.0				702.7
2014	3436.1				508.6
2015	3613.6				671.8
2016	2299.3				601.8

注:1、2002年以前为城镇集体以上投资,2005年以后取消了基本建设和更新改造的分类;2.2011年以前为城镇规模以上固定资产投资;3.2011年起为500万元以上固定资产投资,不再区分城镇和农村。

5-8　市区固定资产投资竣工房屋建筑面积

单位:万平方米

年　份	竣工的房屋建筑面积	基本建设	更新改造	其他投资	房地产开发
1978	60.7	53.5	2.0	5.2	
1979	80.9	64.5	11.1	5.3	
1980	86.5	72.5	5.1	8.9	
1981	85.2	68.0	9.1	8.1	
1982	78.2	41.9	19.0	17.3	
1983	104.4	48.4	31.3	24.7	
1984	103.4	51.7	25.3	26.4	
1985	98.4	46.7	25.4	26.3	
1986	112.8	52.0	33.5	27.3	
1987	65.3	41.3	21.0	3.0	
1988	52.1	26.0	19.0	7.1	
1989	51.9	31.0	17.3	3.6	
1990	75.2	22.2	20.0	2.0	31.0
1991	67.0	20.3	17.8	2.4	26.5
1992	76.0	28.0	9.0	11.0	28.0
1993	97.4	29.6	17.7	7.7	42.4
1994	84.9	18.2	14.6	7.6	44.5
1995	97.2	31.2	5.1	7.3	53.6
1996	116.1	35.6	13.7	5.2	61.6
1997	136.9	39.7	10.1	10.0	77.1
1998	159.6	35.2	7.3	7.0	110.1
1999	261.1	64.3	3.8	11.9	181.1
2000	162.2	64.1	16.5	23.9	57.7
2001	194.3	48.6	8.9	17.1	119.6
2002	167.6	71.2	12.4	17.7	66.3
2003	75.6	32.5	6.6		36.5
2004	102.8	19.6	7.0	4.3	71.9
2005	231.8				127.7
2006	186.5				43.9
2007	248.2				86.4
2008	251.1				76.4
2009	375.0				233.5
2010	732.4				227.0
2011	710.5				276.0
2012	966.8				179.2
2013	1223.6				403.9
2014	1401.2				170.4
2015	1636.1				302.2
2016	1014.2				252.7

注:1.2011 年以前为城镇规模以上固定资产投资;2.2011 年起为 500 万元以上固定资产投资,不再区分城镇和农村。

5-9 固定资产投资竣工住宅建筑面积

单位:万平方米

年 份	竣工的房屋住宅面积	基本建设	更新改造	其他投资	房地产开发
1978	36.4	33.7	0.4	2.3	
1979	50.5	44.7	3.6	2.2	
1980	61.2	58.2	0.2	2.8	
1981	64.3	53.3	7.7	3.3	
1982	58.8	37.3	9.9	11.6	
1983	73.8	38.5	16.1	19.2	
1984	65.8	35.2	12.3	18.3	
1985	67.1	32.3	10.4	24.4	
1986	76.1	31.9	18.1	26.1	
1987	48.7	25.6	6.9	16.2	
1988	33.0	15.5	8.1	9.4	
1989	29.7	18.0	7.3	4.4	
1990	58.4	12.2	9.4	2.1	34.7
1991	55.4	19.3	5.1	3.4	27.6
1992	64.6	26.2	6.8	4.8	26.8
1993	74.3	25.4	8.0	1.6	39.3
1994	73.8	21.1	4.3	6.4	42.0
1995	91.9	31.5	2.7	2.8	54.9
1996	114.1	31.7	8.4	3.0	71.0
1997	134.7	41.0	2.1	6.1	85.5
1998	140.6	26.9	0.4	6.0	107.3
1999	228.3	32.9	0.1	7.3	188.0
2000	143.6	31.9	3.5	33.7	74.5
2001	213.4	63.2		7.0	143.2
2002	155.7	43.0	0.9	9.3	102.6
2003	101.4	8.0	2.2	1.0	90.2
2004	92.8	3.7			89.1
2005	255.9				250.2
2006	149.3				136.7
2007	226.5				225.6
2008	198.4				198.4
2009	357.5				356.1
2010	395.2				378.6
2011	589.5				494.1
2012	554.3				426.2
2013	706.7				615.6
2014	623.7				431.1
2015	709.8				520.8
2016	551.9				488.7

注:1.2011 年以前为城镇规模以上固定资产投资;2.2011 年起为 500 万元以上固定资产投资,不再区分城镇和农村。

5-10 市区固定资产投资竣工住宅建筑面积

单位:万平方米

年　份	竣工的房屋住宅面积	基本建设	更新改造	其他投资	房地产开发
1978	32.2	30.4		1.8	
1979	43.9	38.7	3.2	2.0	
1980	50.8	48.3	0.2	2.3	
1981	50.9	42.7	5.6	2.6	
1982	46.8	29.0	7.6	10.2	
1983	63.1	31.9	13.6	17.6	
1984	57.0	28.6	11.4	17.0	
1985	53.4	24.2	9.2	20.0	
1986	68.8	27.6	16.6	24.6	
1987	36.5	19.5	5.8	11.2	
1988	22.9	10.2	11.5	1.2	
1989	22.1	14.8	6.3	1.0	
1990	48.8	8.0	6.8	1.0	33.0
1991	39.8	19.3	5.1	3.4	12.0
1992	46.0	20.0	6.8	4.0	15.2
1993	54.4	12.2	3.8	1.5	36.9
1994	48.8	8.7	3.2	3.8	33.1
1995	63.7	15.2	0.5		48.0
1996	70.9	14.5	2.7	0.2	53.5
1997	81.0	16.8	1.1	2.6	60.5
1998	101.7	7.9	0.4		93.4
1999	173.6	11.3			162.3
2000	73.0	7.5	3.5	14.6	47.4
2001	94.9	13.5		2.8	78.6
2002	65.3	16.2	0.9	1.7	46.5
2003	30.8	1.6	2.2		27.0
2004	91.3	19.6	7.0	4.3	60.4
2005	102.0				102.0
2006	46.7				36.7
2007	65.9				65.9
2008	55.9				55.9
2009	196.3				196.3
2010	177.0				176.9
2011	254.8				252.6
2012	167.0				167.0
2013	377.7				355.7
2014	246.7				137.8
2015	236.2				230.7
2016	251.6				209.7

注:1.2011 年以前为城镇规模以上固定资产投资;2.2011 年起为 500 万元以上固定资产投资,不再区分城镇和农村。

5-11 固定资产投资情况(不含房地产)

(2016年) 单位:万元

指标	全市	#市区
计划投资		
建设项目计划总投资	66220630	35139494
#本年新开工项目	41616384	19745784
自开始建设累计完成投资	47308560	22619323
自年初累计完成投资	**42482014**	**20278409**
#本年新开工项目	30595708	13222436
#国有经济控股	8095965	4344824
#住宅	320495	262570
#基础设施投资	8444307	4553197
#民间投资	33357782	15317253
按构成分		
建筑工程	21472585	9226087
安装工程	2394794	1162658
设备工器具购置	16261089	8868346
其他费用	2353546	963318
按建设性质分		
新　建	27204838	13174188
扩　建	7296034	2601658
改　建	6647338	3380095
按登记注册类型分		
内　资	40760771	19238571
国有	6774363	3565775
集体	368810	262887
股份合作	25318	9733
联营企业	43049	34497
国有联营	4950	
集体联营企业		
国有与集体联营企业	12876	12876
其他联营企业	25223	21621
有限责任公司	4732363	3161230
国有独资公司	996160	526348
其他有限责任公司	3736203	2634882
股份有限公司	674783	434699
私营	27016556	11087432
私营独资企业	3387784	1450636
私营合伙企业	100049	38301
私营有限责任公司	22994016	9350643
私营股份有限公司	534707	247852
其他	1125529	682318
港澳台商投资	1021672	496389
合资经营	416014	311832
合作经营	18000	
独资	551325	157237
股份有限公司	36333	27320
其他港澳台商投资企业		
外商投资	674202	473430
合资经营	522417	386765
合作经营	28436	4836
独资	119849	81829
股份有限公司	3500	
其他外商投资企业		

5-11 续表 1 （2016 年） 单位:万元

指 标	全 市	#市 区
个体经营	25369	12019
个体户	21059	7709
个人合伙	4310	4310
按产业分		
第一产业	403697	177680
第二产业	26686128	10765091
工业	26649298	10753131
#能源工业	2400304	1553484
原材料工业	5657618	2554952
机电工业	9141722	4927254
轻纺工业	9203558	1724134
第三产业	15392189	9277638
按国民经济行业分		
农、林、牧、渔业	515462	192269
农业	236841	109194
林业	19281	18656
畜牧业	109313	36570
渔业	38262	13260
农、林、牧、渔服务业	111765	14589
采矿业	179351	123243
煤炭开采和洗选业	137535	104199
石油与天然气开采业业	4800	4800
黑色金属矿采选业	4900	4900
有色金属矿采选业		
非金属矿采选业	32116	9344
开采辅助活动		
其他采矿业		
制造业	24159130	9304810
农副食品加工业	1444887	163958
食品制造业	559307	223730
酒、饮料和精制茶制造业	342136	224779
烟草制品业	21555	21555
纺织业	1443220	114994
纺织服装、服饰业	644235	75378
皮革、毛皮、羽毛(绒)及其制品业和制鞋业	201048	9100
木材加工及木、竹、藤、棕、草制品业	1397745	65370
家具制造业	803004	187389
造纸及纸制品业	201956	129005
印刷业和记录媒介的复制业	74175	25845
文教、工美、体育和娱乐用品制造业	216569	35758
石油加工、炼焦及核燃料加工业	216943	171522
化学原料及化学制品制造业	1658507	487567
医药制造业	957287	207533
化学纤维制造业	76881	4200
橡胶和塑料制品业	664212	115739
非金属矿物制品业	2378144	1155602
黑色金属冶炼及压延加工业	999361	659813
有色金属冶炼及压延加工业	524008	196772
金属制品业	1418497	759218
通用设备制造业	1774948	1311257
专用设备制造业	2469716	1545872
汽车制造业	658647	141855
铁路、船舶、航空航天和其他运输设备制造业	412329	134467
电气机械及器材制造业	1836471	705953
计算机、通信和其他电子设备制造业	295392	141625
仪器仪表制造业	275722	187007

5-11 续表 2 （2016 年） 单位：万元

指 标	全 市	#市 区
其他制造业	84011	36130
废弃资源综合利用业	92698	50298
金属制品、机械和设备修理业	15519	15519
电力、燃气及水的生产和供应业	2326336	1340597
电力、热力的生产和供应业	1853336	1174330
燃气生产和供应业	187690	98633
水的生产和供应业	285310	67634
建筑业	36830	11960
房屋建筑业		
土木工程建筑业	18810	8660
建筑安装业	4900	
建筑装饰和其他建筑业	13120	3300
批发和零售业	2593783	1552567
批发业	1366005	772041
零售业	1227778	780526
交通运输、仓储和邮政业	2517497	1490674
铁路运输业		
道路运输业	1451746	907223
水上运输业	324417	128250
航空运输业	82820	
管道运输业		
装卸搬运和其他运输服务业	69893	24615
仓储业	561321	413786
邮政业	27300	16800
住宿和餐饮业	541188	464640
住宿业	195088	166793
餐饮业	346100	297847
信息传输、软件和信息技术服务业	303009	253911
电信、广播电视和卫星传输服务	67670	52920
互联网和相关服务	55225	33725
软件和信息技术服务业	180114	167266
金融业	58214	36961
货币金融服务	38081	22728
资本市场服务	8600	4800
保险业	6883	4783
其他金融活动	4650	4650
房地产业	833631	569416
房地产业	833631	569416
租赁和商务服务业	959755	676771
租赁业	91513	70493
商务服务业	868242	606278
科学研究和技术服务业	308757	183165
研究与试验发展	29519	21519
专业技术服务业	139924	110004
科技推广和应用服务业	139314	51642
水利、环境和公共设施管理业	4038900	2049067
水利管理业	380436	212927
生态保护和环境治理业	86684	74964
公共设施管理业	3571780	1761176
居民服务、修理和其他服务业	448092	382264

5-11 续表 3 （2016 年） 单位:万元

指　　标	全　　市	#市　区
居民服务业	379202	319584
机动车、电子产品和日用产品修理业	43972	42712
其他服务业	24918	19968
教育	647466	408161
教育	647466	408161
卫生和社会工作	1084542	488844
卫生	1022859	438811
社会工作	61683	50033
文化、体育和娱乐业	339700	307720
新闻出版业		
广播、电视、电影和音像业	16530	9930
文化艺术业	113067	108797
体育	108676	98516
娱乐业	101427	90477
公共管理和社会组织	590371	383369
中国共产党机关		
国家机构	542579	350027
人民政协、民主党派		
社会保障		
群众团体、社会团体和其他成员组织	15299	849
基层群众自治组织	32493	32493
本年新增固定资产	**31219658**	**14808302**
项目个数　　（个）		
施工项目个数	4909	2232
本年新开工	4218	1991
全年投产项目个数	3960	1978
房屋建筑面积　　（平方米）		
施工房屋面积	34804734	15338092
#住宅	2351740	1708104
竣工房屋面积	16974949	7615224
#住宅	631555	418846
本年资金来源合计	**41742045**	**19799344**
上年末结余资金	339948	226570
本年资金来源小计	41402097	19572774
国家预算内资金	1385784	676803
国内贷款	5728529	2369169
债券	5500	1200
利用外资	89661	52556
#外商直接投资	44105	19100
自筹资金	33055425	16212071
#企事业单位自有资金	5673796	4059025
其他资金来源	1137198	260975
本年各项应付款合计	**2354744**	**1278636**
其中:工程款	949506	571915

5-12 主要年份房地产投资与销售情况

项目	2000	2005	2006	2007	2008	2009
企业个数 （个）	**108**	**165**	**137**	**211**	**282**	**448**
投资完成额 （万元）	**280490**	**625738**	**707983**	**1001097**	**1308123**	**1590593**
按构成分						
建筑工程	207412	443842	584594	834389	1025881	1168452
安装工程	12904	27867	15827	46890	91168	162724
设备工器具购置	3104	4421	1848	5476	13413	13092
其他费用	57070	149608	105714	114342	177661	246325
按工程用途分						
住宅	191782	467936	591725	831687	1139708	1234603
#经济适用房屋	50168	410893	22387	120306	149187	170740
办公楼	6916	45104	26934	41080	23060	53094
商业营业用房	68964	89115	75039	120659	119464	232714
其他	12828	23583	14285	7671	25891	70182
按资金来源分						
#国内贷款	101610	128526	134422	149464	238007	521596
利用外资		30605	7250	13324	26228	6414
自筹投资	53974	249819	215214	438451	592728	668993
其他投资	119564	372014	489812	591747	640962	1122305
房屋建筑面积 （万平方米）						
施工面积	306.90	672.98	679.70	911.26	1261.87	1397.46
#住宅	241.70	541.34	548.30	793.43	1074.33	1188.96
竣工面积	87.00	320.14	172.27	265.74	224.40	407.89
#住宅	74.50	250.15	136.66	225.57	198.39	356.09
土地开发及购置						
本年土地开发面积	63.40	124.56	99.54	173.49	199.24	162.44
本年土地购置面积	110.60	86.34	153.47	141.88	187.36	130.28
商品房销售情况						
房屋实际销售面积	129.00	273.04	110.54	357.70	294.27	544.38
#住宅	119.90	252.99	97.32	321.41	267.92	492.73
#经济适用房	47.60	7.36	10.88	26.88	39.60	26.66
房屋预售面积	46.00	131.11	177.92	245.29	185.65	661.83
#住宅	40.00	123.62	154.89	223.06	172.08	587.53
#经济适用房	6.00	2.52	10.04	14.00	6.79	21.27
商品房销售额 （万元）	152149	506098	619776	852022	786881	1764117

5-12 续表 2

项　　目	2010	2011	2012	2013	2014	2015	2016
企业个数(个)	**324**	**374**	**349**	**377**	**415**	**394**	**432**
投资完成额(万元)	**2053222**	**2551217**	**3100707**	**3804668**	**4688767**	**4702244**	**5491309**
按构成分							
建筑工程	1415802	1730734	2201797	2798239	3219634	3652336	4075039
安装工程	180429	237251	248917	242240	447314	441134	570022
设备工器具购置	48979	92012	103974	106206	104249	63407	206973
其他费用	408012	491220	546019	657983	917570	545367	639275
按工程用途分							
住宅	1696983	2199609	2383681	2889379	3169514	3387992	4150360
# 经济适用房屋	96320						
办公楼	65046	56078	124277	236588	306250	274486	255195
商业营业用房	233634	197678	410289	539895	943431	762179	847687
其他	57559	97852	182460	138806	269572	277587	238067
按资金来源分							
# 国内贷款	564358	485349	615576	731229	909134	982918	763638
利用外资	21247	7236	111126	132597	156146	12000	
自筹投资	808743	1249202	1578584	1984130	2216401	3084313	2035800
其他投资	1761756	1409150	2225886	3001351	2684856	3602887	4323183
房屋建筑面积(万平方米)							
施工面积	1710.17	1932.97	2281.57	3035.43	3370.18	3816.70	4290.41
# 住宅	1438.21	1657.62	1904.06	2451.21	2594.14	2866.42	3334.84
竣工面积	457.13	562.47	481.51	702.67	508.59	671.77	601.79
# 住宅	378.57	494.14	426.23	615.57	431.06	520.82	488.73
土地开发及购置							
本年土地开发面积							
本年土地购置面积	67.57	86.96	168.67	350.57	309.23	165.85	280.96
商品房销售情况							
房屋实际销售面积	621.75	639.38	698.34	856.82	738.03	790.51	1071.43
# 住宅	548.71	575.14	623.84	765.84	650.39	684.83	917.89
# 经济适用房	37.76						
房屋预售面积	685.81						
# 住宅	580.11						
# 经济适用房	21.07						
商品房销售额(万元)	2325498	2860072	3427468	4573050	3837231	4312938	5878184

主要统计指标解释

固定资产投资额 指以货币形式表现的在一定时期内建造和购置固定资产的工作量以及与此有关的费用的总称。

计划总投资 是反应固定资产投资在建总规模的重要指标，也是检查工程进度，计算建设周期的依据之一。

计划总投资是指在建的建设工程按照总体设计（或按设计概算或预算）规定的内容全部建成计划需要的总投资。没有总体设计的建设工程，分别按报告期施工工程的计划总投资合计数填报。单纯购置单位应填报单纯购置的计划总投资。

自开始建设累计完成投资 是指建设项目从开始建设到本年底止累计完成的全部投资。它是反映整个建设项目或企、事业单位建设总进度的指标，其计算范围原则上应与“计划总投资”指标包括的工程内容相一致。报告期前已建成投产或停、缓建工程完成的投资以及拆除、报废工程的投资，仍应包括在内，但转出的“在建工程”累计投资应予以扣除，转入的"在建工程"以前年度完成的投资应当包括。

本年完成投资 指从本年1月1日起至本年最后一天止完成的全部投资额。本年完成投资是反映本年的实际投资规模，计算有关投资效果，进行国民经济核算和经济分析的重要指标。

建筑工程 是指各种房屋、建筑物的建造工程，又称建筑工作量。这部分投资额必须兴工动料，通过施工活动才能实现，是固定资产投资额的重要组成部分。

安装工程 指各种设备、装置的安装工程，又称安装工作量。

设备工器具购置 是指报告期内购置或自制的，达到固定资产标准的设备、工具、器具的价值。新建单位及扩建单位的新建车间，按照设计或计划要求购置或自制的全部设备、工具、器具，不论是否达到固定资产标准均计入“设备工器具购置”中。

其他费用 指在固定资产建造和购置过程中发生的，除建筑安装工程和设备、工器具购置投资完成额以外的应当分摊计入固定资产投资的费用，不指经营中财务上的其他费用。

本年新增固定资产 指报告期内交付使用的固定资产价值。包括本年内建成投入生产或使用的工程投资和达到固定资产标准的设备工器具的投资以及有关应摊入的费用。

6 FOREIGN ECONOMY & TRADE AND INTERNATIONAL TOURISM

对外经济贸易和国际旅游

版面负责人：王廷宝
编　　　辑：吕延婷

中华人民共和国统计法实施条例

第十二条 制定机关申请备案统计调查项目，应当以公文形式向备案机关提交统计调查项目备案申请表和项目的统计调查制度。

统计调查项目的调查对象属于制定机关管辖系统，且主要内容与已批准、备案的统计调查项目不重复、不矛盾的，备案机关应当依法给予备案文号。

第十三条 统计调查项目经批准或者备案的，审批机关或者备案机关应当及时公布统计调查项目及其统计调查制度的主要内容。涉及国家秘密的统计调查项目除外。

编辑：徐向忠

6-1 利用外资签订协议(合同)情况

单位:万美元

年 份	合 计		对外借款		外商直接投资	
	合同数(个)	合同外资额	合同数(个)	合同外资额	合同数(个)	合同外资额
1980	3	506	2	206		
1981						
1982	3	3678				
1983	2	29				
1984	2	55				
1985	9	406			2	41
1986	5	414	2	290	3	124
1987	11	973			1	66
1988	17	3574	5	2106	8	470
1989	17	2475	5	1530	11	937
1990	10	1604	4	1113	6	491
1991	27	1978	1	1281	26	697
1992	218	8111	3	525	215	7586
1993	432	25022	11	433	421	24589
1994	173	19516			173	19516
1995	159	10866			159	10866
1996	122	20791	6	3283	116	17508
1997	59	23626	8	13390	51	10236
1998	83	27817	4	5162	79	22655
1999	56	24468			56	24468
2000	99	25720			99	25720
2001	62	29078			62	29078
2002	119	44066			119	44060
2003	166	57301			166	57301
2004	186	69689			186	69689
2005	173	81733			173	81733
2006	151	81095			151	81095
2007	166	135827			166	135827
2008	122	172608			122	172608
2009	145	110956			145	110956
2010	204	189233			204	189233
2011	218	258369			218	258369
2012	211	243884			211	243884
2013	171	244661			171	244661
2014	189	302142			189	302142
2015	109	158941			109	158941
2016	166	351188			166	351188

注:1989年以前合同数、合同工外资金额分三部分:对外借款、外商直接投资、外商其他投资。本表中不含外商其他投资。1989年以后合同数合同外资额包括两部分:对外借款、外商直接投资。2004年以后合同数、合同外资金额为新批外商投资项目个数和新签协议注册外资额(下同)。

6-2 实际使用外资情况

单位:万美元

年 份	合 计	# 对外借款	# 外商直接投资
1985	55		
1986	618	253	
1987	214		40
1988	434	37	127
1989	2191	1022	371
1990	1324	578	110
1991	1225	978	247
1992	2378	1578	800
1993	4161	433	3728
1994	6898	1237	5661
1995	10432		10432
1996	17284	3232	14052
1997	19020	10091	8929
1998	22816		22816
1999	20184		20184
2000	20790		20790
2001	21840		21840
2002	25023		25023
2003	34095		34095
2004	30399		30399
2005	26057		26057
2006	24433		24433
2007	44291		44291
2008	58251		58251
2009	69781		69781
2010	101330		101330
2011	146569		146569
2012	170021		170021
2013	150047		150047
2014	165786		165786
2015	142788		142788
2016	150574		150574

注:2004 年以后实际利用外资为实际到帐注册外资,下同。

6-3　主要年份对外经济情况

单位:万美元

指　　标	1990	1995	2000	2005	2010	2012	2013	2014	2015	2016
自营进出口总额	1015	24696	32896	112621	416053	832682	628919	598841	541263	624838
自营出口	599	14724	18715	75196	263060	628769	489709	467657	438935	525438
#三资企业	599	5626	7794	36282	111952	145400	147695	142804	129468	126558
自营进口	416	9972	14181	37425	152993	203914	139210	131184	102328	99400
#三资企业	416	8454	9765	29056	98975	91436	50105	52613	40728	47185
新批外商投资项目个数(个)	10	159	99	173	204	211	171	189	109	166
新批协议注册外资额	1604	10866	25720	81733	189233	243884	244661	302142	158941	351188
实际到帐注册外资额	1324	10432	20790	26057	101330	170021	150047	165786	142788	150574
新签对外承包工程劳务合同额		3256	8010	31500	12648	59061	25905	61881	17674	9784
对外承包工程劳务营业额		2228	6995	30000	14610	20812	25509	29919	23067	10028
期末在外人数(人)		2316	2802	18200	1761	2137	2494			
新批海外投资企业(家)		1		1	6	19	20	24	26	24
年末实有三资企业(家)	31	877	553	599	944	1393	1367	1262	1320	1516
#投产开业企业	20	486	415	599	944	1393	1367	1262	1320	1516

注:进出口总额1998年以后为海关数;2000年期末在外人数为当年新派人数。

6-4　主要年份国际旅游人数和收入

单位:人

指　　标	1990	1995	2000	2005	2010	2012	2013	2014	2015	2016
过夜旅游者人数	**4325**	**4988**	**17825**	**73010**	**158277**	**199488**	**25849**	**29485**	**33776**	**34105**
外国人	971	2985	11324	51417	121446	151258	19973	22210	24834	25317
港澳台同胞	3354	2003	6501	21593	36831	48230	5875	7275	8942	8788
过夜者人天数　(人天)	**10318**	**19749**	**320914**	**521067**	**1019251**	**1300785**	**94622**	**110307**	**127958**	**130706**
外国人	3131	12926	182885	346684	724714	907000	71173	83008	95003	99115
港澳台同胞	7187	6823	138029	174383	294537	393785	23449	27299	32956	31591
过夜的外国人按国别分										
日　本	401	792	2720	5992	13409	9377				
菲律宾	7	13	20	519	3815	782				
新加坡	9	89	1006	2107	8304	11271				
泰　国	33	37	23	727	3763	4750				
印度尼西亚	1	64	51	915	1485	2605				
美　国	109	494	3305	9361	15615	18329				
加拿大	17	56	383	3020	4876	11868				
英　国	41	74	198	2277	7961	7043				
法　国	25	134	68	2121	5374	6130				
德　国	100	342	244	6803	12568	13075				
意大利	13	66	81	1009	1976	1303				
俄罗斯	50	51	141	1027	3282	4236				
澳大利亚	35	62	390	3225	4869	6965				
新西兰	6	8	22	1523	2536	3946				
马来西亚		115	83	860	3603	2674				
韩　国		216	1454	2543	12362	14094				
西班牙		15	10	553	489	380				
国际旅游收入　(万美元)		**229**	**1307**	**5658**	**15287**	**21000**	**2193**	**2975**	**3861**	**3938**

注:俄罗斯旅游人数1992年及以前为前苏联数,德国1991年及以前的数字为西德数。2013年及以后入境人数不再分国别统计。

主要统计指标解释

利用外资 指我国各级政府、部门、企业和其他经济组织通过对外借款、吸收外商直接投资以及用其他方式筹措的境外现汇、设备、技术等。

对外借款 是我国利用外资的主要部分。包括我国通过外国政府贷款,国际金融组织贷款,外国银行商业贷款,出口信贷以及对外发行债券、股票等方式,从境外筹措的资金。

外商直接投资 是指外国企业和经济组织或个人 (包括华侨、港澳台同胞以及我国在境外注册的企业)按我国有关政策、法规,用现汇、实物、技术等在我国境内开办外商独资企业、与我国境内的企业或经济组织共同举办中外合资经营企业、合作经营企业或合作开发资源的投资(包括外商投资收益的再投资)以及政府有关部门批准的项目投资总额内,企业从境外借入的资金。

对外承包工程 包括各对外承包公司以招标议标承包方式承揽的下列业务:(1)承包国外工程建设项目;(2)承包我国对外经援项目;(3)承包我国驻外机构的工程建设项目;(4)承包我国境内利用外资进行建设的工程项目;(5)与外国承包公司合营或联合承包工程项目时我国公司分包部分;(6)以服务成果向业主收费的技术服务项目(包括承担地形地貌测绘;地质资源勘探与普查;建设区域规划;提供设计文件、图纸、生产工艺技术资料和工程技术经济咨询;工程项目的可行性考察、研究和评估;进行技术指导和培训人员等);(7)对外承包兼营的房屋开发业务。对外承包工程的营业额是以货币表现的本期内完成的对外承包工程的工作量,包括以前年度签订的合同和本年度新签订的合同在报告期完成的工作量。

对外劳务合作 指以收取工资的形式向业主或承包商提供技术和劳动服务的活动。我国对外承包公司在境外开办的合营企业,中国公司同时又提供劳务的,其劳务部分也纳入劳务合计统计。劳务合作营业额按报告期内向雇主提交的结算数(包括工资、加班费和奖金等)统计。

旅游人数 指来我国参观、访问、旅行、探亲、访友、休养、考察、参加会议和从事经济、科技、文化、教育、体育、宗教等活动的外国人、华侨、港澳和台湾同胞的人数。不包括外国在我国的常住机构,如使领馆、通讯社、企业办事处的工作人员;来我国常驻的外国专家、留学生以及在岸逗留不过夜人员。

旅游外汇收入 指国内各部门为来我国旅游的外国人、华侨、港澳和台湾同胞提供商品和劳务而获得的外汇收入。包括供应商品、饮食和提供住宿、交通、邮电、文化娱乐、导游等各项服务所得到的全部外汇收入。

7 ENERGY CONSUMPTION AND STOCK

能源消费与库存

版面负责人：陈晓红

编　　　辑：李家平

中华人民共和国统计法实施条例

第十四条 统计调查项目有下列情形之一的，审批机关或者备案机关应当简化审批或者备案程序，缩短期限：

（一）发生突发事件需要迅速实施统计调查；

（二）统计调查制度内容未作变动，统计调查项目有效期届满需要延长期限。

第十五条 统计法第十七条第二款规定的国家统计标准是强制执行标准。各级人民政府、县级以上人民政府统计机构和有关部门组织实施的统计调查活动，应当执行国家统计标准。

制定国家统计标准，应当征求国务院有关部门的意见。

编辑：徐向忠

7-1 规模以上工业企业综合能源分行业消费量

指标	2016			2015		
	单位数（个）	综合能源消费量（吨标准煤）	产值单耗（吨标准煤/万元）	单位数（个）	综合能源消费量（吨标准煤）	产值单耗（吨标准煤/万元）
全部工业企业	**2668**	**23482378**	**0.17**	**2592**	**23529108**	**0.19**
按轻重工业分						
轻工业	1044	2128323	0.05	1000	2108701	0.05
重工业	1624	21354055	0.23	1592	21420408	0.26
按行业门类分						
采矿业	37	2454765	0.81	37	1682058	0.56
煤炭开采和洗选业	9	2319467	1.21	10	1660166	0.79
石油和天然气开采业						
黑色金属矿采选业	3	119187	1.00	2	7468	0.08
有色金属矿采选业						
非金属矿采选业	25	16111	0.02	25	14423	0.02
开采辅助活动						
其他采矿业						
制造业	2598	13776883	0.10	2525	14158408	0.12
农副食品加工业	233	172421	0.02	227	161991	0.02
食品制造业	50	77166	0.05	46	71938	0.05
酒、饮料和精制茶制造业	30	630845	0.15	29	593283	0.15
烟草制品业	1	10115		1	9629	
纺织业	276	252099	0.04	255	235446	0.04
纺织服装、服饰业	93	30973	0.01	85	27052	0.02
皮革、毛皮、羽毛及其制品和制鞋业	21	26700	0.02	20	31049	0.04
木材加工和木、竹、藤、棕、草制品业	389	523873	0.04	364	531683	0.05
家具制造业	41	9521	0.01	40	8431	0.01
造纸和纸制品业	29	99188	0.09	29	97596	0.1
印刷和记录媒介复制业	18	4971	0.02	17	3712	0.02
文教、工美、体育和娱乐用品制造业	45	44059	0.03	47	44502	0.03
石油加工、炼焦和核燃料加工业	11	1679072	0.79	11	1642457	0.75
化学原料和化学制品制造业	202	2223602	0.11	201	2959805	0.16
医药制造业	56	380299	0.06	57	354025	0.07
化学纤维制造业	19	37838	0.03	20	33216	0.03
橡胶和塑料制品业	110	100726	0.03	107	96205	0.03
非金属矿物制品业	247	1765145	0.23	226	1663932	0.27
黑色金属冶炼和压延加工业	83	5138346	0.62	90	4976533	0.64
有色金属冶炼和压延加工业	44	73942	0.02	46	72863	0.02
金属制品业	104	112381	0.03	106	113364	0.03
通用设备制造业	86	85240	0.01	93	82957	0.02
专用设备制造业	119	60631	0.01	116	64449	0.01
汽车制造业	34	21499	0.03	33	10036	0.02
铁路、船舶、航空航天和其他运输设备制造业	23	14941	0.01	19	16776	0.01
电气机械和器材制造业	112	114490	0.01	110	155170	0.02
计算机、通信和其他电子设备制造业	49	33617	0.01	49	37762	0.01
仪器仪表制造业	55	47676	0.01	63	55966	0.01
其他制造业	8	2514	0.01	9	4094	0.02
废弃资源综合利用业	7	1745	0.01	6	1431	0.01
金属制品、机械和设备修理业	3	1248	0.03	3	1052	0.03
电力、热力、燃气及水生产和供应业	33	7250729	4.40	30	7688643	4.37
电力、热力生产和供应业	24	7242055	4.76	21	7679275	4.65
燃气生产和供应业	3	756	0.01	3	679	0.01
水的生产和供应业	6	7918	0.17	6	8688	0.22

7-2 规模以上工业企业能源购进、消费及库存

（2016 年） 单位：吨

指标	企业单位数（个）	年初库存	购进量	消费量			年末库存
				合计	工业生产消费	非工业生产消费	
原煤	394	1095867	26686166	40340310	40300416	39894	1322249
无烟煤	18	69936	1082669	988754	988730	24	163820
炼焦烟煤	3		43019	12358643	12358643		
一般烟煤	374	889248	22132734	21997163	21962823	34340	1028832
褐煤	3	136682	3427744	4995750	4990220	5530	129597
洗精煤	7	158860	18211963	18165283	18165283		205540
其他洗煤	8	93094	1557912	1556370	1556370		94635
煤制品	1		3891	3891	3891		
焦炭	30	45055	4130267	4124507	4124507		50720
其他焦化产品	1	3026	212105	211325	211325		3806
焦炉煤气（万立方米）	3		1446	57367	57367		
高炉煤气（万立方米）	1			43135	43135		
转炉煤气（万立方米）							
发生炉煤气（万立方米）							
天然气（气态）（万立方米）	36		8695	8695	8434	261	
液化天然气（液态）							
煤层气（煤田）（万立方米）							
原油							
汽油	41	359	1999	1978	1022	956	388
煤油	3	1	1562	1563	1563		1
柴油	88	2638	53693	53402	50639	2763	2831
燃料油	2	917	1456	1438	1438		855
液化石油气	1		2	2	2		
炼厂干气							
石脑油							
润滑油	2	1	271	264	264		
石蜡							
溶剂油	1		24	24	24		
石油焦							
石油沥青							
其他石油制品	2		204	204	204		
热力（百万千焦）	102		16110779	16956488	16629304	327184	
电力（万千瓦时）	2702		2574370	2923205	2893264	29941	
煤矸石用于燃料							
城市生活垃圾用于燃料	2	13563	289486	636190	602478	33712	9206
生物质废料用于燃料	3	240	857	1097	1097		
余热余压（百万千焦）							
其他工业废料用于燃料							
其他燃料（吨标准煤）	8		2604	3004	2991	14	

7-3　规模以上加工转换工业企业能源消费、投入及产出

（2016 年）　　单位：万吨

指　标	企业单位数（个）	工业生产消费量	加工转换投入合计	#火力发电	供　热	原煤入洗	炼　焦	能源加工转换产出
能源合计（折标准）（吨标准煤）	**31**	**4429.99**	**4223.07**	**1483.10**	**178.46**	**899.10**	**1662.41**	**3164.01**
原煤	23	3641.01	3561.99	2090.23	197.79	1235.43	38.54	
无烟煤	2	96.31	17.57	3.62	13.95			
炼焦烟煤	2	1235.43	1235.43			1235.43		
一般烟煤	20	1810.25	1809.97	1632.61	138.82		38.54	
褐煤	2	499.02	499.02	454.00	45.02			
洗精煤	7	1816.53	1816.53				1816.53	820.39
其他洗煤	3	78.90	78.90	10.00	68.90			197.45
煤制品								
焦炭	1	24.68						1387.46
其他焦化产品								155.13
焦炉煤气（万立方米）	1	55921	22367	13418	8949			67633
高炉煤气（万立方米）	1	43135	43135	13372	29763			
转炉煤气（万立方米）								
发生炉煤气（万立方米）								
天然气（气态）（万立方米）	2	2048						
液化天然气（液态）								
煤层气（煤田）（万立方米）								
原油								
汽油	4	0.02						
煤油	1	0.15						
柴油	18	0.65	0.23	0.23				
燃料油	1	0.02	0.02	0.02				
液化石油气	1	…						
炼厂干气								
石脑油								
润滑油	1	0.03						
石蜡								
溶剂油								
石油焦								
石油沥青								
其他石油制品	1	…						
热力（百万千焦）	7	447.16						4499.64
电力（万千瓦时）	31	61.63						502.70
煤矸石用于燃料								
城市生活垃圾用于燃料	2	60.25	60.25	60.25				
生物质废料用于燃料								
余热余压（百万千焦）								
其他工业废料用于燃料								
其他燃料（吨标准煤）								

7-4 规模以上工业企业分品种能源消费

（2016 年）　　　　单位:万吨

指　　标	原煤	无烟煤	炼焦烟煤	一般烟煤	褐煤	洗精煤	其它洗煤
全部工业企业	**4034.03**	**98.88**	**1235.86**	**2199.72**	**499.58**	**1816.53**	**155.64**
按轻重工业分							
轻工业	150.74	1.42		149.32			
重工业	3883.29	97.45	1235.86	2050.40	499.58	1816.53	155.64
按行业门类分							
采矿业	1736.36	0.02	1235.43	1.33	499.58		2.31
煤炭开采和洗选业	1736.30		1235.43	1.29	499.58		2.31
石油和天然气开采业							
黑色金属矿采选业	0.02			0.02			
有色金属矿采选业							
非金属矿采选业	0.04	0.02		0.02			
开采辅助活动							
其他采矿业							
制造业	547.58	98.85	0.43	448.29		1816.53	76.74
农副食品加工业	4.51	0.07		4.44			
食品制造业	1.93	1.21		0.72			
酒、饮料和精制茶制造业	77.01			77.01			
烟草制品业							
纺织业	2.26			2.26			
纺织服装、服饰业	0.17			0.17			
皮革、毛皮、羽毛及其制品和制鞋业	2.41			2.41			
木材加工和木、竹、藤、棕、草制品业	38.84	0.22		38.62			
家具制造业	0.50			0.50			
造纸和纸制品业	2.97			2.97			
印刷和记录媒介复制业	0.06			0.06			
文教、工美、体育和娱乐用品制造业	0.56			0.56			
石油加工、炼焦和核燃料加工业	9.24			9.24		1418.33	
化学原料和化学制品制造业	159.87	90.51		69.36		398.19	
医药制造业	20.56			20.56			
化学纤维制造业	0.44			0.44			
橡胶和塑料制品业	0.39			0.39			
非金属矿物制品业	209.72	0.88	0.43	208.41			
黑色金属冶炼和压延加工业	8.88	5.96		2.92			76.74
有色金属冶炼和压延加工业	0.41			0.41			
金属制品业	1.40	…		1.39			
通用设备制造业	0.28			0.28			
专用设备制造业	0.25			0.25			
汽车制造业	0.07			0.07			
铁路、船舶、航空航天和其他运输设备制造业							
电气机械和器材制造业	4.24			4.24			
计算机、通信和其他电子设备制造业							
仪器仪表制造业	0.54			0.54			
其他制造业	0.06			0.06			
废弃资源综合利用业							
金属制品、机械和设备修理业							
电力、热力、燃气及水生产和供应业	1750.09			1750.09			76.59
电力、热力生产和供应业	1750.09			1750.09			76.59
燃气生产和供应业							
水的生产和供应业							

7-4　续表 1　　　　　　　　　　　　（2016 年）

指　　　标	焦炭	其他焦化产品	焦炉煤气（万立方米）	高炉煤气（万立方米）	天然气（气态）（万立方米）	液化天然气（液态）	汽油（吨）
全部工业企业	**412.45**	**21.13**	**57367**	**43135**	**8695**		**1978**
按轻重工业分							
轻工业	0.82				776		557
重工业	411.63	21.13	57367	43135	7919		1420
按行业门类分							
采矿业	10.87				576		501
煤炭开采和洗选业					576		501
石油和天然气开采业							
黑色金属矿采选业	10.87						
有色金属矿采选业							
非金属矿采选业							
开采辅助活动							
其他采矿业							
制造业	401.58	21.13	57367	43135	8119		1358
农副食品加工业					67		38
食品制造业	0.31				283		115
酒、饮料和精制茶制造业					37		198
烟草制品业					215		
纺织业					90		42
纺织服装、服饰业							
皮革、毛皮、羽毛及其制品和制鞋业							
木材加工和木、竹、藤、棕、草制品业							
家具制造业							
造纸和纸制品业							
印刷和记录媒介复制业							77
文教、工美、体育和娱乐用品制造业	0.51						
石油加工、炼焦和核燃料加工业		21.13	57351				
化学原料和化学制品制造业	…				146		170
医药制造业					66		87
化学纤维制造业							
橡胶和塑料制品业							
非金属矿物制品业	0.29		15		490		20
黑色金属冶炼和压延加工业	399.24			43135	1523		289
有色金属冶炼和压延加工业					2141		
金属制品业	0.34				1313		33
通用设备制造业	0.14				1004		71
专用设备制造业	0.10				29		90
汽车制造业					663		51
铁路、船舶、航空航天和其他运输设备制造业							
电气机械和器材制造业	0.64						52
计算机、通信和其他电子设备制造业					51		
仪器仪表制造业							25
其他制造业							
废弃资源综合利用业							
金属制品、机械和设备修理业							
电力、热力、燃气及水生产和供应业							118
电力、热力生产和供应业							12
燃气生产和供应业							106
水的生产和供应业							

7–4 续表 2 （2016 年） 单位:万吨

指　　标	煤油（吨）	柴油	液化石油气	热力（百亿千焦）	电力（亿千瓦时）	煤矸石用于燃料	城市生活垃圾用于燃料
全部工业企业	**1563**	**5.34**	**2**	**1695.65**	**292.32**		**63.62**
按轻重工业分							
轻工业	15	2.42		757.11	60.01		
重工业	1548	2.92	2	938.54	232.31		63.62
按行业门类分							
采矿业	1540	0.97	2	44.10	15.28		
煤炭开采和洗选业	1540	0.45	2	44.10	13.41		
石油和天然气开采业							
黑色金属矿采选业		0.03			1.18		
有色金属矿采选业							
非金属矿采选业		0.50			0.69		
开采辅助活动							
其他采矿业							
制造业	23	4.10		1651.45	252.77		
农副食品加工业		1.55		3.77	9.41		
食品制造业		…		81.25	2.12		
酒、饮料和精制茶制造业		0.69		28.56	5.15		
烟草制品业		0.07		7.14	0.38		
纺织业		…		0.93	19.06		
纺织服装、服饰业				0.66	2.40		
皮革、毛皮、羽毛及其制品和制鞋业		…			0.77		
木材加工和木、竹、藤、棕、草制品业				301.86	11.66		
家具制造业					0.49		
造纸和纸制品业				187.33	1.15		
印刷和记录媒介复制业		…			0.36		
文教、工美、体育和娱乐用品制造业					2.59		
石油加工、炼焦和核燃料加工业		0.04		69.82	8.34		
化学原料和化学制品制造业		0.11		414.44	79.57		
医药制造业	15	0.01		421.94	7.20		
化学纤维制造业				11.51	2.50		
橡胶和塑料制品业				65.43	6.15		
非金属矿物制品业		0.59		0.08	19.56		
黑色金属冶炼和压延加工业		0.22		42.25	39.48		
有色金属冶炼和压延加工业					3.32		
金属制品业		…			6.69		
通用设备制造业	8	0.53		14.47	4.55		
专用设备制造业		0.10			4.59		
汽车制造业		…			1.11		
铁路、船舶、航空航天和其他运输设备制造业		0.06			1.15		
电气机械和器材制造业		0.10		…	6.24		
计算机、通信和其他电子设备制造业					2.79		
仪器仪表制造业					3.56		
其他制造业					0.17		
废弃资源综合利用业					0.14		
金属制品、机械和设备修理业					0.10		
电力、热力、燃气及水生产和供应业		0.27		0.10	24.27		63.62
电力、热力生产和供应业		0.27		0.10	23.57		63.62
燃气生产和供应业					0.05		
水的生产和供应业					0.65		

7-5 工业企业分行业分地区用水量

单位:万立方米

指标	企业数	取水量		用水量	
		2016	2015	2016	2015
全部工业企业	**2700**	**22132.34**	**21901.30**	**22132.34**	**21901.30**
按轻重工业分					
轻工业	1054	2161.03	2164.12	2161.03	2164.12
重工业	1646	19971.31	19737.19	19971.31	19737.19
按行业门类分					
采矿业	37	4946.21	4219.86	4946.21	4219.86
煤炭开采和洗选业	9	4376.24	3694.32	4376.24	3694.32
石油和天然气开采业					
黑色金属矿采选业	3	530.85	485.13	530.85	485.13
有色金属矿采选业					
非金属矿采选业	25	39.12	40.41	39.12	40.41
开采辅助活动					
其他采矿业					
制造业	2635	7623.93	7820.25	7623.93	7820.25
农副食品加工业	235	137.50	128.82	137.50	128.82
食品制造业	51	137.94	152.28	137.94	152.28
酒、饮料和精制茶制造业	32	722.05	652.75	722.05	652.75
烟草制品业	1	36.08	34.38	36.08	34.38
纺织业	282	436.25	470.53	436.25	470.53
纺织服装、服饰业	92	36.64	36.94	36.64	36.94
皮革、毛皮、羽毛及其制品和制鞋业	21	64.81	75.61	64.81	75.61
木材加工和木、竹、藤、棕、草制品业	391	131.15	118.73	131.15	118.73
家具制造业	41	4.35	4.65	4.35	4.65
造纸和纸制品业	30	60.61	59.53	60.61	59.53
印刷和记录媒介复制业	18	18.38	16.61	18.38	16.61
文教、工美、体育和娱乐用品制造业	46	26.86	27.97	26.86	27.97
石油加工、炼焦和核燃料加工业	11	530.90	506.89	530.90	506.89
化学原料和化学制品制造业	203	2570.89	2693.89	2570.89	2693.89
医药制造业	57	313.34	317.15	313.34	317.15
化学纤维制造业	19	62.70	80.34	62.70	80.34
橡胶和塑料制品业	111	55.79	56.08	55.79	56.08
非金属矿物制品业	249	668.26	659.20	668.26	659.20
黑色金属冶炼和压延加工业	88	529.92	720.50	529.92	720.50
有色金属冶炼和压延加工业	45	434.32	384.43	434.32	384.43
金属制品业	106	69.71	74.96	69.71	74.96
通用设备制造业	88	288.91	283.24	288.91	283.24
专用设备制造业	121	72.00	74.49	72.00	74.49
汽车制造业	35	43.65	32.51	43.65	32.51
铁路、船舶、航空航天和其他运输设备制造业	23	29.93	27.95	29.93	27.95
电气机械和器材制造业	116	75.20	69.41	75.20	69.41
计算机、通信和其他电子设备制造业	49	36.97	29.06	36.97	29.06
仪器仪表制造业	56	23.42	25.38	23.42	25.38
其他制造业	8	3.19	2.89	3.19	2.89
废弃资源综合利用业	7	1.94	2.90	1.94	2.90
金属制品、机械和设备修理业	3	0.23	0.22	0.23	0.22
电力、热力、燃气及水生产和供应业	28	9562.20	9861.19	9562.20	9861.19
电力、热力生产和供应业	25	9557.61	9858.69	9557.61	9858.69
燃气生产和供应业	3	4.59	2.50	4.59	2.50

注:本表汇总数据不含水的生产供应业。

7-6 工业企业重复用水量

单位:万立方米

指标	企业数	取水量		用水量	
		2016	2015	2016	2015
全部工业企业	**143**	**23038.38**	**22459.60**	**296351.53**	**373344.98**
按轻重工业分					
轻工业	47	3064.71	2717.13	900.28	912.30
重工业	96	19973.67	19742.47	295451.24	372432.67
按行业门类分					
采矿业	2	4946.21	4219.86	2354.65	1259.54
煤炭开采和洗选业	1	4376.24	3694.32	1823.91	580.86
石油和天然气开采业					
黑色金属矿采选业	1	530.85	485.13	530.73	678.67
有色金属矿采选业					
非金属矿采选业		39.12	40.41		
开采辅助活动					
其他采矿业					
制造业	127	7623.93	7820.25	15032.63	14077.49
农副食品加工业	5	137.50	128.82	1.07	0.94
食品制造业	1	137.94	152.28	37.58	51.51
酒、饮料和精制茶制造业	6	722.05	652.75	215.58	196.63
烟草制品业	1	36.08	34.38	11.95	10.77
纺织业	12	436.25	470.53	265.00	280.10
纺织服装、服饰业	5	36.64	36.94	1.87	0.12
皮革、毛皮、羽毛及其制品和制鞋业	1	64.81	75.61	17.15	16.75
木材加工和木、竹、藤、棕、草制品业	5	131.15	118.73	1.05	1.22
家具制造业	1	4.35	4.65	0.01	0.01
造纸和纸制品业	2	60.61	59.53	190.20	191.20
印刷和记录媒介复制业		18.38	16.61		
文教、工美、体育和娱乐用品制造业	1	26.86	27.97	1.48	
石油加工、炼焦和核燃料加工业	5	530.90	506.89	729.76	700.92
化学原料和化学制品制造业	15	2570.89	2693.89	7433.13	6191.45
医药制造业	3	313.34	317.15	107.50	109.09
化学纤维制造业	1	62.70	80.34	1.84	
橡胶和塑料制品业	3	55.79	56.08	0.49	0.41
非金属矿物制品业	22	668.26	659.20	1046.44	1031.64
黑色金属冶炼和压延加工业	15	529.92	720.50	4961.96	5286.02
有色金属冶炼和压延加工业	1	434.32	384.43	0.03	0.02
金属制品业	4	69.71	74.96	2.51	3.54
通用设备制造业	7	288.91	283.24	1.32	1.48
专用设备制造业	2	72.00	74.49	0.01	0.01
汽车制造业	1	43.65	32.51	2.24	2.16
铁路、船舶、航空航天和其他运输设备制造业		29.93	27.95		
电气机械和器材制造业	2	75.20	69.41	0.43	0.54
计算机、通信和其他电子设备制造业	3	36.97	29.06	1.83	0.77
仪器仪表制造业		23.42	25.38		
其他制造业	2	3.19	2.89	0.14	0.13
废弃资源综合利用业	1	1.94	2.90	0.07	0.07
金属制品、机械和设备修理业		0.23	0.22		
电力、热力、燃气及水生产和供应业	14	10468.24	10419.49	278964.25	358007.95
电力、热力生产和供应业	14	9557.61	9858.69	278964.25	358007.95
燃气生产和供应业		4.59	2.50		
水的生产和供应业		906.04	558.30		

7-7 工业企业用水情况

单位:万立方米

指标	企业数	取水量		取水量减外供水量	
		2016	2015	2016	2015
合 计	**2700**	**22132**	**21901**	**22132**	**21901**
按水源分					
地表淡水	243	12688	12255	12688	12255
地下淡水	2110	7852	8550	7852	8550
自来水	621	1177	1095	1177	1095
海水	1				
陆地苦咸水					
矿井水					
雨水	2	2	2	2	2
再生水(中水)	3	413		413	
海水淡化水					
其他水	2				
外排水量	2698	5861	5570		
重复用水量	143	296352	373345		
直流冷却水量(河湖水)					
直流冷却水量(海水)					
污水处理企业污水处理量	1	2			

注:本表汇总数据不含水的生产和供应业。

7-8 水的生产和供应业用水情况

单位:万立方米

指标	企业数	取水量		取水量减外供水量	
		2016	2015	2016	2015
合 计	**6**	**18369**	**15488**	**17463**	**14930**
按水源分					
地表淡水	2	12468	8414		
地下淡水	3	4943	7070		
自来水	5	958	1	17463	14930
海水					
陆地苦咸水					
矿井水					
雨水					
再生水(中水)	1		3		
海水淡化水					
其他水					
外排水量	6	587	463		
重复用水量					
直流冷却水量(河湖水)					
直流冷却水量(海水)					
污水处理企业污水处理量	1	3	3		

7-9 主要年份全社会用电情况

单位:万千瓦时

指　　标	1990	1995	2000	2005	2010	2012	2013	2014	2015	2016
全社会用电量	**509155**	**705549**	**670550**	**1382016**	**2460074**	**3185730**	**3364173**	**3324661**	**3441896**	**3539107**
全行业用电	493133	649319	597739	1255025	2175168	2806270	2919423	2891860	2987551	3009894
农林牧渔水利业	46842	52536	55689	49166	30234	40510	47357	49996	55063	60740
#排　灌	28822	29660	41439	33672	12969	15530	17079	18115	17146	18729
工业	420161	560719	494267	1096270	1918967	2460756	2529738	2474827	2543638	2502221
轻工业	51213	62219	64812	115283	220519	261937	288374	279922	291491	316161
重工业	368948	498500	429455	980987	1698448	2198819	2241364	2194905	2252147	2186060
建筑业	3087	3875	5401	9734	18841	22302	28825	34484	36251	39037
交通运输、仓储和邮政业	9292	10292	18183	19110	35385	59893	62417	64474	66856	77451
#交通运输业	8722	9234	10735	12925	28022	51245	53157	54681	56484	65953
邮电通信业	570	1058	2448	2915	2073	2289	2399	2310	2311	2319
商业、住宿和餐饮业	4128	7848	11280	31478	54311	71992	78945	80579	84703	92711
其他事业合计	9623	14049	17919	49269	102367	87685	97821	103843	107663	125713
#公共照明业	340	513	987	1587	6486	8679	9389	10138	10520	11268
城乡居民生活用电	16022	56230	72811	126991	284906	379460	444750	432801	454345	529213
乡村	7757	29393	38639	65654	133924	161805	261800	262370	275558	324891
城镇	8265	26837	34172	61337	150982	217655	182950	170431	178787	204322

7-10 市区主要年份全社会用电情况

单位:万千瓦时

指　　标	1990	1995	2000	2005	2010	2012	2013	2014	2015	2016
全社会用电量	**352732**	**435287**	**417022**	**487927**	**1499408**	**1700543**	**1014182**	**1079938**	**1143738**	**1145465**
全行业用电	347502	416201	386628	435880	1357449	1521165	883273	959256	1017440	1007302
农林牧渔水利业	1891	5122	4372	5065	9330	11315	2744	3172	3652	3932
#排　灌	492	1906	1375	465	1731	2014	761	1202	1223	1246
工业	329405	385287	349333	364398	1195500	1305919	702396	767986	815917	778273
轻工业	26906	36310	37963	42118	83409	81069	34994	34278	34499	36579
重工业	302499	348977	311370	322280	1112091	1224850	667402	733708	781418	741694
建筑业	937	1884	2342	3768	11073	12373	9609	9774	9844	9655
交通运输、仓储和邮政业	5944	8200	9309	11673	27369	45727	38815	40274	41848	49112
#交通运输业	5727	7635	7789	8038	24253	41575	35934	37735	39289	46328
邮电通信业	217	565	1520	1944	1388	1470	965	889	871	837
商业、住宿和餐饮业	2106	4516	6927	18212	34289	44116	40125	40503	41484	42081
其他事业合计	7219	11192	14345	32764	72116	59165	46753	47927	49827	58670
#公共照明业	206	306	729	633	3040	5008	3987	4036	4264	4400
城乡居民生活用电	5230	19086	30394	52047	141959	179378	130909	120682	126298	138163
乡村	673	4127	5389	9894	53882	102281	27467	25350	25491	27303
城镇	4557	14959	25005	42153	88077	77097	103442	95332	100807	110860

7-11 全社会用电分行业、分地区情况

（2016 年）　　单位：万千瓦时

指　　标	全市合计	丰县	沛县	铜山区	睢宁县	新沂市	邳州市
全社会用电总计	**1985773**	**212689**	**358526**	**487440**	**250439**	**392722**	**283957**
全行业用电合计	**1618546**	**155807**	**299041**	**417401**	**189487**	**345696**	**211114**
第一产业	54664	6837	13049	10925	10150	5700	8003
农、林、牧、渔业	31379	3997	5520	6930	6335	3800	3945
第二产业	1388831	125870	262989	369438	152221	313654	164659
工业	1361808	123116	258464	365594	146118	309708	158808
轻工业	260659	28997	55592	37555	64081	49407	25027
重工业	1101149	94119	202872	328039	82037	260301	133781
采矿业	40147	3441	17072	18710	41	394	489
煤炭开采和洗选业	19061	2246	16372	425			18
石油和天然气开采业	42		14	17	11		
黑色金属矿采选业	11442		553	10883			6
有色金属矿采选业	4490			4485			5
非金属矿采选业	4575	1195	133	2580	30	321	316
其他采矿业	537			320		73	144
制造业	1190542	99667	215309	324670	132299	288635	129962
食品、饮料和烟草制造业	67079	11136	14751	14382	6995	11822	7993
纺织业	92784	10198	36233	2699	22123	18121	3410
服装鞋帽、皮革羽绒及其制品业	10496	415	476	177	4175	2163	568
木材加工及制品和家具制品业	47901	10673	2243	2618	7409	5569	21830
造纸及纸制品业	11135	226	285	7288	1691	1227	418
印刷业和记录媒介的复制	1374	84	136	813	151	31	159
文体用品制造业	553	32	70	12	11	152	276
石油加工、炼焦及核燃料加工业	88044	1676	9273	16296	139	35	60625
化学原料及化学制品制造业	194991	45265	24947	2102	687	120719	1271
医药制造业	2502	84	92	583	586	764	393
化学纤维制造业	3311	335	40	402	33	53	2448
橡胶和塑料制品业	41443	1541	24146	1658	5713	4533	3852
非金属矿物制品业	127383	2954	7067	76367	5801	25919	9275
黑色金属冶炼及压延加工业	293298		57088	158935	335	76423	517
有色金属冶炼及压延加工业	14786	256	10197	654	143	3653	139
金属制品业	75177	2330	11546	6527	42836	8654	3284
通用及专用设备制造业	63797	3216	5070	25388	26863	799	2461
交通运输、电气、电子设备制造业	46523	8543	10196	6981	6101	6173	8529
工艺品及其他制造业	3566	604	194	544	157	1393	674
废弃资源和废旧材料回收加工业	4224	99	1259	244	350	432	1840
电力、燃气及水的生产和供应业	131119	20008	26083	22214	13778	20679	28357
电力、热力的生产和供应业	116293	18003	24311	18731	12351	17555	25342
燃气生产和供应业	1871	59	44	99	109	366	1194
水的生产和供应业	12955	1946	1728	3384	1318	2758	1821
建筑业	23457	2754	959	3844	6103	3946	5851
第三产业	175051	23100	23003	37038	27116	26342	38452
交通运输、仓储和邮政业	25861	2055	1232	6936	3137	5343	7158
信息传输、计算机服务和软件业	19471	2931	2910	3920	3167	3107	3436
商业、住宿和餐饮业	46987	6602	7252	6461	9245	6435	10992
金融、房地产、商务及居民服务业	24109	3671	4098	4763	2602	3752	5223
公共事业及管理组织	58632	7841	7520	14958	8965	7705	11643
城乡居民生活用电合计	367227	56882	59485	70039	60952	47026	72843
城镇	89356	15307	16330	11238	17427	9219	19835
乡村	277871	41575	43155	58801	43525	37807	53008

主要统计指标解释

能源消费量 指能源使用单位在报告期内实际消费的一次能源或二次能源的数量。就每种能源的实物消耗而言,是其消费量；如果将实际消费的各种能源折标准量相加所得到的能源消费量合计数据是企业投入消费的全部能源，没有扣除能源品种加工转换的重复因素。

工业企业的能源消费量 包括工业企业在生产过程中作为燃料、动力、原料、辅助材料使用的能源以及工艺用能、非生产用能。

工业生产能源消费 指工业企业为进行工业生产活动所消费的能源。

用作原材料的能源消费 指能源产品不作能源使用,即不作燃料、动力使用,而作为生产另外一种产品(非能源产品)的原料或作为辅助材料使用，作原料使用时通常构成这种产品的实体。

工业企业非工业生产能源消费 指在工业企业能源消费中,除"工业生产能源消费"以外的能源消费。

能源库存量 能源库存量是指企业能源库存量，它是企业在报告期的某时间点所拥有的各种能源数量。根据企业的生产经营活动性质,企业库存量分为生产企业产成品库存、经销企业(批发、零售企业)用于经营销售的库存、使用企业用于消费的库存。

综合能源消费量 指报告期内工业企业在工业生产活动中实际消费的各种能源的总和净值。计算综合能源消费量时,需要先将使用的各种能源折算成标准燃料后再进行计算。

取水量 指企业从各种水源直接提取或者从市场购买的用于厂区、办公区内工业生产活动的水量,以实际获得的新水量为准。用于工业生产活动的水量,包括主要生产用水、辅助生产用水(如机修、运输、空压站等)和附属生产用水(如绿化、办公室、浴室、食堂、厕所、保健站等),不包括非工业生产单位的用水量（如基建用水、厂内居民家庭用水和企业附属幼儿园、学校、对外营业的浴室、游泳池等的用水量)和居民生活用水量。

外供水量 指企业外供给其他单位的水或水产品的量,以离厂水量为准。包括外供给其他企业或市场的原水、自来水、再生水(中水)、海水淡化水、矿泉水、纯净水等。不包括直流冷却水量、未利用直接排放的矿井水和雨水量、北方地区供暖企业供给城镇热力网内循环的热水量、进入城镇污水管网和直接排到自然环境中的水量。

陆地地表水 指河流、湖泊、水库等地表水源的水,不包括海水。地表水分为淡水和咸水。陆地咸水湖的水为咸水。一般的河流、湖泊、水库的水是淡水。

地表淡水 指陆地表面形成的径流及地表贮存的淡水。包括江、河、淡水湖、水库等。

地下淡水 指地下径流或埋藏于地下的,经过提取可被利用的淡水。包括井水、地热水等。

自来水 指自来水厂将地表淡水、地下淡水经过"混凝、沉淀、过滤、消毒"等净水工序,达到国家饮用水标准,通过城镇自来水管网供给工业生产、居民生活使用的水。

海水 指海洋的水。海水的取水量包括企业用来淡化、制盐、化工生产等海水资源利用所提取的海水量,以及用于海水循环冷却补充水、脱硫、洗涤、除尘、冲渣、印染等的海水直接利用量,不包括海水直流冷却水量。

其他水 指上述水资源品种没有涵盖的，或者界定不清的水及水的产品。包括软化水、除盐水、蒸汽(需折算成同等质量的水)、蒸汽冷凝水、管道供应的热水(不含北方地区城镇热力网内循环的热水)、瓶(桶)装纯净水、矿泉水、经过初步处理未达到自来水标准的水。不包括地热水、碳酸饮料、茶饮料、果汁饮料、酒类、污(废)水。

重复用水量 指在确定的用水单元或系统内，所有未经处理和处理后又重复使用的水量总和。

直流冷却水量 指企业取自河流、水库、湖泊、海洋,经一次使用后,直接排放回河流、水库、湖泊、海洋的冷却水量,多见于火(核)电企业。直流冷却水不填报取水量、外供水量、外排水量。企业从直流冷却水系统中取水用做其他用途,则该部分应计入取水量。

利用河、湖、水库等的淡水进行直流冷却填报直流冷却水量(河湖水),利用海水进行直流冷却填报直流冷却水量(海水)。

污水处理企业污水处理量 指污水处理企业取自企业外部并实际处理的污(废)水量。本指标仅限污水处理企业填报。

8 FINANCE, BANKING AND INSURANCE
财政、金融和保险

版面负责人：张玉强

编　　辑：马　萍　梅　楠

中华人民共和国统计法实施条例

第三章 统计调查的组织实施

第十六条 统计机构、统计人员组织实施统计调查，应当就统计调查对象的法定填报义务、主要指标涵义和有关填报要求等，向统计调查对象作出说明。

第十七条 国家机关、企业事业单位或者其他组织等统计调查对象提供统计资料，应当由填报人员和单位负责人签字，并加盖公章。个人作为统计调查对象提供统计资料，应当由本人签字。统计调查制度规定不需要签字、加盖公章的除外。

统计调查对象使用网络提供统计资料的，按照国家有关规定执行。

编辑：徐向忠

8-1 主要年份财政收入、支出情况

单位:万元

年份	全市			市区		
	财政收入	财政支出	财政收入占地区生产总值比重(%)	财政收入	财政支出	财政收入占地区生产总值比重(%)
1952	2770	1324	12.1	660	752	13.8
1957	6476	4202	17.5	3327	1573	23.8
1962	7564	3339	16.5	4720	687	26.3
1965	8638	4686	15.2	5327	1121	26.6
1970	15069	6026	17.3	10772	2293	31.6
1975	19456	9608	15.3	12721	3610	25.1
1978	32674	17690	15.3	22950	7887	29.8
1979	32484	18707	13.1	24081	6877	25.9
1980	35715	17982	12.5	26814	6714	23.5
1981	38273	17563	12.6	28497	6339	24.6
1982	43114	21655	12.2	30670	7981	23.1
1983	43887	25921	10.4	30492	9779	19.2
1984	47454	30779	9.6	32250	12009	18.0
1985	57538	33704	10.4	39448	13366	19.6
1986	65741	45505	10.4	45248	19051	20.0
1987	71134	49005	9.9	48746	20550	18.6
1988	82796	58865	9.8	55880	23409	19.3
1989	95384	74502	9.6	65610	30589	16.7
1990	102326	85640	9.1	70338	34593	15.1
1991	103467	98117	8.0	70215	41538	13.3
1992	109670	95599	6.8	73690	37513	10.7
1993	147114	122174	6.7	95765	50567	9.5
1994	197489	143559	6.3	128227	62329	9.1
1995	253020	180186	6.3	160606	78225	9.1
1996	302406	213530	6.2	188190	85349	9.0
1997	351388	250673	7.0	221624	103183	9.8
1998	395108	283443	7.4	254176	119325	10.4
1999	436074	130573	7.6	282311	130573	11.0
2000	476168	345246	7.7	311151	153038	10.7
2001	525924	400797	7.7	338498	172809	10.5
2002	655566	520174	8.7	438281	258477	12.2
2003	828226	624582	9.7	559422	301885	13.1
2004	1102216	717332	10.7	768436	318329	14.3
2005	1452629	1050786	12.0	1034482	511441	16.2
2006	1808512	1270099	12.7	1231212	576615	16.5
2007	2207263	1474369	13.1	1509317	623115	16.8
2008	2685991	1990464	13.4	1782700	842950	17.2
2009	3188865	2565349	13.3	1987842	1048541	19.2
2010	4138904	3257198	14.1	2887987	1621085	16.2
2011	5553294	4542420	15.6	3726172	2240383	17.6
2012	5976325	5300461	14.9	3864175	2513222	16.1
2013	6599518	5956105	14.6	4207502	2776771	15.9
2014	7325949	6609256	14.8	4571862	3012921	16.4
2015	8191626	7524638	15.7	5077899	3205677	17.9
2016	8020168	7979911	13.8	4974722	3501263	16.2

8-2 财政收入

单位:万元

指标	全市			市区		
	2014	2015	2016	2014	2015	2016
财政总收入	**7325949**	**8191626**	**8020168**	**4571862**	**5077899**	**4974722**
上划中央收入	**2602670**	**2884863**	**2859542**	**2161284**	**2369053**	**2289169**
增值税(75%)	1040173	1140048	1134507	750034	822335	758834
消费税	1091976	1128293	1149134	1069204	1098101	1107582
企业所得税(60%)	329844	392428	388916	242862	303045	283851
个人所得税(60%)	140677	161778	186985	99184	102038	138902
公共财政预算收入	**4723279**	**5306763**	**5160626**	**2410578**	**2708846**	**2685553**
税收收入	3864340	4291271	3903070	1891239	2068930	2014173
增值税(25%)	460601	490907	826354	317557	339248	548354
营业税	1551609	1873494	1046894	600890	727774	386755
企业所得税(40%)	219900	261620	259276	161912	202031	189234
个人所得税(款)(40%)	93783	107851	124656	66122	68024	92601
资源税	103556	128561	100824	33946	38376	29391
城市维护建设税	273825	315314	294046	193097	218973	212174
房产税	113388	107023	124002	60916	54615	58958
印花税	43290	45679	50256	23539	25338	25265
城镇土地使用税	140129	154705	157510	77493	79709	77399
土地增值税	490263	487308	525824	195301	184831	224578
车船税(款)	30120	31722	40011	12972	15058	17153
耕地占用税(款)	24804	12252	20100	9912	3832	7494
契税(款)	319072	274835	333317	137582	111121	144817
非税收入	858939	1015492	1257556	519340	639916	671380
专项收入	159410	302858	296472	105390	199629	206289
行政事业性收费收入	364423	308619	291098	225478	204821	174672
罚没收入	114525	121212	189425	66140	63054	100868
国有资本经营收入	38511			2533		
国有资源(资产)有偿使用收入	166745	258427	433246	113492	156981	155591
捐赠收入			4848			2858
政府住房基金收入			25265			24880
其他收入(款)	15325	24376	17202	6307	15431	6222
政府性基金收入	**4919379**	**3278663**	**2332899**	**2413778**	**1761056**	**1054134**

8-3 财政支出

单位:万元

指标	全市			市区		
	2014	2015	2016	2014	2015	2016
公共财政预算支出	**6609256**	**7524638**	**7979911**	**3012921**	**3205677**	**3501263**
#一般公共服务	588122	602719	623624	304034	291728	325681
国防	13315	10081	9045	9251	6851	5887
公共安全	335044	359568	436882	213677	222190	271561
教育	1323990	1523477	1653333	517355	620087	677670
科学技术	162560	191873	207617	105360	110892	119645
文化体育与传媒	77348	81458	88879	37821	37002	40385
社会保障和就业	660167	704224	835997	355181	355297	451654
医疗卫生	530025	582398	595773	187114	205471	223056
环境保护	142542	207000	198558	79526	84004	87996
城乡社区事务	894465	1117994	1194732	378750	452426	495035
农林水事务	1094571	1241826	1176767	425963	391278	371551
交通运输	113013	205531	219595	58687	70422	77335
资源勘探电力信息等事务	231554	239994	241446	84567	105111	101680
商业服务业等事务	78779	50914	50483	57852	32746	35101
金融监管支出	4222	3702	5166	3812.0	2091	4995
援助其他地区支出			5911			2839
国土资源气象等事务	92015	83237	80124	44051	49843	45997
住房保障支出	154176	243208	264788	90158	124365	124809
粮油物资管理事务	7110	12371	17232	4110	7326	8561
其他支出	60209	37588	33488	47922	23046	11432
债务付息支出			39515			17865
债务发行费用支出			956			528
政府性基金支出	**4983012**	**3241762**	**2858019**	**2403829**	**1665971**	**1344529**
#一般公共服务						
教育	53134			23602		
文化体育与传媒	2325		599	1949		487
社会保障和就业	13103	5213	7325	6218	2718	3784
城乡社区事务	4818734	3171743	2762071	2341248	1631244	1281072
农林水事务	29279	16075	2517	8095	7886	
交通运输	19023	12967	22622	5208	4647	14648
资源勘探电力信息等事务	5879	7251	5539	3418	3390	2872
其他支出	25997	27916	36563	14091	15575	25438
债务付息支出			19719			15652
债务发行费用支出			1064			576

注:从 2015 年 1 月 1 日起,将政府性基金预算中用于提供基本公共服务以及主要用于人员和机构运转等方面的项目收支转列一般公共预算,具体包括地方教育附加、文化事业建设费、残疾人就业保障金、从地方土地出让收益计提的农田水利建设和教育资金、转让政府还贷道路收费权收入、育林基金、森林植被恢复费、水利建设基金、船舶港务费、长江口航道维护收入等 11 项基金。

8-4　历年金融机构(人民币)存贷款

(年底数)　　单位:万元

年　份	全市			市区			人均储蓄(元/人)	
	金融机构各项存款余额	#居民储蓄	金融机构各项贷款余额	金融机构各项存款余额	#居民储蓄	金融机构各项贷款余额	全　市	市　区
1952		270			206		1	9
1957		968			647		2	17
1962		1222			686		3	15
1965		1974			1157		4	22
1970		2442			1449		4	27
1975		4839			2694		8	44
1978	60759	8921	105787	45019	4299	73384	14	64
1979	28597	13499	47821	11793	6018	17239	21	85
1980	123807	20596	108921	100870	8868	64142	31	122
1981	86748	27635	137656	44213	11249	62784	41	150
1982	96635	36462	156417	47298	14836	71216	53	192
1983	121321	52715	193450	59799	19645	87887	76	248
1984	160671	74664	266637	77453	26601	119256	107	330
1985	176808	97867	311936	89970	37810	162538	138	458
1986	251158	140701	391209	131915	51139	223965	197	608
1987	367499	191242	496401	217669	69314	290223	263	810
1988	495318	246993	596632	219746	88630	320346	332	1016
1989	559847	327806	671512	257604	125709	413739	430	1408
1990	724345	446418	804071	349864	174611	433478	553	1926
1991	891658	555370	963003	425565	213526	492026	677	2324
1992	1064281	668470	1089149	508880	258326	565390	809	2758
1993	1360184	857542	1346993	670666	319747	735634	1028	3360
1994	1758108	1110985	1618177	944480	477133	899760	1318	3340
1995	2329318	1400566	2046385	1282165	578274	1155867	1645	3984
1996	2950050	1828200	2388715	1624215	811756	1323614	2217	5510
1997	3484093	2163437	3005351	1905377	970956	1672573	2495	6502
1998	3768104	2438696	3226763	2053563	1110556	1752920	2785	7313
1999	4135005	2692128	3341758	2349069	1297842	1885371	3068	8515
2000	4614682	3058002	3249902	3124162	1860652	2230387	3411	11585
2001	5297006	3576909	3742657	3581695	2202744	2536851	3966	13552
2002	6180183	4167882	3982506	4195444	2592741	2678214	4608	15756
2003	7277202	4822259	4614147	4254019	3024793	2598658	5307	18077
2004	8414573	5563129	4751280	4768459	3445990	2640115	6068	20584
2005	10108940	6506064	4911786	5806876	3997284	2758306	7031	22223
2006	11937168	7228920	5650749	6865004	4377454	3133756	7734	24105
2007	14038244	7886337	6842230	8170216	3488669	4015157	8409	19140
2008	17191438	9745131	7965786	10066026	5850811	4749346	10292	31729
2009	21726238	11397620	11325649	15272845	6911095	7926396	11902	37112
2010	26321873	13243885	14364443	18281038	7908879	9901281	13613	25291
2011	29809912	14954211	17348392	20386726	8684472	11820976	15312	27511
2012	33644736	17947175	20472296	22500556	10292339	13785329	18119	32077
2013	38844633	20897714	23608014	25950180	11833905	15528718	24325	37356
2014	42864617	23774417	27247917	28455976	13066281	17965025	27554	40738
2015	47470104	27805980	30699020	30631822	15196592	20009860	32075	46906
2016	54953059	30902119	36202134	33728605	16492141	23834094	35479	50452

注:1.因区划调整,2010年以后市区人均储蓄存款余额与往年不可比;2.2015年及以后居民储蓄调整为住户存款,与往年不可比。

8-5 金融机构(人民币)各项存贷款

单位:万元

指　　标	2015	2016
金融机构各项存款余额	**47470104**	**54953059**
境内存款	47447128	54921261
住户存款	27805980	30902119
活期存款	9350215	10996686
定期及其他存款	18455766	19905434
非金融企业存款	11632161	14088896
活期存款	4564377	6276621
定期及其他存款	7067785	7812274
广义政府存款	7787598	9870781
财政性存款	724728	1105536
机关团体存款	7062870	8765245
非银行业金融机构存款	221388	59465
境外存款	22976	31798
金融机构各项贷款余额	**30699020**	**36202134**
境内贷款	30698045	36201083
住户贷款	9788674	12313517
短期贷款	2565435	2749652
消费贷款	428457	557715
经营贷款	2136979	2191937
中长期贷款	7223239	9563865
消费贷款	6247605	8460824
经营贷款	975634	1103041
非金融企业及机关团体贷款	20909371	23887566
短期贷款	11899564	10957932
中长期贷款	6601069	9064919
票据融资	2252828	3473860
融资租赁	1062	187266
各项垫款	154847	203589
境外贷款	975	1051

8-6 保险业务主要指标

单位:万元

指　　标	2010	2011	2012	2013	2014	2015	2016
保险公司数 （个）	**40**	**46**	**50**	**53**	**55**	**56**	**60**
# 财产保险公司	20	20	21	21	23	23	23
人寿保险公司	20	26	29	32	32	33	37
保险收入	**820183**	**896097**	**858619**	**947545**	**1064593**	**1327536**	**1664340**
财产险	206331	256490	282776	324292	376973	427288	500902
# 企业财产险	9998	13573	14647	14120	14493	13741	12647
家庭财产险	795	608	897	739	516	723	1093
机动车辆保险	174735	214627	233579	269845	310297	355280	411810
运输及责任险	4868	5973	7642	7444	7849	9937	15179
人寿险	613851	639607	575842	623253	687620	900248	1163438
# 人身意外伤害险	10206	11150	11440	13252	15160	16562	20200
健康险	6662	7084	7669	8309	9279	11344	22176
寿险	140316	171632	129785	153110	306308	557559	662735
各项赔款和给付	**152305**	**220705**	**257408**	**351983**	**363711**	**422310**	**526780**
财产险	76844	104182	145898	168709	199942	207201	244448
# 企业财产险	1154	4482	4900	3203	7115	3717	6639
家庭财产险	56	39	47	61	41	50	172
机动车辆保险	67692	90239	128801	148586	170071	175819	202762
运输及责任险	1085	1546	2390	3118	3695	3028	3967
人寿险	75461	116523	111510	183274	163769	215109	282332
# 人身意外伤害险	3066	3180	2999	3199	3950	4379	5142
健康险	4771	4856	5138	5527	6762	7418	11344
寿险	21484	25079	31328	32178	41517	41836	41066

主要统计指标解释

财政收入 是指政府为履行其职能、实施公共政策和提供公共物品与服务需要而筹集的一切资金的总和，是国家为了实现其职能，凭借政治权力，对一部分社会产品进行分配和再分配的经济活动。财政收入表现为政府部门在一定时期内(一般为一个财政年度)所取得的货币收入。主要包括:中央财政收入和地方财政收入。中央财政和地方财政是财政体制上划分中央政府和地方政府以及地方各级政府之间财政管理权限的一项分配制度。它具体规定了各级政府筹集资金、支配使用资金的权力、范围和责任，使各级政府在财政管理上有责有权。这对于正确处理中央和地方之间，以及地方各级之间的分配关系，充分发挥各级政府的积极性，更好地完成国家财政收支任务，促进社会主义建设的发展有着极其重要的意义。

中央财政收入 包括:关税、海关代征消费税和增值税，消费税，中央企业所得税，地方银行和外资银行及非银行金融企业所得税，铁道、银行总行、保险总公司等集中缴纳的营业税、所得税、利润和城市维护建设税，增值税的75%部分，证券交易税(印花税)50%部分和海洋石油资源税。

地方财政收入 又称为公共财政预算收入，包括:(1)税收收入——我国财政收最主要的来源。国内增值税的25%、营业税、企业所得税的40%、个人所得税的40%、资源税、城市维护建设税、房产税、印花税(证券印花税的3%+其余印花税的全部)、城镇土地使用税、土地增值税、车船税、耕地占用税、契税、烟叶税、其他税收收入。(2)非税收入。专项收入、行政事业性收费收入、罚没收入、国有资本经营收入、国有资源有偿使用收入、其他收入。

地方财政总收入 包括地方公共财政预算收入、上划中央收入和政府性基金收入(含缴库社会保险基金)。上划中央收入是指按现行分税制财政体制规定，在当地缴纳、与地方分享的税种的中央级收入，包括国内增值税的75%、国内消费税、纳入分享范围的企业所得税的60%和个人所得税的60%四项。政府性基金收入是国家通过向社会征收以及出让土地、发行彩票等方式取得收入。

财政支出 是国家政权为行使其职能，对筹集的财政资金进行有计划的分配使用的总称。体现政府的活动范围和方向，反映财政资金的分配关系。主要包括基本建设支出、增拨企业流动资金、企业挖潜改造资金、新产品试制费、地质勘探费、上交商部门事业费、支援农村生产支出和各项农业事业费、文教科学卫生事业费、抚恤和社会救济费、国防费、行政管理费及债务支出。在我国，由于存在预算外资金，所以财政支出的概念也就有狭义与广义之分：狭义的财政支出仅指公共财政预算支出；广义的财政支出则包括预算内支出和预算外支出。

9 PRICE INDICES

物价指数

版面负责人：王　莹

编　　　辑：张欣桐　高子尧

中华人民共和国统计法实施条例

第十八条 县级以上人民政府统计机构、有关部门推广使用网络报送统计资料，应当采取有效的网络安全保障措施。

第十九条 县级以上人民政府统计机构、有关部门和乡、镇统计人员，应当对统计调查对象提供的统计资料进行审核。统计资料不完整或者存在明显错误的，应当由统计调查对象依法予以补充或者改正。

编辑：徐向忠

9–1 城市(市区)物价总指数

(以上年价格为 100)

年 份	居民消费价格总指数	商品零售价格总指数
1978	100.0	100.1
1979	100.6	101.1
1980	102.4	102.6
1981	100.4	100.8
1982	101.0	101.4
1983	100.1	100.7
1984	103.3	102.4
1985	108.7	108.3
1986	106.2	105.9
1987	109.8	110.0
1988	122.6	122.8
1989	115.6	115.6
1990	104.5	103.9
1991	108.6	108.8
1992	109.2	108.0
1993	117.6	115.1
1994	125.3	123.3
1995	116.9	113.2
1996	110.0	107.4
1997	101.9	99.9
1998	100.0	98.3
1999	98.2	96.2
2000	100.0	98.2
2001	100.3	99.3
2002	99.2	98.6
2003	101.5	100.0
2004	103.7	102.8
2005	102.2	101.0
2006	101.5	100.7
2007	104.4	103.1
2008	104.9	105.3
2009	99.9	99.8
2010	103.6	102.1
2011	105.2	103.8
2012	102.6	102.4
2013	102.3	101.2
2014	102.1	101.6
2015	101.5	101.3
2016	102.3	100.5

9-2 城市(市区)居民消费价格指数

（以上年价格为 100）

指　　标	2016	指　　标	2016
居民消费价格总指数	**102.3**	其他食品类	104.0
食品烟酒	**102.8**	茶及饮料	99.6
食品	103.7	烟酒	101.0
粮食	99.8	# 烟草	102.9
# 大米	99.7	酒类	98.4
面粉	103.5	在外餐饮	101.3
薯类	106.4	**衣着**	**103.2**
豆类	99.4	服装	103.8
食用油	101.9	# 男式服装	103.5
菜	106.9	女式服装	103.1
# 鲜菜	107.5	儿童服装	106.3
畜肉类	112.5	服装材料	103.2
# 猪肉	124.2	其他衣着及配件	102.6
牛肉	95.9	衣着加工服务	104.2
羊肉	99.0	鞋类	101.1
禽肉类	97.4	# 鞋	101.1
# 鸡	95.3	鞋类加工服务	100.0
鸭	102.3	**居住**	**100.5**
水产品	106.4	租赁房房租	101.3
蛋类	93.2	住房保养维修及管理	100.0
奶类	102.8	水电燃料	100.4
干鲜瓜果类	94.6	自有住房	100.5
糖果糕点类	100.1	**生活用品及服务**	**101.5**
调味品	100.6	家具及室内装饰品	102.5
# 食用盐	107.4	# 家具	102.8

9-2 续表　　（以上年价格为 100）

指　　标	2016	指　　标	2016
家用器具	99.2	教育用品	102.2
大型家用器具	98.8	教育服务	101.6
# 洗衣机	98.9	文化娱乐	100.6
电冰箱(柜)	98.3	文娱耐用消费品	94.5
空调器	98.0	其他文娱用品	102.5
热水器	101.9	文化娱乐服务	101.1
微波炉	103.3	旅游	102.7
小家电	101.7	**医疗保健**	**112.6**
家用纺织品	101.2	药品及医疗器具	98.1
家庭日用杂品	101.6	中药	107.1
个人护理用品	101.2	西药	92.4
家庭服务	107.7	滋补保健品	102.1
交通和通信	**98.4**	医疗卫生器具	97.1
交通	98.0	保健器具	101.4
交通工具	96.9	医疗服务	120.3
交通工具用燃料	95.6	综合医疗类	155.7
交通工具使用和维修	103.8	治疗类	110.5
交通费	102.9	康复类	117.5
通信	99.1	中医医疗服务类	120.6
通信工具	96.2	其他医疗服务	131.3
通信服务	100.0	**其他用品和服务**	**103.6**
邮递服务	100.0	其他用品类	105.1
教育文化和娱乐	**101.1**	其他服务类	102.7
教育	101.6		

9-3 城市(市区)商品零售价格指数

(以上年价格为 100)

指标	2016	指标	2016
商品零售价格总指数	**100.5**	床上用品	101.0
食品	**103.0**	**家用电器类及音像器材**	**97.8**
粮食	99.8	家庭设备	99.2
# 大米	99.7	文娱用耐用消费品	94.9
面粉	103.5	专业音像器材	98.6
薯类	106.4	**文化办公用品**	**97.1**
豆类	99.3	**日用品类**	**101.7**
食用油	101.9	日用百货	100.6
菜	107.0	厨具餐具茶具	101.8
# 鲜菜	107.5	清洗用品	102.9
畜肉类	111.5	其它日用品	102.4
# 猪肉	124.2	**体育娱乐用品**	**103.1**
牛肉	95.9	体育户外用品	103.2
羊肉	99.0	娱乐用品	103.0
禽肉类	97.3	**交通、通信用品**	**98.6**
# 鸡	95.3	交通运输机械	99.0
鸭	102.3	通信器材	96.3
水产品	106.2	**家具**	**102.8**
蛋类	93.3	**化妆品**	**101.0**
奶类	102.7	**金银饰品**	**107.2**
干鲜瓜果类	94.6	**中、西药品及医疗保健用品**	**98.1**
糖果糕点类	100.1	医疗卫生器具	97.1
调味品	100.4	中药	107.1
# 食用盐	107.4	西药	92.3
其他食品类	98.6	保健器具及用品	102.0
在外餐饮	101.2	**书报杂志及电子出版物**	**100.8**
饮料、烟酒	**100.5**	教材及参考书	102.1
茶及饮料	99.5	书报杂志	100.0
烟草	102.9	计算机办公软件	99.9
酒类	98.3	**燃料**	**96.8**
服装、鞋帽	**103.2**	煤炭及制品	99.7
服装	103.9	石油及制品	96.4
鞋帽袜	101.3	**建筑材料及五金电料**	**100.2**
其他衣着配件	102.1	建筑装潢材料类	100.0
纺织品	**101.3**	五金水暖	100.6
服装材料	103.2		

9–4 城市(市区)居民消费价格指数和商品零售价格指数

（2016 年）

指　　标	以去年同月价格为 100					
	1 月	2 月	3 月	4 月	5 月	6 月
居民消费价格总指数	**102.1**	**101.8**	**102.3**	**102.4**	**102.3**	**102.3**
食品烟酒	102.5	101.4	103.1	104.4	104.0	103.4
# 食品	102.6	101.1	103.5	105.7	105.4	105.0
# 粮食	98.3	98.4	98.6	98.6	98.6	99.0
食用油	100.9	100.1	100.6	100.6	101.8	101.9
菜	108.3	107.7	117.6	116.9	106.3	94.7
# 鲜菜	108.7	108.2	119.0	118.3	106.8	93.8
畜肉类	108.6	110.5	113.1	121.5	123.6	122.2
禽肉类	95.5	92.7	95.9	97.4	99.3	99.1
水产品	107.5	106.9	104.1	106.6	110.1	111.9
蛋类	93.4	91.7	93.1	95.6	97.9	98.7
干鲜瓜果	95.3	85.2	86.8	87.4	88.4	94.8
烟酒	104.4	104.7	104.8	104.6	101.9	99.8
衣着	101.2	100.7	102.1	100.9	102.1	102.8
居住	100.3	100.3	100.0	100.0	100.0	100.2
生活用品及服务	100.8	100.8	100.9	101.1	102.3	101.6
交通和通信	98.3	98.4	98.3	96.6	96.2	97.0
教育文化和娱乐	102.0	101.6	101.8	101.7	101.1	101.3
医疗保健	115.6	115.6	115.4	115.3	115.5	115.5
其他用品和服务	100.4	102.7	103.0	103.5	103.6	103.0
商品零售价格指数	**99.9**	**99.7**	**99.9**	**100.0**	**100.1**	**100.1**

9-4 续表　　　　(2016年)

指　　　标	以去年同月价格为100					
	7月	8月	9月	10月	11月	12月
居民消费价格总指数	**102.5**	**102.6**	**102.8**	**99.6**	**101.6**	**102.0**
食品烟酒	103.5	102.8	103.3	98.9	101.2	101.8
#食品	104.9	103.9	104.8	98.5	101.9	102.8
#粮食	99.5	100.9	100.6	100.5	101.9	101.9
食用油	103.0	102.9	102.3	101.0	103.2	103.1
菜	97.9	100.4	106.1	99.3	107.7	106.7
#鲜菜	97.6	100.4	106.8	99.2	108.6	107.4
畜肉类	116.6	111.8	110.4	97.8	103.5	104.5
禽肉类	98.8	99.0	99.1	99.4	97.4	96.7
水产品	113.2	111.8	108.1	94.7	99.3	99.1
蛋类	94.9	88.7	91.3	92.2	91.3	90.0
干鲜瓜果	98.9	97.3	103.7	99.6	98.5	102.8
烟酒	100.2	99.7	98.6	99.9	98.2	98.2
衣着	102.7	103.8	104.9	100.5	105.6	106.6
居住	100.2	100.2	100.3	99.9	102.2	102.2
生活用品及服务	101.6	101.9	101.2	100.2	101.4	103.3
交通和通信	97.2	97.8	99.3	99.3	100.9	101.0
教育文化和娱乐	101.8	101.9	100.5	100.1	100.2	100.0
医疗保健	115.5	115.5	115.5	100.0	99.9	100.3
其他用品和服务	104.7	106.6	106.3	98.3	102.8	103.3
商品零售价格指数	**100.4**	**100.8**	**101.2**	**99.8**	**101.2**	**102.1**

主要统计指标解释

物价指数 是说明两个时期商品价格水平变动趋势和程度的相对数指标。它是以报告期的价格水平与基期的价格水平进行直接对比计算的。当物价指数大于100时,说明价格水平上涨,反之则说明价格水平下跌。编制物价指数的目的,是为了反映市场物价水平的变化情况,分析和研究物价变动对城乡人民生活和国家财政支出的影响程度。

居民消费价格指数 是反映一定时期内城乡居民所购买的生活消费品价格和服务性项目支出价格变动趋势和程度的相对数。利用居民消费价格指数,可以观察和分析价格变动对城乡居民实际生活费用支出的影响程度。

城市居民消费价格指数 是反映城市居民家庭所购买的生活消费品的价格和服务项目支出价格变动趋势和程度的相对数。根据城市居民消费价格指数,可以观察和分析价格变动对城市居民消费支出的影响程度,作为研究居民生活和确定工资政策的依据。

商品零售价格总指数 是全面反映市场商品零售价格总水平变动趋势和程度的相对数。通过它,可以观察市场商品总体价格水平升降程度,以及物价变动对城乡人民生活支出的总影响。

10 PEOPLE´S LIVELIHOOD 人民生活

版面负责人：徐　康

编　　　辑：高惠媛　柳　震

中华人民共和国统计法实施条例

第二十条 国家统计局应当建立健全统计数据质量监控和评估制度,加强对各省、自治区、直辖市重要统计数据的监控和评估。

第四章 统计资料的管理和公布

第二十一条 县级以上人民政府统计机构、有关部门和乡、镇人民政府应当妥善保管统计调查中取得的统计资料。

国家建立统计资料灾难备份系统。

编辑:徐向忠

10–1 居民家庭收支情况

单位：元

指　　标	人均可支配收入			人均消费支出		
	全体居民	城镇居民	农村居民	全体居民	城镇居民	农村居民
2014	18744.14	24079.56	12811.27	12166.83	15004.85	9011.03
2015	20424.60	26218.65	13981.74	13174.13	16143.08	9872.72
2016	22348.06	28421.33	15274.05	14321.45	17254.95	11059.45

10–2 居民家庭基本情况与人均收入情况

（2016 年）

单位：元

指　　标	全体居民	城镇居民	农村居民
调查户数　（户）	**1610.33**	**975.25**	**635.08**
平均每户家庭人口　（人）	3.12	3.01	3.28
平均每户就业人口　（人）	1.85	1.71	2.07
平均每一就业人口负担人数　（人）	1.68	1.76	1.59
平均每户就业面　（%）	59.36	56.71	63.08
平均每人现住房建筑面积　（平方米）	47.33	42.63	53.95
人均可支配收入	**22348.06**	**28421.33**	**15274.05**
工资性收入	12539.41	17060.07	7274.03
工资	11891.72	16198.37	6875.54
实物福利	22.61	30.39	13.61
其他	625.08	831.31	384.88
经营净收入	5065.93	4315.11	5940.00
第一产业经营净收入	2128.98	703.57	3789.27
第二产业经营净收入	653.58	442.84	898.84
第三产业经营净收入	2283.37	3168.70	1251.89
财产净收入	1158.85	1973.08	211.00
# 利息净收入	12.88	4.62	22.51
红利收入	41.21	63.99	14.67
储蓄性保险净收益	2.20	3.42	0.78
转让承包土地经营权租金净收入	71.60	63.31	81.25
出租房屋财产性收入	217.12	395.21	9.69
出租机械、专利、版权等资产的收入	30.67	21.94	40.84
转移净收入	3583.87	5073.07	1849.02
# 养老金或离退休金	2775.81	4767.29	456.18
社会救济和补助	45.37	39.41	52.32
报销医疗费	309.16	495.76	91.82
家庭外出从业人员寄回带回收入	765.20	345.52	1254.04
赡养收入	194.61	272.73	103.61
其他经常转移收入	158.88	226.71	79.87
人均非收入所得	**1340.41**	**1772.20**	**837.47**
人均借贷性所得	**1215.35**	**1611.86**	**753.49**

10-3 居民家庭人均支出情况

（2016 年） 单位:元

指　　标	全体居民	城镇居民	农村居民
人均消费支出	**14321.45**	**17254.95**	**11059.45**
食品烟酒	4373.91	5182.15	3475.17
食品	3247.30	3735.82	2704.07
谷物	667.65	490.60	864.53
薯类	44.27	51.65	36.05
豆类	58.88	71.03	45.37
食用油	160.41	186.41	131.51
蔬菜和食用菌	364.19	481.71	233.50
肉类	655.35	799.43	495.13
禽类	168.96	210.26	123.04
水产品	153.68	211.79	89.05
蛋类	110.75	127.03	92.63
奶类	255.39	316.42	187.52
干鲜瓜果类	329.66	434.81	212.74
糖果糕点类	109.15	145.48	68.75
其他食品	168.96	209.20	124.23
烟酒	408.22	437.58	375.56
烟草	201.38	214.13	187.21
酒类	206.83	223.46	188.35
饮料	64.97	80.23	48.01
饮食服务	653.42	928.51	347.52
食堂用餐	20.88	27.02	14.06
其他在外饮食	630.04	899.64	330.24
食品加工服务费	2.50	1.85	3.22
衣着	1164.92	1441.97	856.84
衣类	874.61	1086.68	638.79
鞋类	290.31	355.30	218.05
居住	2874.42	3596.93	2071.00
# 租赁房房租	50.54	80.63	17.08
住房维修及管理	461.37	599.45	307.83
水电燃料及其他	616.21	744.01	474.10
生活用品及服务	1070.05	1256.36	862.88
家具及室内装饰品	248.50	226.47	273.00
家用器具	263.83	311.18	211.18
家用纺织品	88.12	117.82	55.09
家庭日用杂品	280.19	339.18	214.60
个人用品	154.29	207.36	95.28
家庭服务	35.12	54.35	13.73
交通通信	1825.47	2077.48	1545.24
交通	1184.83	1369.77	979.17
交通工具	608.80	616.74	599.97
交通费	109.28	151.57	62.26
交通工具用燃料	228.06	284.46	165.34
交通工具使用及维修	238.69	317.00	151.60
# 车辆保险支出	84.14	125.77	37.84
通信	640.65	707.71	566.08
通信工具	222.12	259.01	181.11
通信服务	418.52	448.70	384.97

10-3　续表　（2016 年）　单位:元

指　　标	全体居民	城镇居民	农村居民
教育文化娱乐	1557.02	1900.38	1175.20
教育	1020.71	1147.57	879.63
学前教育	109.30	136.72	78.82
小学教育	143.41	161.47	123.33
初中教育	138.65	163.45	111.07
高中教育	187.55	230.28	140.04
中专职高教育	27.08	16.32	39.04
大专及以上教育	251.73	271.93	229.27
成人教育	162.98	167.42	158.05
文化娱乐	536.31	752.81	295.57
文娱耐用消费品	161.99	213.28	104.96
其他文娱用品	196.37	228.25	160.91
文化娱乐服务	177.95	311.27	29.70
医疗保健	1143.88	1370.71	891.65
医疗器具及药品	446.57	630.00	242.60
医疗服务	697.31	740.71	649.05
门诊总费用	185.86	199.40	170.80
住院总费用	511.45	541.31	478.26
其他用品和服务	311.78	428.96	181.47
其他用品	166.01	224.17	101.34
其他服务	145.76	204.79	80.13
人均生产经营费用支出	**3091.24**	**1975.89**	**4331.48**
第一产业经营费用支出	1359.98	806.07	1975.91
第二产业经营费用支出	1276.99	752.18	1860.57
第三产业经营费用支出	454.27	417.64	495.00
人均财产性支出	**60.87**	**95.82**	**22.01**
生活贷款利息支出	56.04	94.16	13.65
其他财产性支出	4.83	1.66	8.36
人均转移性支出	**776.97**	**1229.72**	**273.51**
个人所得税	25.81	48.27	0.83
社会保障支出	622.29	977.90	226.85
个人缴纳的养老保险	431.92	713.56	118.74
个人缴纳的医疗保险	165.97	224.47	100.91
个人缴纳的失业保险	20.78	35.84	4.04
其他社会保障支出	3.61	4.03	3.15
外来从业人员寄给家人的支出	0.00	0.00	0.00
赡养支出	76.28	123.18	24.12
其他转移性支出	52.60	80.37	21.72
人均部分商业保险支出	**80.35**	**122.76**	**33.19**
人均购置资产及非经常性转移支出	**3912.02**	**5239.27**	**2436.16**
购置资产支出	1369.45	1975.96	695.03
非经常性转移支出	2542.57	3263.31	1741.13
人均借贷性支出	**974.99**	**927.17**	**1028.18**

10-4 居民家庭年末平均每百户耐用消费品拥有量情况

（2016 年） 单位:台

指　　标		全体居民	城镇居民	农村居民
家用汽车	（辆）	21.37	26.37	13.70
摩托车	（辆）	39.62	26.64	59.56
助力车	（辆）	125.90	114.83	142.88
洗衣机		100.25	100.62	99.69
电冰箱(柜)		94.74	97.15	91.04
微波炉		62.88	77.70	40.11
彩色电视机		124.07	127.55	118.74
# 接入有线电视		93.28	100.84	81.67
空调		123.17	150.41	81.35
热水器		97.38	102.08	90.17
# 太阳能热水器		78.94	74.71	85.45
消毒碗柜		2.86	4.10	0.94
洗碗机		0.68	0.92	0.31
排油烟机		58.92	77.89	29.80
固定电话	（部）	37.99	44.67	27.74
移动电话	（部）	251.24	246.12	259.10
# 接入互联网		132.92	132.03	134.29
计算机		77.74	91.96	55.90
# 接入互联网		65.74	77.72	47.36
摄像机		5.87	9.38	0.47
照相机		25.29	36.38	8.27
中高档乐器	（架）	5.31	7.38	2.13
健身器材	（套）	4.41	5.95	2.05
组合音响	（套）	9.86	9.56	10.31

10-5 居民家庭住房情况

（2016 年）

指　　标		全体居民	城镇居民	农村居民
调查户数	**（户）**	**1610.33**	**975.25**	**635.08**
人均期末拥有房屋面积	**（平方米）**	**50.47**	**47.31**	**54.91**
自有现住房面积		46.38	41.44	53.34
出租住房面积		1.30	1.96	0.37
出租商用建筑物面积		0.92	1.29	0.40
偶尔居住房面积		0.55	0.79	0.20
空宅或其他用途房面积		1.32	1.84	0.59
人均现住房建筑面积		**47.33**	**42.63**	**53.95**
人均期内新购住房建筑面积		**0.56**	**0.73**	**0.33**
人均期内新建住房竣工建筑面积		**0.26**	**0.16**	**0.41**

10-6 居民家庭人均全年购买主要消费品

（2016 年）　　单位:公斤

指　　标		全体居民	城镇居民	农村居民
谷物		77.52	84.15	68.19
食用油		13.16	13.72	12.38
蔬菜和食用菌		82.45	103.20	53.22
猪肉		10.09	11.41	8.24
牛肉		2.10	2.67	1.29
羊肉		2.85	3.22	2.33
禽类		8.99	10.04	7.51
水产品		8.94	10.71	6.45
蛋类		13.02	14.61	10.78
奶类		20.08	24.58	13.75
干鲜瓜果类		62.21	72.55	47.65
糖果糕点类		6.52	7.91	4.56
茶叶		0.11	0.13	0.09
卷烟	（盒）	202.95	214.13	187.21
酒类		9.27	8.24	10.71
水	（吨）	25.38	34.07	13.14
电	（度）	716.74	822.41	567.85
煤炭		11.26	9.19	14.18
管道天然气	（立方米）	14.38	24.39	0.27
罐装液化石油气		19.18	17.41	21.67

10–7 居民家庭平均每百户全年购买主要消费品

（2016 年）　　单位:台

指　　标		全体居民	城镇居民	农村居民
洗衣机		5.64	6.04	5.04
电冰箱(柜)		3.66	4.41	2.52
空调器		7.46	7.08	8.03
吸尘器		0.25	0.41	
抽油烟机		2.48	2.67	2.20
微波炉		1.99	2.77	0.79
非太阳能热水器		1.55	2.26	0.47
太阳能热水器		2.04	1.73	2.52
燃气炉具	（套）	3.29	3.28	3.31
太阳能炉具	（套）	0.25	0.10	0.47
洗碗机		0.06		0.16
消毒碗柜		0.06	0.10	
汽车	（辆）	1.86	2.04	1.57
摩托车	（辆）	0.87	0.82	0.94
自行车	（辆）	5.21	5.12	5.35
电动自行车	（辆）	12.92	10.36	16.85
电话机	（部）	0.50	0.62	0.31
移动电话机	（部）	46.12	43.65	49.91
组合音响	（套）	0.25	0.31	0.16
彩色电视机		7.06	7.88	5.81
影碟机				
摄像机		0.12	0.21	
照相机		0.31	0.51	
家用台式电脑		2.11	2.26	1.89
家用笔记本电脑		2.30	2.77	1.57

10-8 市辖区居民家庭收支及住房情况

（2016 年） 单位:元

指　　标		全体居民	城镇居民	农村居民
人均可支配收入	**（元）**	**27731**	**31763**	**17353**
工资性收入		16407	19016	9690
经营净收入		4908	4768	5268
财产净收入		1811	2383	339
转移净收入		4605	5596	2056
人均生活消费支出	**（元）**	**18314**	**20963**	**11808**
食品烟酒		5321	6068	3487
衣着		1351	1545	875
居住		3130	3585	2011
生活用品及服务		1390	1626	810
交通通信		2658	3002	1812
教育文化娱乐		1947	2234	1243
医疗保健		2015	2280	1362
其他用品和服务		503	623	208
人均期末拥有房屋面积	**（平方米）**	**44.6**	**42.4**	**50.5**
人均现住房建筑面积	**（平方米）**	**39.1**	**35.7**	**48.3**

10-8 续表 （2016 年） 单位:元

指　　标		主城区	贾汪区			铜山区		
		城镇居民	全体居民	城镇居民	农村居民	全体居民	城镇居民	农村居民
人均可支配收入	**（元）**	**32229**	**21275**	**27943**	**15690**	**25143**	**31960**	**17970**
工资性收入		19582	15341	22454	9383	15936	21150	10450
经营净收入		3697	4342	3778	4814	5577	5047	6136
财产净收入		2252	404	501	323	948	1570	293
转移净收入		6697	1189	1211	1170	2682	4193	1091
人均生活消费支出	**（元）**	**20574**	**15131**	**17736**	**8599**	**15746**	**21599**	**10000**
食品烟酒		6018	5046	5904	2896	5197	6772	3652
衣着		1713	1539	1819	839	1589	2441	753
居住		3991	1999	2222	1440	1798	1962	1638
生活用品及服务		1498	1399	1626	829	974	1454	503
交通通信		2525	1758	2162	745	2091	3097	1103
教育文化娱乐		2315	2277	2745	1106	2848	4135	1584
医疗保健		1985	615	626	587	1030	1382	685
其他用品和服务		528	498	633	159	218	357	82
人均期末拥有房屋面积	**（平方米）**	**37.9**	**42.0**	**40.4**	**43.4**	**55.3**	**48.0**	**62.8**
人均现住房建筑面积	**（平方米）**	**33.1**	**40.4**	**38.1**	**42.5**	**44.8**	**33.6**	**56.3**

主要统计指标解释

城乡住户调查一体化改革 从2012年开始,国家统计局在全国范围开展城乡一体化住户收支与生活状况调查,通过对调查指标、抽样方法、调查过程、数据处理、数据发布“五统一”等改革措施,整合原城镇住户调查和农村住户调查、优化完善住户调查制度,全面提升住户调查能力,不断提高居民收支数据质量,努力满足合理调整收入分配关系、统筹城乡发展、加快构建社会主义和谐社会的需要。

居民家庭常住人口 指住户成员中,经常在家居住、或者调查期内居住时间超过一半的人员,以及本住户供养的学生。

居民家庭就业人口 指16周岁及以上,从事一定的社会劳动或经营活动、并取得劳动报酬或经营收入的人口。包括在党政机关、社会团体、企业、事业单位、私营企业、个体工商经营户或家庭中工作的在岗职工、再就业的离退休人员、民办教师、兼职人员及家庭帮工、雇工或自由职业等各类从业人员;私营企业和个体工商经营户的自营就业者。

居民可支配收入 指调查户可用于最终消费支出和储蓄的总和,即调查户可以用来自由支配的收入。可支配收入既包括现金,也包括实物收入。按照收入的来源,可支配收入包含四项,分别为:工资性收入、经营净收入、财产净收入和转移净收入。

居民消费支出 指住户用于满足家庭日常生活消费需要的全部支出,包括用于消费品的支出和用于服务性消费的支出。根据用途不同,消费支出可划分为食品烟酒、衣着、居住、生活用品及服务、交通通信、教育文化娱乐、医疗保健、其他用品及服务八大类。

11 NATURAL RESOURCES, GENERAL SURVEY OF CITIES AND ENVIROMENTAL PROTECTION

自然资源、城市概况和环境保护

版面负责人：张玉强

编　　辑：马　萍　梅　楠

中华人民共和国统计法实施条例

第二十二条 统计调查中取得的统计调查对象的原始资料，应当至少保存2年。

汇总性统计资料应当至少保存10年，重要的汇总性统计资料应当永久保存。法律法规另有规定的，从其规定。

第二十三条 统计调查对象按照国家有关规定设置的原始记录和统计台账，应当至少保存2年。

编辑：徐向忠

11-1　主要年份自然资源

指　　标	2006	2010	2012	2013	2014	2015	2016
土地资源　　（千公顷）							
耕地面积	596.21	594.78	609.48	608.69	609.06	609.03	608.02
园地	74.7	74.69	56.65	56.56	56.24	56.02	55.69
林业用地面积	41.78	41.75	25.15	25.12	25.05	24.96	24.86
牧草地面积	0.07	0.07	6.52	6.47	6.37	6.22	6.17
城镇及工矿用地面积	45.34	46.2	202.59	203.32	204.82	206.67	209.12
交通用地面积	15.07	15.08	47.38	47.52	48.18	48.42	49.20
水域面积	25.63	25.61	206.23	205.47	203.8	202.2	200.46
未利用土地面积	74.81	74.13					
其他	240.62	242.22	22.49	22.90	22.90	22.97	22.92
林木资源							
活立木总蓄积量　　（万立方米）	1321	1380	2833	2973	3123	3053	3083
森林面积　　（千公顷）	196.70	201.20	358.60	360.90	363.69	338.39	334.38
森林蓄积量　　（万立方米）	947	995	2818	2950	3097	3028	3058
森林覆盖率　　（%）	25.5	26.6	31.9	32.1	32.3	30.6	30.1
水利资源　　（亿立方米）							
水资源总量	28.36	61.58	23.04	26.97	40.50	32.31	42.05
地表径流	14.72	40.16	9.00	11.73	20.20	12.68	20.42
地下（浅层）水量	17.51	23.82	14.51	15.79	21.30	20.35	22.64
矿产资源（基础储量）　　（万吨/矿石）							
煤炭　　（万吨）	176500	169257	107732	108817	106652	104933	103398
铁　　（万吨）	1290	1308	1804	2119	2036	1942	1925
岩盐	22100	21990	12809	12607	12338	12237	11857
石膏	45181	50681	34569	33669	33669	31926	31926
制碳用灰岩	20091	20091	20091	20091	20091	20091	20091
水泥用灰岩	22380	22364	27873	30495	29006	28201	27449
白云岩	928	928	928	928	928	928	928

注：2006年及以后水利资源计算方法与口径有变化，与往年数据不可比；2010年及以后土地资源指标因国家土地利用现状分类标准有变化，部分数据与往年不可比。

11-2 主要年份气象、水文概况

指标	1990	1995	2000	2005	2010	2013	2014	2015	2016
温度 （摄氏度）									
年平均气温	14.8	14.7	15.1	15.0	15.2	15.6	15.6	15.3	15.9
年极端最高气温	37.2	36.8	37.4	38.3	37.6	38.3	38.2	36.9	37.4
出现日期 （月、日）	7月9日	6月19日	5月21日	6月23日	7月6日	8月11日 8月15日	7月22日	7月13日	7月30日
年极端最低气温	-15.8	-8.9	-9.4	-9.3	-9.4	-10.0	-9.0	-9.2	-12.8
出现日期 （月、日）	2月1日	2月2日	2月1日	1月1日	1月13日	1月5日	2月11日	11月27日	1月24日
降水 （毫米）									
年降水量	1088.8	825.3	979.6	1162.9	612.0	672.0	826.6	928.2	766.8
年降水日 （天）	94	66	90	90	68	78	88	93	95
一日最大降水量	82.4	94.1	151.3	99.1	100.2	83.2	63.1	57.9	47.8
出现日期 （月、日）	7月17日	8月22日	7月12日	7月8日	9月7日	5月26日	8月7日	6月24日	6月23日
日照									
年日照时间 （小时）	2251.2	2452.4	2064.5	2204.6	2230.6	2372.0	2222.6	2141.0	2163.4
年蒸发量 （毫米）	1595	1797.3	1727.6	1062.5	1076.6	1017.6	1102.9	999.3	1041.0
年平均相对湿度 （%）	72	65	69	67	63	65	66	69	69
年平均风力 （米/秒）	2.3	2.0	2.2	2.1	2.1	1.9	1.7	1.6	1.7
年平均气压 （百帕）	1017.0	1017.3	1011.6	1012.0	1011.5	1011.3	1012.1	1012.1	1011.9
年无霜期 （天）	190	182	158	235	195	204	225	205	227
霜期 （月、日）									
初霜日期	10月17日	10月5日	11月1日	10月27日	11月2日	11月12日	11月2日	11月3日	10月31日
终霜日期	4月24日	4月4日	4月6日	3月25日	4月5日	3月22日	3月23日	4月8日	3月16日
雪期 （月、日）									
初雪日期	12月12日	12月19日	1月8日	11月25日	11月28日	12月20日	1月29日	11月24日	11月24日
终雪日期	2月23日	2月4日	2月5日	3月2日	3月8日	2月19日	2月28日	1月31日	1月31日
水文(蔺家坝) （米）									
最高水位	32.02	33.40	32.15	33.59	32.84	32.81	32.07	31.95	32.06
出现日期 （月、日）	8月6日	3月9日	7月29日	9月30日	10月13日	8月2日	2月17日	6月30日	12月29日
最低水位	28.35	31.86	28.77	31.47	31.33	31.47	30.74	30.90	30.76
出现日期 （月、日）	6月17日	6月16日	6月21日	6月20日	6月27日	6月23日	7月29日	6月18日	7月12日
年均水位	31.60	33.02	31.07	32.63	32.39	32.13	31.59	31.44	31.08

11-3 市区分月气象情况

（2016年）

月　　份	平均气温（摄氏度）	降水量（毫米）	日照时数（小时）
全　年	**15.9**	**766.8**	**2163.4**
1月	0.3	8.2	132.0
2月	4.4	14.1	199.1
3月	11.2	7.3	220.1
4月	17.7	33.4	189.9
5月	20.7	84.9	224.7
6月	25.5	106.8	227.2
7月	28.1	136.1	167.4
8月	28.2	78.8	231.3
9月	24.1	40.3	206.3
10月	16.6	174.4	64.1
11月	9.2	29.5	153.4
12月	4.7	53.0	147.9

11-4 市区分月气象情况

（2015年）

月　　份	平均气温（摄氏度）	降水量（毫米）	日照时数（小时）
全　年	**15.3**	**928.2**	**2141.0**
1月	3.2	6.8	136.4
2月	4.7	6.6	159.4
3月	10.2	50.6	190.4
4月	15.0	58.5	202.3
5月	21.3	75.1	215.2
6月	24.9	206.6	195.0
7月	26.9	108.3	192.0
8月	26.7	191.3	230.5
9月	22.4	86.7	190.4
10月	16.8	38.7	213.4
11月	8.0	92.8	69.8
12月	3.7	6.2	146.2

11-5 城市(市区)建设基本情况

年 份	市区面积（平方公里）	#建成区面积	市区人口密度（人/平方公里）	年末实有房屋建筑面积（万平方米）	#住宅	公共交通	
						年底运营车辆数（辆）	年底运营线路网长度（公里）
1978	184.5	41.3	3636	884	351	140	
1979	184.5	42.7	3842	955	392	161	
1980	184.5	43.8	3950	1029	440	144	
1981	184.5	44.3	4063	1105	487	160	
1982	184.5	45.2	4189	1174	528	165	
1983	184.5	45.6	4297	1276	590	162	
1984	184.5	45.9	4371		641	168	
1985	184.5	46.5	4470	1467	691	174	
1986	184.5	47.0	4557	1863	920	182	
1987	184.5	47.3	4638	1964	967	185	
1988	184.5	48.1	4726	2030	1000	183	
1989	184.5	48.9	4838	2145	1030	196	
1990	184.5	61.8	4914	2245	1076	202	
1991	184.5	63.8	4979	2352	1127	211	
1992	184.5	67.0	5076	2465	1180	258	
1993	184.5	67.7	5158	2622	1253	308	313
1994	963.0	70.7	1483	2690	1293	838	329
1995	963.0	59.1	1507	2751	1325	1072	335
1996	963.0	60.3	1530	2870	1381	854	337
1997	963.0	61.5	1551	2980	1442	903	343
1998	963.0	64.7	1577	3104	1514	932	343
1999	963.0	67.6	1583	3337	1672	919	368
2000	1037.7	71.7	1547	3507	1787	946	541
2001	1037.7	77.9	1566	3650	1858	1119	595
2002	1037.7	81.9	1576	3781	1897	922	586
2003	1037.7	89.1	1612	3835	1914	1006	600
2004	1037.7	96.8	1613	3934	1964	1076	622
2005	1159.9	118.0	1551	5994	4196	1452	650
2006	1159.9	127.1	1566	6079	4199	1654	700
2007	1159.9	160.0	1577	6304	4392	1741	978
2008	1159.9	186.6	1590	6584	4615	1790	655
2009	1159.9	205.6	1605	6597	4307	1969	679
2010	3037.6	239.0	1029	8463	5404	1908	3997
2011	3037.6	249.0	1039	7581	5003	2685	3648
2012	3040.0	253.0	1055	7992	5211	2602	4719
2013	3040.0	253.0	1084	8668	5615	2429	3786
2014	3040.0	255.2	1055	9256	5906	2802	4946
2015	3040.0	255.2	1094	9843	6393	2338	4098
2016	3040.0	261.0	1112			2359	4002

注:2010 年底运营线路网长度统计口径扩大到乡村,与往年不可比。2011 年年底运营线路网长度不包括农村客运班线。

11-5 续表 1

年 份	铺装道路长度（公里）	铺装道路面积（万平方米）	全社会供水			人工煤气供应总量（万立方米）	液化石油气供应总量（吨）	用气人口数（万人）
			生产能力（万立方米/日）	供水总量（万立方米）	#生活用水量			
1978	67	67	8.5	3052	1427			
1979	69	72	9.4	3425	1886			
1980	72	76	10.9	3970	2232			
1981	89	88	12.0	4377	2416			
1982	125	102	12.8	4806	2071			
1983	128	108	13.4	5097	2005			
1984	136	114	14.1	5619	2392		269	
1985	138	119	16.3	5963	2685	146	681	
1986	284	238	34.2	12207	2968	285	1947	
1987	296	243	34.0	12308	3303	358	3128	
1988	300	249	34.1	12658	3564	404	4108	
1989	345	265	37.2	12901	4677	446	4443	17.6
1990	297	263	37.9	10744	4328	464	7110	25.5
1991	301	269	42.0	10643	4669	474	5939	26.1
1992	355	464	56.0	12129	5203	509	7736	26.8
1993	367	496	56.0	14718	6076	522	13737	44.5
1994	372	747	63.0	15506	7498	939	15168	61.2
1995	579	802	86.9	14877	7010	2830	16064	68.8
1996	590	830	74.6	14067	7653	3967	18886	72.0
1997	592	846	72.0	13677	7627	4926	21400	74.4
1998	593	863	74.5	13498	7366	4888	24788	77.3
1999	593	908	75.5	12859	6958	4779	23753	80.0
2000	621	987	75.5	12464	6926	4585	26196	83.4
2001	690	1134	75.6	12397	7060	4638	24000	85.6
2002	760	1222	72.5	11748	7088	4192	22400	88.6
2003	822	1299	72.6	14354	7232	4580	24600	106.8
2004	865	1357	55.0	14008	7499	4057	29400	118.5
2005	1075	1434	55.4	15456	7962	4831	39300	126.8
2006	1168	1494	49.0	11931	6218	5699	33860	113.0
2007	1202	1623	49.8	11509	7605	5699	33750	125.4
2008	1307	1855	67.9	16155	7718	5125	32208	128.8
2009	1352	1956	87.4	19001	8926	4392	29937	137.6
2010	1600	2467	94.2	19957	8962	1662	29336	150.2
2011	1620	2604	117.9	21543	7963		28050	140.9
2012	2110	3239	95.5	22029	6906		31030	149.9
2013	2600	3750	93.0	23363	6579		28480	165.8
2014	2699	4310	113.2	23960	7880		28054	167.2
2015	2722	4484	111.9	24350	6420		26856	185.0
2016	2549	4463	137.0	26199	6491		20925	179.2

11-5　续表 2

年　　份	排水管道长　度（公里）	路灯数（盏）	园林绿地面　积（公顷）	建成区绿化覆盖率（%）	公园数（个）	污水排放量（万吨）	垃圾粪便清运量（万吨）	公共厕所数（座）
1978	118	3243	219	10.4				
1979	124	3482	249	11.8				
1980	130	3750	249	11.8				
1981	138	3920	310	7.6				
1982	155	3594	320	7.7				
1983	162	4088	365	9.8				
1984	170	4225	367	11.8				
1985	182	4545	367	12.4				
1986	216	5546	735	14.9				
1987	223	6110	848	15.1				
1988	248	6950	1108	15.1				
1989	253	6989	1317	15.9	15		25	508
1990	257	7507	1214	27.4	15	9965	23	503
1991	262	7779	1432	30.7	12	9955	26	587
1992	281	8551	2358	30.8	13	7964	28	537
1993	281	13581	2822	31.0	10	7964	29	403
1994	326	11688	2822	31.6	14	9700	28	448
1995	432	15463	2844	33.1	12	8818	32	455
1996	395	16140	2881	33.2	15	7846	38	328
1997	399	16923	2947	33.6	13	7646	36	277
1998	403	20393	3048	33.7	13	7682	29	258
1999	483	26187	3392	34.3	13	7876	35	238
2000	643	30937	3662	34.4	13	5931	36	225
2001	728	32577	3625	24.5	29	5540	36	212
2002	825	36836	3889	26.6	31	5620	37	266
2003	896	45231	4226	29.5	33	6689	40	312
2004	926	46087	6455	36.6	33	7692	45	249
2005	918	52678	6455	36.3	36	10775	47	258
2006	930	53000	6659	37.6	30	11704	49	297
2007	970	60000	8125	38.8	34	12700	50	338
2008	1198	56798	9242	40.1	40	13924	45	482
2009	1046	19651	10422	40.4	41	14910	40	606
2010	1334	50723	12913	41.3	60	18106	48	592
2011	1362	46683	13400	41.9	70	19286	54	600
2012	1569	267204	14436	42.2	70	19690	52	488
2013	2016	188541	15269	42.9	70	19998	59	493
2014	2094	272114	15462	43.3	70	20190	79	711
2015	2129	294770	15727	43.7	73	21571	80	759
2016	2196	293971	15983	43.8	74	22294	92	813

注:2009 年路灯盏数统计口径改变,与往年不可比。2010 年起公园数统计口径改变,与往年不可比。2016 年垃圾粪便清运量为生活垃圾口径。

11-6 城市(市区)设施水平

年份	用水普及率(%)	煤气液化气普及率(%)	每万人拥有公共汽车辆(标台)	人均拥有铺装道路面积(平方米)	人均公共绿地面积(平方米)	每万人拥有公共厕所(座)	排水管道密度(公里/平方公里)
1978	85.7				2.7		2.9
1979	83.3				2.7		2.9
1980	82.6				2.7		3.0
1981	93.8				1.5		3.1
1982	94.2				1.5		3.4
1983	95.0				2.0		3.6
1984	95.0	2.4			2.0		3.7
1985	94.2	6.7			2.4		3.9
1986	92.0	8.4			2.9		4.6
1987	94.2	17.8			2.9		4.7
1988	96.0	19.5			2.9		5.2
1989	98.0	22.2	3.2	3.3	2.9	6.6	5.2
1990	98.0	31.7	3.5	3.9	3.5	6.4	5.2
1991	100.0	37.8	4.1	3.9	6.3	7.4	4.1
1992	100.0	37.8	4.5	6.6	6.3	6.7	4.2
1993	100.0	61.6	4.9	6.9	7.4	4.9	4.2
1994	100.0	75.2	9.0	9.2	7.5	3.6	4.6
1995	100.0	84.0	9.2	9.8	7.9	4.7	7.3
1996	100.0	85.1	6.5	9.8	7.9	3.3	6.6
1997	100.0	86.4	7.0	9.8	9.5	2.7	6.5
1998	100.0	87.9	7.1	9.8	9.9	2.9	6.2
1999	100.0	90.1	7.7	10.2	10.2	2.8	7.2
2000	100.0	90.8	8.1	10.7	10.5	2.4	9.0
2001	100.0	75.8	10.1	10.0	6.6	2.3	9.3
2002	100.0	76.9	8.6	10.6	6.9	2.3	10.1
2003	100.0	90.2	9.1	11.0	7.0	2.6	10.1
2004	100.0	99.7	10.8	11.4	7.4	2.1	9.6
2005	100.0	96.5	9.8	10.9	8.0	2.0	7.8
2006	100.0	96.6	12.9	12.8	9.4	2.2	7.9
2007	100.0	100.0	18.1	12.9	12.1	2.7	6.1
2008	99.9	96.4	17.2	13.9	13.0	3.6	6.4
2009	98.5	98.5	17.9	14.0	13.6	4.4	5.1
2010	99.4	99.0	19.2	16.3	14.7	1.9	5.6
2011	97.8	94.2	11.5	17.7	16.0	1.9	5.5
2012	98.1	99.3	13.7	21.5	16.1	1.6	6.2
2013	99.4	99.5	16.1	22.5	16.3	1.5	8.0
2014	97.5	98.2	11.3	25.3	16.2	2.2	8.2
2015	99.8	98.5	12.5	23.9	15.3	2.3	8.3
2016	99.8	98.0	15.8	24.4	15.7	2.5	8.4

注:2007年及以后人均公共绿地面积统计口径改为人均公园绿地面积(下同)。

11-7 主要年份城市(市区)公用事业基本情况

指　　标	1990	1995	2000	2005	2010	2013	2014	2015	2016
城市用地及建筑物面积（平方公里）									
城市面积	184.5	963.0	1037.7	1159.9	3037.6	3040.0	3040.0	3040.0	3040.0
# 建成区面积	61.8	59.1	71.7	118.0	239.0	253.0	255.2	255.2	261.0
城市建设用地面积	45.10	56.80	69.43	104.45	184.60	228.14	233.81	239.27	244.13
# 居住用地	18.30	10.90	13.48	24.24	58.18	53.36	56.52	58.35	60.46
公共设施用地		4.70	8.75	16.43	31.79	28.89	29.34	21.61	30.43
工业用地	17.10	12.70	14.68	20.96	35.15	26.16	26.94	27.64	28.50
仓储用地	2.60	2.70	2.73	3.05	4.22	20.82	21.19	21.58	21.87
对外交通用地	4.00	6.80	7.13	7.13	10.20	13.24	13.24	13.99	14.34
道路广场用地		2.70	4.56	13.39	23.06	58.44	58.45	58.46	58.76
市政公用设施用地		1.10	2.54	3.00	5.44	21.52	21.59	21.61	22.01
绿地		3.60	3.75	4.36	14.38				
特殊用地		11.70	11.81	11.89	2.18				
供水、供气及供热									
全社会供水									
供水综合生产能力（万吨／日）	37.9	86.9	75.5	55.4	94.2	93.0	113.2	111.9	137.0
供水管道长度（公里）	506	569	724	1025	2760	2975	3122	2433	2708
供水总量（万立方米）	10744	14877	12464	15456	19957	23363	23960	24350	26199
# 生产用水量	5684	7867	3574	3478	8036	12050	11695	10102	8995
生活用水量	4328	7010	6926	7962	8962	6579	7880	6420	6491
人均日生活用水量（升）	137	198	171	123	164	146	130	113	125
用水普及率（%）	98.0	100.0	100.0	100.0	99.4	99.4	97.5	99.79	99.81
水厂个数（个）	4	4	4	4	4	9	9	13	17
人工煤气									
储气能力(系统内)（万立方米）	2	12	12	12					
煤气管道长度（公里）	32	237	647	763	230				
供气总量（万立方米）	464	2830	4585	4831	1662				
# 家庭用量	437	1899	3326	3562	1205				
家庭用气户数（户）	10343	61372	110758	148102	34000				
用气人口数（万人）	4.2	20.3	34.7	47.4	10.2				
液化石油气									
储气能力（吨）	275	450	420	2402	4394	4593	4593	4983	4983
供气总量（吨）	7110	16064	26169	39300	29336	28480	28054	26856	20925
# 家庭用量	7074	15084	23158	35100	23466	21297	20872	19714	13103
家庭用气户数（户）	60706	146628	155723	289500	193243	178746	143146	127966	86386
用气人口数（万人）	21.3	48.5	48.8	79.4	59.7	54.8	44.0	45.0	26.5
煤气和液化石油气普及率（%）	31.7	84.0	90.8	96.5	99.0				
天然气									
储气能力（万立方米）					26	109	100	108	85
供气管道长度（公里）					1253	2085	1844	1890	2036
供气总量（万立方米）					13524	13982	21255	26582	31629
# 家庭用量					2927	5659	6184	7256	8375
家庭用气户数（户）					270824	362662	408036	446716	504592
用气人口数（万人）					80	111	123	140	153
集中供热面积（万平方米）				910	1201				
# 住宅					911				

11-7 续表

指　　标		1990	1995	2000	2005	2010	2013	2014	2015	2016
城市市政设施情况										
实有道路长度	（公里）	297	579	621	1075	1600	2600	2699	2722	2550
道路面积	（万平方米）	263	802	987	1434	2467	3750	4310	4484	4463
人行道面积	（万平方米）	35	74	110	208	421	448	722	759	673
排水管道长度	（公里）	257	432	643	918	1334	2016	2094	2129	2196
污水年排放量	（万立方米）	9965	8818	5931	10775	18106	19998	20190	21571	22294
桥梁数	（座）	51	68	102	132	118	240	265	305	285
路灯盏数	（盏）	7507	15463	30937	52678	50723	188541	272114	294770	293971
防洪堤长度	（公里）			34.1	44.6	67.0	96.0	96.0	185.2	
公共交通										
公共汽车营运车数	（辆）	202	1072	946	1452	1908	2429	2802	2338	2359
标准营运车数	（标台）	238	752	739	1290	2286	2937	3366	2917	2953
客运总量	（万人次）	8511	10740	17040	25750	33436	32606	38325	36258	35906
平均每日客运量	（万人次）	23.3	29.4	46.7	70.5	91.6	89.3	105.0	99.3	98.4
出租汽车营运车数	（辆）	259	955	2872	4230	3760	3866	4284	4319	4319
城市园林绿化										
绿化覆盖面积	（公顷）	1324	2927	3823	7017	14726	15773	15966	16231	16507
# 建城区		891	1956	2463	4283	9680	10846	11039	11160	11436
园林绿地面积	（公顷）	1214	2844	3662	6455	12913	15269	15462	15727	15983
# 公共绿地		235	647	961	1046	2234	2720	2761	2865	2879
公园个数	（个）	15	12	13	36	60	70	70	73	74
公园面积	（公顷）	104	521	650	358	198	2719	1700	1804	1810
游人量	（万人次）	1054	463	323	2340	210	522	679	807.2	822.5
人均公园绿地面积	（平方米）	3.5	7.9	10.5	8.0	14.7	16.3	16.2	15.3	15.7
建成区绿化覆盖率	（%）	27.4	33.1	34.4	36.3	41.3	42.9	43.3	43.7	43.8
城市房屋和住宅情况（万平方米）										
实有房屋建筑面积		2245	2751	3507	5994	13368	8668	9256	9813	
实有住宅建筑面积		1076	1325	1787	4196	8972	5615	5906	6393	
城市清洁卫生情况										
道路清扫保洁面积	（万平方米）	148	350	418	780	2032	1684	2307	2410	2786
生活垃圾清运量	（万吨）	21	30	35	47	44.4	59.2	78.6	79.8	92.4
粪便清运量	（万吨）	2	2	1		0.2		0.8	1.2	1.2
垃圾粪便无害化处理量	（万吨）		32	36	47	44.4	59.2	78.6	79.8	92.4
环卫机械总数	（台）	113	167	172	156	362	457	570	651	840
公共厕所数	（座）	503	455	225	258	592	493	711	759	813

注:2002 年及以后垃圾粪便无害化处理量仅指生活垃圾;2006 年及以后游人量统计口径为风景名胜区的游人量。

11-8　主要年份工业企业污染治理情况

单位:万元

指　　标	2001	2003	2005	2010	2013	2014	2015
单位数　（个）	**65**	**81**	**74**	**22**	**589**	**572**	**574**
当年施工项目投资来源	**6272**	**18228**	**47263**	**12516**	**38506**	**14174**	**55365**
排污费补助				40			
政府其他补助				375		304	1000
企业自筹				12756	50212	13870	54365
# 银行贷款				1980	230	2756	7835
国家预算内资金	1	300	30				
环保专项资金	90	55	2912				
银行贷款	150	1396	2580				
其他资金	6031	16476	44321				
当年施工项目累计完成投资额	**6272**	**18228**	**47263**	**13171**	**38006**	**14174**	**55445**
治理废水	4142	9640	7396	3907	525	739	3135
治理废气	1818	8088	38555	8084	48857	10035	51580
治理固体废物	292	500	330	1000			
治理噪声	15		622				
其他	5		361	180	830	3401	730
当年安排治理项目　（个）	**84**	**105**	**54**	**34**	**20**	**19**	**35**
治理废水	42	26	34	11	1	2	3
治理废气	36	78	38	21	17	14	27
治理固体废物	3	1	3	1			
治理噪声	2		3				
其他	1		6	1	2	3	5
当年竣工项目　（个）	**61**	**58**	**73**	**20**	**27**	**19**	**23**
治理废水	21	13	27	6	2	2	1
治理废气	35	44	35	14	22	14	19
治理固体废物	2	1	3				
治理噪声	2		3				
其他	1		5		3	3	3
当年竣工项目新增设计处理利用“三废”能力							
废水　（吨/日）	39453	31472	28122	215400	5500	2000	2475
废气　（万标立方米/时）	84	130	234	129	381	128	12.3
固体废物　（吨/日）	358	180	305				
主要污染物减排情况							
化学需氧量(COD)　（万吨）			6.35	5.54	13.84	1.05	1.14
二氧化硫(SO_2)　（万吨）			20.01	8.96	13.61	9.85	10.22

注:2007年及以后施工项目投资来源指标有调整,2010年废气处理利用能力统计口径有调整,2011年工业企业污染治理汇总单位数口径变化,与往年不可比。

11-9　重点调查工业企业污染治理设施情况

指　　　标		2016年
工业企业数	（个）	650
废水治理设施数	（套）	214
废水治理设施处理能力	（万吨/日）	210.47
废水治理设施运行费用	（万元）	32197.20
工业废水处理量	（万吨）	98455.76
工业废水排放量		8693.94
其中:直接排入环境的		5367.92
排入污水处理厂的		3326.02
工业锅炉数	（台）	350
其中:20蒸吨以上的		104
其中:安装脱硫设施的		56
废气治理设施数	（套）	1167
废气治理设施处理能力	（万立方米/时）	6668.39
废气治理设施运行费用	（万元）	155592.90
脱硫设施数	（套）	107
脱硝设施数		73
除尘设施数		290
VOCs处理设施数		41
工业废气排放量	（亿立方米）	5782.57

11-10 重点工业企业“三废”排放及处理情况

（2016 年）

指　标	汇总工业企业数（个）	工业废水排放总量（万吨）	化学需氧量产生量（吨）	化学需氧量排放量（吨）	氨氮产生量（吨）
总　计	**650**	**7661.80**	**76969.11**	**6911.19**	**4178.52**
农、林、牧、渔服务业	1				
煤炭开采和洗选业	10	1725.58	2115.67	1364.12	133.15
黑色金属矿采选业	2	2.20	3.23	0.60	0.10
开采辅助活动	1				
农副食品加工业	53	625.69	6137.23	1294.63	309.42
食品制造业	20	759.32	1797.59	291.82	77.73
酒、饮料和精制茶制造业	22	725.18	28988.72	522.55	388.74
烟草制品业	1	8.51	25.79	1.68	1.59
纺织业	13	274.25	724.40	223.80	55.02
纺织服装、服饰业	3	0.48	2.00	1.50	0.48
皮革、毛皮、羽毛及其制品和制鞋业	5	134.69	1789.50	143.39	115.71
木材加工和木、竹、藤、棕、草制品业	80	20.66	63.57	21.72	4.79
家具制造业	28	0.26	0.32	0.06	0.02
造纸和纸制品业	13	596.42	10362.75	1134.02	99.28
印刷和记录媒介复制业	2	6.72	17.02	1.21	2.01
石油加工、炼焦和核燃料加工业	12	220.53	694.62	167.35	124.92
化学原料和化学制品制造业	63	895.69	12509.64	1037.06	2460.65
医药制造业	14	118.70	584.91	52.69	22.28
化学纤维制造业	1				
橡胶和塑料制品业	22	38.08	25.18	14.18	6.13
非金属矿物制品业	137	75.83	55.90	42.91	5.13
黑色金属冶炼和压延加工业	23	190.74	512.76	140.39	26.80
有色金属冶炼和压延加工业	9	107.28	101.30	24.41	6.09
金属制品业	28	222.97	1327.38	126.50	9.95
通用设备制造业	18	53.65	89.96	30.28	8.32
专用设备制造业	17	46.63	168.19	21.21	18.20
汽车制造业	1	3.76	10.94	5.95	0.87
铁路、船舶、航空航天和其他运输设备制造业	2	15.42	6.03	4.06	0.12
电气机械和器材制造业	15	22.86	23.83	14.27	1.12
计算机、通信和其他电子设备制造业	2	4.15	2.60	1.60	0.40
其他制造业	2	7.56	14.56	2.00	0.49
废弃资源综合利用业	2	4.30	40.03	5.03	2.00
电力、热力生产和供应业	28	753.72	8773.48	220.20	297.01

11-10 续表1 （2016年）

指　　标	氨氮排放量（吨）	工业废气排放总量（亿标立方米）	二氧化硫产生量（吨）	二氧化硫排放量（吨）	氮氧化物产生量（吨）	氮氧化物排放量（吨）
总　计	**977.63**	**5782.57**	**400596.74**	**77334.55**	**150807.15**	**62135.36**
农、林、牧、渔服务业		0.20	10.00	10.00	4.50	4.50
煤炭开采和洗选业	55.88	7.09	529.67	529.67	255.23	255.23
黑色金属矿采选业	0.05	0.03				
开采辅助活动		0.18	5.60	5.60	3.50	3.50
农副食品加工业	78.97	34.14	829.99	794.44	256.84	256.84
食品制造业	16.38	19.98	415.23	414.93	138.87	138.87
酒、饮料和精制茶制造业	29.22	58.14	371.41	317.41	163.51	142.10
烟草制品业	0.01	0.78	2.07	2.07	6.29	6.29
纺织业	12.74	4.76	319.44	234.60	70.89	70.89
纺织服装、服饰业	0.12	0.49	51.72	51.72	19.85	19.85
皮革、毛皮、羽毛及其制品和制鞋业	28.56	13.08	158.35	158.35	64.50	64.50
木材加工和木、竹、藤、棕、草制品业	0.34	19.07	884.04	740.69	268.84	252.63
家具制造业	0.01	0.15				
造纸和纸制品业	30.92	36.55	866.92	453.22	481.17	336.25
印刷和记录媒介复制业	0.03					
石油加工、炼焦和核燃料加工业	9.56	257.88	23096.21	9363.34	11874.17	3979.82
化学原料和化学制品制造业	655.56	104.94	6631.72	1490.41	1720.96	850.14
医药制造业	11.34	2.83	146.57	109.77	34.59	34.59
化学纤维制造业		0.99				
橡胶和塑料制品业	2.13	3.80	147.00	90.00	117.60	117.60
非金属矿物制品业	2.35	801.70	32824.45	18733.06	21282.86	12824.02
黑色金属冶炼和压延加工业	11.90	995.19	18293.16	5706.38	8188.96	5088.14
有色金属冶炼和压延加工业	2.19	2.52	75.93	75.93	40.29	40.29
金属制品业	8.50	29.02	542.39	268.33	672.01	205.52
通用设备制造业	1.86	2.63	57.33	57.33	19.91	19.91
专用设备制造业	0.95	21.82	3.35	3.35	3.16	3.16
汽车制造业	0.36	3.77				
铁路、船舶、航空航天和其他运输设备制造业	0.12	0.17	7.80	1.56	20.10	4.02
电气机械和器材制造业	0.96	22.02	80.38	79.23	31.62	31.62
计算机、通信和其他电子设备制造业	0.28	0.16	14.32	14.32	11.70	11.70
其他制造业	0.14	19.69	33.60	14.82	113.79	49.14
废弃资源综合利用业	1.60	2.63	4.53	4.53	2.59	2.59
电力、热力生产和供应业	14.59	3316.18	314193.58	37609.51	104938.87	37321.66

11-10 续表 2 （2016 年）

指　　标	烟(粉)尘产生量（吨）	烟(粉)尘排放量（吨）	工业固体废物产生量（吨）	工业固体废物综合利用量(含往年贮存量)(吨)	工业固体废物贮存量（吨）	工业固体废物处置量（吨）
总　计	**3433486.02**	**53616.25**	**11508762.50**	**11198168.76**	**85082.62**	**388960.42**
农、林、牧、渔服务业	77.50	41.40	640.00	640.00		
煤炭开采和洗选业	1207.90	404.62	2057406.00	2057406.00		
黑色金属矿采选业	0.08	0.08	21840.42	21840.42		
开采辅助活动	1.50	1.50				
农副食品加工业	1787.96	595.13	15467.59	15311.59		156.00
食品制造业	1065.31	191.73	22080.50	25080.50		
酒、饮料和精制茶制造业	473.41	199.09	177962.61	172450.61		5512.00
烟草制品业	484.01	48.40				
纺织业	676.00	161.28	5917.34	5597.34		320.00
纺织服装、服饰业	100.00	20.00	1105.00	1105.00		
皮革、毛皮、羽毛及其制品和制鞋业	552.27	246.24	5190.47	5190.47		
木材加工和木、竹、藤、棕、草制品业	12205.13	1600.55	48876.33	47893.83		982.50
家具制造业	1.35	0.90	24.00	24.00		5.00
造纸和纸制品业	1762.30	363.75	24989.63	24989.63		
印刷和记录媒介复制业						
石油加工、炼焦和核燃料加工业	13457.70	718.38	5368.54	5288.54	5.00	75.00
化学原料和化学制品制造业	58237.12	806.80	354778.18	354002.88	50.00	775.30
医药制造业	294.83	94.11	8504.50	7047.50		1457.00
化学纤维制造业						
橡胶和塑料制品业	4003.26	218.31	6000.00	6000.00		
非金属矿物制品业	303749.81	14957.03	201158.25	187340.25		43824.00
黑色金属冶炼和压延加工业	311929.93	19430.28	3401289.37	3377684.10	85013.52	
有色金属冶炼和压延加工业	1547.16	575.17	2720.00	2722.00		
金属制品业	970.76	409.59	133481.30	133452.20	4.10	25.00
通用设备制造业	87.99	49.33	2199.45	2199.45		
专用设备制造业	4879.51	66.24	3941.64	1381.14		2560.50
汽车制造业	110.01	11.10	882.12	772.89		109.22
铁路、船舶、航空航天和其他运输设备制造业	0.50	0.10				
电气机械和器材制造业	221.65	57.74	630.50	581.60	10.00	48.90
计算机、通信和其他电子设备制造业	10.46	10.46	360.00	360.00		
其他制造业	3.42	1.15	7200.00	3600.00		3600.00
废弃资源综合利用业	90.25	36.15	20.00	20.00		
电力、热力生产和供应业	2713496.99	12299.66	4998728.76	4738186.82		329510.00

主要统计指标解释

自来水综合生产能力 指年底城建部门管理的自来水厂和各单位自备水源的取水、净化、送水、出厂输水干管等环节的实际生产能力。

全年供水总量 指公用自来水厂和社会单位自备水源全年的供水总量,包括有效供水量及损失水量。

城市人口用水普及率 指城市市区用水的非农业人口数(不包括临时人口和流动人口)与市区非农业人口总数之比。

煤气供气总量 指城市煤气企业向城市生产用户、生活用户和其他用户供应全部煤气量。包括外购煤气量的损失量。

城市气化率 指使用煤气(包括人工煤气、液化石油气)的市区非农业人口数(不包括临时人口和流动人口)与市区非农业人口总数之比。

年末实有铺装道路长度 指除土路外,路面经过铺装宽度在3.5米以上的道路,包括高级、次高级道路和普通道路。

营运标准车台 是指营运车数按标台换算系数折合的标准车台总数。用以综合反映公交企业的运输能力。标准车台是以每辆车长度10米为一标准台,如营运车长8.7米,折合0.87标台,营运车长14米,折合1.4标台。计算方法:

$$\text{标准车台(标　台)}=\frac{\text{各类营运车辆长度之和(米)}}{\text{标台换算系数(10米)}}$$

营运车数 是指经上级主管机关核准,可参加营运的全部车辆数。包括技术完好的、在修的、待修的、长期停驶的,以及拟报废尚未经上级主管机关批准的。但不包括非营运车辆,如架线车、货车、油灌车、工程车及其他专用车辆和借入的运客车辆。

营运线路长度 是指固定的营运线路长度,包括郊区营运线路长度,不包括临时行驾的线路长度。营运线路长度应以营运线路的起点站至终点站往返路程的二分之一长度计算。

公共绿地 指供游览休息的各种公园(包括植物园、陵园、游乐园和风景名胜公园等)、动物园、广场绿地、河(湖)滨绿地和宽在八米以上设置有行人休息设施的林荫道绿地等。

建成区绿化覆盖率 反映建成区的绿化覆盖情况,其计算方法:

$$\text{建成区绿化覆盖率}(\%)=\frac{\text{建成区园林绿化面积}+\text{建成区道路绿化面积}}{\text{建成区面积}}\times 100\%$$

工业废水排放总量 指经过工业企业厂区所有排放口排到企业外部的工业废水量。包括外排的直接冷却水、超标排放的矿井地下水和与工业废水混排的厂区生活污水,不包括外排的间接冷却水(清污不分流的间接冷却水应计算在内)。

工业废气排放总量 指工业企业厂区内燃料燃烧和生产工艺过程中排放的各种废气总量。以标准状态下(0℃,101325Pa)每年万标立方米表示(每小时排放量的算术平均值×年排放小时数)。

工业烟尘排放量 指工业企业在厂区内的燃料燃烧过程中排入环境的烟尘量。

工业粉尘排放量 指工业企业在生产工艺过程中排放的固体微粒总重量。如钢铁企业的耐火材料粉尘,焦化企业的筛焦系统粉尘、烧结机的粉尘,石灰窑的粉尘、建材企业的水泥粉尘等。不包括电厂排入大气的烟尘。

12 AGRICULTURE, FORESTRY, ANIMAL HUSBANDRY AND FISHERY
农林牧渔业

版面负责人：顾元林　迟　伶
编　　　辑：徐　勇　何　蕾　刘　畅
　　　　　　李银浩

中华人民共和国统计法实施条例

第二十四条 国家统计局统计调查取得的全国性统计数据和分省、自治区、直辖市统计数据,由国家统计局公布或者由国家统计局授权其派出的调查机构或者省级人民政府统计机构公布。

第二十五条 国务院有关部门统计调查取得的统计数据，由国务院有关部门按照国家有关规定和已批准或者备案的统计调查制度公布。

县级以上地方人民政府有关部门公布其统计调查取得的统计数据,比照前款规定执行。

编辑:徐向忠

12-1 主要年份农村基层组织情况

指　　标	1985	1990	1995	2000	2005	2010	2013	2014	2015	2016
农村组织情况　（个）										
乡个数	173	147	128							
镇个数(含城关镇)	9	35	55	107	114	113	102	98	98	97
村委会个数	3543	3517	3511	3493	2364	2166	2028	2047	2030	2028
村民小组个数	26723	27041	27028	26793	22033	21716	20155	20256	20873	20951
乡村户数、人口										
乡村户数　（万户）	135.83	204.39	170.02	174.45	178.83	187.25	179.53	176.97	176.47	175.79
乡村人口　（万人）	595.82	656.06	674.08	680.81	690.39	703.90	679.99	677.02	675.28	674.82
乡村从业人员　（万人）	**271.99**	**321.78**	**330.58**	**335.71**	**348.00**	**366.23**	**361.44**	**358.77**	**358.48**	**358.55**
按性别分										
男性	143.32	169.35	170.48	173.80	182.87	196.59	192.60	191.98	191.56	191.48
女性	128.67	152.43	160.10	161.91	165.13	169.64	168.84	166.79	166.92	167.07
按行业分										
农林牧渔业	220.26	247.48	239.66	233.14	180.78	159.67	140.10	136.31	132.75	130.56
# 农业	203.74	227.10	213.35	207.14	163.24	140.59	113.15	109.21	107.10	105.96
工业	19.75	27.03	31.52	30.05	56.71	89.34	99.77	101.07	103.32	104.30
建筑业	13.04	19.38	24.65	27.32	35.32	46.21	50.74	51.62	51.66	51.80
交通运输、仓储业和邮电业	4.38	6.68	8.77	9.31	10.41	14.17	14.62	15.00	15.32	15.63
批发与零售业	4.41	6.89	7.65	11.90	13.72	18.80	21.59	21.73	22.20	22.39
金融、保险业		0.16	0.22	0.18	0.47	1.01	1.17	1.25	1.33	1.45
房地产、社会服务业	0.46	0.44	0.63	0.85	1.19	1.21	1.80	1.84	1.86	1.93
卫生、体育和社会福利业	1.06	1.09	1.18	1.32	1.41	1.74	1.90	2.00	2.06	2.09
教育、文化艺术和广播电视事业	2.43	2.61	2.39	2.50	2.11	2.74	2.96	2.95	3.00	3.01
科学研究和综合技术服务事业	0.12	0.20	0.17	0.15	0.24	0.42	0.46	0.52	0.53	0.59
乡经济组织管理业	0.46		1.49	1.47	1.27	0.84	0.89	0.96	0.97	0.96
其他非农业行业	5.62	9.82	12.25	17.52	44.37	30.08	14.19	12.14	11.77	11.87

12-2 主要年份耕地面积

单位：千公顷

年 份	年末实有耕地面积	水田	水浇地	年内减少	#国家基建占地	人均占有耕地（亩/人）按乡村人口计算	人均占有耕地（亩/人）按农林牧渔业劳动力计算
1949	836.89					3.68	
1952	859.85					3.56	
1957	834.76			25.09		3.12	
1962	701.87			23.06		2.56	
1965	678.81			5.90		2.34	
1970	672.84			5.95		1.99	
1975	651.79			21.05		1.78	
1978	642.93			9.24		1.69	
1979	640.61			1.87		1.68	
1980	637.80			2.88		1.66	
1981	635.89			1.65		1.63	
1982	634.57			2.33		1.60	
1983	633.74			0.34		1.58	4.41
1984	632.69			0.66		1.57	4.35
1985	630.46			2.82		1.56	4.29
1986	626.84	143.02	483.82	3.06	2.10	1.54	4.21
1987	625.33	150.71	474.62	1.50	1.08	1.52	4.19
1988	623.13	145.97	477.16	2.20	1.49	1.50	4.16
1989	621.90	153.86	468.04	1.23	1.13	1.48	3.99
1990	619.58	170.25	449.33	2.32	1.88	1.39	3.75
1991	617.73	184.04	433.69	1.88	1.10	1.37	3.69
1992	613.77	191.94	421.83	4.01	3.07	1.36	3.58
1993	611.15	161.03	450.12	2.62	1.24	1.35	3.73
1994	608.12	156.38	451.74	3.12	1.34	1.34	3.71
1995	604.63	161.10	442.23	4.79	1.31	1.33	3.78
1996	602.65	170.39	432.26	2.16	0.96	1.32	3.81
1997	615.40	186.44	428.96	1.17	0.85	1.35	3.87
1998	616.07	191.99	424.08	1.38	0.52	1.36	3.85
1999	615.52	213.85	401.67	1.54	1.03	1.36	3.95
2000	611.77	200.59	411.18	3.81	0.59	1.35	3.94
2001	609.69	195.31	414.38	2.72	1.63	1.33	4.01
2002	609.51	185.33	424.18	1.05	0.43	1.33	4.27
2003	609.00	205.05	403.95	3.35	0.63	1.33	4.70
2004	606.65	205.04	401.61	2.53	1.55	1.32	4.84
2005	599.64	207.82	124.97	1.87	1.39	1.30	4.98
2006	596.21	214.34	132.51	3.47	2.30	1.29	5.10
2007	594.78	210.18	135.90	2.62	1.78	1.28	5.40
2008	595.00	199.64	140.02	5.29	3.85	1.28	5.55
2009	611.94	197.55	157.75	2.17	1.03	1.31	5.77
2010	610.73	190.53	410.73	2.02		1.25	5.50
2011	610.65	190.07	411.00	2.01		1.30	6.12
2012	609.48	189.56	410.54			1.33	6.33
2013	608.69	189.11	410.22			1.34	6.52
2014	609.06					1.35	6.70
2015	609.03					1.35	6.88
2016	608.03					1.35	6.99

注："水浇地"在2004年及以前为"旱地"口径。

12-3 主要年份农林牧渔业总产值

（1990 年不变价格）

单位:万元

年份	农林牧渔业总产值	农业	林业	牧业	渔业	农林牧渔服务业
1949	80236	65097	2218	12040	881	
1952	95905	78558	3212	12971	1164	
1957	102414	78186	4835	18055	1338	
1962	96791	72700	3662	19008	1421	
1965	125348	92907	8997	21106	2338	
1970	158029	118837	4644	32891	1657	
1975	228677	178457	10942	37175	2103	
1978	248804	191076	14128	40533	3067	
1979	288101	223399	16178	45551	2973	
1980	308986	243256	13413	48123	4194	
1981	329627	262760	10473	51967	4427	
1982	373565	289122	12941	66584	4918	
1983	432382	344386	13184	69111	5701	
1984	503683	388672	14530	94357	6124	
1985	509617	366471	15818	119353	7975	
1986	539701	388306	14658	125615	11122	
1987	558965	395672	15192	135192	12909	
1988	575531	383071	14627	163882	13951	
1989	584300	388451	15261	165123	15465	
1990	617106	388974	14882	196316	16934	
1991	653321	407091	11738	215982	18510	
1992	714847	435995	13686	244515	20651	
1993	796478	453399	21894	295714	25471	
1994	871817	482183	22290	337104	30240	
1995	1027284	555518	29108	401517	41141	
1996	1137525	605564	28439	459140	44382	
1997	1034702	659292	28712	300797	45901	
1998	1102308	688264	29955	331947	52142	
1999	1173788	724032	32957	359148	57651	
2000	1231562	754514	33273	379129	64646	
2001	1314282	804945	35204	405637	68496	
2002	1394896	862345	36692	423099	72760	
2003	1355438	730532	39101	455613	72950	57242
2004	1480373	868038	40318	468235	76990	26792
2005	1539166	878862	42879	499465	84986	32974
2006	1610241	936506	44729	477791	115570	35645
2007	1698325	988077	46628	499172	120259	44189
2008	1864125	1045344	49540	588406	131358	49477
2009	2027368	1135354	46615	650514	150175	44709
2010	2281034	1286430	47923	737808	155040	53834
2011	2740180	1496852	51747	961918	161547	68117
2012	3157689	1745489	58632	1093536	179682	80350
2013	3558253	1976164	66061	1212637	203191	100200
2014	4020839	2270183	71294	1335872	222247	121243
2015	4329292	2436033	76860	1437091	236240	143069
2016	4638739	2605223	86059	1526914	265088	156455

12-4 农林牧渔业分项产值

（2016 年）　　单位:万元

指　　标	总产值（当年价格）	构　成（%）
农林牧渔业总产值	**10467616**	**100.00**
农业总产值	**6509526**	**62.19**
种植业产值	6509526	62.19
#粮食	1227441	11.73
油料	92965	0.89
棉花	74185	0.71
麻类	55	…
其他农作物	39059	0.37
蔬菜园艺作物	4238658	40.49
茶、桑、水果	831101	7.94
药材	6062	0.06
林业产值	**184734**	**1.76**
林木培养和种植	108121	1.03
竹木采运	64637	0.62
#村及村以下竹木采伐		
林产品	11976	0.11
牧业产值	**3019045**	**28.84**
牲畜	1766698	16.88
#牛	54576	0.52
羊	350910	3.35
猪	1294442	12.37
家禽的饲养	1142155	10.91
其他动物产品	110192	1.05
渔业产值	**432179**	**4.13**
#淡水产品	432179	4.13
农林牧渔服务业产值	**322132**	**3.08**

12-5 主要年份农林牧渔业总产值、中间消耗及增加值

（当年价格）　　单位：万元

指标	1990	1995	2000	2005	2010	2013	2014	2015	2016
农林牧渔业总产值	**648481**	**1909331**	**2258028**	**3330682**	**5147300**	**8029428**	**9073282**	**9769328**	**10467616**
农业产值	421660	1133427	1483459	2087542	3224250	4956557	5671996	6089117	6509526
林业产值	14643	45823	58415	88590	102871	141807	153040	164988	184734
牧业产值	194679	669430	588828	905295	1458808	2397650	2641314	2841446	3019045
渔业产值	17499	60651	127326	181405	252765	331267	362334	385147	432179
农林牧渔服务业				67850	108606	202147	244598	288630	322132
农林牧渔业中间消耗	**265505**	**899941**	**1072317**	**1631111**	**2391135**	**3705600**	**4174550**	**4528360**	**4835571**
农业中间消耗	139355	408638	606074	869347	1301285	1977860	2277613	2470776	2649776
林业中间消耗	5703	15207	21485	35128	53493	56040	60011	66586	75789
牧业中间消耗	116534	443072	386418	609154	875858	1475334	1617549	1748368	1825542
渔业中间消耗	3913	33024	58340	90200	120315	129207	138112	147415	165426
农林牧渔服务业				27282	40184	67159	81265	95215	119038
农林牧渔业增加值	**372976**	**1009390**	**1185711**	**1699571**	**2756165**	**4323828**	**4898732**	**5240968**	**5632045**
农业增加值	271509	724789	877385	1218195	1922965	2978697	3394383	3618341	3859750
林业增加值	8939	30616	36930	53462	49378	85767	93029	98402	108945
牧业增加值	78145	226358	202410	296141	582950	922316	1023765	1093078	1193503
渔业增加值	14383	27627	68986	91205	132450	202060	224222	237732	266753
农林牧渔服务业				40568	68422	134988	163333	193415	203094

注：2003 年及以后农林牧渔业总产值、中间消耗、增加值含农林牧渔服务业（后同）。

12-6 主要年份农林牧渔业总产值、中间消耗及增加值构成

（当年价格）　　单位：%

指标	1990	1995	2000	2005	2010	2013	2014	2015	2016
农林牧渔业总产值	**100.0**	**100.0**	**100.0**	**100.0**	**100.0**	**100.0**	**100.0**	**100.0**	**100.0**
农业产值	65.0	59.4	65.7	62.7	62.6	61.7	62.5	62.3	62.2
林业产值	2.3	2.4	2.6	2.7	2.0	1.7	1.7	1.7	1.8
牧业产值	30.0	35.0	26.1	27.2	28.3	30.0	29.1	29.1	28.8
渔业产值	2.7	3.2	5.6	5.4	5.0	4.1	4.0	3.9	4.1
农林牧渔服务业				2.0	2.1	2.5	2.7	3.0	3.1
农林牧渔业中间消耗	**100.0**	**100.0**	**100.0**	**100.0**	**100.0**	**100.0**	**100.0**	**100.0**	**100.0**
农业中间消耗	52.5	45.4	56.5	53.3	54.4	53.4	54.6	54.6	54.8
林业中间消耗	2.1	1.7	2.0	2.2	2.2	1.5	1.4	1.5	1.6
牧业中间消耗	43.9	49.2	36.0	37.3	36.6	39.8	38.7	38.6	37.8
渔业中间消耗	1.5	3.7	5.5	5.5	5.1	3.5	3.3	3.3	3.4
农林牧渔服务业				1.7	1.7	1.8	1.9	2.1	2.5
农林牧渔业增加值	**100.0**	**100.0**	**100.0**	**100.0**	**100.0**	**100.0**	**100.0**	**100.0**	**100.0**
农业增加值	72.8	71.8	74.0	71.7	69.8	68.9	69.3	69.0	68.5
林业增加值	2.4	3.0	3.1	3.1	1.8	2.0	1.9	1.9	1.9
牧业增加值	21.0	22.4	17.1	17.4	21.1	21.3	20.9	20.9	21.2
渔业增加值	3.8	2.8	5.8	5.4	4.8	4.7	4.6	4.5	4.7
农林牧渔服务业				2.4	2.5	3.1	3.3	3.7	3.6

12–7 主要年份农作物播种面积

单位:千公顷

年份	总播种面积	粮食作物		在粮食作物播种面积中				
		播种面积	占总播种面积(%)	小麦	稻谷	薯类	玉米	大豆
1957	1 177.89	908.19	77.1	430.05	16.85	102.38	73.84	262.07
1962	950.53	738.01	77.6	328.84	4.69	157.03	56.30	182.15
1965	948.59	678.22	71.5	259.94	22.67	139.35	46.67	146.59
1970	901.52	701.41	77.8	315.96	63.93	126.21	45.11	129.20
1975	947.18	713.49	75.3	309.46	58.41	119.87	39.87	130.48
1978	951.43	705.09	74.1	296.74	79.95	147.32	78.10	90.07
1979	968.45	729.18	75.3	318.46	125.48	113.87	47.08	71.39
1980	942.88	729.57	77.4	306.49	179.40	102.33	46.32	83.03
1981	979.52	814.85	83.2	298.89	168.43	92.35	41.24	76.57
1982	969.44	831.59	85.8	365.49	127.95	76.38	118.47	65.49
1983	984.09	852.18	86.6	388.61	133.06	89.93	137.95	86.32
1984	1014.64	872.44	86.0	417.20	150.06	77.11	136.81	74.39
1985	1029.63	855.12	83.1	412.26	141.52	62.80	157.29	68.23
1986	1037.58	873.57	84.2	417.35	137.65	60.62	172.19	72.44
1987	1045.15	874.63	83.7	419.93	132.73	58.12	186.04	66.87
1988	1023.02	845.62	82.7	414.33	134.01	56.93	163.01	56.63
1989	1023.21	867.63	84.8	423.58	141.54	51.87	186.99	52.18
1990	988.39	850.59	86.1	427.27	157.77	47.15	174.55	34.87
1991	1021.19	859.15	84.1	427.42	181.57	41.77	171.87	27.43
1992	1022.63	848.47	83.0	424.84	187.59	36.48	163.96	27.41
1993	1002.96	808.94	80.7	403.64	147.43	35.62	175.00	39.78
1994	988.14	768.44	77.8	378.34	141.85	30.96	168.50	39.72
1995	967.30	743.12	76.8	372.20	151.26	29.84	150.25	30.29
1996	967.11	744.03	77.0	370.00	164.40	31.91	139.52	29.53
1997	982.83	753.81	76.7	370.71	178.09	27.76	133.48	35.18
1998	1014.34	745.58	73.5	360.92	185.69	25.10	136.21	31.93
1999	990.28	686.62	69.3	326.16	203.25	21.95	105.35	21.74
2000	990.73	587.54	59.3	276.33	158.30	21.67	87.70	35.09
2001	999.24	536.91	53.7	256.38	140.67	18.51	83.51	30.91
2002	1001.78	512.26	51.1	240.85	134.71	18.36	82.19	28.91
2003	985.81	465.79	47.2	212.58	115.87	18.09	83.32	28.75
2004	1001.27	539.29	53.9	238.34	161.72	14.90	89.53	28.98
2005	1024.73	576.99	56.3	260.21	177.69	10.76	90.16	31.63
2006	1015.26	613.22	60.4	279.82	184.78	8.92	101.92	32.77
2007	1040.39	672.42	64.6	311.13	184.67	6.90	133.98	33.73
2008	1010.10	666.84	66.2	307.82	185.77	6.29	127.55	37.57
2009	1056.60	689.28	65.2	319.96	185.76	5.04	135.32	41.12
2010	1099.09	714.05	65.0	340.15	184.93	4.33	143.51	39.23
2011	1110.29	727.26	65.5	341.71	188.68	3.92	152.40	38.28
2012	1124.62	730.53	65.0	346.98	189.69	3.59	152.03	37.16
2013	1126.58	729.75	64.8	346.24	190.07	4.85	153.14	34.33
2014	1127.21	732.96	65.0	349.16	189.38	4.48	156.57	32.44
2015	1160.62	736.27	63.4	350.52	187.94	4.40	160.99	31.60
2016	1154.55	737.77	63.9	350.71	184.15	4.15	169.09	29.24

12-7 续表 单位:千公顷

年 份	经济作物		在经济作物播种面积中				其它作物	
	播种面积	占总播种面积(%)	棉花	油菜籽	花生	甜菜		#蔬菜
1957	210.40	17.9	49.93	0.87	25.17		9.30	1.48
1962	200.32	21.3	29.04	0.29	14.23		10.20	3.94
1965	256.34	27.0	42.17		26.67		14.03	11.04
1970	182.27	20.2	52.05		8.75		17.84	13.45
1975	214.48	22.6	54.84	0.92	10.43		19.21	
1978	225.31	23.7	48.48	1.90	9.30		21.03	17.92
1979	217.95	22.5	54.65	2.01	10.57		20.87	14.80
1980	194.84	20.7	47.95	6.01	16.93		18.47	14.59
1981	165.47	16.9	59.48	7.81	13.62		23.59	17.25
1982	137.85	14.2	65.43	6.81	10.37		25.47	20.18
1983	104.08	10.6	69.17	14.59	14.31		27.83	18.02
1984	114.72	11.3	83.67	9.81	13.49		27.48	20.93
1985	137.25	13.3	77.32	23.02	24.26	0.33	37.26	28.17
1986	118.57	11.4	57.81	30.76	22.31		45.44	33.75
1987	123.99	11.9	68.53	30.92	18.62		46.53	35.01
1988	125.32	12.3	90.30	11.62	16.79		52.08	39.40
1989	100.59	9.8	64.83	9.37	16.08		54.99	43.78
1990	87.19	8.8	61.68	4.65	13.91		50.61	42.47
1991	114.15	11.2	77.80	9.83	15.55	0.40	47.89	39.99
1992	119.50	11.7	80.62	6.76	17.18		54.99	44.93
1993	90.45	9.0	57.68	5.46	21.14		103.57	73.81
1994	100.31	10.2	60.97	9.82	25.63	0.57	119.39	99.11
1995	95.85	9.9	62.15	7.10	23.81	0.17	128.33	113.38
1996	71.23	7.4	43.65	4.98	19.50	0.71	151.84	134.73
1997	67.17	6.8	37.54	3.35	21.64	0.08	161.85	138.68
1998	68.40	6.7	35.85	2.90	27.82	0.21	200.36	165.70
1999	68.55	6.9	23.48	2.90	38.33	0.05	235.11	215.05
2000	106.46	10.7	42.78	6.19	53.68	0.06	296.73	244.94
2001	131.18	13.1	61.51	7.54	57.26	0.20	331.15	299.16
2002	120.46	12.0	54.30	9.12	53.49	0.08	369.06	326.41
2003	141.16	14.3	72.23	9.96	50.83		370.85	338.12
2004	154.29	15.4	70.17	8.19	32.03	0.07	307.69	301.98
2005	133.26	13.0	53.33	8.83	43.75		314.48	310.97
2006	111.05	10.9	46.19	7.77	34.06		290.99	288.24
2007	74.30	7.1	40.89	5.43	27.98		293.67	270.63
2008	87.10	8.6	36.15	4.41	25.88		276.58	254.58
2009	84.72	8.0	30.45	5.41	27.76		282.08	280.08
2010	83.81	7.6	30.20	4.61	26.55		301.23	293.30
2011	81.00	7.3	29.40	3.62	25.22		302.03	297.20
2012	83.24	7.9	28.54	3.15	23.96		310.85	304.97
2013	80.45	7.1	25.68	2.52	22.92		316.38	310.67
2014	77.99	6.9	21.20	1.74	24.13		316.26	311.84
2015	79.95	6.9	16.18	1.47	24.25		344.40	339.12
2016	76.55	6.6	12.78	1.35	29.00		340.23	338.57

12-8 农作物播种面积和产量

指 标	2014			2015			2016		
	播种面积（千公顷）	每公顷产量（公斤）	总产量（吨）	播种面积（千公顷）	每公顷产量（公斤）	总产量（吨）	播种面积（千公顷）	每公顷产量（公斤）	总产量（吨）
农作物总播种面积	**1127.21**			**1160.62**			**1154.55**		
粮食	732.96	6401	4691800	736.27	6396	4709188	737.77	6359	4691589
夏收粮食	349.78	5851	2046457	350.86	5774	2025997	351.07	5790	2032759
夏收谷物	349.41	5854	2045602	350.58	5777	2025254	350.71	5793	2031809
#小麦	349.16	5855	2044241	350.52	5777	2024959	350.71	5793	2031809
#稻谷	189.38	8394	1589739	187.94	8454	1588910	184.15	8375	1542316
#籼稻	58.68	8136	477413	64.49	8116	523397	58.52	8116	474964
玉米	156.67	5975	935473	160.99	6048	973729	169.09	5965	1008556
秋收豆类	32.66	2589	84560	31.91	2675	85355	29.31	2610	76511
#大豆	32.44	2591	84037	31.6	2676	84564	29.24	2611	76351
秋收薯类	4.48	7838	35116	4.4	7941	34941	4.15	7578	31447
棉花	21.2	1530	32426	16.18	1605	25973	12.78	1616	20653
油料	25.89	4103	106232	25.75	4349	111997	30.37	4430	134546
#花生	24.13	4246	102449	24.25	4484	108727	29	4531	131389
油菜籽	1.74	2162	3762	1.47	2206	3243	1.35	2325	3139
药材类									
蔬菜瓜类	342.46	38051	13030864	376.74	37219	14021952	371.53	37350	13876721
#蔬菜(含菜用瓜)	311.84	38102	11881654	339.12	37109	12584436	338.57	37168	12583920
瓜类(果用瓜)	30.62	37531	1149210	37.62	38211	1437516	32.96	39223	1292801
其它农作物	4.42			5.28			1.66		

12–9 主要年份主要农产品产量

年 份	粮 食（万吨）	棉 花（万吨）	油 料（万吨）	蚕 茧（吨）	水 果（万吨）	大牲畜年末数（万头）	生猪存栏（万头）	猪牛羊肉（万吨）	水产品（万吨）
1949	74.66	0.20	1.95	70	1.01	32.71	22.19	0.51	0.29
1952	97.42	0.40	2.52	90	1.25	38.80	25.85	0.50	0.37
1957	84.23	0.75	1.62	245	1.01	39.63	46.65	1.60	0.34
1962	76.21	0.39	0.78	110	0.50	29.56	47.66	1.36	0.34
1965	90.95	0.95	1.82	320	0.75	32.12	68.92	2.17	0.49
1970	124.85	2.97	1.05	255	1.48	38.21	80.08	2.38	0.17
1975	174.66	3.41	1.21	485	2.37	35.28	129.15	4.77	0.52
1978	206.15	2.47	1.59	525	2.62	31.47	149.25	5.18	0.72
1979	235.53	2.00	2.07	705	3.93	30.09	148.45	6.15	1.03
1980	249.94	4.46	3.14	885	3.74	28.20	144.07	7.18	1.20
1981	275.10	4.32	5.04	915	4.67	27.52	144.07	7.80	1.18
1982	293.46	5.69	7.54	990	4.66	26.32	146.64	10.20	0.99
1983	367.85	7.32	5.68	1175	5.84	26.54	152.79	8.50	1.04
1984	405.71	9.32	5.09	1675	5.93	24.38	149.46	10.24	1.18
1985	379.70	7.05	10.48	2030	5.77	23.59	189.96	12.90	1.77
1986	410.34	6.24	10.63	2715	7.76	25.58	189.36	13.11	2.44
1987	403.42	7.48	10.60	3135	7.56	27.18	180.57	14.67	3.01
1988	370.10	8.84	4.81	3784	12.83	29.53	158.27	16.08	3.16
1989	404.40	4.69	4.99	5258	11.28	30.98	163.39	16.78	3.37
1990	399.00	5.57	4.77	6022	14.13	32.06	170.36	18.73	3.70
1991	411.83	7.96	6.32	7533	13.16	33.13	170.36	19.59	4.11
1992	418.87	5.45	5.52	11838	16.61	36.15	172.42	21.11	4.62
1993	407.30	4.79	7.12	14814	21.33	39.27	192.04	23.15	5.75
1994	378.99	4.23	9.33	22410	24.03	43.36	203.01	26.14	6.92
1995	406.13	5.91	8.35	22105	35.78	49.54	215.78	28.71	8.49
1996	423.01	4.94	6.38	14424	49.15	53.30	216.89	36.17	9.80
1997	436.51	4.27	7.87	14555	58.15	44.57	176.51	24.92	10.66
1998	386.00	3.92	9.55	14230	66.27	24.50	209.82	26.79	12.02
1999	418.96	2.50	14.35	14320	75.74	17.46	190.04	25.52	12.83
2000	319.50	5.08	20.28	15176	81.91	17.92	201.07	27.51	13.52
2001	309.43	6.79	23.10	16841	90.80	16.78	198.43	28.80	14.17
2002	297.55	6.34	22.23	16560	92.93	19.10	206.02	28.60	14.57
2003	210.44	4.43	10.29	15153	80.57	17.22	206.80	30.10	14.73
2004	319.02	8.37	19.91	14788	90.46	17.73	207.35	31.79	15.57
2005	314.13	4.17	16.26	13212	87.52	18.22	214.26	35.05	16.43
2006	357.87	4.92	14.63	14270	93.99	18.55	180.57	32.41	17.26
2007	374.74	4.19	11.19	13238	98.95	11.59	190.93	35.78	16.39
2008	389.34	4.17	10.70	9966	104.58	16.07	220.49	31.90	16.65
2009	427.67	3.84	12.56	10214	104.88	18.80	248.95	39.40	16.95
2010	440.20	3.23	12.11	6805	106.31	20.99	293.19	46.58	17.04
2011	455.30	3.39	11.45	7510	114.21	23.07	315.36	48.13	17.50
2012	471.73	3.67	10.63	6941	118.77	21.50	313.49	52.97	18.14
2013	451.13	3.63	9.96	6815	92.81	20.87	297.20	47.87	18.37
2014	469.18	3.24	10.62	7977	116.11	20.21	306.91	51.11	18.60
2015	470.92	2.60	11.20	6512	108.47	18.12	299.61	50.09	18.79
2016	469.16	2.07	13.45	3674	110.07	16.06	275.05	44.91	18.88

12-10 主要年份蚕桑、水果生产情况

单位：吨、公顷

指　　标	1978	1980	1985	1990	1995	2000	2005	2010	2013	2014	2015	2016
蚕茧产量	**525**	**885**	**2030**	**6022**	**22105**	**15176**	**13212**	**6805**	**6815**	**7977**	**6512**	**3674**
水果产量	**26210**	**37355**	**576545**	**141335**	**357761**	**819139**	**875179**	**1063147**	**928102**	**1161138**	**1084712**	**1100677**
# 苹果	8843	18874	33035	65638	236258	554403	465347	500570	475800	532998	525887	503243
梨	11339	10512	17441	21662	35992	131368	184550	229087	130690	222207	172045	187277
葡萄				4909	5682	13423	28527	48548	87606	101305	95742	105629
桃子	1318	1747	1841	36875	59713	92833	152802	213566	184361	256846	245448	259511
红枣				26	131	1360	5055	3476	5175	5610	5555	4205
桑园面积	**1307**	**1467**	**2700**	**11100**	**43333**	**13667**	**13307**	**7734**	**7734**	**7333**	**7333**	**3500**
果园面积	**9233**	**9246**	**12700**	**43026**	**68967**	**82139**	**82056**	**75990**	**77811**	**75827**	**75435**	**74377**
# 苹果园		5760	6993	24900	49819	35720	32528	30909	29551	28874	28824	27995
梨园					7416	20136	19733	13305	12196	11649	11425	10892
葡萄园					380	1363	2793	2489	6632	6887	7038	7189

12-11 主要年份林业生产情况

单位：公顷

指　　标	1978	1980	1985	1990	1995	2000	2005	2010	2013	2014	2015	2016
造林面积	4847	3747	7787	3353	5590	4300	7450	5999	6001	5588	3408	3225
# 用材林	3453	2006	4620	2240	2218	1893	2346	1459	177	152	307	420
经济林	993	313	2800	466	3354	2387	2538	1003	1920	1582	1172	1842
防护林	401	1428	367	620		20	2566	3538	3898	3831	1922	963
林产品产量（吨）												
板栗	23	650	380	465	1678	2203	3096	2690	1608	1656	1704	1895
白果	19	27	47	47	72	910	1260	2333	3448	4726	4641	4673
迹地更新面积			133	106	546	1230	972	802	687	357	257	177
四旁植树（万株）	4734	4208	3108	1776	1538	1493	1790	2202	1317	1371	1195	1027
林木种子采集量（吨）						80	80	350	510	510	4319	5421
本年育苗面积	2800	1777	2180	940	921	931	2578	3818	6193	6804	8331	10023
中、幼龄林抚育面积										9258		8036
低产林改造面积					187		24		1734	1526	36	
木材采伐量(万立方米)	5.05	11.55	13.79	21.42	53.00	41.68			26.53	27.86	23.66	32.60
年末实有林地面积	57400	65386	76593	79413	87123	154458						

12-12　主要年份畜牧业生产情况

指　　标	1978	1985	1990	1995	2000	2005	2010	2013	2014	2015	2016
牲畜年末头数（万头）											
大牲畜	31.47	23.59	32.06	49.54	17.92	18.22	20.99	20.87	19.77	18.12	16.06
#役畜				26.60	7.43	2.59	3.84	3.18	2.70	2.46	0.88
#牛	21.00	11.27	17.17	33.70	8.82	15.34	17.54	18.28	17.37	16.12	14.1
马	3.88	3.03	1.70	1.68	0.63	0.21	0.20	0.13	0.12	0.11	0.1
驴	5.60	7.55	11.33	12.33	7.78	2.25	2.35	1.59	1.51	1.36	1.26
骡	0.99	1.74	1.86	1.83	0.69	0.42	0.90	0.87	0.77	0.65	0.60
猪	149.25	189.96	170.36	215.78	201.07	214.26	293.19	297.20	306.91	299.61	275.05
羊　（万只）	82.79	80.71	206.01	353.98	175.48	263.68	208.14	227.54	232.90	228.85	147.73
#山羊	39.14	59.08	179.66	326.05	163.38	267.24	202.60	218.91	222.04	217.09	136.45
兔　（万只）		89.01	109.12	444.22	655.83	667.16	1056.77	1077.86	1065.07	1023.82	954.85
家禽　（万只）	491.80	1613.08	2403.44	4298.00	3545.39	4735.11	9270.77	9908.59	9762.65	9618.31	8787.98
畜产品产量											
肉猪出栏头数（万头）	67.01	130.74	163.11	250.95	238.83	308.56	460.74	520.84	546.84	549.88	500.71
肉类总产量　（吨）		142336	217108	403509	366391	501563	885070	984753	1014517	1014486	907696
#猪肉	51847	123325	161363	248224	240487	293027	414173	413211	441327	429977	398939
牛肉		1715	9243	2747	10958	15656	8864	10878	12270	11645	11962
羊肉		3948	16685	36107	23665	41844	42736	54642	57486	59302	38231
禽肉		11421	25876	67770	67528	113626	340256	436513	431098	444393	392100
兔肉		1927	2635	18736	19739	24524	60603	62980	64409	62528	60196
其他畜产品产量（吨）											
牛奶产量	3814	6997	9889	20821	59035	183851	266981	259218	230554	166594	160797
羊奶产量											
绵羊毛产量	1520	1059	1479	1730	743	386	272500	275500	302805	299840	292345
蜂蜜	121	283	1035	335	120	289	556	320	379	390	390
禽蛋		71541	148806	325152	354001	422021	486249	579238	564057	576481	518237

12-13　主要年份水产品生产情况

指　　标	1978	1985	1990	1995	2000	2005	2010	2013	2014	2015	2016
水产品产量　（吨）	**7160**	**17745**	**36897**	**84928**	**135168**	**164298**	**170395**	**183651**	**186001**	**187919**	**188785**
按生产性质分											
捕捞产量	1825	4523	9574	18409	19061	25140	16306	17080	15940	15511	15206
养殖产量	5335	13222	27323	66519	116107	139158	154089	166571	170061	172408	173579
按类别分											
鱼类	6427	14258	37847	76287	116203	116952	151286	164469	167708	168703	169756
虾蟹类	39	41	72	177	14967	19665	15240	15173	14546	15604	15479
贝类	746	926	1587	2972	2957	629	1974	2010	1971	1936	1857
其它	53	97	201	342	1046	1912	1895	1999	1776	1676	1693
水产养殖面积（公顷）	**9493**	**17309**	**16751**	**26787**	**31363**	**35879**	**25694**	**26160**	**26425**	**26589**	**26466**

12-14 主要年份农业现代化情况

单位：千公顷

指 标	1980	1985	1990	1995	2000	2005	2010	2013	2014	2015	2016
农业机械化情况											
机耕面积	490.40	520.11	515.45	549.51	534.16	685.76	637.73	739.25	737.84	791.89	801.44
机播面种	100.00	212.00	325.98	277.65	253.76	401.28	413.29	624.32	652.98	644.57	664.35
# 机播小麦面积	161.38	198.74	325.55	254.22	231.76	282.30	275.05	309.33	317.96	319.49	331.22
机械植保面积			227.29	522.48	575.64	683.64	625.67	706.15	722.75	764.02	794.86
机械收获面积		160.67	286.39	367.64	419.90	516.46	505.42	662.53	682.08	685.38	707.60
农村电气化情况											
农村用电量 （万千瓦小时）	29675	75513	185943	163273	297446	462664	502295	633787	648155	663065	661057
农业化学化情况											
农用化肥施用量(折纯量)(吨)	250379	314738	440900	567001	671296	696985	703405	649564	640757	621636	604558
# 氮肥	163916	194643	259564	299171	311692	316672	328439	298192	294470	284806	277945
磷肥	60658	94386	98522	114582	122556	104933	104733	92160	89233	86001	83149
钾肥	7374	5536	21899	36576	71045	71824	70820	65974	64254	62284	60214
复合肥	18430	17502	60916	116672	166003	203556	199413	193238	192800	188545	183250
每公顷耕地施用量 （公斤）	397	507	728	927	1120	1182	1201				
农用塑料薄膜使用量 （吨）		7343	6948	8583	9057	12150	12934	13256	13380	13418	13545
农药使用量 （吨）		6268	15162	15047	14341	12556	12441	10709	10567	10169	9983
农田水利情况											
有效灌溉面积		443.28	444.67	461.12	495.45	480.08	491.98	517.79	525.82	511.47	521.30
旱涝保收面积			360.51	395.89	348.12	420.70	428.00	445.60	476.53	463.47	469.53
农村基础设施情况 （个）											
自来水受益村数			550	1270	1161	1813	1946	1896	1963	1974	1975
通电话村数			2228	3493	2364	2207	2166				
通宽带村数									2025	2015	2015

12-15 主要年份主要农业机械拥有量

（年底数）

指 标		1980	1985	1990	1995	2000	2005	2010	2013	2014	2015	2016
农业机械总动力	**（万千瓦）**	**186.19**	**253.03**	**205.11**	**374.66**	**437.73**	**547.63**	**563.71**	**626.68**	**757.01**	**684.57**	**712.33**
# 柴油机		118.13	160.85	134.87	295.07	350.53	469.94	483.25	529.28	545.93	570.03	595.05
电动机		56.71	79.51	62.09	76.34	83.01	71.97	6.68	82.09	94.85	97.22	98.84
主要农业机械												
大中型拖拉机	（台）	6285	6439	4335	7574	7101	11332	13772	21106	23792	27922	31204
	（万千瓦）	22.57	23.97	16.43	25.43	25.39	44.51	57.28	96.30	113.66	137.95	161.26
小型拖拉机	（台）	86025	117000	86976	143011	156367	279005	274908	239484	229508	203599	184363
	（万千瓦）	76.21	106.80	77.22	129.96	143.47	250.64	250.64	227.56	220.35	203.13	185.48
农用排灌动力机械	（台）	35681	51300	51576	52506	60907	59669	61047	78604	81336	86320	86300
	（万千瓦）	42.77	54.37	53.79	60.91	70.15	66.23	67.61	80.69	84.03	88.60	91.80
# 柴油机	（台）	7460	10800	12154	12339	18720	21553	22276	27005	33034	33538	34649
	（万千瓦）	7.74	10.80	11.84	11.80	19.18	19.96	20.71	23.96	25.51	26.64	27.97
电动机	（台）	28221	40500	39422	40167	42116	38116	38771	45995	48132	49386	51651
	（万千瓦）	35.07	43.57	41.94	49.11	50.76	46.27	46.91	56.74	58.11	61.53	63.88
农用水泵	（台）	34062	48000	50561	77396	71639	79572	82443	108730	109288	111310	130291
喷灌机械	（套）	804	3512	7012	17841	21406	21560	21866	26494	31484	35304	33935
联合收割机	（台）	98	149	426	6039	9822	14046	15435	17233	23369	26008	28471
机动脱粒机	（台）	35307	57227	8794	68050	31345	21445	21005	15170	13911	12771	9664
机动喷雾(粉)机	（万部）	0.44	0.45	0.88	1.62	1.87	2.24	2.50	4.84	5.05	5.21	5.28
农产品加工机械动力	（万千瓦）	19.36	37.49	21.37	22.11	22.48	25.83	25.33	30.63	31.10	31.51	31.49
农用载重汽车	（辆）	2654	3425	3346	6536		17886	17897	17836	16785	17109	
	（万千瓦）	16.85	25.24	25.14	11.69		29.25	28.98	32.82	31.37	32.54	

12–16 主要年份农林牧渔业主要经济效益指标

指　　标		1985	1990	1995	2000	2005	2010	2013	2014	2015	2016
每个农业劳动力创造的											
农林牧渔业总产值	（元）	1446	2855	4815	9685	18424	32237	57312	66563	73592	80175
每个农业劳动力创造的											
农林牧渔业增加值	（元）		1161	3053	5086	9401	17262	30862	35938	39480	43138
每公顷耕地创造的											
种植业产值	（元）		5811	17876	22959	14498	52793	81430	93127	99981	106884
每公顷耕地创造的											
种植业增加值	（元）		4380	12014	13927	20315	31486	48936	55732	59412	63375
每个农业劳动力生产的											
粮食产量	（公斤）	1724	1757	1904	1370	1738	2757	3220	3442	3547	3593
每个农业劳动力生产的											
棉花产量	（公斤）	32	25	28	22	23	20	26	24	20	15
每个农业劳动力生产的											
油料产量	（公斤）	47	21	39	87	81	76	71	78	84	103
每个农业劳动力生产的											
肉类产量	（公斤）	64	82	146	157	277	554	703	720	764	695
每个农业劳动力生产的											
水产品产量	（公斤）	8	16	40	58	91	107	131	136	142	145
农民人均收入	（元）	389	661	1800	3230	4443	7955	12052	12811	13982	15274

注:产值、增加值均为现行价格。

主要统计指标解释

乡村劳动力 是指乡村人口中经常参加合作经济组织(包括乡村办企业事业单位)和从事家庭经营生产劳动的整、半劳动力。凡是在农村由合作经济组织分配劳动任务或者承包各种生产任务,并从中直接取得实物、货币收入的劳动力,不管他们从事何种劳动,都统计为乡村劳动力。国家向乡村调用的建勤民工,由集体经费支付工资或补贴的乡村半脱产管理干部,乡村分配到全民所有制单位和城镇集体所有制单位工作而收入交合作经济组织,并从中取得实物、货币收入的合同工、临时工、亦工亦农人员;自行外出,但户口没有转出的劳动力,都包括在内。

16周岁以上的在校学生和由国家支付工资的职工都不统计为乡村劳动力。

农林牧渔业总产值 农林牧渔业总产值是以货币表现的农林牧渔业的全部产品总量和对农林牧渔业生产活动进行的各种支持性服务活动的价值。它反映一定时期内农林牧渔业生产总规模和总成果。

农林牧渔业的统计范围是:

(1)农业 包括谷物和其他作物种植业、蔬菜、园艺和水果、坚果、饮料、香料的生产经营,以及中药材种植业。

(2)林业 包括林木的培育和种植(不包括茶园、桑园和果园的栽培、管理和收获等活动)、林产品的采集和竹木采运。

(3)牧业 包括除渔业养殖以外的一切动物饲养和放牧以及野生动物的捕猎和饲养。

(4)渔业 包括水生动物和海藻类植物的养殖和捕捞。

从所有制看,包括国有经济的各种专业农(农、林、牧、渔)场以及国家各级机关团体学校、科研机构、部队经营的农业;集体所有制的乡镇村各级办农场;农村各种经济组织经营的农、林、牧、渔业以及工矿企业家属集体经营的农业;农民家庭自营的农林牧渔业及兼营商品性工业等。

农业总产值的计算方法通常是按农林牧渔业产品及其副产品的产量分别乘以各自单位产品价格求得,少数生产周期较长,当年没有产品或产品产量不易统计的,则采用间接方法匡算其产值,然后将四业产品产值相加即为农业总产值。

1957年以前的农业总产值中包括了厩肥和农民自给性手工业(如农民自制衣服、鞋、袜、自己从事粮食初步加工等)。1958年及以后的农业总产值,林业中增加了村及村以下竹木采伐产值;牧业中取消了厩肥产值;副业中取消了农民自给性手工业产值,增加了村及村以下办的工业产值;渔业中增加了海洋捕捞水产品产值。1980年及以后的农业总产值,在副业中增加了农民家庭兼营工业商品部分的产值。从1984年起村及村以下办工业产值划归工业。从1993年起,取消副业。将野生动物的捕猎划入牧业,野生植物采集和农民家庭兼营商品性工业划归农业。从2003年起,执行新的国民经济行业分类标准,农林牧渔业总产值中包括了农林牧渔服务业产值。林业中增加了森林采运业产值。农业中取消了家庭兼营商品性工业产值,将野生林产品的采集划归林业。

农林牧渔业增加值 指农、林、牧、渔及农林牧渔服务业在生产货物或提供服务活动的过程中而增加的价值,为农林牧渔业现价总产值扣除农林牧渔业现价中间投入后的余额,是指各单位生产经营的最终成果。

农林牧渔业中间消耗 是指当年在农林牧渔业生产过程中所投入或消耗的各种物质产品和劳务价值的总和。包括中间物质消耗和对非物质生产部门的劳务支出两部分。

农作物总产量 是指本年度内生产的各种农作物的总产量。不论计划内外,数量多少,耕地上还是非耕地〔包括荒山、坡及江、河、湖、海滩(涂)、十边隙地等〕上的农作物产量都统计在内。农作物产量是指全社会产量,不仅要把国营农场等全民所有制生产单位和乡、村集体所有制生产单位的农作物产量统计在内,农户自营地、工矿企业职工家属办的农场和其他经营单位的农作物产量也统计在内。不仅统计卖给国家的农作物产量,生产单位自产自用的农作物产量也统计在内。农作物产量只统计晒干入库的产量。

粮食产量 指全社会的产量。包括国有经济经营的、集体统一经营的和农民家庭经营的粮食产量,还包括工矿企业家属办的农场和其他生产单位的产量。粮食除包括稻谷、小麦、玉米、高粱、谷子及其他杂粮外,还包括薯类和大豆。其产量计算方法,豆类按去豆荚后的干豆计算;薯类(包括甘薯和马铃薯,不包括芋头和木薯)1963年以前按每4公斤鲜薯折1公斤粮食计算,从1964年开始及以后改为按5公斤鲜薯折1公斤粮食计算。城市郊区作为蔬菜的薯类(如马铃薯等)按鲜品计算,并且不作为粮食统计。其他粮食一律按脱粒后的原粮计算。

油料产量 指全部油料作物的生产量。包括花生、油菜籽、芝麻、向日葵籽、胡麻籽(亚麻籽)和其他油料。不包括大豆,也不包括木本油料和野生油料。花生以带壳干花生计算。

蚕茧产量 是指本年度内生产的全部蚕茧产量,不论自用的或出售的,都统计在内。在计算蚕茧产量时,把土茧、改良茧和种茧都包括在内。蚕茧产量均按鲜茧的重量计算。

猪、牛、羊肉产量 指当年出栏并已屠宰后除去头蹄下水后带骨肉(即胴体重)的重量。

水产品产量 是指人工养殖并捕捞的水产品和捕捞天然生产的水产品产量。不论自食的或出售的,都计算在内。用作继续扩大再生产的水产品(如鱼苗、苗种、亲鱼、鱼饵及转塘鱼、存塘鱼等)不作水产品产量统计。在渔业生产单位出售以前已经变质的水产品,不论是改作饲料、肥料还是其他用途,也不作水产品产量统计。

生猪出栏量 是指国营农场等全民所有制生产单位、乡(镇)、村各种合作经济组织和农户、机关、学校、工矿企业、部队以及城镇居民饲养的,可供屠宰并已出栏的全部肉猪数量。不仅包括卖给国家及其他购买者的肉猪,还包括集体和城乡居民自宰的肉猪。

期初(末)畜禽存栏头(只)数 指本期期初(末)农村各种合作经济组织和国营农场、农民个人、机关、团体、学校、工矿企业、部队等单位以及城镇居民饲养的大牲畜、猪、羊、家禽等畜禽的存栏头(只)数。

谷物 指籽实主要供作粮食的作物。这类作物包括稻谷、小麦、玉米、谷子、高粱和其他谷物,不包括豆类和薯类作物。

林产品产量 指不经砍伐竹木的根本而取得的各种林产品数量。包括生漆、棕片、五倍子、松脂、笋干、油桐籽、油茶籽、乌柏子、核桃、板栗、白果等各种林木籽实以及修剪竹木所获得的枝叶(如荆条、柳条、蒲葵叶)等。不包括桑叶、茶叶、水果。也不包括野生的林产品。

耕地面积 是指种植农作物,并经常进行耕锄的田地。统计范围包括熟地、当年新开荒地、连续撂荒未满三年的耕地和当年的休闲地(轮歇地)。以种植农作物为主并附带种植桑树、茶树、果树和其他林木的土地以及沿海、沿湖地区已围垦利用的"海涂"、"湖田"等也包括在内。但专业性的桑园、茶园、果园、果木苗圃、林地、芦苇地、天然草原等都不包括在内。

农作物播种面积 指实际播种或移植有农作物的面积。凡是实际种植有农作物的面积,不论种植在耕地上还是种植在非耕地上,均包括在农作物播种面积中,同时还包括因遭灾而重新改种和补种的农作物面积,种一公顷算一公顷。

有效灌溉面积 是指具有一定的水源,地块比较平整,灌溉工程或设备已经配套,在一般年景下当年能够进行正常灌溉的耕地面积。包括机灌、电灌和自流灌溉面积三部分。

造林面积 是指报告期内在荒山、荒地、沙丘等一切可以造林的土地上,采用人工播种、植苗、飞机播种等方法新植的成片乔木和灌木林面积,符合"造林技术规程"要求的株数,经过检查验收,成活率在85%以上的面积。四旁植树如一侧在四行以上,连续成片面积达一亩以上,也统计在造林面积内。在造林面积中,不包括补植面积、治沙种草面积、经济林复垦面积、迹地更新面积和低产林改造面积。

农用化肥施用量 指在本年度内实际用于农业生产的化肥数量。包括氮肥、磷肥、钾肥和复合肥。按折纯法计算化肥数量,即把氮肥、磷肥、钾肥分别按含氮、含五氧化二磷、含氧化钾100%折算。

农村用电量 是指在本年度内,扣除在农村中的全民所有制工业、交通、基建单位用电量以后农村生产和生活上的全年用电总量(按全年累计数统计)。从电的来源看,既包括国家电网的供电量,也包括农村自办电站的供电量。

农业机械总动力 是指主要用于农、林、牧、渔业生产和运输的所有动力机械的动力总和。包括耕作机械、排灌机械、收获机械、农产品加工机械、运输机械、植保机械、牧业机械、林业机械、渔业机械和其他机械[内燃机按引擎马力折成瓦(特)计算,电动机按功率折成瓦(特)计算]。不包括专门用于乡(镇)、村以及村以下办工业、基本建设、非农业运输、科学试验和教学等非农业生产方面用的动力机械和作业机械。但从事农副产品初级加工的村户工业的机械应统计在内。

农业机械年末拥有量 是指国有经济、集体经济农业生产单位和合作经济组织及农户在年末统计时实际拥有的各种农业机械设备数量。包括能用未用的、需要修复的(指中修、大修)、储存备用的。但已经损坏报废的、购买(或调进)而未提货的、从非农业生产单位调来临时支援的,均不包括在内。

13 INDUSTRY 工业

版面负责人：李　燕
编　　　辑：殷溪晨

统计知识

中华人民共和国统计法实施条例

第二十六条 已公布的统计数据按照国家有关规定需要进行修订的，县级以上人民政府统计机构和有关部门应当及时公布修订后的数据,并就修订依据和情况作出说明。

第二十七条 县级以上人民政府统计机构和有关部门应当及时公布主要统计指标涵义、调查范围、调查方法、计算方法、抽样调查样本量等信息,对统计数据进行解释说明。

编辑:徐向忠

13-1　规模以上工业企业主要经济指标

单位:万元

年　份	企业个数（个）	工业总产值（当年价）	工业销售产值（当年价）	两项资金占用	资产合计	负债合计	主营业务收入
1998	638	4074137	3935975	1005882	5070971	3649935	3478097
1999	634	4250673	4142091	1021559	5264533	3712439	3709849
2000	675	4664445	4559926	950855	5291391	3544562	4076443
2001	662	5143552	5006434	811298	5797488	3837366	4606718
2002	743	6004465	5881437	939259	5917323	3745659	5407551
2003	835	7261282	7096979	959127	6635734	4133204	6708392
2004	1223	9240199	9034730	1143367	8052514	5251043	9023167
2005	1253	12282690	12049881	1237961	9068114	5732485	12057772
2006	1586	16325467	15995354	1462580	10941023	6741424	15867073
2007	1941	21435726	20985525	1814542	13044678	7830995	20982419
2008	2289	28466782	27834669	2569139	18702529	10307054	27764584
2009	3108	35975051	35275524	2848331	23544459	12864401	35445466
2010	3412	51129660	50174214	4196654	30388366	15785192	51021414
2011	2788	69506533	68246607	8717219	39645649	21486793	69407633
2012	2859	88822852	87825341	11235951	47911439	25983600	88372620
2013	2874	105230955	104258179	8734485	53382687	28324566	105068789
2014	2861	113906442	112125760	9270151	60859209	30270409	113119359
2015	2875	122159067	120415314	9678459	64255591	31077601	120343280
2016	2992	136443616	137811102	9608893	69527250	31591064	139470355

13-1　续表

单位:万元

年　份	亏损企业亏损总额	亏损企业个数（个）	利润总额	利税总额	本年应付工资总额	本年应交增值税	全部职工年平均人数（人）
1998	55429	162	51295	295628	320243	164058	492401
1999	57131	147	62171	317247	317580	171032	518859
2000	39223	157	99135	379547	339630	187754	401158
2001	40063	138	124653	449361	336525	207127	368704
2002	33123	126	191770	601687	361629	251984	367149
2003	25870	113	289107	803670	415936	304318	354677
2004	58968	301	434646	1179748	540145	416170	380727
2005	25349	138	595317	1506893	674688	540559	383974
2006	21781	112	870389	2032883	832027	699112	424627
2007	17119	79	1256175	2810581	1018946	894886	462273
2008	180810	79	2156619	4515412	1506205	1547597	559395
2009	100017	62	2941696	5987619	1538026	2051026	602000
2010	55180	60	4578037	8244983	2448742	2549410	671931
2011	146411	62	6435392	11243062	3052689	3338761	718085
2012	275106	105	7433779	13199640	3247280	4054671	732913
2013	232757	81	8560785	15333700	3480102	4868456	764904
2014	206294	130	8997308	16398508	4221206	5320383	802715
2015	240095	134	9785252	17440548	4286483	5370823	795675
2016	172490	114	11088874	18714968	4489732	5222760	810655

13-2 规模以上工业企业主要经济指标

（2016 年）　　单位:万元

指　　标	企业个数（个）	#亏损企业	工　业总产值（当年价）	工业销售产　值（当年价）	#出　口交货值
总　计	**2992**	**114**	**136443616**	**137811102**	**2529880**
按登记注册类型分					
内资企业	2818	92	124425160	125614543	1649504
国有企业	5	2	50290	48812	
中央企业	2	1	25500	24134	
地方企业	3	1	24791	24678	
集体企业	10		181372	176843	
股份合作企业	1		9086	9086	
联营企业					
国有联营企业					
集体联营企业					
国有与集体联营企业					
其他联营企业					
有限责任公司	373	25	22942628	23099997	393249
国有独资公司	12	3	6685521	6699358	258488
其他有限责任公司	361	22	16257107	16400640	134761
股份有限公司	64	11	6373130	6450521	160168
私营企业	2361	54	94833061	95794837	1096087
私营独资企业	78		3580144	3493972	
私营合伙企业	13		532753	525418	
私营有限责任公司	2196	49	87196852	88162577	864817
私营股份有限公司	74	5	3523311	3612870	231270
其他企业	4		35593	34448	
港、澳、台商投资企业	82	11	7042101	7026607	176547
合资经营企业(港或澳、台资)	36	3	4759203	4730483	116111
合作经营企业(港或澳、台资)	1		77719	73833	
港澳台商独资经营企业	41	7	1517227	1505080	60432
港澳台商投资股份有限公司	4	1	687952	717211	5
外商投资企业	92	11	4976355	5169953	703829
中外合资经营企业	54	5	2851915	2921748	221635
中外合作经营企业	2		120726	117109	15907
外资企业	34	6	1993863	2123721	466288
外商投资股份有限公司	1		7659	7376	
其他外商投资企业	1		2192		

13-2　续表 1　（2016 年）　单位:万元

指　标	企业个数（个）	#亏损企业	工业总产值（当年价）	工业销售产值（当年价）	#出口交货值
按经济组织类型分					
独资企业	168	15	7322897	7348426	526720
国有企业	5	2	50290	48812	
集体企业	10		181372	176843	
私营独资企业	78		3580144	3493972	
港澳台商独资经营企业	41	7	1517227	1505080	60432
外资企业	34	6	1993863	2123721	466288
合作、合伙企业	22		778069	759894	15907
股份合作企业	1		9086	9086	
联营企业					
国有联营企业					
集体联营企业					
国有与集体联营企业					
其他联营企业					
私营合伙企业	13		532753	525418	
合作经营企业(港或澳、台资)	1		77719	73833	
中外合作经营企业	2		120726	117109	15907
其他企业（内资）	4		35593	34448	
其他外商投资企业	1		2192		
股份有限公司	143	17	10592052	10787977	391443
股份有限公司（内资）	64	11	6373130	6450521	160168
私营股份有限公司	74	5	3523311	3612870	231270
港澳台商投资股份有限公司	4	1	687952	717211	5
外商投资股份有限公司	1		7659	7376	
有限责任公司	2659	82	117750598	118914805	1595811
国有独资公司	12	3	6685521	6699358	258488
私营有限责任公司	2196	49	87196852	88162577	864817
合资经营企业（港或澳、台资）	36	3	4759203	4730483	116111
中外合资经营企业	54	5	2851915	2921748	221635
其他有限责任公司	361	22	16257107	16400640	134761
在总计中:亏损企业	114	114	1560802	1569402	69846
在总计中:国有控股企业	46	12	9174993	9216626	266211
按轻重工业分					
轻工业	1168	23	46103983	46325771	617288
重工业	1824	91	90339633	91485331	1912593
按企业规模分					
大型企业	59	3	26891466	27743818	870622
中型企业	565	18	52945610	53895018	1063713
小型企业	2319	86	55972114	55482939	594684
微型企业	49	7	634427	689328	862

13-2 续表 2 （2016 年） 单位:万元

指　　标	企业个数（个）	# 亏损企业	工　业总产值（当年价）	工业销售产　值（当年价）	# 出　口交货值
按行业分					
煤炭开采和洗选业	10		1905249	1913610	
黑色金属矿采选业	5	1	136214	137033	
非金属矿采选业	27		983345	971835	
农副食品加工业	249	8	9362629	9590145	165977
食品制造业	53	1	1652451	1620899	67183
酒、饮料和精制茶制造业	33	3	4214714	4184985	37627
烟草制品业	1		2074983	2074983	
纺织业	318	5	7133428	6912121	51956
纺织服装、服饰业	102	1	2114409	2101720	40385
皮革、毛皮、羽毛及其制品和制鞋业	22		1027155	1048141	72
木材加工和木、竹、藤、棕、草制品业	431	1	12933820	12869533	718878
家具制造业	52		981992	956815	7225
造纸和纸制品业	29	1	887304	941594	658
印刷和记录媒介复制业	26	1	413815	405024	
文教、工美、体育和娱乐用品制造业	52		1556754	1533357	136880
石油加工、炼焦和核燃料加工业	14	2	2029522	2077386	
化学原料和化学制品制造业	212	5	18688463	19005584	210750
医药制造业	59		5768258	5794762	1480
化学纤维制造业	20	2	1192391	1178302	2437
橡胶和塑料制品业	119	2	3452037	3459230	38546
非金属矿物制品业	277	14	7799281	7660012	10741
黑色金属冶炼和压延加工业	92	4	7867242	7653428	44347
有色金属冶炼和压延加工业	47	2	3226842	3372980	858
金属制品业	122	7	3903631	3921982	124630
通用设备制造业	104	14	6103663	6053400	303004
专用设备制造业	130	14	5960545	6374540	347167
汽车制造业	46	3	878356	856746	373
铁路、船舶、航空航天和其他运输设备制造业	28	1	1398609	1448448	45676
电气机械和器材制造业	142	9	9056214	9436383	66786
计算机、通信和其他电子设备制造业	51	3	3883797	3952797	106118
仪器仪表制造业	54	6	5719406	6175306	128
其他制造业	8		238424	233785	
废弃资源综合利用业	8		155855	155636	
金属制品、机械和设备修理业	4		45890	45337	
电力、热力生产和供应业	33	4	1562204	1561738	
燃气生产和供应业	5		86718	84462	
水的生产和供应业	7		48006	47065	

13-2　续表 3　（2016 年）　单位:万元

指　　标	资产合计	#流动资产合计	#固定资产合计	#固定资产原值	累计折旧	固定资产净值	负债合计
总　计	**69527250**	**25896707**	**34894381**	**59631505**	**25440881**	**34190624**	**31591064**
按登记注册类型分							
内资企业	61171810	23239427	30442518	51552867	21836212	29716655	27826200
国有企业	158323	58926	64582	85611	21128	64483	130067
中央企业	51323	35346	14743	19314	4671	14643	19146
地方企业	107000	23580	49840	66297	16458	49840	110921
集体企业	89015	37144	51871	62725	10854	51871	53096
股份合作企业	6284	4302	1981	2635	654	1981	1096
联营企业							
国有联营企业							
集体联营企业							
国有与集体联营企业							
其他联营企业							
有限责任公司	28322466	13074209	10621480	16365719	6410962	9954757	16278957
国有独资公司	17173627	8904237	5009263	6844099	2508640	4335459	10493873
其他有限责任公司	11148839	4169972	5612216	9521620	3902322	5619298	5785084
股份有限公司	5695242	2876045	1486731	2658957	1180549	1478408	2011639
私营企业	26797048	7167379	18209984	32367624	14208357	18159267	9309293
私营独资企业	897421	220513	666195	1058727	388449	670278	241692
私营合伙企业	108365	9079	95283	221317	126034	95283	13103
私营有限责任公司	24064521	6624316	16164742	28678029	12568199	16109830	8550298
私营股份有限公司	1726741	313470	1283764	2409551	1125675	1283877	504200
其他企业	103433	21422	5888	9596	3708	5888	42053
港、澳、台商投资企业	5378214	1421792	2956961	5264722	2324443	2940278	2523028
合资经营企业(港或澳、台资)	4314340	952560	2465836	4486606	2039062	2447544	2060769
合作经营企业(港或澳、台资)	10917	1809	9109	25059	15950	9109	4686
港澳台商独资经营企业	907087	442006	377324	581443	204184	377259	396683
港澳台商投资股份有限公司	145870	25417	104692	171614	65247	106367	60890
外商投资企业	2977226	1235488	1494902	2813916	1280225	1533691	1241836
中外合资经营企业	1664249	567868	957007	1859323	919820	939503	566509
中外合作经营企业	23860	11542	12317	16583	4265	12317	8870
外资企业	1271903	652871	511570	927283	355947	571336	656707
外商投资股份有限公司	10201	302	9899	9982	83	9899	7401
其他外商投资企业	7013	2905	4109	746	110	635	2349

13-2 续表 4 （2016 年） 单位:万元

指标	资产合计	#流动资产合计	#固定资产合计	#固定资产原值	累计折旧	固定资产净值	负债合计
按经济组织类型分							
独资企业	3323749	1411460	1671543	2715789	980562	1735228	1478245
国有企业	158323	58926	64582	85611	21128	64483	130067
集体企业	89015	37144	51871	62725	10854	51871	53096
私营独资企业	897421	220513	666195	1058727	388449	670278	241692
港澳台商独资经营企业	907087	442006	377324	581443	204184	377259	396683
外资企业	1271903	652871	511570	927283	355947	571336	656707
合作、合伙企业	259872	51060	128687	275935	150722	125213	72157
股份合作企业	6284	4302	1981	2635	654	1981	1096
联营企业							
国有联营企业							
集体联营企业							
国有与集体联营企业							
其他联营企业							
私营合伙企业	108365	9079	95283	221317	126034	95283	13103
与港澳台商合作经营企业	10917	1809	9109	25059	15950	9109	4686
中外合作经营企业	23860	11542	12317	16583	4265	12317	8870
其他企业(内资)	103433	21422	5888	9596	3708	5888	42053
其他外商投资企业	7013	2905	4109	746	110	635	2349
股份有限公司	7578054	3215234	2885086	5250105	2371555	2878550	2584130
股份有限公司(内资)	5695242	2876045	1486731	2658957	1180549	1478408	2011639
私营股份有限公司	1726741	313470	1283764	2409551	1125675	1283877	504200
港澳台商投资股份有限公司	145870	25417	104692	171614	65247	106367	60890
外商投资股份有限公司	10201	302	9899	9982	83	9899	7401
有限责任公司	58365576	21218953	30209065	51389676	21938043	29451633	27456533
国有独资公司	17173627	8904237	5009263	6844099	2508640	4335459	10493873
私营有限责任公司	24064521	6624316	16164742	28678029	12568199	16109830	8550298
合资经营企业(港或澳、台资)	4314340	952560	2465836	4486606	2039062	2447544	2060769
中外合资经营企业	1664249	567868	957007	1859323	919820	939503	566509
其他有限责任公司	11148839	4169972	5612216	9521620	3902322	5619298	5785084
在总计中:亏损企业	3206926	1682617	1067467	1672815	591581	1081234	2514600
在总计中:国有控股企业	21701926	10229156	7367898	11529645	4826738	6702907	13081285
按轻重工业分							
轻工业	17220035	7434248	7811771	13701937	6015079	7686858	5651780
重工业	52307216	18462459	27082610	45929568	19425802	26503766	25939284
按企业规模分							
大型企业	32127695	14220031	12163745	19382462	7883153	11499309	16800587
中型企业	18105179	5387859	11527919	21415114	9885952	11529163	7565503
小型企业	18563711	6016763	11043573	18621442	7621376	11000066	6846482
微型企业	730666	272054	159144	212486	50400	162086	378492

13-2 续表 5 （2016 年） 单位:万元

指 标	资产合计	# 流动资产合计	# 固定资产合计	# 固定资产原值	累计折旧	固定资产净 值	负债合计
按行业分							
煤炭开采和洗选业	6779271	1705824	3346837	4834990	1978477	2856514	4131571
黑色金属矿采选业	160841	71632	83227	101667	24961	76706	99698
非金属矿采选业	222239	95227	118606	315120	196514	118606	42590
农副食品加工业	2591042	732890	1639114	2667855	1031337	1636518	882197
食品制造业	492609	140538	279919	481887	202426	279461	193567
酒、饮料和精制茶制造业	2535140	1409586	408342	912359	504076	408283	729492
烟草制品业	2266424	1830458	197838	336662	241693	94970	247860
纺织业	2168312	885612	1177264	2106616	931141	1175475	910011
纺织服装、服饰业	630341	219866	345352	524091	178951	345141	209762
皮革、毛皮、羽毛及其制品和制鞋业	327527	184968	100959	141362	40403	100959	118079
木材加工和木、竹、藤、棕、草制品业	3385355	898758	2274892	4167125	1899219	2267906	746544
家具制造业	304219	65026	231630	433977	202337	231640	76954
造纸和纸制品业	305185	107006	194610	286962	92352	194610	148926
印刷和记录媒介复制业	208135	95344	91762	166971	75208	91762	100637
文教、工美、体育和娱乐用品制造业	417099	137664	250230	422177	170466	251711	147552
石油加工、炼焦和核燃料加工业	1877768	963930	738616	1265810	527194	738616	1223877
化学原料和化学制品制造业	7743145	2084158	4365780	8106858	3759284	4347574	3405430
医药制造业	2355028	664221	1497779	2678386	1180182	1498204	711778
化学纤维制造业	382386	150447	197723	415542	218319	197223	139016
橡胶和塑料制品业	1198234	258065	904307	1875015	988175	886841	333574
非金属矿物制品业	3300667	1202304	1931749	3176366	1270373	1905992	1459874
黑色金属冶炼和压延加工业	3214398	741648	2328338	4507970	2142366	2365604	1572269
有色金属冶炼和压延加工业	996511	351299	547748	960513	400885	559628	579382
金属制品业	1453365	524407	867372	1260235	395732	864503	643301
通用设备制造业	9709465	5777653	2128174	3034482	981717	2052765	6332232
专用设备制造业	2691852	1093970	1352144	2238141	888000	1350140	1185401
汽车制造业	882112	361204	248260	335161	86901	248260	459524
铁路、船舶、航空航天和其他运输设备制造业	523045	179368	272207	614540	315830	298710	267161
电气机械和器材制造业	3444943	1260698	2034239	3363014	1328472	2034542	1307524
计算机、通信和其他电子设备制造业	1403833	378476	886754	1331091	470646	860445	414521
仪器仪表制造业	1911168	466791	1428016	2387634	977158	1410475	631985
其他制造业	64569	9601	47769	72175	24406	47769	20930
废弃资源综合利用业	85496	20945	55689	64450	8760	55689	35866
金属制品、机械和设备修理业	13997	10841	1911	2515	591	1924	2304
电力、热力生产和供应业	2984623	580549	2232572	3911122	1660625	2250496	1736086
燃气生产和供应业	129785	44354	57884	85212	27328	57884	72837
水的生产和供应业	367119	191380	28769	45454	18375	27079	270751

13-2 续表 6 （2016 年） 单位:万元

指　　标	主营业务收入	# 主营业务成本	# 主营业务税金及附加	营业费用	管理费用	财务费用	# 利息支出
总　计	**139470355**	**117255072**	**2395548**	**3305110**	**4192173**	**1280507**	**1090200**
按登记注册类型分							
内资企业	127277719	107076868	2311720	3069451	3802956	1148060	1007759
国有企业	47432	51729	150	2541	7666	3393	3265
中央企业	24134	19996	9	1119	2573	75	
地方企业	23299	31734	140	1422	5093	3318	3264
集体企业	176830	151221	1341	2826	5612	1414	1204
股份合作企业	9086	7381	76	253	924		
联营企业							
国有联营企业							
集体联营企业							
国有与集体联营企业							
其他联营企业							
有限责任公司	23622351	18642170	1443816	562512	994140	334211	342272
国有独资公司	7025806	4335980	1293828	209219	521228	159486	193731
其他有限责任公司	16596545	14306190	149988	353293	472912	174725	148541
股份有限公司	6620377	5369448	75038	415311	243630	83056	85811
私营企业	96767195	82825912	791043	2085024	2550083	725730	574971
私营独资企业	3549229	2984536	26774	57249	65098	49365	39727
私营合伙企业	522165	430656	5504	13143	18808	11200	1675
私营有限责任公司	89022711	76166433	730949	1974168	2414050	640342	511669
私营股份有限公司	3673090	3244288	27817	40464	52127	24824	21901
其他企业	34448	29008	257	984	902	257	237
港、澳、台商投资企业	6973954	5750876	46433	96655	193464	106325	58063
合资经营企业(港或澳、台资)	4728726	3867054	30840	28447	114364	92222	45840
合作经营企业(港或澳、台资)	73833	68434	618	454	849	826	453
港澳台商独资经营企业	1454183	1256697	7627	22899	36110	7094	5582
港澳台商投资股份有限公司	717211	558691	7348	44856	42141	6183	6188
外商投资企业	5218683	4427328	37395	139004	195754	26122	24378
中外合资经营企业	2981646	2474704	23537	97962	117908	20246	12566
中外合作经营企业	116971	96323	924	5221	5753	163	119
外资企业	2110911	1848671	12866	35347	71486	5758	11694
外商投资股份有限公司	6963	5664	69	441	380		
其他外商投资企业	2192	1967		32	227	-45	

13-2　续表 7　　（2016 年）　　单位:万元

指　　标	主营业务收　入	# 主营业务成本	# 主营业务税金及附加	营业费用	管理费用	财务费用	# 利息支出
按经济组织类型分							
独资企业	7338586	6292854	48757	120862	185971	67023	61471
国有企业	47432	51729	150	2541	7666	3393	3265
集体企业	176830	151221	1341	2826	5612	1414	1204
私营独资企业	3549229	2984536	26774	57249	65098	49365	39727
港澳台商独资经营企业	1454183	1256697	7627	22899	36110	7094	5582
外资企业	2110911	1848671	12866	35347	71486	5758	11694
合作、合伙企业	758695	633768	7379	20087	27464	12401	2483
股份合作企业	9086	7381	76	253	924		
联营企业							
国有联营企业							
集体联营企业							
国有与集体联营企业							
其他联营企业							
私营合伙企业	522165	430656	5504	13143	18808	11200	1675
合作经营企业(港或澳、台资)	73833	68434	618	454	849	826	453
中外合作经营企业	116971	96323	924	5221	5753	163	119
其他企业(内资)	34448	29008	257	984	902	257	237
其他外商投资企业	2192	1967		32	227	-45	
股份有限公司	11017641	9178090	110271	501072	338277	114063	113900
股份有限公司(内资)	6620377	5369448	75038	415311	243630	83056	85811
私营股份有限公司	3673090	3244288	27817	40464	52127	24824	21901
港澳台商投资股份有限公司	717211	558691	7348	44856	42141	6183	6188
外商投资股份有限公司	6963	5664	69	441	380		
有限责任公司	120355434	101150360	2229141	2663089	3640461	1087021	912347
国有独资公司	7025806	4335980	1293828	209219	521228	159486	193731
私营有限责任公司	89022711	76166433	730949	1974168	2414050	640342	511669
合资经营企业(港或澳、台资)	4728726	3867054	30840	28447	114364	92222	45840
中外合资经营企业	2981646	2474704	23537	97962	117908	20246	12566
其他有限责任公司	16596545	14306190	149988	353293	472912	174725	148541
在总计中:亏损企业	1558653	1500053	9415	57858	123247	48220	43020
在总计中:国有控股企业	9444834	6329003	1324171	262982	644954	223083	257605
按轻重工业分							
轻工业	46714024	38414477	1629806	1262175	1248441	285535	251802
重工业	92756331	78840596	765743	2042934	2943733	994972	838398
按企业规模分							
大型企业	28434594	22126825	1469615	974755	1270442	396339	376981
中型企业	54940787	46958071	424593	1240207	1555497	461116	428711
小型企业	55406605	47581653	497119	1063228	1339935	412468	274780
微型企业	688368	588523	4222	26919	26299	10584	9729

13-2 续表 8 （2016 年） 单位:万元

指 标	主营业务收入	# 主营业务成本	# 主营业务税金及附加	营业费用	管理费用	财务费用	# 利息支出
按行业分							
煤炭开采和洗选业	1957466	1491645	44266	40390	260190	57078	56288
黑色金属矿采选业	137036	117333	1176	2155	15282	2375	2314
非金属矿采选业	895128	734411	15471	18740	21661	17452	4188
农副食品加工业	9572056	8202173	77711	208050	231596	67238	46958
食品制造业	1709251	1464660	12782	56438	43169	8940	7845
酒、饮料和精制茶制造业	4169498	3519373	68593	152949	103065	57638	57678
烟草制品业	2039449	408654	1248999	24645	70197	-25706	10
纺织业	7006630	6073309	41734	133898	197057	53222	43318
纺织服装、服饰业	2044103	1751841	19023	42655	49520	9230	7892
皮革、毛皮、羽毛及其制品和制鞋业	993781	883891	2459	4078	7401	1216	694
木材加工和木、竹、藤、棕、草制品业	12824418	11159336	113903	197222	221363	92224	55348
家具制造业	967454	859797	9515	11733	11230	5596	4332
造纸和纸制品业	953324	799212	8207	26995	27509	3601	2790
印刷和记录媒介复制业	405011	335453	3145	10983	18211	1720	1237
文教、工美、体育和娱乐用品制造业	1573037	1351897	10023	23813	36493	6883	4465
石油加工、炼焦和核燃料加工业	2306478	2065172	8867	48568	64477	31698	19251
化学原料和化学制品制造业	19314769	16669390	171550	291167	437739	212811	152335
医药制造业	6101956	5080951	46261	308750	149577	34935	29953
化学纤维制造业	1180742	1034228	8371	22525	22078	15859	7432
橡胶和塑料制品业	3467370	3005396	25957	75087	105396	20922	14615
非金属矿物制品业	7737389	6611844	72174	158435	210726	62783	48570
黑色金属冶炼和压延加工业	8033951	6969137	51914	128094	216499	75294	68725
有色金属冶炼和压延加工业	3341776	2949507	23100	55257	92983	37883	36579
金属制品业	3904015	3304220	33553	97045	113952	24827	23342
通用设备制造业	6381405	5256619	37828	234600	315111	150997	151489
专用设备制造业	6343564	5124804	51671	265619	313789	47181	52035
汽车制造业	837848	712272	4445	21595	34891	11112	9566
铁路、船舶、航空航天和其他运输设备制造业	1447126	1191307	5408	32409	26604	4415	3079
电气机械和器材制造业	9423905	7954822	66369	243956	316996	69087	61548
计算机、通信和其他电子设备制造业	3985825	3414750	37977	87123	110984	19543	19113
仪器仪表制造业	6366279	5136760	51586	265516	273692	41335	35386
其他制造业	233561	196502	2514	7298	6315	1406	852
废弃资源综合利用业	150601	130823	2200	3135	4311	1425	1403
金属制品、机械和设备修理业	45337	38606	1265	76	159	11	
电力、热力生产和供应业	1488057	1149886	14085	681	48015	55034	57049
燃气生产和供应业	84265	68207	489	2839	6842	196	147
水的生产和供应业	46494	36883	955	589	7095	3048	2377

13-2　续表 9　（2016 年）　单位:万元

指　　标	营业利润	利润总额	亏损企业亏损总额	利税总额	营业外收　入	本年应交增值税	全部职工年平均人　数（人）
总　计	**10954607**	**11088874**	**172490**	**18714968**	**210584**	**5222760**	**810655**
按登记注册类型分							
内资企业	9807334	9923447	94470	17049807	182599	4808162	737530
国有企业	-17814	-17146	19029	-15879	732	1117	1440
中央企业	379	520	541	622	149	93	397
地方企业	-18193	-17665	18488	-16501	583	1024	1043
集体企业	14417	14498		23778	85	7938	1286
股份合作企业	670	604		1311		632	148
联营企业							
国有联营企业							
集体联营企业							
国有与集体联营企业							
其他联营企业							
有限责任公司	1576070	1646485	34706	4132905	116124	1036742	191173
国有独资公司	385549	402941	9494	2135591	43021	435378	67015
其他有限责任公司	1190521	1243544	25212	1997314	73103	601364	124158
股份有限公司	436987	470127	13691	704503	40275	159165	45958
私营企业	7793963	7805839	27044	12198086	25383	3600762	497198
私营独资企业	367181	368943		537848	1811	142132	13461
私营合伙企业	42854	42854		63456		15098	2494
私营有限责任公司	7101119	7110130	23058	11177742	22417	3336243	462352
私营股份有限公司	282808	283912	3986	419040	1156	107290	18891
其他企业	3041	3041		5103		1806	327
港、澳、台商投资企业	765459	781927	11653	1110264	22859	281036	39094
合资经营企业(港或澳、台资)	581363	594320	1788	823219	17402	197328	21904
合作经营企业(港或澳、台资)	2652	2652		4915		1645	301
港澳台商独资经营企业	123923	126137	7302	183066	4160	49164	15166
港澳台商投资股份有限公司	57520	58817	2564	99065	1298	32899	1723
外商投资企业	381814	383500	66367	554897	5126	133562	34031
中外合资经营企业	242895	243669	7895	346059	2054	78413	21764
中外合作经营企业	8587	8587		16794		7283	1074
外资企业	129914	130828	58472	191212	3072	47519	10902
外商投资股份有限公司	409	409		825		347	258
其他外商投资企业	11	8		8			33

13-2 续表 10 （2016 年） 单位:万元

指标	营业利润	利润总额	亏损企业亏损总额	利税总额	营业外收入	本年应交增值税	全部职工年平均人数（人）
按经济组织类型分							
独资企业	617621	623259	84802	920024	9859	247870	42255
国有企业	-17814	-17146	19029	-15879	732	1117	1440
集体企业	14417	14498		23778	85	7938	1286
私营独资企业	367181	368943		537848	1811	142132	13461
港澳台商独资经营企业	123923	126137	7302	183066	4160	49164	15166
外资企业	129914	130828	58472	191212	3072	47519	10902
合作、合伙企业	57815	57746		91587		26462	4377
股份合作企业	670	604		1311		632	148
联营企业							
国有联营企业							
集体联营企业							
国有与集体联营企业							
其他联营企业							
私营合伙企业	42854	42854		63456		15098	2494
与港澳台商合作经营企业	2652	2652		4915		1645	301
中外合作经营企业	8587	8587		16794		7283	1074
其他企业(内资)	3041	3041		5103		1806	327
其他外商投资企业	11	8		8			33
股份有限公司	777724	813265	20241	1223433	42729	299702	66830
股份有限公司(内资)	436987	470127	13691	704503	40275	159165	45958
私营股份有限公司	282808	283912	3986	419040	1156	107290	18891
港澳台商投资股份有限公司	57520	58817	2564	99065	1298	32899	1723
外商投资股份有限公司	409	409		825		347	258
有限责任公司	9501447	9594604	67446	16479925	157996	4648726	697193
国有独资公司	385549	402941	9494	2135591	43021	435378	67015
私营有限责任公司	7101119	7110130	23058	11177742	22417	3336243	462352
合资经营企业(港或澳、台资)	581363	594320	1788	823219	17402	197328	21904
中外合资经营企业	242895	243669	7895	346059	2054	78413	21764
其他有限责任公司	1190521	1243544	25212	1997314	73103	601364	124158
在总计中:亏损企业	-194946	-172490	172490	-132595	34397	30012	24416
在总计中:国有控股企业	586971	636853	45492	2559669	81484	592770	101582
按轻重工业分							
轻工业	3901540	3916146	12763	7388000	25662	1841521	288171
重工业	7053067	7172727	159727	11326969	184922	3381239	522484
按企业规模分							
大型企业	2040678	2128644	44371	4603736	137410	998605	208643
中型企业	4351844	4381744	51311	6666873	35946	1860055	264428
小型企业	4524657	4552140	64737	7392151	36970	2342462	329929
微型企业	37428	26347	12072	52209	257	21638	7655

13-2　续表 11　　（2016 年）　　单位:万元

指　　标	营业利润	利润总额	亏损企业亏损总额	利税总额	营业外收入	本年应交增值税	全部职工年平均人数（人）
按行业分							
煤炭开采和洗选业	40977	72214		258704	39661	136522	59236
黑色金属矿采选业	-1105	-1205	9094	7320	198	7349	2709
非金属矿采选业	87394	87394		153552		50688	6460
农副食品加工业	784119	785360	2225	1221215	1474	358112	48231
食品制造业	124403	124738	209	202720	752	65200	14888
酒、饮料和精制茶制造业	276396	279859	5974	407025	8442	58564	26689
烟草制品业	323259	325950		1841847	3527	266898	1866
纺织业	512462	513438	1110	868556	1283	313374	67924
纺织服装、服饰业	172070	170608	1349	282280	301	92649	22836
皮革、毛皮、羽毛及其制品和制鞋业	94736	94736		126787		29592	8967
木材加工和木、竹、藤、棕、草制品业	1038485	1039588	82	1678926	1586	525408	86887
家具制造业	69696	69718		121660	22	42427	6623
造纸和纸制品业	87837	88305	963	130801	488	34289	5337
印刷和记录媒介复制业	36406	36577	187	59291	276	19569	3290
文教、工美、体育和娱乐用品制造业	143966	143957		215814	130	61829	11923
石油加工、炼焦和核燃料加工业	86737	85213	18287	123936	4686	29856	9661
化学原料和化学制品制造业	1502289	1540744	18807	2395927	45894	682594	60185
医药制造业	480750	484462		761910	4630	231187	21967
化学纤维制造业	77804	78803	549	120396	1199	33221	5890
橡胶和塑料制品业	234410	234514	458	401533	184	141050	31430
非金属矿物制品业	627275	641012	2083	1056883	21142	343677	49728
黑色金属冶炼和压延加工业	593671	597400	30391	894473	5068	245159	42594
有色金属冶炼和压延加工业	183220	198596	773	324546	15547	102850	12129
金属制品业	332654	331123	7768	528685	4355	164009	24905
通用设备制造业	274775	273162	10464	511357	18267	200365	44831
专用设备制造业	541437	544502	38856	785632	6062	189435	30910
汽车制造业	56231	56542	1577	96834	1089	35846	9728
铁路、船舶、航空航天和其他运输设备制造业	195317	195832	199	232008	795	30768	9557
电气机械和器材制造业	765065	767252	9322	1141967	3139	308321	38584
计算机、通信和其他电子设备制造业	301558	304680	6637	474063	3861	130828	15340
仪器仪表制造业	597746	598723	1300	823713	1537	173404	16637
其他制造业	19526	19526		36130		14090	1599
废弃资源综合利用业	8707	11826		18299	3122	4273	1525
金属制品、机械和设备修理业	5220	5220		8652		2167	353
电力、热力生产和供应业	260109	267626	3828	374782	9876	92943	7146
燃气生产和供应业	13977	14124		16458	223	1845	759
水的生产和供应业	5026	6756		10289	1769	2405	1331

13-3 国有控股工业企业主要经济指标

（2016年） 单位:万元

指标	企业个数（个）	#亏损企业	工业总产值（当年价）	工业销售产值（当年价）	#出口交货值
总计	**46**	**12**	**9174993**	**9216626**	**266211**
在总计中:亏损企业	12	12	226389	235065	7723
按隶属关系分					
中央企业	10	4	1252933	1252657	
地方企业	36	8	7922060	7963969	266211
按轻重工业分					
轻工业	11	4	2286779	2281844	
重工业	35	8	6888214	6934782	266211
按企业规模分					
大型企业	6	1	7098988	7113922	258488
中型企业	14	6	1131339	1132666	7723
小型企业	24	5	864113	889486	
微型企业	2		80553	80553	
按行业分					
煤炭开采和洗选业	3		1601801	1615585	
黑色金属矿采选业	1	1	59955	62287	
农副食品加工业	1	1	39717	39717	
食品制造业	2		94824	90185	
酒、饮料和精制茶制造业	2	2	39022	39028	
烟草制品业	1		2074983	2074983	
印刷和记录媒介复制业	1	1	1774	1774	
化学原料和化学制品制造业	4		43195	42493	
非金属矿物制品业	3		305948	293333	
黑色金属冶炼和压延加工业	1		32835	31193	
有色金属冶炼和压延加工业	1	1	6775	6775	
金属制品业	1		54074	54778	
通用设备制造业	2		3078428	3077213	258488
专用设备制造业	5	4	87292	92263	7723
汽车制造业	1	1	2254	2254	
电气机械和器材制造业	1		305034	340438	
电力、热力生产和供应业	11	1	1311689	1317236	
水的生产和供应业	5		35394	35092	

13-3　续表 1　　（2016 年）　　单位:万元

指　　标	资产合计	# 流动资产合计	# 固定资产合计	# 固定资产原值	累计折旧	固定资产净值	负债合计
总　计	**21701926**	**10229156**	**7367898**	**11529645**	**4826738**	**6702907**	**13081285**
在总计中:亏损企业	872025	393208	301739	376614	81396	295219	713862
按隶属关系分							
中央企业	2952694	729770	1550014	2886205	1309453	1576752	1506548
地方企业	18749232	9499385	5817884	8643440	3517285	5126155	11574736
按轻重工业分							
轻工业	2654034	2050780	251677	424331	277212	147119	512991
重工业	19047892	8178376	7116221	11105314	4549526	6555788	12568294
按企业规模分							
大型企业	17825133	8858027	5345788	7599169	2916582	4682587	10516120
中型企业	2733391	859426	1518142	2650379	1132337	1518043	1854545
小型企业	1058689	505196	439981	1211676	773386	438290	643883
微型企业	84714	6506	63987	68421	4434	63987	66736
按行业分							
煤炭开采和洗选业	6577612	1610351	3240652	4681218	1930890	2750328	4047779
黑色金属矿采选业	146008	70095	69930	85042	21632	63410	94956
农副食品加工业	27995	23840	3781	5342	1561	3781	13730
食品制造业	43544	13818	15505	22518	7012	15505	24138
酒、饮料和精制茶制造业	35961	13931	19194	35374	16180	19194	17826
烟草制品业	2266424	1830458	197838	336662	241693	94970	247860
印刷和记录媒介复制业	5649	1642	3766	7628	3862	3766	5694
化学原料和化学制品制造业	27283	15754	9316	13161	3846	9316	12191
非金属矿物制品业	758532	298184	400807	773406	372600	400807	456028
黑色金属冶炼和压延加工业	10731	788	9926	10131	206	9926	1562
有色金属冶炼和压延加工业	13162	4268	8002	8668	666	8002	8176
金属制品业	75806	64455	6296	12348	6053	6296	58844
通用设备制造业	8259362	5316588	1314831	1717070	483653	1233417	5792248
专用设备制造业	359502	193265	113147	148782	35735	113047	310148
汽车制造业	272994	103746	58707	59144	438	58707	229129
电气机械和器材制造业	127390	80422	46968	229706	182737	46968	89634
电力、热力生产和供应业	2375327	424263	1840692	3369833	1511216	1858617	1442887
水的生产和供应业	318645	163288	8543	13612	6759	6852	228453

13-3　续表 2　　　　（2016 年）　　　　单位:万元

指　　标	主营业务收　　入	# 主营业务成本	# 主营业务税金及附加	营业费用	管理费用	财务费用	# 利息支出
总　计	**9444834**	**6329003**	**1324171**	**262982**	**644954**	**223083**	**257605**
在总计中:亏损企业	231411	230605	5347	7042	28057	8841	9634
按隶属关系分							
中央企业	1211818	987544	19143	26390	98406	32828	31418
地方企业	8233016	5341459	1305028	236592	546548	190254	226188
按轻重工业分							
轻工业	2238013	570324	1254975	38862	83784	-23609	2001
重工业	7206820	5758678	69196	224120	561171	246692	255605
按企业规模分							
大型企业	7418927	4658017	1305002	217161	568282	159281	192035
中型企业	1105820	902161	13357	22960	47496	48311	49193
小型企业	840447	709215	5414	14845	25324	12579	13467
微型企业	79640	59610	398	8016	3853	2911	2911
按行业分							
煤炭开采和洗选业	1647733	1239574	40825	28893	249172	54741	55653
黑色金属矿采选业	62128	58298	510	392	10955	1146	1085
农副食品加工业	39717	37991	22	1529	682	-16	4
食品制造业	90548	66509	678	10950	4604	211	217
酒、饮料和精制茶制造业	31635	26757	4378	647	2144	38	69
烟草制品业	2039449	408654	1248999	24645	70197	-25706	10
印刷和记录媒介复制业	2019	1969	15	65	222		1
化学原料和化学制品制造业	41982	35810	242	1688	1128	402	347
非金属矿物制品业	336914	254568	2081	16865	20830	13852	13256
黑色金属冶炼和压延加工业	31193	27642	216	151	248	55	55
有色金属冶炼和压延加工业	6775	6966		38	352	117	
金属制品业	45650	39917	103	1976	2218	1406	1455
通用设备制造业	3390406	2742768	10658	164929	221276	117200	122467
专用设备制造业	92302	97620	269	5451	13053	5962	6911
汽车制造业	2254	2254			2296		
电气机械和器材制造业	295419	256974	2186	4286	4842	4651	3595
电力、热力生产和供应业	1253979	996993	12130	3	34063	46714	50731
水的生产和供应业	34732	27738	862	475	6672	2309	1751

13-3 续表 3 （2016 年） 单位:万元

指 标	营业利润	利润总额	亏损企业亏损总额	利税总额	营业外收 入	本年应交增 值 税	全部职工年 平 均人 数（人）
总 计	**586971**	**636853**	**45492**	**2559669**	**81484**	**592770**	**101582**
在总计中:亏损企业	-47373	-45492	45492	-31202	2364	8943	5973
按隶属关系分							
中央企业	64626	90472	6602	212459	32476	100567	29258
地方企业	522345	546382	38890	2347210	49008	492202	72324
按轻重工业分							
轻工业	330274	334008	3734	1868691	4996	279688	6133
重工业	256697	302845	41758	690978	76488	313082	95449
按企业规模分							
大型企业	378498	406990	9094	2205802	59069	488108	88405
中型企业	113934	131204	31994	217302	17642	72721	7878
小型企业	89689	93808	4404	128050	4773	28674	3457
微型企业	4851	4851		8515		3266	1842
按行业分							
煤炭开采和洗选业	11608	42845		210601	39661	121229	56444
黑色金属矿采选业	-8994	-9094	9094	-4468	198	4117	2219
农副食品加工业	-1627	-1358	1358	2483	280	3819	180
食品制造业	7603	7353		12200	10	4170	2210
酒、饮料和精制茶制造业	-2441	-2189	2189	4875	347	2687	736
烟草制品业	323259	325950		1841847	3527	266898	1866
印刷和记录媒介复制业	-186	-187	187	-40		131	45
化学原料和化学制品制造业	2996	3006		5189	38	1941	277
非金属矿物制品业	29045	42371		60508	13335	16056	2232
黑色金属冶炼和压延加工业	2881	2881		3761		664	153
有色金属冶炼和压延加工业	-681	-541	541	-540	149	1	56
金属制品业	1164	1576		2521	417	842	230
通用设备制造业	22395	18554		104211	15651	74999	25349
专用设备制造业	-30051	-28747	29807	-26506	1368	1973	2438
汽车制造业	-202	-199	199	-199	3		580
电气机械和器材制造业	22480	22480		30844		6178	298
电力、热力生产和供应业	203958	207094	2118	304766	5167	85543	5076
水的生产和供应业	3764	5059		7615	1334	1522	1193

13-4 规模以上集体工业企业主要经济指标

（2016 年）

单位:万元

指 标	企业个数（个）	工业总产值（当年价）	工业销售产值（当年价）
总 计	**10**	**181372**	**176843**
在总计中:亏损企业			
在总计中:农村工业			
按登记注册类型分			
内资企业	10	181372	176843
# 集体企业	10	181372	176843
按经济组织类型分			
独资企业	10	181372	176843
# 集体企业	10	181372	176843
按轻重工业分			
轻工业	1	2952	3203
重工业	9	178420	173640
按企业规模分			
大型企业			
中型企业	1	51000	50242
小型企业	9	130373	126601
微型企业			
按行业分			
非金属矿采选业	2	53379	52009
造纸和纸制品业	1	2952	3203
橡胶和塑料制品业	1	5234	4972
通用设备制造业	1	5996	5935
木材加工和木、竹、藤、棕、草制品业	1	20550	19920
非金属矿物制品业	1	2273	2277
金属制品业	1	17111	16822
汽车制造业	1	22878	21463
仪器仪表制造业	1	51000	50242

13-4　续表 1　　（2016 年）　　单位:万元

指　标	资产合计	# 流动资产合计	# 固定资产合计	# 固定资产原值	累计折旧	固定资产净　值	负债合计
总　计	**89015**	**37144**	**51871**	**62725**	**10854**	**51871**	**53096**
在总计中:亏损企业							
在总计中:农村工业							
按登记注册类型分							
内资企业	89015	37144	51871	62725	10854	51871	53096
# 集体企业	89015	37144	51871	62725	10854	51871	53096
按经济组织类型分							
独资企业	89015	37144	51871	62725	10854	51871	53096
# 集体企业	89015	37144	51871	62725	10854	51871	53096
按轻重工业分							
轻工业	2554	695	1859	2492	633	1859	868
重工业	86461	36448	50012	60233	10221	50012	52229
按企业规模分							
大型企业							
中型企业	39792	26250	13542	16782	3240	13542	22479
小型企业	49223	10894	38329	45943	7614	38329	30618
微型企业							
按行业分							
非金属矿采选业	7368	3421	3947	5079	1132	3947	1973
造纸和纸制品业	2554	695	1859	2492	633	1859	868
橡胶和塑料制品业	7609	206	7404	7529	125	7404	7509
通用设备制造业	3266	702	2564	4021	1456	2564	2224
木材加工和木、竹、藤、棕、草制品业	3150	1236	1914	1954	39	1914	1751
非金属矿物制品业	2385	1680	705	1283	579	705	1221
金属制品业	3628	1955	1673	1831	157	1673	1959
汽车制造业	19263	1000	18263	21755	3492	18263	13114
仪器仪表制造业	39792	26250	13542	16782	3240	13542	22479

13-4 续表 2 （2016 年） 单位:万元

指标	主营业务收入	#主营业务成本	#主营业务税金及附加	营业费用	管理费用	财务费用	#利息支出
总计	**176830**	**151221**	**1341**	**2826**	**5612**	**1414**	**1204**
在总计中:亏损企业							
在总计中:农村工业							
按登记注册类型分							
内资企业	176830	151221	1341	2826	5612	1414	1204
#集体企业	176830	151221	1341	2826	5612	1414	1204
按经济组织类型分							
独资企业	176830	151221	1341	2826	5612	1414	1204
#集体企业	176830	151221	1341	2826	5612	1414	1204
按轻重工业分							
轻工业	2563	1736	16		253	54	54
重工业	174267	149485	1325	2826	5358	1360	1150
按企业规模分							
大型企业							
中型企业	51000	40076	508	967	3051	784	784
小型企业	125830	111146	833	1859	2560	630	420
微型企业							
按行业分							
非金属矿采选业	52009	47561	280	383	712	260	50
造纸和纸制品业	2563	1736	16		253	54	54
橡胶和塑料制品业	4843	3922	48	353	241		
通用设备制造业	5935	4865	59	152	158	113	113
木材加工和木、竹、藤、棕、草制品业	19920	18165	103	114	187	22	22
非金属矿物制品业	2277	2065	10	84	77		
金属制品业	16822	15058	106	108	201	53	53
汽车制造业	21463	17774	211	666	730	129	129
仪器仪表制造业	51000	40076	508	967	3051	784	784

13-4　续表 3　（2016 年）　单位:万元

指　标	营业利润	利润总额	利税总额	本年应交增值税	全部职工年平均人数（人）
总　计	**14417**	**14498**	**23778**	**7938**	**1286**
在总计中:亏损企业					
在总计中:农村工业					
按登记注册类型分					
内资企业	14417	14498	23778	7938	1286
# 集体企业	14417	14498	23778	7938	1286
按经济组织类型分					
独资企业	14417	14498	23778	7938	1286
# 集体企业	14417	14498	23778	7938	1286
按轻重工业分					
轻工业	504	504	678	158	58
重工业	13913	13994	23100	7780	1228
按企业规模分					
大型企业					
中型企业	5614	5614	8236	2114	310
小型企业	8803	8884	15542	5825	976
微型企业					
按行业分					
非金属矿采选业	2813	2813	4752	1659	166
造纸和纸制品业	504	504	678	158	58
橡胶和塑料制品业	279	279	569	242	237
通用设备制造业	588	588	945	299	59
木材加工和木、竹、藤、棕、草制品业	1328	1328	2580	1149	195
非金属矿物制品业	40	122	212	80	70
金属制品业	1297	1297	2578	1175	70
汽车制造业	1953	1953	3228	1064	121
仪器仪表制造业	5614	5614	8236	2114	310

13–5 规模以上“三资”工业企业主要经济指标

（2016 年） 单位:万元

指标	企业个数（个）	#亏损企业	工业总产值（当年价）	工业销售产值（当年价）	#出口交货值
总计	**174**	**22**	**12018457**	**12196559**	**880377**
在总计中:亏损企业	22	22	488294	534922	58094
在总计中:国有控股企业	3		488787	488754	
在总计中:农村工业	1		58081	57714	19373
按登记注册类型分					
港、澳、台商投资企业	82	11	7042101	7026607	176547
合资经营企业(港或澳、台资)	36	3	4759203	4730483	116111
合作经营企业(港或澳、台资)	1		77719	73833	
港澳台商独资经营企业	41	7	1517227	1505080	60432
港澳台商投资股份有限公司	4	1	687952	717211	5
外商投资企业	92	11	4976355	5169953	703829
中外合资经营企业	54	5	2851915	2921748	221635
中外合作经营企业	2		120726	117109	15907
外资企业	34	6	1993863	2123721	466288
外商投资股份有限公司	1		7659	7376	
其他外商投资企业	1		2192		
按轻重工业分					
轻工业	77	4	4121060	4136108	193004
重工业	97	18	7897396	8060452	687372
按企业规模分					
大型企业	15	1	5305517	5382889	412036
中型企业	48	2	3877327	3930623	180788
小型企业	110	19	2829647	2877780	287552
微型企业	1		5966	5267	
按行业分					
农副食品加工业	13	2	505796	501808	54996
食品制造业	4		135776	131537	
酒、饮料和精制茶制造业	6	1	142760	134326	32159
纺织业	7		436899	427739	39556
纺织服装、服饰业	8	1	259389	257946	910
皮革、毛皮、羽毛及其制品和制鞋业	7		601667	619162	
木材加工和木、竹、藤、棕、草制品业	16		942604	938382	163366
家具制造业	3		33385	33318	
造纸和纸制品业	1		300025	332306	
印刷和记录媒介复制业	3		93266	89600	
文教、工美、体育和娱乐用品制造业	12		292763	289170	53743
石油加工、炼焦和核燃料加工业	3	2	579263	651326	
化学原料和化学制品制造业	9	1	2393095	2210739	66527
医药制造业	3		193288	200880	
化学纤维制造业	1		65999	65999	
橡胶和塑料制品业	8		660687	739710	2314
非金属矿物制品业	6		205345	233157	10741
黑色金属冶炼和压延加工业	5	1	305884	354442	40345
有色金属冶炼和压延加工业	2		345904	390560	
金属制品业	1		52089	52089	8058
通用设备制造业	7	4	117311	105389	28949
专用设备制造业	13	4	836310	888426	312585
汽车制造业	1	1	2318	2318	373
铁路、船舶、航空航天和其他运输设备制造业	3		736413	791001	36192
电气机械和器材制造业	6		355675	365660	12191
计算机、通信和其他电子设备制造业	8	3	435664	371347	17371
仪器仪表制造业	6	2	349608	381204	
其他制造业	1		45950	45950	
电力、热力生产和供应业	6		506608	506608	
燃气生产和供应业	5		86718	84462	

13-5 续表 1 （2016 年） 单位:万元

指 标	资产合计	#流动资产合计	#固定资产合计	#固定资产原值	累计折旧	固定资产净 值	负债合计
总 计	**8355440**	**2657280**	**4451863**	**8078638**	**3604669**	**4473969**	**3764863**
在总计中:亏损企业	689542	293878	263215	488791	186357	302434	527042
在总计中:国有控股企业	730999	142416	549897	1137610	587714	549897	348431
在总计中:农村工业	9585	3317	6268	13581	7313	6268	1941
按登记注册类型分							
港、澳、台商投资企业	5378214	1421792	2956961	5264722	2324443	2940278	2523028
合资经营企业(港或澳、台资)	4314340	952560	2465836	4486606	2039062	2447544	2060769
合作经营企业(港或澳、台资)	10917	1809	9109	25059	15950	9109	4686
港澳台商独资经营企业	907087	442006	377324	581443	204184	377259	396683
港澳台商投资股份有限公司	145870	25417	104692	171614	65247	106367	60890
外商投资企业	2977226	1235488	1494902	2813916	1280225	1533691	1241836
中外合资经营企业	1664249	567868	957007	1859323	919820	939503	566509
中外合作经营企业	23860	11542	12317	16583	4265	12317	8870
外资企业	1271903	652871	511570	927283	355947	571336	656707
外商投资股份有限公司	10201	302	9899	9982	83	9899	7401
其他外商投资企业	7013	2905	4109	746	110	635	2349
按轻重工业分							
轻工业	1555967	785207	684320	1311713	643463	668250	691779
重工业	6799473	1872073	3767543	6766925	2961206	3805719	3073085
按企业规模分							
大型企业	4826188	1474407	2455270	4576378	2116344	2460034	2304709
中型企业	1735674	478735	1109282	1851073	722060	1129013	747004
小型企业	1790562	701553	886881	1650602	766110	884492	710892
微型企业	3016	2586	430	585	155	430	2259
按行业分							
农副食品加工业	120696	48490	61002	117153	57248	59905	62540
食品制造业	34338	19435	13948	28478	14531	13948	16589
酒、饮料和精制茶制造业	117165	34280	62792	95000	32208	62792	39863
纺织业	387936	265239	106785	182181	75396	106785	202234
纺织服装、服饰业	137081	68321	45494	66185	20691	45494	30331
皮革、毛皮、羽毛及其制品和制鞋业	170444	123251	47193	57871	10678	47193	55155
木材加工和木、竹、藤、棕、草制品业	206395	35846	161230	308699	151466	157233	32452
家具制造业	47020	14599	32421	70363	37942	32421	4866
造纸和纸制品业	57354	28770	28584	43536	14952	28584	26002
印刷和记录媒介复制业	61153	39562	19578	56209	36631	19578	15340
文教、工美、体育和娱乐用品制造业	84897	26477	58420	81501	23080	58420	24377
石油加工、炼焦和核燃料加工业	194385	35840	137390	181742	44352	137390	75541
化学原料和化学制品制造业	3015610	565217	1603119	2571068	967950	1603119	1448148
医药制造业	43156	19059	23869	36190	12321	23869	11992
化学纤维制造业	11709	1627	10082	20643	10562	10082	1873
橡胶和塑料制品业	523601	64023	457752	1018699	578169	440531	54680
非金属矿物制品业	37727	14087	23289	32115	8826	23289	7255
黑色金属冶炼和压延加工业	329308	164189	86320	253757	129917	123840	345761
有色金属冶炼和压延加工业	78906	7301	48724	121638	72914	48724	15501
金属制品业	46322	26896	12344	32747	19199	13548	10037
通用设备制造业	136752	78795	47562	78927	31536	47391	65045
专用设备制造业	642893	414162	214553	353868	141547	212321	280650
汽车制造业	11081	3525	5977	7269	1292	5977	1923
铁路、船舶、航空航天和其他运输设备制造业	214404	26095	170422	477744	280820	196924	137861
电气机械和器材制造业	257993	151935	89757	190540	100251	90288	67558
计算机、通信和其他电子设备制造业	279081	111529	128024	170961	59582	111379	190003
仪器仪表制造业	117642	70913	46122	76035	32202	43833	66520
其他制造业	22907	2862	16205	26120	9915	16205	1193
电力、热力生产和供应业	837701	150602	635023	1236188	601164	635024	400738
燃气生产和供应业	129785	44354	57884	85212	27328	57884	72837

13-5 续表 2 （2016 年） 单位:万元

指 标	主营业务收 入	# 主营业务成本	# 主营业务税金及附加	营业费用	管理费用	财务费用	# 利息支出
总 计	**12192637**	**10178204**	**83828**	**235659**	**389218**	**132447**	**82441**
在总计中:亏损企业	511993	490469	1702	30396	44803	14281	11848
在总计中:国有控股企业	493839	366880	3840	172	9045	7781	8878
在总计中:农村工业	57714	51324	560	282	402	194	149
按登记注册类型分							
港、澳、台商投资企业	6973954	5750876	46433	96655	193464	106325	58063
合资经营企业(港或澳、台资)	4728726	3867054	30840	28447	114364	92222	45840
合作经营企业(港或澳、台资)	73833	68434	618	454	849	826	453
港澳台商独资经营企业	1454183	1256697	7627	22899	36110	7094	5582
港澳台商投资股份有限公司	717211	558691	7348	44856	42141	6183	6188
外商投资企业	5218683	4427328	37395	139004	195754	26122	24378
中外合资经营企业	2981646	2474704	23537	97962	117908	20246	12566
中外合作经营企业	116971	96323	924	5221	5753	163	119
外资企业	2110911	1848671	12866	35347	71486	5758	11694
外商投资股份有限公司	6963	5664	69	441	380		
其他外商投资企业	2192	1967		32	227	–45	
按轻重工业分							
轻工业	4110846	3444305	21419	73413	98728	17929	12887
重工业	8081791	6733899	62410	162246	290489	114518	69554
按企业规模分							
大型企业	5419679	4447505	30826	85778	174807	86380	43330
中型企业	3894737	3271613	34485	88459	109375	26276	24733
小型企业	2872954	2454447	18504	61345	104900	19786	14379
微型企业	5267	4639	14	77	134	6	
按行业分							
农副食品加工业	508906	447769	3514	9416	8590	4418	2590
食品制造业	131608	107291	860	6055	6694	574	387
酒、饮料和精制茶制造业	134761	115809	385	3467	3107	2785	2288
纺织业	424876	349798	2615	9796	8756	2160	1350
纺织服装、服饰业	230730	186039	1832	8319	11633	1916	2161
皮革、毛皮、羽毛及其制品和制鞋业	574513	508473	1174	1839	4370	100	95
木材加工和木、竹、藤、棕、草制品业	935351	845818	9567	4957	6112	3431	3009
家具制造业	33341	29552	301	267	365	107	88
造纸和纸制品业	332306	277351	2997	9636	8150	330	331
印刷和记录媒介复制业	88351	72358	751	800	5463	356	368
文教、工美、体育和娱乐用品制造业	290483	247920	2265	5245	8324	2314	1726
石油加工、炼焦和核燃料加工业	650967	562732	5126	19510	25941	5361	4882
化学原料和化学制品制造业	2208473	1777040	15897	10477	83744	76654	29377
医药制造业	192689	168372	701	536	1371	328	317
化学纤维制造业	64999	58700	583	302	450	138	111
橡胶和塑料制品业	760127	649700	6588	30075	20283	7659	3727
非金属矿物制品业	250351	220305	1856	4612	4414	220	75
黑色金属冶炼和压延加工业	345776	321399	1595	17936	16636	8337	8048
有色金属冶炼和压延加工业	390560	342814	4460	5217	7063	479	479
金属制品业	51658	41195	321	1929	2282	199	126
通用设备制造业	107908	89281	586	3470	9762	1429	848
专用设备制造业	893923	752188	5524	8995	35289	–6185	1233
汽车制造业	2318	1855	18	218	840	–21	
铁路、船舶、航空航天和其他运输设备制造业	790588	632673	1536	6112	6223	1083	326
电气机械和器材制造业	345815	283892	2234	10345	14583	106	581
计算机、通信和其他电子设备制造业	425158	301640	2070	32846	48285	6416	5554
仪器仪表制造业	381717	306009	3392	19975	22273	1618	1341
其他制造业	45950	38690	442	468	460	468	468
电力、热力生产和供应业	514172	373335	4150		10917	9475	10409
燃气生产和供应业	84265	68207	489	2839	6842	196	147

13-5　续表 3　（2016 年）　单位:万元

指　　标	营业利润	利润总额	亏损企业亏损总额	利税总额	营业外收　入	本年应交增 值 税	全部职工年 平 均人　数（人）
总　计	**1147273**	**1165426**	**78020**	**1665162**	**27985**	**414598**	**73125**
在总计中:亏损企业	-78099	-78020	78020	-62337	3005	13844	6233
在总计中:国有控股企业	124273	125333		166905	1246	37732	583
在总计中:农村工业	4953	4953		8122		2608	772
按登记注册类型分							
港、澳、台商投资企业	765459	781927	11653	1110264	22859	281036	39094
合资经营企业(港或澳、台资)	581363	594320	1788	823219	17402	197328	21904
合作经营企业(港或澳、台资)	2652	2652		4915		1645	301
港澳台商独资经营企业	123923	126137	7302	183066	4160	49164	15166
港澳台商投资股份有限公司	57520	58817	2564	99065	1298	32899	1723
外商投资企业	381814	383500	66367	554897	5126	133562	34031
中外合资经营企业	242895	243669	7895	346059	2054	78413	21764
中外合作经营企业	8587	8587		16794		7283	1074
外资企业	129914	130828	58472	191212	3072	47519	10902
外商投资股份有限公司	409	409		825		347	258
其他外商投资企业	11	8		8			33
按轻重工业分							
轻工业	445512	446378	5709	588432	2125	120196	31852
重工业	701761	719048	72311	1076729	25861	294402	41273
按企业规模分							
大型企业	546423	559658	30291	739194	19293	147540	31304
中型企业	375256	375841	5392	569474	1866	159011	24461
小型企业	225196	229530	42337	355926	6825	107891	17349
微型企业	397	397		568		157	11
按行业分							
农副食品加工业	35266	35622	575	59831	375	20695	2180
食品制造业	10214	10223		19071	16	7988	1315
酒、饮料和精制茶制造业	9255	8800	3785	15029	98	5844	985
纺织业	53714	54609		69564	1194	12341	7353
纺织服装、服饰业	21228	21287	1349	32897	228	9778	3095
皮革、毛皮、羽毛及其制品和制鞋业	58557	58557		75145		15415	5184
木材加工和木、竹、藤、棕、草制品业	65467	65468		117845	1	42811	6647
家具制造业	2748	2748		4573		1524	637
造纸和纸制品业	33842	33842		43307		6468	828
印刷和记录媒介复制业	9318	9273		15816	50	5792	563
文教、工美、体育和娱乐用品制造业	24415	24419		37742	5	11058	3155
石油加工、炼焦和核燃料加工业	29440	29469	18287	40194	58	5599	2028
化学原料和化学制品制造业	210823	222485	7693	367450	15832	128337	7349
医药制造业	21382	21380		26803	48	4722	729
化学纤维制造业	4825	4825		8384		2975	657
橡胶和塑料制品业	45823	45823		65145		12735	7032
非金属矿物制品业	18945	18694		31326	27	10776	946
黑色金属冶炼和压延加工业	-22786	-22795	30291	-15543	1065	5657	3446
有色金属冶炼和压延加工业	30528	30529		36647		1658	1263
金属制品业	4995	4994		5586	109	271	209
通用设备制造业	3698	3815	2262	6308	298	1907	1150
专用设备制造业	98908	99777	5704	116875	1569	11575	4126
汽车制造业	-591	-1182	1182	-1029	6	135	65
铁路、船舶、航空航天和其他运输设备制造业	143096	143243		151708	167	6929	2480
电气机械和器材制造业	32999	33313		51022	469	15475	3202
计算机、通信和其他电子设备制造业	19753	20911	6637	39829	1816	16269	3201
仪器仪表制造业	28583	29468	254	38510	1194	5650	1457
其他制造业	5423	5423		8851		2987	303
电力、热力生产和供应业	133430	136285		179817	3137	39382	781
燃气生产和供应业	13977	14124		16458	223	1845	759

13–6 主要年份主要工业产品产量

单位:万吨

年份	铁矿石(成品矿)	生铁	原煤	发电量(亿千瓦小时)	铝锭(吨)	硫酸(吨)	合成氨	农用化肥(折100%)	水泥
1949			81	0.07					
1952	21.93		112	0.20					
1957	38.57	0.13	180	0.90					
1962	39.39	1.66	447	3.76	672			0.01	1.06
1965	45.98	1.63	472	4.43	930	5594	0.05	0.32	14.52
1970	31.69	4.61	633	7.24	1453	7746	1.03	0.89	23.09
1975	25.12	11.08	899	15.99	2103	10840	3.41	2.68	33.29
1978	40.95	15.19	1445	27.08	3135	22162	7.07	4.91	66.68
1979	44.49	18.16	1510	38.65	3616	21559	9.72	6.96	79.77
1980	29.55	16.36	1506	47.78	2721	31856	12.40	9.96	93.68
1981	23.36	12.18	1451	50.48	3686	21690	12.64	10.14	109.32
1982	24.74	11.71	1492	52.37	3614	34902	12.98	10.67	133.52
1983	30.02	14.73	1580	53.70	3378	50119	14.12	11.99	152.45
1984	30.80	15.74	1682	54.84	3210	44138	15.07	12.45	169.47
1985	30.48	16.52	1803	58.35	3062	35469	14.33	11.59	203.03
1986	30.75	19.90	1770	74.67	5629	34370	14.03	12.65	249.8
1987	33.59	22.82	1866	89.98	5649	46067	15.05	14.03	293.35
1988	47.35	24.80	1931	102.97	5574	51157	14.11	13.38	344.49
1989	51.57	23.39	2042	105.64	5929	56695	13.50	13.22	291.01
1990	27.62	29.22	2032	104.40	7568	62041	13.40	12.52	297.67
1991	26.25	28.60	2118	106.75	8096	83813	11.32	13.17	348.87
1992	32.33	31.84	2115	103.74	11241	77784	9.42	10.89	437.21
1993	98.53	35.63	2138	111.92	12081	60200	11.68	10.68	542.69
1994	113.60	41.34	1967	114.37	12347	65275	14.75	16.73	590.36
1995	95.00	52.00	2344	119.38	19385	85610	14.86	19.76	1031.48
1996	110.91	48.96	2301	118.91	11735	67841	14.28	24.60	1040.45
1997	49.62	55.78	2243	139.17	11294	87388	16.98	24.01	975.83
1998	17.82	49.89	2134	134.55	10321	81131	19.22	20.13	864.35
1999	17.82	40.36	2089	136.65	11828	3746	16.69	16.68	937.84
2000	43.30	37.10	2271	146.87	5002		19.16	15.42	983.36
2001	15.34	51.05	2261	155.29	12055		19.08	16.49	892.69
2002	14.63	48.75	2404	170.31	12354	45100	22.66	19.96	1008.34
2003	15.54	95.10	2572	198.95	12566	50000	21.55	17.89	1134.82
2004	24.77	136.69	2528	235.10	12866	72000	17.75	21.89	1285.58
2005	14.45	152.53	2597	309.97	10764	66600	36.96	29.58	1295.66
2006	19.69	230.72	2827	363.02	69741	116000	52.11	38.00	1538.60
2007	21.74	245.76	2363	316.56	98474	249105	55.97	38.15	1812.31
2008	23.86	194.85	2314	342.44	100007	181950	62.36	41.88	1867.36
2009	50.31	246.60	2236	330.77	106997	64400	61.11	43.93	2654.32
2010	65.64	304.92	2072	399.57	108668	37100	66.40	48.05	3205.35
2011	75.18	337.63	2025	453.66	109980	77200	82.35	52.73	2850.29
2012	74.44	375.37	2016	527.69	112506	95886	74.82	53.36	2778.85
2013	75.99	522.43	1972	574.70	57076	143983	98.61	53.98	2488.69
2014	78.72	437.80	1980	517.28	12194	180019	93.00	54.23	2749.01
2015	90.63	475.96	1885	497.22		99295	93.21	45.76	2681.63
2016	98.35	607.09	1342	506.21		140881	67.30	26.94	2755.19

13-6　续表　　　　　　　　　　　　　　　　　　　　　　　　　　　　　　　　单位:万吨

年　份	纱	布（万米）	机制纸及纸板	卷　烟（万箱）	饮料酒（万千升）	多晶硅（吨）	锻压机械（吨）	汽　车起重机（吨）	装载机（辆）	压路机（台）
1949	…			0.86	0.02					
1952	0.03	129	…	2.73	0.15					
1957	0.04	291	0.23	2.47	0.30					
1962	0.10	493	0.40	2.60	0.35					
1965	0.41	796	0.36	6.89	0.31					
1970	0.84	1811	0.91	10.93	0.49					
1975	1.12	3474	1.12	12.00	0.90					
1978	1.68	5474	2.47	14.74	1.35					
1979	1.87	5873	2.56	16.72	1.64					
1980	2.11	7487	3.15	19.45	2.02					
1981	2.26	8604	3.35	22.26	2.51			321		362
1982	2.45	8860	4.19	26.23	2.67			245		485
1983	2.28	7979	4.85	23.03	2.82			256		413
1984	2.29	7307	5.69	26.04	2.54			244		520
1985	2.43	7350	6.48	26.10	2.84			325		730
1986	2.67	7954	8.61	30.12	3.23			414		957
1987	3.07	8981	11.62	31.02	3.88			382		1247
1988	3.54	11032	13.87	32.22	4.38			438		1224
1989	4.36	13504	15.31	33.00	4.96			428		858
1990	3.63	12112	16.44	33.50	4.99			419		802
1991	3.25	10769	17.66	34.00	5.66			496		993
1992	3.93	11938	18.83	34.00	6.85			696	723	1392
1993	3.65	12790	22.36	35.06	7.66			1067	1026	2281
1994	4.20	11673	32.13	33.09	9.80			1005	929	2183
1995	4.64	13883	71.60	34.00	11.42			683	1298	1897
1996	5.16	12807	69.65	34.02	13.85		14977	414	1358	1979
1997	5.48	9077	79.33	34.00	13.31		12329	480	1739	2066
1998	4.49	7361	44.67	34.50	13.18		9451	516	1706	2478
1999	5.70	7721	23.53	34.50	9.00		7392	710	1890	3110
2000	7.16	8196	32.65	34.40	8.50		11942	1087	1777	2466
2001	7.36	6954	28.41	36.50	14.47		12669	1586	2791	2832
2002	8.89	6315	43.52	37.80	14.43		13430	2961	3997	3816
2003	11.30	6884	48.88	40.00	16.69		16297	4664	8098	5825
2004	47.38	7231	58.74	55.20	42.16		12653	5264	10146	4724
2005	23.01	10551	48.91	57.57	20.28		19847	5368	9442	2434
2006	33.64	7800	69.62	57.45	21.50		24119	7298	8799	2697
2007	44.14	14832	129.81	60.48	27.26		30218	10349	11010	2025
2008	48.84	13016	99.11	56.68	27.99	1849	22668	12932	11623	2721
2009	61.75	16591	122.40	59.00	30.11	7318	16353	16053	9494	4675
2010	81.58	16056	105.54	60.94	45.73	17799		18623	15212	6874
2011	77.76	11064	79.13	64.01	52.37	29414		18695	23895	5070
2012	83.89	16966	123.11	64.41	66.23	37097		390261	19199	3604
2013	103.88	18059	38.34	68.46	68.02	50440		319676	18967	4460
2014	152.92	27015	44.40	71.73	64.00	66876		342894	11945	4048
2015	141.21	31490	27.58	66.50	58.85	74358		194941	7142	2721
2016	156.63	34119	38.66	70.30	58.14	69345		199038	8298	3379

注:自 2012 年起,汽车起重机的单位由台改为吨。

13-7 主要工业产品产量

（2016 年）

产品名称		产量	产品名称		产量
原煤	（万吨）	1342.43	# 氮肥	（万吨）	25.99
洗煤	（万吨）	1017.84	磷肥	（万吨）	0.50
铁矿石成品矿	（万吨）	98.35	化学农药	（万吨）	34.57
发电量	（亿千瓦 / 时）	506.21	塑料树脂及共聚物	（万吨）	34.66
配合饲料	（万吨）	104.02	轮胎外胎	（万条）	20.75
发酵酒精（商品量）	（万吨）	35.64	塑料制品	（万吨）	83.04
饮料酒（商品量）	（万千升）	58.14	# 农业用薄膜	（万吨）	4.85
卷烟	（万箱）	70.30	水泥	（万吨）	2755.19
纱	（万吨）	156.63	生铁	（万吨）	607.09
布	（万米）	34119	软饮料	（万吨）	268.05
# 棉布	（万米）	27705	成品钢材	（万吨）	613.49
家用电冰箱	（万台）	141.91	# 焊接钢管	（万吨）	4.48
丝	（吨）	4451	铝	（万吨）	
多晶硅	（吨）	69345	铝材	（万吨）	55.26
服装	（万件）	13068	汽车起重机	（吨）	19.90
液体乳	（吨）	808335.36	矿山设备	（吨）	3743
机制纸及纸板	（万吨）	38.66	人造板	（万立方米）	3141.46
焦炭	（万吨）	1387.46	装载机	（辆）	8298
氢氧化钠（折 100%）	（吨）	8.49	压路机	（台）	3379
合成氨	（万吨）	67.30	组合音响	（万台）	220.08
农用化学肥料	（万吨）	26.94	摩托车	（万辆）	73.67

主要统计指标解释

工业　指从事自然资源的开采，对采掘品和农产品进行加工和再加工的物质生产部门。具体包括：(1)对自然资源的开采，如采矿、晒盐、森林采伐等(但不包括禽兽捕猎和水产捕捞)；(2)对农副产品的加工、再加工，如粮油加工、食品加工、轧花、缫丝、纺织、制革等；(3)对采掘品的加工、再加工，如炼铁、炼钢、化工生产、石油加工、机器制造、木材加工等，以及电力、自来水、煤气的生产和供应等；(4)对工业品的修理、翻新，如机器设备的修理、交通运输工具(包括小卧车)的修理等。

1984年以前农村的村及村以下办工业归属农业，1984年以后划归工业。

国有企业　指企业全部资产归国家所有，并按《中华人民共和国企业法人登记管理条例》规定登记注册的非公司制的经济组织。不包括有限责任公司中的国有独资公司。

国有控股企业　包括：(1) 在企业的全部实收资本中，国有经济成分的出资人拥有的实收资本(股本)所占企业全部实收资本(股本)的比例大于50%的国有绝对控股。(2)在企业的全部实收资本中，国有经济成分的出资人拥有的实收资本(股本)所占比例虽未大于50%，但相对大于其他任何一方经济成分的出资人所占比例的国有相对控股；或者虽不大于其他经济成分，但根据协议规定拥有企业实际控制权的国有协议控股。(3)投资双方各占50%，且未明确由谁绝对控股的企业，若其中一方为国有经济成分的，一律按国有控股处理。

集体企业　指企业资产归集体所有，并按《中华人民共和国企业法人登记管理条例》规定登记注册的经济组织。

股份合作企业　指以合作制为基础，由企业职工共同出资入股，吸收一定比例的社会资产投资组建，实行自主经营，自负盈亏，共同劳动，民主管理，按劳分配与按股分红相结合的一种集体经济组织。

联营企业　指两个及两个以上相同或不同所有制性质的企业法人或事业单位法人，按自愿、平等、互利的原则，共同投资组成的经济组织。联营企业包括国有联营企业、集体联营企业、国有与集体联营企业和其他联营企业。

有限责任公司　指根据《中华人民共和国公司登记管理条例》规定登记注册，由两个以上，五十个以下的股东共同出资，每个股东以其所认缴的出资额对公司承担有限责任，公司以其全部资产对其债务承担责任的经济组织。有限责任公司包括国有独资公司以及其他有限责任公司。

股份有限公司　指根据《中华人民共和国公司登记管理条例》规定登记注册，其全部注册资本由等额股份构成并通过发行股票筹集资本，股东以其认购的股份对公司承担有限责任，公司以其全部资产对其债务承担责任的经济组织。

私营企业　指由自然人投资设立或由自然人控股，以雇佣劳动为基础的营利性经济组织。包括按照《公司法》、《合伙企业法》、《私营企业暂行条例》以及《个人独资企业法》规定登记注册的私营独资企业、私营合伙企业、私营有限责任公司、私营股份有限公司和个人独资企业。

与港澳台商合资经营企业　指港澳台地区投资者与内地的企业依照《中华人民共和国中外合资经营企业法》及有关法律的规定，按合同规定的比例投资设立，分享利润和分担风险的企业。

与港澳台商合作经营企业　指港澳台地区投资者与内地企业依照《中华人民共和国中外合作经营企业法》及有关法律的规定，依照合作合同的约定进行投资或提供条件设立，分配利润、分担风险和亏损的企业。

港澳台商独资经营企业　指依照《中华人民共和国外资企业法》及有关法律的规定，在内地由港澳台地区投资者全额投资设立的企业。

港澳台商投资股份有限公司　指根据国家有关规定，经商务部(原外经贸部)批准设立，并且其中港、澳、台商的股本占公司注册资本的比例达25%以上的股份有限公司。凡其中港、澳、台商的股本占公司注册资本的比例小于25%的，属于内资中的股份有限公司。

中外合资经营企业　指外国企业或外国人与中国内地企业依照《中华人民共和国中外合资经营企业法》及有关法律的规定，按合同规定的比例投资设立，分享利润和分担风险的企业。

中外合作经营企业　指外国企业或外国人与中国内地企业依照《中华人民共和国中外合作经营企业法》及有关法律的规定，依照合作合同的约定进行投资或提供条件设立，分配利润、分担风险和亏损的企业。

外资企业　指依照《中华人民共和国外资企业法》及有关法律的规定，在中国内地由外国投资者全额投资设立的企业。

外商投资股份有限公司　指根据国家有关规定，经商务部(原外经贸部)批准设立，并且其中外资的股本占公司注册资本的比例达25%以上的股份有限公司。凡其中外资股本占公司注册资本的比例小于25%的，属于内资中的股份有限公司。

轻工业　指主要提供生活消费品和制作手工工具的工业。按其所使用的原料不同，可分为两大类：(1)以农产品为原料的轻工业是指直接或间接以农产品为基本原料的轻工业。主要包括食品制造、饮料制造、烟草加工、纺织、缝纫、皮革和毛皮制作，造纸以及印刷等工业；(2)以非农产品为原料的轻工业，是指以工业品为原料的轻工业。主要包括文教体育用品、化学药品制造、合成纤维制造、日用化学制品、日用玻璃制品、日用金属制品、手工工具制造、医疗器械制造、文化和办公用机械制造等工业。

重工业　是指为国民经济各部门提供物质技术基础的主要生产资料的工业。按其生产性质和产品用途，可以分为下列三类：(1)采掘(伐)工业，是指对自然资源的开采，包括石油开采、煤炭开采、金属矿开采、非金属矿开采和木材采伐等工业；(2)原材料工业，指向国民经济各部门提供基本材料、动力和燃料的工业。包括金属冶炼及加工、炼焦及焦炭化学、化工原料、水泥、人造板以及电力、石油和煤炭加工等工业；(3)加工工业，是指对工业原材料进行再加工制造的工业。包括装备国民经济各部门的机械设备制造工业、金属结构、水泥制品等工业，以及为农业提供的生产资料如化肥、农药等工业。

根据上述划分原则，修理业中以重工业产品为修理作业对象的划为重工业，反之划为轻工业。

工业总产值(当年价格) 指工业企业在报告期内生产的以货币形式表现的工业最终产品和提供工业劳务活动的总价值量。包括三部分：生产的成品价值、对外加工费收入、自制半成品在制品期末期初差额价值。

新产品产值 新产品是指采用新技术原理、新设计构思研制、生产的全新产品，或在结构、材质、工艺等某一方面比原有产品有明显改进，从而显著提高了产品性能或扩大了使用功能的产品。本报表中的新产品产值既包括经政府有关部门认定并在有效期内的新产品，也包括企业自行研制开发，未经政府有关部门认定，从投产之日起一年之内的新产品。

工业销售产值(当年价格) 指以货币形式表现的，工业企业在报告期内销售的本企业生产的工业产品或提供工业性劳务价值的总价值量。工业销售产值包括销售成品价值和对外加工费收入

工业增加值 是以货币形式表现的，工业企业在报告期内工业生产活动的最终成果，是企业生产过程中新增加的价值。

固定资产原值 固定资产原值指企业在建造、购置、安装、改建、扩建、技术改造某项固定资产时所支出的全部货币总额。它一般包括买价、包装费、运杂费和安装费等。

固定资产净值 是指固定资产原价减去历年已提折旧额后的净额。

流动资产 流动资产是指可以在一年或者超过一年的一个营业周期内变现或者耗用的资产，包括现金及各种存款、短期投资、应收及预付货款、存货等。

利税总额 指产品销售税金及附加和利润总额之和。

资金利税率 指在一定时期内已实现的利润、税金总额与同期的资产(固定资产净值和流动资产)之比。计算公式：

$$\text{资金利税率}(\%)=\frac{\text{报告期累计实现利税总额}}{\text{固定资产净值平均余额}+\text{流动资产平均余额}}\times100\%$$

税率反映每单位(通常是每万元)资金所提供的利润税金额。它是考察和评价部门或企业资金运用的经济效益、分析资金投入效果的主要分析指标。

工业成本利润率 指在一定时期内实现的利润与成本费用之比，是反映工业生产成本及费用投入的经济效益指标，同时也是反映降低成本的经济效益的指标。计算公式：

$$\text{工业成本费用利润率}(\%)=\frac{\text{利润总额}}{\text{成本费用总额}}\times100\%$$

工业增加值率 指在一定时期内工业增加值占工业总产值的比重，反映工业生产附加价值的高低。计算公式：

$$\text{工业增加值率}(\%)=\frac{\text{工业增加值}}{\text{工业总产值}}\times100\%$$

流动资产周转次数 指在一定时期内流动资产的周转次数，反映流动资产的周转速度。计算公式：

$$\text{流动资金周转次数}=\frac{\text{产品销售收入}}{\text{全部流动资产平均余额}}\times100\%$$

产品销售率 指一定时期内销售产值与同期全部工业总产值之比，反映工业产品生产已实现销售的程度。计算公式：

$$\text{工业产品销售率}(\%)=\frac{\text{报告期现价工业销售产值}}{\text{报告期现价工业总产值}}\times100\%$$

产品销售收入 指企业销售产品的销售收入和提供劳务等主要经营业务取得的业务总额。

产品销售工厂成本 指企业销售产品和提供劳务等主要经营业务的实际成本。

全员劳动生产率 指根据产品的价值量指标计算的平均每一个职工在单位时间内的产品生产量。是考核企业经济活动的重要指标，是企业生产技术水平、经营管理水平、职工技术熟练程度和劳动积极性的综合表现。目前我国的全员劳动生产率是将工业企业的工业增加值除以同一时期全部职工的平均人数来计算的。计算公式：

$$\text{全员劳动生产率}=\frac{\text{工业增加值}}{\text{全部职工平均人数}}$$

资本金 指企业在工商行政管理部门登记的注册资金合计。企业资本金按投资主体可分为国家资本金、法人资本金、个人资本金和外商资本金等。资本金合计包括企业各种投资主体注册的全部资本金。

总资产 指企业拥有或控制的全部资产。包括流动资产、长期投资、固定资产、无形及递延资产、其他长期资产等，即为企业资产负债表的资产总计项。

(1)流动资产　指企业可以在一年内或者超过一年的一个生产周期内变现或耗用的资产合计。包括现金及各种存款、短期投资、应收及预付款项、存货等。

(2)固定资产　指企业固定资产净值、固定资产清理、在建工程、待处理固定资产损失所占用的资金合计。

(3)无形资产指企业长期使用而没有实物形态的资产。包括专利权、非专利技术、商标权、著作权、土地使用权、商誉等。

总负债 指企业承担并需要偿还的全部债务。包括流动负债和长期负债等，即为企业资产负债表的负债合计项。

(1)流动负债指企业在一年内或者超过一年的一个营业周期内需要偿还的债务合计，其中包括短期借款，应付及预收款项、应付工资、应交税金和应交利润等。

(2)长期负债指企业在一年以上或者超过一年的一个生产周期以上需要偿还的债务合计，其中包括长期借款、应付债务、长期应付款项等。

所有者权益 指企业投资人对企业净资产的所有权。企业净资产等于企业全部资产减去全部负债后的余额，其中包括投资者对企业的最初投入，以及资本公积金、盈余公积金和未分配利润，对股份制企业即为股东权益。

14 CONSTRUCTION 建筑业

版面负责人：许　清

编　　　辑：刘云祥

统计知识

中华人民共和国统计法实施条例

第二十八条 公布统计资料应当按照国家有关规定进行。公布前,任何单位和个人不得违反国家有关规定对外提供,不得利用尚未公布的统计资料谋取不正当利益。

第二十九条 统计法第二十五条规定的能够识别或者推断单个统计调查对象身份的资料包括:

(一)直接标明单个统计调查对象身份的资料;

(二)虽未直接标明单个统计调查对象身份,但是通过已标明的地址、编码等相关信息可以识别或者推断单个统计调查对象身份的资料;

(三)可以推断单个统计调查对象身份的汇总资料。

编辑:徐向忠

14–1　建筑业企业主要经济指标

项　　目	2008	2009	2010	2011	2012	2013	2014	2015	2016
企业个数　（个）	449	425	364	347	389	443	413	430	455
# 国有及国有控股企业	53	54	45	48	36	41	39	35	34
# 内资企业	446	424	363	345	385	437	409	426	451
港、澳、台商投资企业	3	1	1	1	3	5	3	3	3
外商投资企业				1	1	1	1	1	1
期末从业人数　（人）	277214	314073	337490	403721	469181	476577	519304	496929	521047
建筑业总产值　（亿元）	376.89	431.58	535.72	648.07	881.66	1089.66	1321.04	1361.22	1390.66
# 建筑工程	342.16	400.52	510.88	631.59	829.68	1020.97	1254.94	1299	133.9
安装工程	28.03	28.38	22.55	11.85	30.46	59.68	48.25	41.93	34.00
竣工产值　（亿元）	313.18	358.54	419.39	497.72	661.74	801.89	1069.93	1118.16	1164.20
利润总额　（亿元）	17.49	19.53	24.50	28.33	36.32	58.61	58.55	51.92	52.63
税金总额　（亿元）	11.16	11.99	15.13	20.70	25.96	29.47	38.47	38.90	25.42
房屋建筑施工面积　（万平方米）	3933.17	4381.23	4872.40	5517.02	7702.88	9578.95	11606.80	11718.40	11880.35
# 本年新开工面积	2280.08	2795.05	3120.05	3145.48	4707.61	5115.57	4180.30	5373.14	5371.02
房屋建筑竣工面积　（万平方米）	2365.29	2414.14	2530.61	2584.80	3247.33	3853.46	5274.97	4970.80	4613.18
房屋建筑面积竣工率　（%）	60.10	55.10	51.90	46.90	42.20	40.02	45.45	42.42	38.83

注：本表资料包括有工作量的施工总承包和专业承包企业，不含劳务分包企业。

14-2 建筑业总承包和专业承包生产经营情况

（2016 年）　　单位：千元

项　　目	单位个数	签订的建筑合同额	上年结转建筑合同额	本年新签建筑合同额	直接从建设单位承揽工程完成的产值	自行完成施工产值	分包出去工程的产值
总　计	**436**	**184787810**	**51498080**	**133289730**	**133830861**	**133674982**	**155879**
按行业分							
房屋建筑业	257	152319028	42867356	109451672	108749609	108653719	95890
土木工程建筑业	93	23372793	6905871	16466922	18079725	18019980	59745
建筑安装业	28	4119816	877227	3242589	2975594	2975594	
建筑装饰和其他建筑业	58	4976173	847626	4128547	4025933	4025689	244
按登记注册类型分							
内资企业	432	184545154	51467652	133077502	133622226	133466347	155879
国有企业	34	11938067	2996832	8941235	9060579	9060129	450
集体企业	16	5647727	626436	5021291	3630713	3623443	7270
股份合作企业	2	117365	34772	82593	76077	76077	
有限责任公司	141	73306697	26233082	47073615	53690394	53575714	114680
股份有限公司	34	12456826	1848529	10608297	9683513	9650668	32845
私营企业	204	81078472	19728001	61350471	57480950	57480316	634
其他企业	1						
港、澳、台商投资企业	3	85774	19836	65938	53742	53742	
与港澳台商合资经营企业	2	2906		2906	2906	2906	
与港澳台商合作经营企业	1	82868	19836	63032	50836	50836	
外商投资企业	1	156882	10592	146290	154893	154893	
中外合资经营企业	1	156882	10592	146290	154893	154893	
按企业控股情况分							
国有控股	54	26824298	8028935	18795363	20791257	20738782	52475
集体控股	28	7995271	1219579	6775692	5665820	5632505	33315
私人控股	342	147701932	40915759	106786173	106299391	106229302	70089
港澳台商控股	1						
其他	11	2266309	1333807	932502	1074393	1074393	
按资质等级分							
施工总承包序列	316	176090955	49578563	126512392	127761219	127671679	89540
施工总承包序列特级工程	4	19356641	7808759	11547882	14262611	14262611	
施工总承包序列一级工程	43	79041162	24361936	54679226	57235231	57223231	12000
施工总承包序列二级工程	118	40094883	9167438	30927445	32208272	32202960	5312
施工总承包序列三级工程	151	37598269	8240430	29357839	24055105	23982877	72228
专业承包序列	120	8696855	1919517	6777338	6069642	6003303	66339
专业承包序列一级工程	25	3594800	1005556	2589244	2442592	2390567	52025
专业承包序列二级工程	41	3321227	721022	2600205	2133163	2125749	7414
专业承包序列三级工程	52	1731355	185008	1546347	1480685	1473785	6900
专业承包序列不分等级工程	2	49473	7931	41542	13202	13202	

14-2 续表 1　　(2016 年)　　单位:千元

项　　目	从建设单位以外承揽工程完成的产值	建筑业总产值	#装饰装修产值	建筑工程产值	安装工程产值	其他建筑业产值	在外省完成的产值
总　计	**5103941**	**138778923**	**2344424**	**133902171**	**3399639**	**1477113**	**54677268**
按行业分							
房屋建筑业	1430778	110084497	733293	108506726	498205	1079566	42172223
土木工程建筑业	2943156	20963136	47824	20486341	99729	377066	8941985
建筑安装业	190282	3165876		818038	2347797	41	2006369
建筑装饰和其他建筑业	539725	4565414	1563307	4091066	453908	20440	1556691
按登记注册类型分							
内资企业	5103941	138570288	2293588	133693536	3399639	1477113	54626304
国有企业	1698426	10758555	1451	10711093	47093	369	3878064
集体企业	59787	3683230	16487	3653287	27443	2500	1055719
股份合作企业		76077		76077			
有限责任公司	786826	54362540	954510	53624273	261193	477074	26359796
股份有限公司	309101	9959769	12880	7932059	1992069	35641	3239535
私营企业	1852985	59333301	1308260	57299931	1071841	961529	20063053
其他企业	396816	396816		396816			30137
港、澳、台商投资企业		53742	50836	53742			50964
与港澳台商合资经营企业		2906		2906			128
与港澳台商合作经营企业		50836	50836	50836			50836
外商投资企业		154893		154893			
中外合资经营企业		154893		154893			
按企业控股情况分							
国有控股	1900018	22638800	52678	22206831	88438	343531	10854381
集体控股	411139	6043644	37231	5958105	83039	2500	1112630
私人控股	2792784	109022086	2254515	104672275	3218770	1131041	42696417
港澳台商控股							
其他		1074393		1064960	9392	41	13840
按资质等级分							
施工总承包序列	2610255	130281934	827345	126757429	2215112	1309393	50799033
施工总承包序列特级工程	46276	14308887	155134	13866269	219742	222876	11872095
施工总承包序列一级工程	187018	57410249	443668	56391889	68013	950347	27734275
施工总承包序列二级工程	1067633	33270593	171501	31237643	1905062	127888	9194545
施工总承包序列三级工程	1309328	25292205	57042	25261628	22295	8282	1998118
专业承包序列	2493686	8496989	1517079	7144742	1184527	167720	3878235
专业承包序列一级工程	1849591	4240158	1245769	3532983	591279	115896	2813569
专业承包序列二级工程	127411	2253160	150334	2075969	174487	2704	909470
专业承包序列三级工程	508531	1982316	120976	1528460	404736	49120	155196
专业承包序列不分等级工程	8153	21355		7330	14025		

14-2 续表 2 （2016 年） 单位:千元

项　　目	竣工产值	房屋新开工面积（平方米）	房屋施工面积	实行投标承包面积
总　计	**116420069**	**53710190**	**118803535**	**102698705**
按行业分				
房屋建筑业	91192856	52997596	116382381	100794905
土木工程建筑业	17677974	522423	1704635	1272216
建筑安装业	2718265	188171	714519	629584
建筑装饰和其他建筑业	4830974	2000	2000	2000
按登记注册类型分				
内资企业	116313931	53567535	118660880	102556050
国有企业	8071737	3881110	7127668	5710643
集体企业	2685314	728111	1993921	1729950
股份合作企业	73392	52208	91406	91406
有限责任公司	48860619	19649246	56321811	53770212
股份有限公司	8132899	4093598	5790724	5198580
私营企业	48104112	25163262	47335350	36055259
其他企业	385858			
港、澳、台商投资企业	53774			
与港澳台商合资经营企业	2906			
与港澳台商合作经营企业	50868			
外商投资企业	52364	142655	142655	142655
中外合资经营企业	52364	142655	142655	142655
按企业控股情况分				
国有控股	18476363	7534100	11712124	10295099
集体控股	4579124	1131075	2693341	2266406
私人控股	93169165	44693124	103215135	89200415
港澳台商控股				
其他	195417	351891	1182935	936785
按资质等级分				
施工总承包序列	110318981	53415103	118266695	102315461
施工总承包序列特级工程	11786973	2243859	6517445	6424868
施工总承包序列一级工程	51315170	25616847	61096468	57380046
施工总承包序列二级工程	29159678	11244073	24352238	21418966
施工总承包序列三级工程	18057160	14310324	26300544	17091581
专业承包序列	6101088	295087	536840	383244
专业承包序列一级工程	3433102	15000	107473	92473
专业承包序列二级工程	1117616	100492	164977	156092
专业承包序列三级工程	1524316	179595	264390	134679
专业承包序列不分等级工程	26054			

14–3 建筑业总承包和专业承包从业人员情况

（2016 年）

项　　目	单位个数（个）	从业人员平均数（人）	工程技术人员（人）	一级建造师（人）
总　计	**436**	**611417**	**46840**	**2617**
按登记注册类型分				
内资企业	432	610577	46768	2602
国有企业	34	50213	6497	172
集体企业	16	13225	1215	60
股份合作企业	2	409	90	12
有限责任公司	141	222629	16541	950
股份有限公司	34	59240	3282	157
私营企业	204	263531	19132	1244
其他企业	1	1330	11	7
港、澳、台商投资企业	3	254	47	14
与港澳台商合资经营企业	2	33	9	2
与港澳台商合作经营企业	1	221	38	12
外商投资企业	1	586	25	1
中外合资经营企业	1	586	25	1
按行业分				
房屋建筑业	257	501445	34928	1551
土木工程建筑业	93	76838	7762	645
建筑安装业	28	15033	1698	151
建筑装饰和其他建筑业	58	18101	2452	270

注：本表中“建筑业从业人员”数据为总承包和专业承包从业人员，不含劳务分包从业人数。

14–4 建筑业总承包和专业承包财务状况

（2016 年）　　单位：千元

项　　目	单位数（个）	年初存货	流动资产	应收工程款	存货	资产	负债
总　计	**436**	**16828104**	**59699389**	**20918625**	**19001362**	**76083589**	**31113012**
按所有制类型分							
国有控股	54	4161635	16037139	6176180	5073122	19545607	10780139
集体控股	29	678059	3001239	1145642	547999	3771852	1827297
私人控股	341	11817059	40074595	13390230	13208194	52034840	18326344
港澳台商控股	1	921	14841	4500	651	16178	7692
其他	11	170430	571575	202073	171396	715112	171540
按企业资质等级分							
施工总承包序列	316	15951564	54913690	19057708	18223111	68613183	27111109
施工总承包序列特级工程	3	2556782	9510602	4504839	2852581	11229629	7632306
施工总承包序列一级工程	44	7243243	22215363	6898214	7948310	27624955	8796133
施工总承包序列二级工程	120	3828283	15916946	4594490	4963725	20474077	7481961
施工总承包序列三级工程	149	2323256	7270779	3060165	2458495	9284522	3200709
专业承包序列	120	876540	4785699	1860917	778251	7470406	4001903
专业承包序列一级工程	25	384841	2241307	802785	338328	2761290	1388383
专业承包序列二级工程	41	308421	1106103	439195	272571	2920245	1865285
专业承包序列三级工程	52	178793	1403239	604652	162802	1749832	740737
专业承包序列不分等级工程	2	4485	35050	14285	4550	39039	7498
按行业分							
房屋建筑业	257	12282132	40328900	12721977	14709680	49653409	17425454
土木工程建筑业	93	3751217	14613738	6574395	3466707	20544380	11394125
建筑安装业	28	311095	1709542	587441	324832	2135536	696901
建筑装饰和其他建筑业	58	483660	3047209	1034812	500143	3750264	1596532
按登记注册类型分							
内资企业	432	16803283	59572177	20875058	18976694	75883835	31010127
国有企业	33	1305884	6357111	1601652	2425187	7575464	3376150
集体企业	16	268647	1380286	463435	278342	1715923	886623
股份合作企业	2	29788	160556	52029	18987	196395	30467
有限责任公司	145	9101537	29525699	10669782	8857744	36740633	15208902
股份有限公司	34	769714	2925369	821368	882735	3988013	1134063
私营企业	202	5327713	19223156	7266792	6513699	25667407	10373922
港、澳、台商投资企业	3	2935	48320	22014	2086	89145	48262
与港澳台商合资经营企业	2	2935	18040	5447	2086	21549	8389
与港澳台商合作经营企业	1		30280	16567		67596	39873
港澳台商独资经营企业	1	21886	78892	21553	22582	110609	54623
外商投资企业	1	21886	78892	21553	22582	110609	54623

14-4 续表 1 （2016 年） 单位:千元

项目	营业收入	主营业务收入	营业成本	主营业务成本	营业税金及附加	主营业务税金及附加	其他业务利润
总计	**114937191**	**114550003**	**100828147**	**99177742**	**3525891**	**3469437**	**38550**
按所有制类型分							
国有控股	20062531	19786868	17400258	15896516	704320	656727	20237
集体控股	4896291	4853660	3894111	3866224	151515	148744	11773
私人控股	88385925	88317229	78032350	77913707	2641422	2635332	6475
港澳台商控股	1060	1060	655	655	26	26	
其他	1591384	1591186	1500773	1500640	28608	28608	65
按企业资质等级分							
施工总承包序列	107084424	106808923	94321123	92893206	3299808	3244686	26892
施工总承包序列特级工程	11162562	11138623	10431439	10411556	194896	194896	4056
施工总承包序列一级工程	50747740	50712460	44739675	44711488	1447390	1446406	6711
施工总承包序列二级工程	26764328	26589080	23177957	21908460	1034629	984154	8335
施工总承包序列三级工程	18409794	18368760	15972052	15861702	622893	619230	7790
专业承包序列	7852767	7741080	6507024	6284536	226083	224751	11658
专业承包序列一级工程	3757534	3722613	3166096	3161175	120434	120139	2161
专业承包序列二级工程	1787708	1762542	1514768	1489642	54003	53266	320
专业承包序列三级工程	2211149	2159549	1736890	1544449	50239	49939	9177
专业承包序列不分等级工程	96376	96376	89270	89270	1407	1407	
按行业分							
房屋建筑业	88120549	87919435	77838437	76476779	2751829	2698020	8564
土木工程建筑业	19309789	19166207	16613145	16332030	555957	554087	23049
建筑安装业	3063266	3060195	2653513	2653345	83349	83349	65
建筑装饰和其他建筑业	4443587	4404166	3723052	3715588	134756	133981	6872
按登记注册类型分							
内资企业	114706667	114320314	100647447	98999031	3518027	3461781	38550
国有企业	8365410	8180026	7094617	5815846	430438	383053	3730
集体企业	1899589	1865748	1652286	1624851	84938	83440	5482
股份合作企业	87578	87578	78006	78006	2682	2682	
有限责任公司	43686726	43582097	38155564	37925179	1246072	1243431	23060
股份有限公司	8576403	8574933	7423278	7423277	301318	301317	397
私营企业	52090961	52029932	46243696	46131872	1452579	1447858	5881
港、澳、台商投资企业	75631	74796	57047	55058	2442	2234	
与港澳台商合资经营企业	3966	3966	3142	3142	87	87	
与港澳台商合作经营企业	71665	70830	53905	51916	2355	2147	
港澳台商独资经营企业	154893	154893	123653	123653	5422	5422	
外商投资企业	154893	154893	123653	123653	5422	5422	

14-4　续表 2　（2016 年）　单位:千元

项　　目	销售费用	管理费用	管理费用中的税金	财务费用	利润总额	营业利润
总　计	**532678**	**4380553**	**130207**	**326589**	**5243339**	**5248162**
按所有制类型分						
国有控股	80468	868265	22219	53485	878325	881743
集体控股	8340	501700	11723	15264	325900	317206
私人控股	441744	2989310	92497	253457	4010081	4010461
港澳台商控股		365	27		14	14
其他	2126	20913	3741	4383	33842	33915
按企业资质等级分						
施工总承包序列	459133	3748005	113015	287658	4877372	4874949
施工总承包序列特级工程	672	307273	4119	14089	145405	142834
施工总承包序列一级工程	186039	1777833	32027	102026	2493343	2495697
施工总承包序列二级工程	146277	1009328	50880	95515	1294031	1298794
施工总承包序列三级工程	126145	653571	25989	76028	944593	937624
专业承包序列	73545	632548	17192	38931	370790	368390
专业承包序列一级工程	17156	304832	9238	22139	126411	125105
专业承包序列二级工程	22367	102596	2583	3718	89791	91157
专业承包序列三级工程	33436	222421	4932	12473	152760	150315
专业承包序列不分等级工程	586	2699	439	601	1828	1813
按行业分						
房屋建筑业	429640	2792395	90336	219466	4062467	4069709
土木工程建筑业	28570	1201359	27420	70225	768713	761534
建筑安装业	32213	119170	4185	8646	167397	165637
建筑装饰和其他建筑业	42255	267629	8266	28252	249585	246459
按登记注册类型分						
内资企业	530013	4374347	128685	324114	5217557	5212725
国有企业	27333	476910	12507	40196	291109	295169
集体企业	8216	76557	6905	7300	74500	71193
股份合作企业	18	5617	12	13	1242	1242
有限责任公司	163902	1703388	40515	127924	2218154	2208329
股份有限公司	23718	319159	8820	13705	489398	495226
私营企业	306826	1792716	59926	134976	2143154	2141566
港、澳、台商投资企业	1780	4825	640	1324	8204	8213
与港澳台商合资经营企业		801	28		−73	−64
与港澳台商合作经营企业	1780	4024	612	1324	8277	8277
港澳台商独资经营企业	885	1381	882	1151	22401	22401
外商投资企业	885	1381	882	1151	22401	22401

主要统计指标解释

建筑业总产值(即自行完成施工产值) 指建筑业企业或附属施工单位自行完成的按工程进度计算的建筑安装生产总值。施工产值包括:

①建筑工程产值:指列入建筑工程预算内的各种工程价值。

②设备安装工程产值:指设备安装工程价值。

③房屋、构筑物修理产值:指房屋、构筑物修理所完成的价值,但不包括被修理房屋、构筑物本身的价值和生产设备的修理价值。

④非标准设备制造产值:指加工制造没有定型的、非标准的生产设备的加工费和原材料价值,不论是现场还是附属加工厂为本单位承建工程制造的非标准设备的价值,都应计算产值。

竣工产值 指在报告期内,按照设计所规定的工程内容全部完成,达到了设计规定的交工条件,经有关部门检查验收鉴定合格的单位工程价值之和。

房屋建筑施工面积 指在报告期内施工的全部房屋建筑面积。包括本期内新开工的、上期施工跨入本期继续施工、上期停建本期复工的房屋建筑面积;不包括上期开工后又停工,本期未施工的房屋建筑面积。

房屋建筑竣工面积 指在报告期内,按照设计所规定的工程内容全部完成,达到了设计规定的交工条件,经有关部门检查验收鉴定合格的房屋建筑面积。

住宅竣工面积 指房屋建筑竣工面积中供居住用的房屋建筑竣工面积。

自有机械设备年末总台数 指归本企业(或单位)所有,属于本企业固定资产的生产性机械设备年末总台数。包括施工机械、生产设备、运输设备以及其他设备。

自有机械设备年末总功率 指本企业(或单位)自有施工机械、生产设备、运输设备以及其他设备等列为在册固定资产的生产性机械设备年末总功率,按设定能力或查定能力计算。包括机械本身的动力和为该机械服务的单独动力设备,如电动机等。计算单位用千瓦,动力换算可按 1 马力 =0.735 千瓦折合成千瓦数。电焊机、变压器、锅炉不计算动力。

工程结算收入 指企业(或单位)按工程的分部分项自行完成的建筑产品价值并已与甲方在报告期内办理结算手续的工程价款收入,以及向甲方收取的除工程价款以外的按规定列作营业收入的各种款项,如临时设施费、劳动保险费、施工机械调迁费等以及向甲方收取的各种索赔款。

工程结算利润 指已结算工程实现的利润,如为亏损以“–”号表示。其计算公式为:

工程结算利润 = 工程结算收入
- 工程结算成本
- 工程结算税金及附加

企业总收入 指与企业生产经营直接有关的各项收入,包括工程结算收入和其他业务收入,即:

企业总收入 = 工程结算收入
+ 其他业务收入

15 TRANSPORTATION, POSTAL AND TELECOMMUNICATIONS SERVICES
交通运输和邮电

版面负责人：张玉强

编　　辑：马　萍　梅　楠

中华人民共和国统计法实施条例

第三十条 统计调查中获得的能够识别或者推断单个统计调查对象身份的资料应当依法严格管理,除作为统计执法依据外,不得直接作为对统计调查对象实施行政许可、行政处罚等具体行政行为的依据,不得用于完成统计任务以外的目的。

第三十一条 国家建立健全统计信息共享机制,实现县级以上人民政府统计机构和有关部门统计调查取得的资料共享。制定机关共同制定的统计调查项目,可以共同使用获取的统计资料。

统计调查制度应当对统计信息共享的内容、方式、时限、渠道和责任等作出规定。

编辑:徐向忠

15-1 全社会客、货运量

年 份	全社会客运量（万人）	#铁路	公路	全社会货运量（万吨）	#铁路	公路	水运
1978	2030	636	1394	2608	1480	652	.93
1979	2305	671	1634	3154	1555	681	89
1980	2724	712	2012	3252	1588	724	75
1981	2958	741	2217	3026	1468	703	59
1982	3174	806	2368	3230	1561	825	72
1983	3133	859	2274	3605	1642	894	71
1984	3358	943	2415	5428	1727	2314	100
1985	3590	967	2617	6280	1814	2643	326
1986	3570	964	2600	7866	1850	4264	335
1987	3602	1073	2528	6962	1944	2966	649
1988	3790	1166	2624	7022	2007	2996	550
1989	3471	985	2486	6394	2078	2673	330
1990	3156	800	2356	6073	2021	2115	350
1991	2962	809	2153	6189	2040	2789	351
1992	3766	846	2920	11069	2041	7289	611
1993	4288	852	3435	8832	2127	4475	780
1994	4652	839	3811	10350	2051	6760	564
1995	6071	852	5216	10859	2022	6717	1182
1996	8396	703	7691	8792	1981	5184	1170
1997	7552	764	6786	7851	1736	4396	754
1998	6863	807	6048	8573	1558	4608	514
1999	6647	827	5812	8884	1663	4367	655
2000	7255	802	6443	9669	1700	4788	565
2001	7411	793	6610	9785	1613	4906	605
2002	7544	758	6775	9907	1561	5004	611
2003	7056	755	6292	10066	1543	5052	620
2004	7391	775	6601	11348	1535	5225	662
2005	8099	878	7202	14022	1487	6114	889
2006	8688	946	7712	16459	1635	7494	1006
2007	10007	1074	8892	18480	1924	8678	1211
2008	21787	1218	20529	23852	2264	11508	1982
2009	24042	1263	22728	25708	2191	12577	2133
2010	27761	1770	25926	37227	9944	14758	2548
2011	23238	1879	21275	35772	5582	16829	2870
2012	24892	1627	23168	34851	1300	18697	3268
2013	16758	1832	14814	33926	1054	15455	4799
2014	17282	2093	15063	35659	944	16967	5015
2015	15660	2182	13347	36408	979	16909	5656
2016	15660	2295	13217	37896	697	17586	5801

注:铁路货运量统计口径为发货量;2008 年及以后公路客货运量统计口径变化,与往年不可比(下同)。2013 年公路和水路等客货运量为交通部门专项调查数据,与往年不可比。公路水运运输量均为营业性数据。

15-2 全社会客、货运周转量

年 份	全社会旅客周转量（万人公里）	#铁路	公路	全社会货物周转量（万吨公里）	#铁路	公路	水运
1978	249885	209321	40564	1461029	1211408	8148	4175
1979	280183	232768	47415	1945564	1257756	7108	4254
1980	328530	271097	27433	2035244	1306257	8292	5341
1981	354602	291774	62828	2014909	1313585	8012	6048
1982	396156	324347	71089	2153718	1427133	27578	27401
1983	446877	370740	76137	2443326	1550139	30261	29023
1984	524323	435110	89213	2769988	1659775	31759	39641
1985	636545	519962	116583	3972158	1885098	86866	60720
1986	700973	566359	134614	3357828	2028709	117208	64142
1987	761646	622238	139408	3513177	2166558	107961	159184
1988	863036	698324	164712	3757313	2292214	120665	157360
1989	811599	655742	155857	3692471	2411734	118930	75266
1990	731765	594649	137116	3646275	2440213	100950	85224
1991	765362	641282	124080	3640834	2448681	105308	129739
1992	876627	690096	186531	4104274	2616319	335316	247925
1993	952195	703043	249152	3982741	2585799	289800	294285
1994	975802	733088	241388	4387480	2751855	510032	357622
1995	1133265	722493	410772	4532499	2913515	418798	482039
1996	1255579	649085	606494	4351716	2881365	453610	303121
1997	1169395	672572	492123	4217829	2738316	374707	424301
1998	1124114	682681	433247	4347608	2616333	379284	262986
1999	1085420	750026	326643	4545083	2596163	315891	339687
2000	1245191	798664	436691	5144815	2932469	360929	290348
2001	1275512	798041	468827	5328880	2986021	380641	284023
2002	1320343	827071	482892	5442417	3133544	388254	288283
2003	1226127	777297	440100	5665478	3291712	380600	292100
2004	1433951	952020	466991	6287747	3387300	393350	313013
2005	910143	390075	500744	5472847	2043649	415973	322130
2006	983361	420286	533069	7882829	3247052	494458	370967
2007	1134788	477154	616228	9197322	3820996	576538	438112
2008	1894734	541130	1313499	10979772	4496224	1310599	595947
2009	2071224	560914	1459164	11297204	4351249	1435633	642617
2010	2525059	786149	1673070	27608783	19747916	1787616	781570
2011	2141370	891641	1165102	32106411	23393492	2173726	914555
2012	2153325	780924	1274989	15071042	5820209	2464381	1055362
2013	1796552	929866	805737	16143302	4717912	3686573	1545684
2014	3081596	1004496	809600	16141672	4225227	4057467	1695912
2015	1975600	1047125	796627	13037518	4381882	477870	1944553

注：铁路客、货运周转量2005年以前为徐州铁路分局辖区数，2005年及以后为徐州铁路段辖区数。自2011年起公路水路运输量数据为营业性数据。

15-3 主要年份运输线路长度

单位:公里

指标	1990	1995	2000	2005	2010	2013	2014	2015	2016
民用航空									
民用航空线条数 （条）	4	2	13	13	22	25	25	25	25
民用航空线里程 （万公里）	0.2	0.13	1.3	1.3	2.2	2.5	2.5	2.5	2.5
铁路									
铁路正线延展里程	465	465	711	736		781	672	672	949
铁路营业里程	258	258	359	381		386	349	349	489
公路线路里程									
按技术级别分类									
等级公路里程	2964	2930	2658	10167	14965	15207	15314	15396	15405
高速				299	412	441	459	459	459
一级		435	634	732	1039	1136	1164	1195	1214
二级	616	378	581	1273	1527	1522	1542	1539	1530
三级	214	344	572	996	1195	1241	1313	1324	1373
四级	1781	1507	871	6867	10792	10866	10837	10860	10828
等外公路	353	266		739	1210	1125	1114	1116	873
按行政级别分类									
国道	307	306	362	589	730	730	730	730	961
省道	515	518	466	703	735	760	824	862	632
县道	892	872	842	693	2309	2311	2311	2307	2308
乡道	1049	1073	988	8921	5888	5887	5887	5885	5884
内河航道通航里程	**534**	**540**	**639**	**1039**	**1039**	**1033**	**1058**	**1058**	**1058**
输油管道里程									
管道条数 （条）	3	3	8	14	28	30	30	35	38
延展长度	1252	1252	2375	4652	5891	6291	6326	6573	6758

注:1.公路线路里程 2000 年以前为交通部门养管里程,2001 年及以后为全社会口径;2007 年开展县道网规划,将低级公路升级为县道。
2.铁路里程为徐州市境内铁路线里程。3.铁路里程为徐州市界内铁路线里程。

15-4 全社会交通运输量

（2016 年）

指　　标	客运量（万人）	货运量（万吨）
全市合计	**15660**	**37896**
航空	149	1
铁路	2295	697
公路	13217	17586
水运		5801
管道		13811
内河港口吞吐量		**9122**

15-5 市区全社会交通运输量

（2016 年）

指　　标	客运量（万人）	货运量（万吨）
合计	**11537**	**11342**
航空	149	1
铁路	2295	697
公路	9093	9423
水运		236
管道		985
内河港口吞吐量		**4451**

注:铁路客、货运周转量是指徐州铁路段辖区数,管道运量及周转量为中石化储运公司全辖数;2010 年起根据区划调整市区范围包括贾汪区和铜山区。公路水运运输量均为营业性数据。

15-6 主要年份全社会民用车辆船舶数

指　标	1990	1995	2000	2005	2010	2011
机动车总计　（辆）	**105958**	**194285**	**497359**	**752002**	**1136878**	**1128630**
# 私人车辆拥有量	78370	139813	433885	701767	1050715	1031943
汽车	39949	78185	214713	308628	432612	526776
# 私人车辆拥有量	2872	7446	19412	262656	356532	441700
# 载客汽车	7674	17748	29031	78349	160323	220992
# 大(中)型	1390	1940	2574	8023	293120	383701
小(微)型	6282	15808	26457	70326	11865	12606
载货汽车	21773	39651	35666	36177	281255	371095
# 重(中)型	16109	27592	24086	20319	87464	101461
轻(微)型	5664	12059	11580	15858	53111	61868
其他汽车	10502	20786	150016	194102	34353	39593
摩托车	14361	48131	253357	438479	687361	581717
全挂车	5655	7446	2955	658	545	457
半挂车			4465	4234	16357	19677
运输船舶总计　（艘）		**5751**	**6740**	**5428**	**4374**	**4356**
机动船数		3045	2176	655	806	931
# 货船		2705	1679	351	518	618
拖船		340	441	304	288	313
货船载重量　（吨位）		146701	177780	54583	311516	524603
驳船数		2706	4564	4773	3568	3425
载重量　（吨位）		223321	645466	1625614	1591410	1631804

15-6　续表

指　标	2012	2013	2014	2015	2016
机动车总计　（辆）	**1263934**	**1339294**	**1402414**	**1402085**	**1366616**
# 私人车辆拥有量	1161686	1232192	1298413	1301094	1263543
汽车	624472	684546	756003	851541	1016085
# 私人车辆拥有量	501796	591203	664639	763005	926406
# 载客汽车	478173	532586	615452	722443	878035
# 大(中)型	12768	12175	10614	9837	9317
小(微)型	465405	520411	604838	712606	868718
载货汽车	112214	121542	117598	109264	115728
# 重(中)型	66632	73083	70304	64987	67511
轻(微)型	45582	48459	47294	44277	48217
其他汽车	34085	30418	22953	19834	22322
摩托车	617291	630345	623305	526981	324023
全挂车	438	406			
半挂车	21730	23996	23105	23562	26508
运输船舶总计　（艘）	**4310**	**4272**	**4084**	**4100**	**4154**
机动船数	1019	1146	1186	1297	1315
# 货船	711	843	857	958	977
拖船	430	303	329	339	338
货船载重量　（吨位）	681650	873700	988815	1203100	1281040
驳船数	3291	3126	2898	2803	2839
载重量　（吨位）	1621674	1593750	1552199	1747641	1956416

注：2004 年以前载客汽车和载货汽车均未含专用(特种)车。2007 年运输船舶按现有检验次数统计。

15-7 主要年份邮政电信情况

指　　标		1990	1995	2000	2005	2010	2013	2014	2015	2016
邮电局总数	（处）	262	316	372	812		246	235	235	235
邮路总长度	（公里）	4002	5047	5368	5900	5753	6276	8193	10675	10923
农村投递线路长度	（公里）	20477	21706	21961	21666	25495	26479	26731	26902	22319
电话局用交换机总容量	（万门）	5.04	45.35	136.25	348.78	1131.70	328.10			
固定电话年末用户	（万户）	7.23	29.45	77.51	278.53	177.21	161.01	145.91	138.50	115.78
# 城市		5.61	23.19	39.05	165.65	86.09	95.52	89.32	110.50	103.16
移动电话年末用户	（万户）		1.36	32.27	154.97	600.72	761.20	751.01	756.44	762.01
互联网宽带接入用户数	（万户）				21.41	70.10	102.92	107.65	188.29	227.04
邮电业务总量	（亿元）	0.62	3.88	17.73	36.26	73.39	176.50	180.88	193.39	246.89
邮电业务收入	（亿元）			13.06	27.05	48.14	69.40	70.30	74.11	84.55
计费函件(不含广告)	（万件）	2463	2579	2289	2041	4728	2303.70	1567.58	1488.17	850.30
包　件	（万件）	26	71	39	49	26	16.87	13.12	13.21	10.80
汇　票	（万张）	97	108	96	71	1267	132.91	98.46	70.99	64.00
订销报刊累计	（万份）	10291	17075	16451	9116	10845	10524.96	8467.16	11014.99	10507.50
集　邮	（万枚）	301	1257	4525	533		40.32	432.19	480.99	492.89
特快专递	（万件）	…	44	34	78	306	52.03	38.24	955.02	1492.60

注：1.1995 年以前本地电话年末用户为年末电话机数(后同)；2.2005 年前电话局用交换机总容量为电信局一家数据，2006 年及以后为所有电信部门的数据(后同)；3.2006 年及以前邮电业务总量中电信业务总量为电信业务收入；邮电业务总量按 2010 年价格计算。2011 年及以后邮电业务总量按 2010 年价格计算（后同)；4.2013 年及以后邮政方面数据为市邮政管理局全辖数（后同)；5. 因移动公司数据调整，对 2013 至 2016 年邮电业务总量数据进行了修改。

主要统计指标解释

铁路营业里程 又称营业长度，指办理客货运输业务的铁路正线总长度。凡是全线或部分建成双线及以上的线路，以第一线的实际长度计算；复线、站线、段管线、岔线和特殊用途线以及不计算运费的联络线都不计算营业里程。铁路营业里程是反映铁路运输业基础设施发展水平的重要指标，也是计算客货周转量、运输密度和机车车辆运用效率等指标的基础资料。

公路里程 指在一定时期内实际达到《公路工程技术标准 JTJO1-88》规定的等级公路，并经公路主管部门正式验收交付使用的公路里程数。它包括大中城市的郊区公路以及通过小城镇街道部分的公路里程，也包括桥梁、渡口的长度，但不包括大中城市的街道、厂矿、林区生产用道和农业生产用道的里程。两条或多条公路共同经由同一路段，只计算一次，不得重复计算里程长度。公路里程是反映公路建设发展规模的重要指标，也是计算运输网密度等指标的基础资料。

内河航道里程 也称“内河通航里程”，是反映内河水运网规模、水平和发展情况的主要指标，是指在一定时期内，能通航运输船舶及排筏的天然河流、湖泊水库、运河及通航渠道的长度。包括全年季节性通航累计三个月以上的航道，但不包括仅供零散流放竹、木排的河道。

输油（气）管道长度 也称“输油（气）里程”，是反映管道运输发展规模和水平的主要指标，是指油品（或天然气）的实际输送距离，一般按输油（气）管道的单线长度计算。若包括复线和备用线长度则称为输油（气）管道延展长度，是指管道铺设的实际长度。我们通常使用的是不包括复线的“输油（气）管道里程”。

货（客）运量 指在一定时期内，各运输部门实际运送的货（旅客）数量。是反映运输业为国民经济和人民生活服务的数量指标，也是制定和检查运输生产计划，研究运输发展规模和速度的重要指标。货运按吨计算，客运按人计算。货物不论运输距离长短，货物类别，均按实际重量统计；旅客不论行程远近或票价多少，均按一人一次作为客运量统计。半价票、小孩票也按一人统计。

货物（旅客）周转量 指在一定时期内，由各种运输工具运送的货物（旅客）数量与其相应运输距离的乘积之总和，是反映运输业生产总成果的重要指标，也是编制和检查运输生产计划，计算运输效率、劳动生产率以及核算运输单位成本的主要基础资料。通常以吨公里和人公里为计算单位。计算货物周转量通常按发出站与到达站之间的最短距离，也就是计费距离计算。

内河主要港口货物吞吐量 指由水运进出内河主要港区范围，并经过装卸的货物数量。吞吐量可以分为进口、出口，又可以分为国内贸易和对外贸易。货物吞吐量的货种分类及其主要流向流量，反映了港口在国内外物资交流和对外贸易运输中的地位和作用。

邮电业务总量 指以价值量形式表现的邮电通信企业为社会提供各类邮电通信服务的总数量。邮电业务量按专业分类包括函件、包件、汇票、报刊发行、邮政快件、特快专递，邮政储蓄、集邮、公众电报、用户电报、传真、长途电话、出租电路、无线寻呼、移动电话、分组交换数据通信、出租代维等。计算方法为各类产品乘以相应的平均单价（不变价）之和，再加上出租电路和设备、代用户维护电话交换机和线路等的服务收入。它综合反映了一定时期邮电业务发展的总成果，是研究邮电业务量构成和发展趋势的重要指标。计算公式为：

$$\text{邮电业务总量} = \sum(\text{各类邮电业务量} \times \text{不变单价}) + \text{出租代维及其他业务收入} = \text{邮政业务总量} + \text{电信业务总量}$$

移动电话用户 是指通过移动电话交换机进入移动电话网、占用移动电话号码的电话用户。用户数量以报告期末在移动电话营业部门实际办理登记手续进入移动电话网的户数进行计算，一部移动电话统计为一户。

电话用户 指接入国家公众固定电话网，并按固定电话业务进行经营管理的电话用户。1997 年以前，电话用户分为市内电话用户和农村电话用户。从 1997 年起，电话用户数分组调整为以用户所在区域划分为“城市电话用户”和“乡村电话用户”，与过去的按市内电话和农村电话划分方法不同，而电话用户总数、电话机总部数统计范围不变。

城市电话用户 指直辖市、省辖市、地级市、县级市的市区、市郊区及县城（包括县人民政府所在地的县城关区或行政建制相当于县人民政府所在地的镇）范围内接入局用交换机的电话用户数，包括分布在农村地区的独立工矿区、林区、驻军等接入局用交换机的电话用户数。

16 WHOLESALE, RETAIL AND ACCOMMDATIONS CATERING INDUSTRY

批发零售和住宿餐饮业

版面负责人：王廷宝

编　　辑：吕延婷　柏　慧

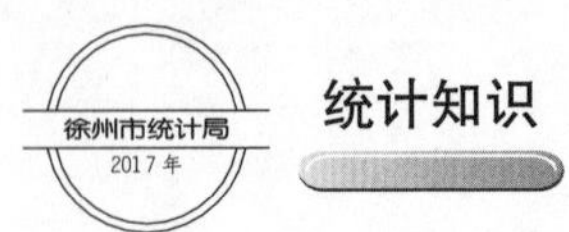

中华人民共和国统计法实施条例

第五章 统计机构和统计人员

第三十二条 县级以上地方人民政府统计机构受本级人民政府和上级人民政府统计机构的双重领导,在统计业务上以上级人民政府统计机构的领导为主。

乡、镇人民政府应当设置统计工作岗位,配备专职或者兼职统计人员,履行统计职责,在统计业务上受上级人民政府统计机构领导。乡、镇统计人员的调动,应当征得县级人民政府统计机构的同意。

县级以上人民政府有关部门在统计业务上受本级人民政府统计机构指导。

第三十三条 县级以上人民政府统计机构和有关部门应当完成国家统计调查任务,执行国家统计调查项目的统计调查制度,组织实施本地方、本部门的统计调查活动。

编辑:徐向忠

16-1　主要年份社会消费品零售总额

单位:万元

年　份	社会消费品零售总额	按地区分			按行业分				
		市的零售额	县的零售额	县以下的零售额	批发零售贸易业	餐饮业	住宿业	制造业	其他行业
1949	9756		6521						
1952	11421		5531						
1957	22284		9574						
1962	28486		14124						
1965	29808		12426						
1970	34332		13706						
1975	57492		23318						
1978	77058		31480		64672	2955		6196	3235
1979	92351		37555		72497	4201		10787	4866
1980	109523		46069		85005	4626		14022	5870
1981	123791		52831		91751	5244		17841	8955
1982	138439		59336		105869	5455		15607	11508
1983	150638	64850	27128	58660	114633	6005		18157	11843
1984	176386	77927	31616	66843	130149	7393		25637	13207
1985	233620	106745	43967	82908	166598	12733		33341	20948
1986	266086	119792	52153	94141	188243	14597		36897	26349
1987	304226	137513	51646	115067	211763	17205		44859	30399
1988	370405	173147	66514	130744	255523	19743		56087	39052
1989	410589	202384	71509	136696	282528	20163		60085	47813
1990	422271	227011	59028	136232	285048	19888		58860	58475
1991	458294	255898	62850	139546	308487	22575		60204	67028
1992	511243	320843	48975	141425	330716	26823		71835	81869
1993	657693	413770	64829	179094	440102	32992		78998	105601
1994	879531	597230	74582	207719	570080	66236		85336	157879
1995	1150671	773854	104733	272084	728544	97733		110399	213995
1996	1379729	918002	119829	341898	870375	116992		136101	256261
1997	1526381	999463	134445	392473	958246	132721		152337	283077
1998	1606304	1047323	153199	405782	1048472	145036		135393	277403
1999	1714930	1109165	168614	437151	1152717	173997		116007	272209
2000	1852142	1180955	177242	493945	1273493	209461		101421	267767
2001	2020066	1260580	205746	553740	1423869	223782		99677	272738
2002	2239285	1370267	236261	632756	1574478	258964		110753	295088
2003	2354214	1478128	230347	645739	2022477	298711			33026
2004	3424611	2131470	381456	911685	2979537	407099	12733		25242
2005	3960400	2472673	462407	1025320	3449516	452634	29385		28865
2006	4600776	2883889	537190	1179697	3938344	590342	40767		31323
2007	5430057	3421347	621082	1387628	4646839	683272	61987		37959
2008	7005000	4414184	811491	1779325	5865763	974335	110408		54494
2009	8059883	5085736	936828	2037319	6799143	1135550	125189		
2010	9569888	7648059	1921829		8516095	987888	65905		
2011	11418882	9106061	2312821		10161072	1152907	104903		
2012	13124990	10527281	2597709		11733102	1287490	104398		
2013	14959079	11995093	2963986		13358896	1481901	118282		
2014	20991974	13157745	7834228		19258892	1379422	353659		
2015	23584483	14720569	8863914		21664954	1532418	387111		
2016	26593863	16552091	10041772		24335185	1837656	421022		

注:2003 年及以后按行业划分的批发零售贸易业中包括原制造业和其它行业中原农民对非农业居民的零售额。2004 及 2008 年为经济普查数据。2010 年后的数据为省局年报修订数据。

16-2 市区社会消费品零售总额

单位:万元

年 份	社会消费品零售总额	按行业分				
		批发零售贸易业	餐饮业	住宿业	制造业	其他行业
1978	31480	25956	1373		2327	1824
1979	37555	30176	1786		3214	2379
1980	46069	34685	2398		5835	3151
1981	52831	39758	2683		6501	3889
1982	59336	46294	2709		5775	4558
1983	63751	50417	2741		5989	4604
1984	76175	57009	3099		10318	5749
1985	104827	73051	6071		14954	10751
1986	117965	82599	6462		15130	13774
1987	135320	97190	7038		14772	16320
1988	169583	120988	8250		19756	20589
1989	198822	141665	8326		19760	29071
1990	210156	148845	9103		16750	35458
1991	236824	165088	10795		17056	43885
1992	274203	186380	14520		19042	54261
1993	361783	245956	16727		23007	76093
1994	520845	345014	41842		18521	115468
1995	677103	428043	57854		36106	155100
1996	799102	499385	71500		39889	188328
1997	866994	521321	81664		53319	210690
1998	909671	553957	94665		53159	207890
1999	959836	621498	109058		31686	197594
2000	1019913	696416	133386		13576	176535
2001	1081720	766967	130272		8001	176480
2002	1168355	826551	144899		7023	189882
2003	1252978	1068575	165293			19110
2004	1832812	1625315	177740	9229		20528
2005	2144371	1875688	217815	28477		22391
2006	2492194	2169774	268415	27827		26178
2007	2965333	2597729	298245	43780		25579
2008	3821000	3249861	457822	65386		47931
2009	4392408	3784107	534994	73307		
2010	6052895	5533213	483775	35907		
2011	7210901	6579220	589311	42370		
2012	8371586	7558073	761086	52427		
2013	9532600	8458043	990800	83757		
2014	13157745	12072129	876584	209032		
2015	14720569	13561389	933938	225242		
2016	16552091	15180587	1117863	253641		

16-3 限额以上批发和零售业、住宿和餐饮业基本情况

（2016 年）

指　　标	法人企业数（个）	产业活动单位数（个）	其他行业及外省法人所属限额以上批零住餐产业活动单位(个)	餐饮或零售营业面积（平方米）	年末从业人员（人）
总　计	**2651**	**3094**	**30**	**3010003**	**94969**
批发和零售业小计	**2392**	**2831**	**23**	**2616738**	**81873**
批发业	**878**	**1054**	**5**	**489064**	**27771**
# 国有控股	41	209		25237	3708
按登记注册类型分					
内资企业	869	1045	5	485779	27523
国有企业	23	30		13092	2599
集体企业	6	6		11950	231
有限责任公司	116	119	4	71056	4267
股份有限公司	13	179		17655	2156
联营企业					
私营企业	695	695	1	361088	17266
# 私营有限责任公司	665	665	1	296535	15995
其他企业	15	15		10938	983
港、澳、台商投资企业	3	3		520	89
外商投资企业	6	6		2765	159
按国民经济行业分					
农畜产品批发	57	57		38477	2131
食品、饮料及烟草制品批发	118	125	1	97385	5458
# 米、面制品及食用油批发	22	22	1	15712	917
烟草制品批发	1	8			1266
纺织、服装及日用品批发	26	26		9043	510
# 纺织品、针织品及原料批发	11	11		6220	202
文化、体育用品及器材批发	9	9		2450	201
医药及医疗器材批发	27	27		11403	3314
矿产品、建材及化工产品批发	463	632		238583	11576
# 煤炭及制品批发	140	142		80187	3621
石油及制品批发	11	177		12254	660
金属及金属矿批发	132	133		21848	2481
机械设备、五金交电及电子产品批发	131	131	4	67211	3197
# 农业机械批发	27	27		23269	510
汽车、摩托车及零配件批发	15	15		23063	315
其他批发	40	40		22920	1333
零售业	**1514**	**1777**	**18**	**2127674**	**54102**
# 国有控股	15	49	7	90450	3163
按经济注册类型分					
内资企业	1500	1763	17	2043637	52091
国有企业	5	5	7	25455	1608

16-3　续表 1　　　　　　　（2016 年）

指　　标	法人企业数（个）	产业活动单位数（个）	其他行业及外省法人所属限额以上批零住餐产业活动单位（个）	餐饮或零售营业面积（平方米）	年末从业人员（人）
集体企业	27	76	2	38173	1215
股份合作企业	2	2		5300	83
有限责任公司	163	278	2	438276	11609
股份有限公司	34	41	1	92965	2306
私营企业	1251	1340	4	1430113	34495
其他企业	15	15	1	10925	639
港、澳、台商投资企业	8	8		58490	1308
外商投资企业	6	6	1	25547	703
按国民经济行业分					
综合零售	177	328	4	658097	15168
#百货零售	115	167	1	367777	6552
超级市场零售	57	156	3	278269	8354
其他综合零售	5	5		12051	262
食品、饮料及烟草制品专门零售	163	169		127109	4164
纺织、服装及日用品专门零售	170	171	1	142820	4365
文化、体育用品及器材专门零售	75	75	3	133494	2322
#图书零售	9	9	3	28930	767
医药及医疗器材专门零售	57	132	1	50982	3524
汽车、摩托车、燃料及零配件专门零售	356	357		503524	10784
#汽车零售	266	267		442792	8968
家用电器及电子产品专门零售	218	247	2	193663	6378
#家用电器零售	122	146	1	142936	4089
计算机、软件及辅助设备零售	66	66		25318	1294
五金、家具及室内装修材料专门零售	228	228	1	253302	5157
#五金零售	107	107		47060	2057
家具零售	51	51		115485	1401
无店铺及其他零售	70	70	6	64683	2240
按经营方式分					
独立门店	1266	1386	9	1747477	41090
连锁总店（总部）	16	94		31037	2372
连锁门店	14	65	5	152325	3466
其他	218	232	4	196835	7174
按零售业态分					
百货商店	115	169	1	323655	6475
超级市场	72	123	2	162657	4955
大型超市	20	50	1	211316	4469
仓储会员店	2	2		780	45
专业店	808	885	9	849212	22873
专卖店	325	337	3	368279	10190
住宿和餐饮业小计	**259**	**263**	**7**	**393265**	**13096**
住宿业	**76**	**76**	**1**	**122699**	**4758**
#国有控股	10	10		21578	1043

16-3 续表 2 （2016 年）

指标	法人企业数（个）	产业活动单位数（个）	其他行业及外省法人所属限额以上批零住餐产业活动单位(个)	餐饮或零售营业面积（平方米）	年末从业人员（人）
按登记注册类型分					
内资企业	75	75	1	120099	4736
国有企业	8	8		19505	721
集体企业	3	3		1510	141
有限责任公司	14	14		34463	1315
私营企业	48	48	1	64621	2488
其他企业					
按国民经济行业分					
旅游饭店	38	38	1	80009	3479
一般旅馆	37	37		34390	1083
按星级等级分					
一星	1	1		1200	34
二星	4	4		9170	151
三星	18	18		27941	1199
四星	6	6		20985	822
五星	2	2		4938	786
其他	45	45	1	58465	1766
按经营方式分					
# 独立门店	70	70		120254	4520
餐饮业	**183**	**187**	**6**	**270566**	**8338**
# 国有控股	6	6		7850	523
按登记注册类型分					
内资企业	182	186	4	269580	8254
国有企业	5	5		5850	331
集体企业	3	3	1	6337	176
有限责任公司	21	21		42370	1684
股份有限公司	4	4		4805	207
私营企业	148	152	3	208518	5793
# 私营独资企业	14	14	2	19143	511
私营有限责任公司	130	130	1	185705	5154
其他企业					
外商投资企业			2	636	41
按国民经济行业分					
正餐服务	166	170	3	252465	7656
快餐服务	10	10	1	7710	292
饮料及冷饮服务	3	3	2	4591	125
其他餐饮服务	4	4		5800	265
按经营方式分					
独立经营	175	179	6	257331	7677
连锁店总店(总部)					
连锁门店	2	2		1650	28
其他	6	6		11585	633

16-4 限额以上批发和零售业商品销售、库存总额

（2016 年） 单位:万元

指标	销售总额	批发	零售	年末库存总额
总计	**32062840**	**16139923**	**15922917**	**1008222**
批发业	**19331071**	**15541415**	**3789656**	**516819**
# 国有控股	6469244	5176665	1292579	176629
按登记注册类型分				
内资企业	19109228	15376430	3732798	512945
国有企业	1000978	263952	737026	59062
集体企业	59369	38067	21302	3265
股份合作企业	4821	4821		41
有限责任公司	8005638	7187992	817646	175109
# 其他有限责任公司	7615215	6816519	798696	137888
股份有限公司	1711210	1036033	675177	39725
私营企业	8023169	6646444	1376725	230683
# 私营有限责任公司	7444658	6249837	1194822	225913
港、澳、台商投资企业	158254	108900	49354	258
外商投资企业	63589	56086	7503	3617
按国民经济行业分				
农畜产品批发	491516	367595	123921	20766
食品、饮料及烟草制品批发	2483186	1385362	1097824	92611
# 米、面制品及食用油批发	289666	243697	45969	24997
烟草制品批发	673644		673644	29786
纺织、服装及日用品批发	162795	126800	35995	18469
# 纺织品、针织品及原料批发	81537	58168	23369	4919
医药及医疗器材批发	1712798	1393316	319482	52358
矿产品、建材及化工产品批发	11474392	9682961	1791431	214829
# 煤炭及制品批发	4577588	4154176	423412	94396
石油及制品批发	827875	180541	647335	17513
机械设备、五金交电及电子产品批发	2477438	2149594	327844	100101
其他批发	364139	286102	78037	14864
零售业	**12731769**	**598508**	**12133262**	**491403**
# 国有控股	172674	2232	170442	21265
按登记注册类型分				
内资企业	12403839	598371	11805468	477736
国有企业	50287	1105	49182	3244
集体企业	258408	47587	210821	9762

16-4 续表　　(2016 年)　　单位:万元

指　　标	销售总额	批　发	零　售	年末库存总　额
股份合作企业	4011		4011	424
有限责任公司	2889220	278172	2611049	141898
#其他有限责任公司	2876615	278172	2598443	141796
股份有限公司	844129	64333	779796	66971
私营企业	8285615	200836	8084780	253589
#私营有限责任公司	7905424	188323	7717101	240710
其他企业	64960	5966	58994	1496
港、澳、台商投资企业	156939	137	156802	8507
外商投资企业	170992		170992	5160
按国民经济行业分				
综合零售	2281676	58723	2222953	147161
#百货零售	1444817	58564	1386254	64545
超级市场零售	812988	159	812829	81272
食品、饮料及烟草制品专门零售	829825	41334	788492	25969
纺织、服装及日用品专门零售	903645	18830	884815	26341
文化、体育用品及器材专门零售	326714	4184	322531	28458
#图书零售	72520	1	72519	14665
医药及医疗器材专门零售	459077	61854	397223	27556
汽车、摩托车、燃料及零配件专门零售	4219460	72663	4146797	158104
#汽车零售	3706507	59444	3647064	146365
家用电器及电子产品专门零售	1293205	30035	1263170	37614
#家用电器零售	861774	12752	849022	23905
五金、家具及室内装修材料专门零售	2142964	297665	1845299	24185
无店铺及其他零售	275203	13221	261982	16016
按经营方式分				
独立门店	10462655	505889	9956766	366042
连锁总店(总部)	127320		127320	10832
连锁门店	408398		408398	60043
其他	1733397	92618	1640778	54485
按零售业态分				
百货商店	1642952	44390	1598562	94319
超市	399763	1386	398377	24396
大型超市	385527	4691	380836	33440
专业店	6101938	105568	5996369	193625
专卖店	2603384	143850	2459534	116828

16-5 限额以上住宿餐饮业经营情况

（2016 年）

单位：万元

指　　标	营业额	客房收入	餐费收入	商品销售收入	其他收入	年末拥有客房数（间）	年末拥有床位数（个）	年末拥有餐位数（个）
总　计	**444002**	**108817**	**278495**	**50372**	**6319**	**11660**	**19157**	**91772**
住宿业	**137219**	**66317**	**52428**	**14610**	**3864**	**6986**	**11519**	**18108**
# 国有控股	26208	11809	11395	1326	1678	1318	2146	3837
按登记注册类型分								
内资企业	136825	66007	52344	14610	3864	6929	11447	18092
国有企业	20257	8850	8686	1307	1414	899	1593	2872
集体企业	2644	814	1603	148	79	108	218	412
有限责任公司	25426	13040	11009	707	671	2063	3046	6117
# 其他有限责任公司	25426	13040	11009	707	671	2063	3046	6117
股份有限公司	362	272		4	86	101	183	
私营企业	88136	43030	31046	12444	1615	3758	6407	8691
# 私营有限责任公司	55660	28690	17267	8649	1055	2909	4943	6743
其他企业								
按国民经济行业分								
旅游饭店	102245	44918	42464	11151	3711	4189	6865	12457
一般旅馆	31987	19895	8880	3059	153	2517	4234	5101
按星级登记分								
一星	1714	815	889	10		40	80	340
二星	3259	1286	1920	53		243	452	896
三星	29519	13604	11938	2253	1725	1487	2596	4265
四星	20594	10254	8670	1235	435	1091	1794	2872
五星	19172	9488	8065	1102	517	620	836	1186
其他	62960	30870	20945	9958	1187	3505	5761	8549
餐饮业	**306784**	**42500**	**226068**	**35762**	**2454**	**4674**	**7638**	**73664**
# 国有控股	11451	3332	6501	1359	259	367	649	2900
按登记注册类型分								
内资企业	301675	42500	220981	35741	2454	4674	7638	73318
国有企业	10479	3332	5906	982	259	367	649	1700
集体企业	3487	135	1729	89	1534	46	63	910
有限责任公司	40329	10906	24261	5057	105	1136	1775	10121
# 其他有限责任公司	39357	10906	23665	4681	105	1136	1775	8921
股份有限公司	8043		7912	131				1070
私营企业	238767	28018	180739	29455	556	3075	5077	59217
# 私营独资企业	23811	3165	18782	1864		308	605	6641
私营有限责任公司	206024	24047	155270	26150	556	2742	4422	50591
其他企业								
外商投资企业	4412		4412					336
按国民经济行业分								
正餐服务	277569	39990	201618	33507	2454	4269	6945	66802
快餐服务	14653	917	13403	333		137	274	2324
其他餐饮服务	10688	1593	7229	1866		268	419	3882
按经营方式分								
独立经营	289659	36809	217434	34513	902	4228	6947	70507
连锁总店（总部）								
连锁门店	2157		1995	163				675
其他	14968	5690	6639	1086	1553	446	691	2482

16-6 亿元以上商品交易市场基本情况

（2016年）

指　　标	市场个数（个）	营业面积（平方米）	摊位总量（个）	已出租摊位	出租率（%）
合　计	**28**	**2521184**	**40951**	**32148**	**78.5**
按经营环境分					
露天式	6	654598	8903	7059	79.3
封闭式	20	1481086	30863	24134	78.2
其他	2	385500	1185	955	80.6
按经营方式分					
批发	19	1965784	31909	25694	80.5
零售	9	555400	9042	6454	71.4
按市场类别分					
综合市场	3	625000	9599	6034	62.9
生产资料综合市场	1	75000	6799	4980	73.2
农产品综合市场	1	380000	1000	803	80.3
其他综合市场	1	170000	1800	251	13.9
专业市场	25	1896184	31352	26114	83.3
生产资料市场	9	839484	7541	4552	60.4
农用生产资料市场	2	110500	253	231	91.3
木材市场	2	130000	502	147	29.3
建材市场	1	160000	932	882	94.6
金属材料市场	3	258984	3654	1914	52.4
机械设备市场	1	180000	2200	1378	62.6
农产品市场	5	383800	10275	9091	88.5
粮油市场	1	20600	700	640	91.4
肉禽蛋市场	1	6000	530	525	99.1
蔬菜市场	1	137200	2700	2493	92.3
干鲜果品市场	1	190000	4100	3357	81.9
其他农产品市场	1	30000	2245	2076	92.5
食品、饮料及烟酒市场					
其他食品、饮料及烟酒市场					
纺织、服装、鞋帽市场	3	202600	10227	9558	93.5
鞋帽市场	1	19700	328	328	100.0
其他纺织服装鞋帽市场	2	182900	9899	9230	93.2
电器、通讯器材、电子设备市场	1	2610	275	206	74.9
计算机及辅助设备市场	1	2610	275	206	74.9
家具、五金及装饰材料市场	4	290292	1638	1528	93.3
家具市场	2	84792	353	298	84.4
装饰材料市场	1	200000	1100	1078	98.0
五金材料市场	1	5500	185	152	82.2
汽车、摩托车及零配件市场	2	117398	1196	1019	85.2
汽车市场	1	17398	36	36	100.0
机动车零配件市场	1	100000	1160	983	84.7
其他专业市场	1	60000	200	160	80.0

16-7 亿元以上商品交易市场成交情况

（2016 年）

单位:万元

指　　标	商品成交额	#全年消费品零售额	市场交易业主缴纳税金总额	年末交易市场业主从业人员（人）
合　计	**7633092**	**2665623**	**12841**	**86488**
按经营环境分				
露天式	2128894	101978	3474	16028
封闭式	5161393	2559435	9012	67498
其他	342805	4210	355	2962
按经营方式分				
批发	7237562	2449214	10182	68075
零售	395530	216409	2659	18413
按市场类别分				
综合市场	384148	650	170	6920
生产资料综合市场	116360		141	4220
农产品综合市场	254736		8	2400
专业市场	7248944	2664973	12671	79568
生产资料市场	3414495	239249	7188	16076
农用生产资料市场	231660	17965	192	1413
木材市场	127215	5500	432	158
建材市场	195789	191273	1150	4225
金属材料市场	1653877	24511	2584	5065
农产品市场	857511	101347	1949	25309
蔬菜市场	399500		12	9000
干鲜果品市场	310786	51070	571	4915
其他农产品市场	45215	36872	935	8329
食品、饮料及烟酒市场				
其他食品、饮料及烟酒市场				
纺织、服装、鞋帽市场	2103908	2059988	1584	26008
鞋帽市场	24190	2940	48	993
其他纺织服装鞋帽市场	2079718	2057048	1536	25015
电器、通讯器材、电子设备市场	53840		25	450
计算机及辅助设备市场	53840		25	450
家具、五金及装饰材料市场	238569	113610	862	5635
家具市场	37500	33300	105	1023
装饰材料市场	113000	76100	410	4050
五金材料市场	88069	4210	347	562
汽车、摩托车及零配件市场	438041	142549	618	5230
汽车市场	31060	20897	5	201
机动车零配件市场	406981	121652	613	5029
其他专业市场	142580	8230	445	860

16-8 限额以上批发零售业企业财务状况

（2016年）

单位：万元

指标	年末资产负债						
	流动资产合计	#存货	固定资产原价	累计折旧	#本年折旧	资产总计	负债合计
总计	**5545844**	**884824**	**2053711**	**542705**	**110855**	**7839581**	**4623545**
批发业	**3689442**	**455294**	**967810**	**262730**	**44982**	**4853012**	**2943301**
#国有控股	1635547	191141	252106	81299	9708	2003641	1186402
按登记注册类型分							
内资企业	3664287	452030	952076	258859	44317	4811537	2933587
国有企业	316613	53703	109218	43312	4583	410785	120395
集体企业	3689	1265	8704	1035	313	11358	3812
股份合作企业	225	31	80	18	3	287	61
联营企业							
有限责任公司	1721293	144818	161716	40688	7695	2011790	1573553
股份有限公司	417492	73251	137048	47724	5772	576308	269300
私营企业	1190971	176504	503938	117324	24923	1763155	959343
#私营有限责任公司	1153672	173343	481071	111984	23876	1706798	929358
其他企业	14004	2459	31372	8758	1028	37854	7124
港、澳、台商投资企业	9089	305	12985	2997	521	23320	4023
外商投资企业	16065	2960	2750	874	143	18155	5691
按国民经济行业分							
农畜产品批发	58867	12317	70066	11311	3475	141260	74613
食品、饮料及烟草制品批发	451952	78179	220003	69671	8484	659759	249059
#米、面制品及食用油批发	72656	20248	38675	5288	860	118006	49815
烟草制品批发	252515	29885	63487	34800	3198	285219	39622
纺织、服装及日用品批发	21571	3287	6065	1260	296	28241	11656
#纺织品、针织品及原料批发	6161	1544	1756	342	58	8536	3623
医药及医疗器材批发	309641	46074	17681	5081	993	353532	297560
矿产品、建材及化工产品批发	1775011	220131	523787	145103	25040	2356359	1359209
#煤炭及制品批发	719519	87442	112078	25506	7909	851894	561501
金属及金属矿批发	533911	46277	161732	38440	5008	708753	467403
机械设备、五金交电及电子产品批发	994267	82336	78005	19708	4573	1185394	891340
#农业机械批发	22606	3906	26318	4354	1058	47399	23058
汽车、摩托车及零配件批发	47097	11380	6551	1722	474	55213	37799
其他机械设备及电子产品批发	855471	52522	21869	7867	1725	991568	783976
其他批发	49596	10310	40086	7593	1728	83117	39615
按经营方式分							
独立门店	1929105	250901	725465	189306	32869	2703393	1579341
连锁总店(总部)							
连锁门店	13280	963	17376	1911	284	29938	4518
其他	1747057	203430	224969	71513	11829	2119682	1359443

16-8 续表 1 （2016 年） 单位:万元

指标	年末资产负债						
	流动资产合计	# 存货	固定资产原价	累计折旧	# 本年折旧	资产总计	负债合计
零售业	**1856402**	**429530**	**1085901**	**279976**	**65873**	**2986569**	**1680244**
# 国有控股	68025	16832	24642	10594	472	99007	101028
按登记注册类型分							
内资企业	1825330	418706	1027037	263787	62129	2895777	1638372
国有企业	11572	2993	6176	2092	120	17860	33765
集体企业	23531	7694	25325	7737	1731	43040	18069
股份合作企业	512	162	870	633	9	1091	678
联营企业	1187	295	749	204	30	2349	929
有限责任公司	403685	85555	197705	55892	10807	632346	413175
股份有限公司	320209	114845	98205	36397	6286	432829	309511
私营企业	1058419	206074	691863	159441	42784	1751214	857285
# 私营有限责任公司	1019910	196406	651465	149145	39758	1669274	824352
其他企业	6215	1088	6144	1391	363	15050	4960
港、澳、台商投资企业	19442	7897	38828	7858	2980	59416	29542
外商投资企业	11630	2927	20036	8331	765	31376	12330
按国民经济行业分							
综合零售	406464	149347	236119	79391	15141	710039	523442
# 百货零售	208205	28922	132532	37465	4762	375405	276489
超级市场零售	192844	119393	97590	40069	10142	323398	243545
食品、饮料及烟草制品专门零售	92336	17231	78905	17610	4106	165292	68362
纺织、服装及日用品专门零售	97455	23844	110137	21239	6379	205931	83695
文化、体育用品及器材专门零售	90112	22346	54310	15910	3339	145830	68155
# 图书零售	39796	10859	12664	5655	288	54061	28904
医药及医疗器材专门零售	128198	21386	58268	14446	2659	177480	136032
汽车、摩托车、燃料及零配件专门零售	622688	140296	278644	64973	18296	909717	530791
# 汽车零售	575306	130010	240040	57177	16392	820793	494383
家用电器及电子产品专门零售	197551	26540	95335	22772	5084	304526	140956
# 家用电器零售	125396	16318	57239	13566	3216	194619	78892
计算机、软件及辅助设备零售	32462	7055	25238	6315	1399	58860	30465
五金、家具及室内装修材料专门零售	190378	23176	137643	35846	8708	301925	109823
# 五金零售	95969	7690	37831	8380	2411	129780	56546
家具零售	20516	5458	39682	8064	2379	54952	17745
无店铺及其他零售	31220	5365	36540	7789	2162	65829	18988
按经营方式分							
独立门店	1419232	285652	886290	219234	50597	2342217	1250410
连锁总店(总部)	47655	9761	6545	2485	439	69559	56906
连锁门店	158205	98557	41972	17228	5221	217507	174796
其他	231310	35560	151093	41028	9616	357287	198132
按零售业态分							
超　市	58696	18295	64233	19451	3492	135819	68243
大型超市	39586	17057	45837	17741	5236	101431	78404
仓储会员店	1307	330	247	16	2	1917	507
百货店	321363	116212	156668	49790	7989	509526	382662
专业店	717676	152569	513946	114729	30433	1219207	567363
专卖店	542757	104569	216589	52135	13546	758897	488677

16-8 续表 2　　（2016 年）　　单位:万元

指　　标	年末资产负债							
	所有者权益合计	实收资本						
			国家资本	集体资本	法人资本	个人资本	港澳台资本	外商资本
总　计	**3216036**	**1519982**	**201825**	**17444**	**331564**	**924411**	**33331**	**11407**
批发业	**1909711**	**897714**	**194500**	**6112**	**204441**	**481674**	**7388**	**3598**
# 国有控股	817238	217385	194460	1227	20195	1503		
按登记注册类型分								
内资企业	1877950	874948	194500	6112	192785	481551		
国有企业	290390	15946	15238		497	211		
集体企业	7547	3141		3141				
股份合作企业	225	200				200		
联营企业								
有限责任公司	438237	337295	179262	2971	109645	45418		
股份有限公司	307008	37121			35171	1950		
私营企业	803813	463397			35214	428184		
# 私营有限责任公司	777440	452792			34044	418748		
其他企业	30730	17847			12259	5588		
港、澳、台商投资企业	19297	18595			11206		7388	
外商投资企业	12464	4171			450	123		3598
按国民经济行业分								
农畜产品批发	66646	35433	6877	2831	4326	21399		
食品、饮料及烟草制品批发	410700	112671	8401	300	58485	43112		2373
# 米、面制品及食用油批发	68192	35132	5960		25000	4173		
烟草制品批发	245597	2441	2441					
纺织、服装及日用品批发	16586	9527			210	9317		
# 纺织品、针织品及原料批发	4913	3851			80	3771		
医药及医疗器材批发	55973	48932			35722	13210		
矿产品、建材及化工产品批发	997150	448786	43322	2971	83719	310211	7388	1175
# 煤炭及制品批发	290393	149795	3000	2120	20673	124002		
金属及金属矿批发	241350	196674	37071	607	35438	115248	7288	1022
机械设备、五金交电及电子产品批发	294054	211475	135900		19750	55775		50
# 农业机械批发	24341	12754			5400	7354		
汽车、摩托车及零配件批发	17414	9127			3300	5827		
其他机械设备及电子产品批发	207593	172881	135900		10000	26981		
其他批发	43502	14484		10	480	13994		
按经营方式分								
独立门店	1124052	524127	47307	5681	114337	350874	3483	2445
连锁总店(总部)								
连锁门店	25420	10145	1500		7800	845		
其他	760239	363442	145693	431	82304	129955	3905	1153

16-8 续表 3　　（2016 年）　　单位：万元

指　　标	年末资产负债							
	所有者权益合计	实收资本	国家资本	集体资本	法人资本	个人资本	港澳台资本	外商资本
零售业	**1306325**	**622268**	**7325**	**11332**	**127123**	**442737**	**25943**	**7809**
# 国有控股	-2021	11583	7254		4157	173		
按登记注册类型分								
内资企业	1257405	587501	7325	11332	126954	441677	213	
国有企业	-15906	1720	1654		66			
集体企业	24971	10841		9133	1173	535		
股份合作企业	412	330		170		160		
联营企业	1420	740		440		300		
有限责任公司	219171	130772	4400	450	65412	60310	200	
股份有限公司	123318	26543	1200	487	13384	11472		
私营企业	893929	412247	71	652	45323	366188	13	
# 私营有限责任公司	844922	391719	71	652	42888	348095	13	
其他企业	10090	4308			1596	2712		
港、澳、台商投资企业	29875	28080				350	25730	2000
外商投资企业	19046	6688			169	710		5809
按国民经济行业分								
综合零售	186597	99667	3273	9662	30760	49369	3604	3000
# 百货零售	98916	66627	3273	8350	27791	26255	960	
超级市场零售	79853	32375		1208	2969	22554	2644	3000
食品、饮料及烟草制品专门零售	96931	41868		268	8246	33154	200	
纺织、服装及日用品专门零售	122236	37873	21	100	7911	29827	13	
文化、体育用品及器材专门零售	77676	28933	2600	524	1440	21999		2371
# 图书零售	25158	4270	2600		590	1080		
医药及医疗器材专门零售	41448	18523	1381	5	1246	15296	594	
汽车、摩托车、燃料及零配件专门零售	378926	217248	50	764	47665	147239	21531	
# 汽车零售	326409	188309			38848	127930	21531	
家用电器及电子产品专门零售	163570	64424		10	22893	41521		
# 家用电器零售	115727	42493		10	18030	24452		
计算机、软件及辅助设备零售	28395	14062			4616	9446		
五金、家具及室内装修材料专门零售	192103	88266			5709	82428		129
# 五金零售	73234	40404			2200	38204		
家具零售	37206	12220			1359	10732		129
无店铺及其他零售	46841	25468			1253	21905		2309
按经营方式分								
独立门店	1091807	527481	6125	10647	103131	376265	25943	5371
连锁总店（总部）	12653	6294	1000		1220	4074		
连锁门店	42711	19573		400	16310	2863		
其他	159155	68920	200	285	6463	59535		2438
按零售业态分								
超　市	67576	33372	20	1308	3904	28140		
大型超市	23027	14920			2420	6855	2644	3000
仓储会员店	1409	550				550		
百货店	126864	52378	3253	4486	25436	18244	960	
专业店	651845	303005	3801	1106	51213	228943	15633	2309
专卖店	270220	127996	251	505	24073	93963	6705	2500

16-8 续表 4 （2016 年） 单位：万元

指标	损益及分配						
	主营业务收入	主营业务成本	主营业务税金及附加	其他业务利润	销售费用	管理费用	# 税金
总 计	**27850349**	**24465155**	**249212**	**34932**	**902676**	**555298**	**16207**
批发业	**16888673**	**15039526**	**165265**	**3177**	**490889**	**275819**	**7045**
# 国有控股	5674232	5311652	88359	1610	77508	45533	2207
按登记注册类型分							
内资企业	16692712	14874043	162585	3177	487104	270937	6963
国有企业	881708	645819	84283	368	19313	30885	1013
集体企业	53957	42911	1326		1379	1086	1
股份合作企业	2277	1824	36		36	31	1
联营企业							
有限责任公司	6939088	6559656	11116	396	118626	40915	1655
股份有限公司	1485317	1302600	3420	1253	144782	10316	612
私营企业	7090621	6125588	59558	1161	194393	178315	3657
# 私营有限责任公司	6574738	5682136	57001	1161	185616	163515	3370
其他企业	239746	195646	2847		8574	9389	26
港、澳、台商投资企业	134386	109870	2606		2796	4283	72
外商投资企业	61575	55613	74		989	599	10
按国民经济行业分							
农畜产品批发	446378	366401	5485		16827	13985	562
食品、饮料及烟草制品批发	2168976	1762706	93698	1298	62846	57760	1566
# 米、面制品及食用油批发	263579	211197	2740	174	4556	4570	410
烟草制品批发	575764	407503	81421	112	10558	21145	588
纺织、服装及日用品批发	148189	126213	1684		3477	4873	125
# 纺织品、针织品及原料批发	73419	65534	1195		475	1633	40
医药及医疗器材批发	1495516	1306360	4772	337	130112	10605	308
矿产品、建材及化工产品批发	10027239	9139239	44951	1008	210012	131007	3755
# 煤炭及制品批发	4052230	3791396	14630	3	61585	38713	986
金属及金属矿批发	3052831	2813003	14428		47594	46152	1258
机械设备、五金交电及电子产品批发	2141687	1947560	8290	534	56700	45503	546
# 农业机械批发	272683	224324	1045		13228	15192	44
汽车、摩托车及零配件批发	133113	124156	505		3264	1894	54
其他机械设备及电子产品批发	1255482	1191928	2526	378	26190	15624	208
其他批发	318101	262666	5018		8082	8329	127
按经营方式分							
独立门店	11228134	9924378	147361	719	265627	226676	5161
连锁总店（总部）							
连锁门店	81312	65324	1659	8	1018	1437	23
其他	5579227	5049823	16245	2450	224244	47706	1862

16-8 续表 5　　　　（2016 年）　　　　单位:万元

指　　标	损益及分配						
	主营业务收入	主营业务成本	主营业务税金及附加	其他业务利润	销售费用	管理费用	#税金
零售业	**10961675**	**9425630**	**83947**	**31755**	**411787**	**279479**	**9162**
#国有控股	118656	92033	580	4074	15090	8937	66
按登记注册类型分							
内资企业	10672198	9176855	83116	27343	389352	270545	9130
国有企业	16740	13848	88	1453	1273	2300	25
集体企业	228911	185915	3050		6971	6607	386
股份合作企业	3575	2657	27		195	255	
联营企业	6239	4517	77		370	191	68
有限责任公司	2390030	2125007	10338	8938	108392	49398	1526
股份有限公司	695304	593018	5093	7692	40287	24343	945
私营企业	7275088	6203949	64116	9259	229542	185832	6162
#私营有限责任公司	6935309	5917799	59548	9055	222498	178344	5925
其他企业	56311	47944	329		2325	1618	19
港、澳、台商投资企业	151096	132973	453	4320	17480	1306	
外商投资企业	138382	115802	379	92	4955	7629	33
按国民经济行业分							
综合零售	1896774	1623660	15819	17749	100003	54906	2009
#百货零售	1180804	1020954	12023	3632	33223	32975	909
超级市场零售	693763	585459	3658	14117	66027	20649	1099
食品、饮料及烟草制品专门零售	735321	593479	7222	2016	27837	22370	673
纺织、服装及日用品专门零售	806092	667112	8408	2387	26803	23770	762
文化、体育用品及器材专门零售	280567	220819	2501	1425	13328	11799	416
#图书零售	61662	45477	285	1370	5401	3555	37
医药及医疗器材专门零售	385201	332531	2120	1270	14304	13303	121
汽车、摩托车、燃料及零配件专门零售	3617881	3236330	19394	4945	105696	79877	2703
#汽车零售	3166981	2845559	15903	4945	93820	68815	2138
家用电器及电子产品专门零售	1121586	936169	10365	1871	48610	29814	1218
#家用电器零售	771170	644581	6358	1756	34285	18796	784
计算机、软件及辅助设备零售	241947	200325	2736	82	9396	6776	325
五金、家具及室内装修材料专门零售	1891033	1632808	14935		69587	37999	1115
#五金零售	645982	554881	4788		19450	13687	428
家具零售	214068	174695	2257		7758	7227	262
无店铺及其他零售	227219	182722	3184	93	5619	5641	146
按经营方式分							
独立门店	9030886	7773138	70319	20328	318153	232847	6856
连锁总店（总部）	110613	87369	540	266	12611	4748	117
连锁门店	331298	288461	1080	8584	33375	7287	733
其他	1488878	1276663	12008	2577	47648	34597	1456
按零售业态分							
超　市	354195	293130	3298	186	19089	13071	550
大型超市	326322	277396	1626	7081	30411	11072	93
仓储会员店	6483	5074	288		287	249	
百货店	1349354	1155225	12844	12431	53045	37052	1553
专业店	5272537	4513628	42728	2461	185823	142515	5013
专卖店	2223510	1943886	13767	8201	65273	50208	1215

16-8 续表 6

（2016 年）

单位:万元

指　　标	损益及分配				
	财务费用	# 利息支出	营业利润	利润总额	应　交所得税
总　计	**150512**	**54974**	**1545402**	**1516977**	**263064**
批发业	**71881**	**31700**	**835292**	**823168**	**133653**
# 国有控股	−5532	15240	143646	145623	23657
按登记注册类型分					
内资企业	68683	31695	819360	807267	130073
国有企业	−5254	1908	106816	108688	20930
集体企业	777	8	6478	6478	1872
股份合作企业	18	18	332	332	66
联营企业					
有限责任公司	13395	15100	182771	182108	28502
股份有限公司	2224	1002	22915	25168	2121
私营企业	56019	13535	478262	463892	74162
# 私营有限责任公司	53944	13475	434079	420726	65297
其他企业	1505	126	21785	20602	2420
港、澳、台商投资企业	2592		12239	12237	3062
外商投资企业	606	5	3694	3664	518
按国民经济行业分					
农畜产品批发	7183	2287	36451	37427	8531
食品、饮料及烟草制品批发	2378	1604	190387	191802	32872
# 米、面制品及食用油批发	1812	961	39076	42979	1504
烟草制品批发	−9261		64399	64861	16556
纺织、服装及日用品批发	649	53	13700	11189	2882
# 纺织品、针织品及原料批发	265		4317	4317	680
医药及医疗器材批发	3940	2949	39781	38143	10657
矿产品、建材及化工产品批发	53998	15570	448797	449359	63148
# 煤炭及制品批发	17286	4201	129667	129018	22197
金属及金属矿批发	20734	6699	109830	109906	20488
机械设备、五金交电及电子产品批发	−109	8470	69726	58823	8063
# 农业机械批发	967	191	19049	16987	1355
汽车、摩托车及零配件批发	618	289	2674	2646	848
其他机械设备及电子产品批发	−5709	7199	10740	10619	1307
其他批发	3277	711	30727	30702	6394
按经营方式分					
独立门店	63380	19765	603350	588544	102875
连锁总店(总部)					
连锁门店	427	112	12647	12639	582
其他	8074	11823	219295	221985	30197

16-8 续表 7 (2016 年) 单位:万元

指 标	损益及分配				
	财务费用	#利息支出	营业利润	利润总额	应交所得税
零售业	**78630**	**23274**	**710110**	**693809**	**129411**
#国有控股	233	110	1868	1733	695
按登记注册类型分					
内资企业	77587	23008	698240	681641	127771
国有企业	70	12	115	148	145
集体企业	2702	1507	24094	23641	4634
股份合作企业	119		323	323	62
联营企业	22	…	1180	1180	257
有限责任公司	14361	4853	90306	90273	18400
股份有限公司	3048	1565	34623	34105	5805
私营企业	56555	15004	544342	528722	98054
#私营有限责任公司	54330	14595	511489	497402	93343
其他企业	710	68	3259	3249	415
港、澳、台商投资企业	871	249	2342	2428	451
外商投资企业	173	17	9527	9740	1188
按国民经济行业分					
综合零售	13063	5925	107254	109124	22154
#百货零售	6238	4809	79626	78964	18555
超级市场零售	6217	932	25448	27979	3138
食品、饮料及烟草制品专门零售	6197	1066	78753	76961	14007
纺织、服装及日用品专门零售	8155	2703	74268	72151	15536
文化、体育用品及器材专门零售	1872	295	28358	28465	5247
#图书零售	59	7	4768	4709	178
医药及医疗器材专门零售	2689	283	21756	21302	4532
汽车、摩托车、燃料及零配件专门零售	25330	6905	156785	156251	25910
#汽车零售	22556	6384	125905	125574	19862
家用电器及电子产品专门零售	9401	2217	88394	77529	13051
#家用电器零售	6304	1470	61901	52088	8637
计算机、软件及辅助设备零售	1739	715	21072	20105	3422
五金、家具及室内装修材料专门零售	10203	2819	125956	123619	22519
#五金零售	3307	387	50401	49062	8756
家具零售	2607	1630	19519	19514	3170
无店铺及其他零售	1722	1062	28586	28407	6454
按经营方式分					
独立门店	65528	21458	587007	569700	104739
连锁总店(总部)	435	209	5050	7411	1051
连锁门店	3496	315	6170	6207	510
其他	9172	1292	111884	110492	23111
按零售业态分					
超 市	4891	963	21126	23658	3855
大型超市	1984	1185	10254	10248	1069
仓储会员店	17		568	550	106
百货店	8263	4769	96426	93683	19707
专业店	39795	12038	347417	343586	65295
专卖店	18094	2997	138688	128912	20994

16-8 续表 8 （2016 年） 单位:万元

指　　标	工资、增值税		亏损企业数（个）	亏损总额
	本年应付工　资	本年应交增值税		
总　计	**328307**	**459623**	**106**	**50738**
批发业	**130776**	**249483**	**51**	**32866**
# 国有控股	26539	45769	6	9540
按登记注册类型分				
内资企业	129902	243254	51	32866
国有企业	15663	31747	1	191
集体企业	937	1103		
股份合作企业	76	8		
联营企业				
有限责任公司	22600	40285	22	26972
股份有限公司	17947	5817	4	3167
私营企业	69234	159934	24	2536
# 私营有限责任公司	64891	154764	24	2536
其他企业	3446	4359		
港、澳、台商投资企业	342	5291		
外商投资企业	532	939		
按国民经济行业分				
农畜产品批发	7581	9817	1	32
食品、饮料及烟草制品批发	29426	51601	3	14099
# 米、面制品及食用油批发	4080	1892	2	242
烟草制品批发	10695	29295		
纺织、服装及日用品批发	1827	2631		
# 纺织品、针织品及原料批发	735	605		
医药及医疗器材批发	19774	5272	4	4573
矿产品、建材及化工产品批发	50776	149553	29	8094
# 煤炭及制品批发	15291	44503	12	2637
金属及金属矿批发	10945	62766	11	5082
机械设备、五金交电及电子产品批发	14668	20263	12	6042
# 农业机械批发	1786	1417		
汽车、摩托车及零配件批发	1245	1168	5	274
其他机械设备及电子产品批发	8538	10539	5	5377
其他批发	5875	8067		
按经营方式分				
独立门店	88692	204469	33	22655
连锁总店(总部)				
连锁门店	1187	677		
其他	40898	44337	18	10212

16-8 续表 9 （2016 年） 单位:万元

指标	工资、增值税		亏损企业数（个）	亏损总额
	本年应付工资	本年应交增值税		
零售业	**197531**	**210139**	**55**	**17872**
# 国有控股	9049	1547	4	5209
按登记注册类型分				
内资企业	189767	207443	51	16986
国有企业	1852	307	2	802
集体企业	4108	9919		
股份合作企业	219	7		
联营企业	648	133		
有限责任公司	38937	27418	23	10712
股份有限公司	9288	11685	1	112
私营企业	132309	157595	25	5360
# 私营有限责任公司	124524	151341	24	5117
其他企业	2406	379		
港、澳、台商投资企业	5980	2071	3	777
外商投资企业	1784	625	1	110
按国民经济行业分				
综合零售	47671	33929	16	12458
# 百货零售	22657	20502	8	9031
超级市场零售	23969	12714	8	3427
食品、饮料及烟草制品专门零售	16297	24229	5	480
纺织、服装及日用品专门零售	15863	20752	2	132
文化、体育用品及器材专门零售	9768	10816	2	147
# 图书零售	3918	283		
医药及医疗器材专门零售	11116	6259	4	57
汽车、摩托车、燃料及零配件专门零售	49314	57816	23	3999
# 汽车零售	41832	44364	22	3993
家用电器及电子产品专门零售	22942	27255	1	483
# 家用电器零售	15559	16845		
计算机、软件及辅助设备零售	4564	5584		
五金、家具及室内装修材料专门零售	19220	26063	1	3
# 五金零售	7799	9319	1	3
家具零售	5054	5490		
无店铺及其他零售	5341	3021	1	112
按经营方式分				
独立门店	156558	174137	42	14362
连锁总店（总部）	6574	1683	4	57
连锁门店	10759	4011	4	2465
其他	23640	30308	5	987
按零售业态分				
超　市	14183	7968	3	30
大型超市	11703	7005	5	4540
仓储会员店	145	40		
百货店	24718	23733	7	6969
专业店	87861	113832	22	3243
专卖店	40872	36374	15	2055

16-9 限额以上住宿餐饮业企业财务状况

（2016 年）　　　　单位:万元

指　　标	年末资产负债					资产总计	负债合计
	流动资产合计	#存货	固定资产原价	累计折旧	#本年折旧		
总　计	**159881**	**8195**	**277683**	**89490**	**13155**	**427222**	**247168**
住宿业	**59808**	**2310**	**124639**	**49544**	**4933**	**186893**	**107114**
#国有控股	13590	659	56231	18657	1902	66088	39608
按登记注册类型分							
内资企业	59155	2292	124445	49383	4930	186207	106879
国有企业	12018	581	51339	15488	1665	61842	34458
集体企业	1287	27	837	186	32	2268	2426
有限责任公司	16929	459	19049	9303	2079	36387	21509
股份有限公司	206		1674	965	6	916	918
私营企业	28714	1225	51545	23441	1148	84794	47568
其他企业							
按国民经济行业分							
旅游饭店	50874	1487	112590	46818	4429	161241	91718
一般旅馆	8868	818	11601	2451	478	25039	15127
按星级等级分							
一星	331	10	44	24	24	480	255
二星	1130	131	4239	1382	178	4100	2565
三星	27655	408	30607	17235	1025	50794	31081
四星	9111	452	40263	9458	1265	53578	25937
五星	2733	207	30166	16166	374	36700	21162
其他	18848	1102	19319	5280	2067	41240	26115
餐饮业	**100073**	**5885**	**153045**	**39946**	**8222**	**240329**	**140054**
#国有控股	2859	633	18675	10020	1245	13468	11179
按登记注册类型分							
内资企业	99926	5874	152997	39942	8218	240098	139832
国有企业	2829	633	18125	10009	1243	12899	11161
集体企业	897	64	407	359	34	1109	486
有限责任公司	51487	600	8273	2652	414	68514	52946
股份有限公司	4553	113	2960	1697	150	6591	3002
私营企业	39938	4445	122662	25159	6362	150209	71881
私营独资企业	1534	284	4839	2597	422	4337	2031
私营有限责任公司	38241	4116	116686	22391	5905	144700	69657
其他							
按国民经济行业分							
正餐服务	94266	5335	138380	35870	6929	222957	130830
快餐服务	2909	210	3455	471	142	6603	1552
其他餐饮服务	1661	239	6537	236	86	8183	6681
按经营方式							
独立门店	65914	5558	143019	39278	7932	193059	101359
连锁总店(总部)							
连锁门店	195	12	363	78	18	1605	70
其他	33965	316	9662	590	272	45665	38626

16-9 续表 1　　　　(2016 年)　　　　单位:万元

指　　标	年末资产负债						港澳台资本	主营业务收入
	所有者权益合计	实收资本						
			国家资本	集体资本	法人资本	个人资本		
总　计	**180054**	**131550**	**41850**	**3723**	**20884**	**65060**	**33**	**401483**
住宿业	**79779**	**59415**	**32249**	**3008**	**8882**	**15247**	**29**	**126478**
# 国有控股	26481	31207	31107		100			25658
按登记注册类型分								
内资企业	79327	59300	32249	3008	8882	15160		126084
国有企业	27384	30719	30719					19707
集体企业	-158	347		347				2444
有限责任公司	14877	12247	388	2531	8187	1141		25243
股份有限公司	-2	130		130				362
私营企业	37226	15856	1142		695	14019		78328
其他企业								
按国民经济行业分								
旅游饭店	69523	52251	31007	2958	7457	10829		93804
一般旅馆	9911	6965	1242	50	1425	4219	29	29688
按星级等级分								
一星	226	120				120		1465
二星	1535	1480		680		800		3258
三星	19714	15674	2999	250	6887	5538		27460
四星	27641	31201	29150	1851		200		20085
五星	15539	600			590	10		18855
其他	15125	10341	100	227	1405	8580	29	55356
餐饮业	**100275**	**72135**	**9601**	**715**	**12002**	**49813**	**4**	**275004**
# 国有控股	2288	6401	6401					10245
按登记注册类型分								
内资企业	100266	72072	9601	715	11944	49813		274344
国有企业	1737	5901	5901					9273
集体企业	623	505		505				3303
有限责任公司	15568	15899	500		6257	9142		36126
股份有限公司	3589	1272			1206	66		7436
私营企业	78328	48087	3200		4331	40556		217667
私营独资企业	2307	1465			50	1415		21464
私营有限责任公司	75044	46316	3200		4281	38835		187347
其他								
按国民经济行业分								
正餐服务	92126	65465	9601	715	10344	44806		253605
快餐服务	5052	1907			1000	907		9615
其他餐饮服务	1502	3150			600	2550		9675
按经营方式								
独立门店	91700	66668	9601	710	10302	46051	4	258879
连锁总店(总部)								
连锁门店	1536	1505			1000	505		2157
其他	7039	3962		5	700	3257		13968

16-9 续表 2 （2016 年） 单位:万元

指　　　标	损益及分配						
	主　营业务成本	主营业务税金及附加	其他业务利　润	销售费用	管理费用	# 税金	财务费用
总　计	**267170**	**10333**	**467**	**39280**	**41835**	**1049**	**8843**
住宿业	**79121**	**2674**	**54**	**15547**	**16686**	**387**	**1898**
# 国有控股	10936	623	43	6892	7483	98	887
按登记注册类型分							
内资企业	78894	2645	54	15464	16660	387	1898
国有企业	9663	503	43	5445	4336	54	808
集体企业	1544	95		350	395	7	18
有限责任公司	14455	387	11	4282	5046	60	326
股份有限公司	2	9		270	89	6	1
私营企业	53230	1650		5118	6793	260	745
其他企业							
按国民经济行业分							
旅游饭店	58315	1921	43	11808	14554	272	1533
一般旅馆	18091	745	11	3688	2056	112	360
按星级等级分							
一星	948	11		179	90	10	1
二星	1923	40		147	183	2	15
三星	16169	802		4302	3698	154	384
四星	11609	441	43	3894	3770	48	855
五星	10901	497		1476	5224	30	86
其他	37570	884	11	5550	3721	143	557
餐饮业	**188049**	**7659**	**413**	**23733**	**25149**	**662**	**6945**
# 国有控股	8432	276		607	1214	25	125
按登记注册类型分							
内资企业	187802	7650	413	23427	25131	662	6945
国有企业	7729	248		607	1144	25	125
集体企业	1971	138	1	824	362		10
有限责任公司	20866	1227		5386	4953	172	3265
股份有限公司	3711	182	314	1903	1539	3	31
私营企业	153254	5843	79	14526	17053	461	3513
私营独资企业	15806	573		769	1635	29	339
私营有限责任公司	130549	5062	79	13602	15177	425	3148
其他							
按国民经济行业分							
正餐服务	173759	7141	413	21392	23547	581	6689
快餐服务	6812	373		279	522	35	191
其他餐饮服务	6264	130		1678	810	15	66
按经营方式							
独立门店	178906	7357	412	21823	22691	566	4148
连锁总店(总部)							
连锁门店	1791	15		77	72	15	37
其他	7353	287	1	1834	2387	81	2761

16-9 续表 3 （2016 年） 单位:万元

指标	损益及分配				本年应付工资	亏损企业数（个）	亏损总额
	#利息支出	营业利润	利润总额	应交所得税			
总计	**1731**	**34117**	**33884**	**7876**	**43797**	**31**	**8146**
住宿业	**243**	**10553**	**10716**	**2989**	**15789**	**12**	**2648**
#国有控股	45	–1162	–971	167	3981	4	1839
按登记注册类型分							
内资企业	243	10525	10688	2982	15705	12	2648
国有企业		–1047	–853	155	2385	3	1675
集体企业	2	41	72	58	498	1	185
有限责任公司	133	748	694	114	4436	4	366
股份有限公司		–8	–8	1	129	1	19
私营企业	108	10791	10783	2655	8256	3	404
其他企业							
按国民经济行业分							
旅游饭店	160	5673	5943	1830	12121	9	2509
一般旅馆	83	4748	4642	1146	3147	3	139
按星级等级分							
一星		237	237	43	137		
二星	14	950	950	189	491		
三星	130	2106	2008	781	2963	6	1061
四星	41	–485	–299	143	2869	1	1141
五星		672	672	105	4050		
其他	58	7074	7148	1729	5279	5	447
餐饮业	**1488**	**23564**	**23168**	**4886**	**28009**	**19**	**5498**
#国有控股	110	–405	–389	162	1548	2	1118
按登记注册类型分							
内资企业	1489	23484	23088	4886	27851	19	5498
国有企业	110	–575	–559	120	1133	2	1118
集体企业	1	–2	–16	2	509	1	60
有限责任公司	64	433	493	390	6363	5	2021
股份有限公司		70	69	88	499	1	283
私营企业	1314	23546	23091	4285	19177	10	2016
私营独资企业	26	2348	2348	191	1572		
私营有限责任公司	1289	19873	19417	3970	17298	10	2016
其他							
按国民经济行业分							
正餐服务	1383	21174	20778	4525	25952	18	5473
快餐服务	91	1438	1438	308	771		
其他餐饮服务	15	727	728	30	926	1	25
按经营方式							
独立门店	1487	24050	23664	4825	25555	17	3925
连锁总店(总部)							
连锁门店		166	166	10	108		
其他	2	–653	–662	52	2345	2	1573

主要统计指标解释

社会消费品零售额 是指各种经济类型的批发零售贸易业、餐饮业、制造业和其他行业对城乡居民和社会集团的消费品零售额和农民对非农业居民的零售额总和。这个指标反映通过各种商品流通渠道向居民和社会集团供应生活消费品来满足他们生活需要的情况,是研究人民生活、社会消费品购买力、货币流通等问题的重要指标。

批发零售贸易业 是指专门从事批发和零售贸易活动的经济部门。

批发零售贸易业商品购销存总额 是指除个体经济以外的各种经济类型的独立核算批发零售贸易业法人企业以及其他独立核算法人企业和单位附营的各类批发零售贸易单位的商品购销存总额。

商品购进总额 指批发零售贸易业各企业(附营单位)从本企业(单位)以外的单位和个人购进(包括从国外直接进口)作为转卖或加工后转卖的商品。本指标由从生产者购进额、从批发零售贸易业购进额、进口额和其他购进额项目组成。这个指标反映批发零售贸易业从国内、国外市场上购进商品总量。

商品销售总额 指批发零售贸易业各企业(附营单位)对本企业(单位)以外的单位和个人出售(包括对国(境)外直接出口)的商品(包括售给本单位消费用的商品)。本指标由对生产经营单位批发额、对批发零售贸易业批发额、出口额和对居民和社会集团商品零售额项目组成。这个指标反映批发零售贸易业在国内市场上销售商品以及出口商品的总量。

期末库存 指批发零售贸易企业(附营单位)已取得所有权的全部商品。这个指标反映批发零售贸易企业的商品库存情况,对市场商品供应的保证程度。

资本金总额 是指批发零售贸易业、餐饮业企业在工商行政管理部门登记的注册资金。资本金按投资主体分为国家资本金、法人资本金、个人资本金和外商资本金等。

流动资产 指可以在一年内或者超过一年的一个营业周期内变现或者耗用的资产。包括货币资产、短期投资、应收票据、应收帐款、坏帐准备、应收帐款净额、预付帐款、其他应收款、存货、待转其他业务支出、待摊费用、待处理流动资产净损失、一年内到期的长期债券投资、其他流动资产等项。

商品销售收入 指批发零售贸易企业商品销售收入、接受其他单位委托代销商品的收入和餐饮企业的营业收入(包括餐费收入、冷热饮收入、服务收入和其他收入)。

商品销售成本 指批发零售贸易企业已销商品应负担的进货原价和餐饮企业的原材料成本,商品进价成本。

利润总额 指企业全年实现的利润。包括营业利润、投资净收益以及营业外收支净额。

17 SCIENCE AND TECHNOLOGY, EDUCATION

科技和教育

版面负责人：李跃东　张玉强　李　燕

编　　　辑：董志娟　马　萍　殷溪晨

中华人民共和国统计法实施条例

第三十四条 国家机关、企业事业单位和其他组织应当加强统计基础工作，为履行法定的统计资料报送义务提供组织、人员和工作条件保障。

第三十五条 对在统计工作中做出突出贡献、取得显著成绩的单位和个人，按照国家有关规定给予表彰和奖励。

编辑：徐向忠

17-1 主要年份科学技术事业情况

指　　标	1985	1990	1995	2000	2005	2006	2007	2008
科学研究机构　（个）								
国有独立科研机构	21	28	26	30	25	26	22	24
民办科技型企业	3	76	139	460	896	890	986	1196
各类专业技术人员　（人）	**60726**	**125300**	**184010**	**228441**	**217572**	**265268**	**265856**	**248283**
# 中级职称以上人员	5992	32568	55036	87954	76264	96523	100951	102022
科学研究成果　（项）								
通过鉴定成果	48	61	55	192	131	116	128	152
# 达到国际水平	1	1	1	15	12	10	18	12
填补国内空白	3	12	18	37	96	13	49	54
达到省内先进水平	8	32	51	76	20	86	52	82
填补省内空白	10	2	47	17	3	7	9	4
专利申请受理量	38	143	456	474	2205	3389	6174	6839

17-1　续表

指　　标	2009	2010	2011	2012	2013	2014	2015	2016
科学研究机构　（个）								
国有独立科研机构	23	20	19	19	19	19	29	34
民办科技型企业	1498	1470	2534	4846	6546	7307	7912	9915
各类专业技术人员　（人）	**248915**	**271799**	**396344**	**419953**	**436000**	**454900**	**441000**	**452500**
# 中级职称以上人员	102682	113977	134448	149644				
科学研究成果　（项）								
通过鉴定成果	186	203	179	172	297	199	179	240
# 达到国际水平	75	66	39	43	65	46	34	72
填补国内空白	32	52	51	62	90	60	75	61
达到省内先进水平	78	81		4	5	5	8	12
填补省内空白	1	4				4		
专利申请受理量	6898	9927	14729	18014	23472	14014	12481	21511

注：2013 年及以后各类专业技术人员数统计口径由全社会改为国有、集体单位（下同）。

17-2 规模以上工业企业科技机构情况

（2016年）

指标	机构数（个）	机构人员合计（人）	博士毕业	硕士毕业	机构经费支出（万元）	仪器和设备原价（万元）	#进口
总计	**1577**	**30952**	**638**	**4507**	**850967**	**832359**	**53515**
按企业规模分							
大型	105	8607	151	2415	268110	387268	44472
中型	569	11761	218	1037	328769	284310	3660
小型	901	10573	269	1055	253223	160700	5384
微型	2	11			866	81	
按隶属关系分							
中央	6	457	8	56	4504	14408	820
省（自治区、直辖市）	8	210	11	58	2346	4114	2173
地（区、市、州、盟）	65	5721	84	2209	158898	217745	33795
县（区、市、旗）	33	857	24	74	16904	14973	1050
街道							
镇	5	88		7	889	268	
乡							
社区（居委会）							
村委会	3	72			2210	532	
其他	1457	23547	511	2103	665217	580318	15678
按登记注册类型分							
内资企业	1458	27078	585	4187	732799	682656	45023
国有企业							
集体企业	2	9		4	83	42	
股份合作企业							
联营企业							
国有联营企业							
集体联营企业							
国有与集体联营企业							
其他联营企业							
有限责任公司	225	7575	166	2258	189357	215257	28009
国有独资公司	26	2880	65	1855	87248	124764	25745
其他有限责任公司	199	4695	101	403	102110	90493	2264
股份有限公司	59	2768	49	320	59770	155187	10593
私营企业	1172	16726	370	1605	483588	312170	6421
私营独资企业	37	338	15	50	8958	4278	
私营合伙企业	3	31		1	1105	765	
私营有限责任公司	1084	15427	341	1497	431263	271567	5838
私营股份有限公司	48	930	14	57	42262	35560	584
其他企业							
港、澳、台商投资企业	62	2378	30	198	80945	127953	5838
与港澳台商合资经营企业	36	1356	17	150	52598	102119	5838
与港澳台商合作经营企业	1	35	3	2	110	287	
港澳台商独资经营企业	21	691	6	37	15858	22469	
港澳台商投资股份有限公司	4	296	4	9	12379	3079	
其他港澳台投资企业							
外商投资企业	57	1496	23	122	37223	21750	2654
中外合资经营企业	40	1195	16	102	29356	17513	2454
中外合作经营企业	2	44		3	1534	321	
外资企业	15	257	7	17	6333	3915	200
外商投资股份有限公司							
其他外商投资企业							
其他							

17-2 续表 （2016 年）

指　　　标	机构数（个）	机构人员合计（人）			机构经费支出（万元）	仪器和设备原价（万元）	
			博士毕业	硕士毕业			#进口
按国民经济行业大类分组							
采矿业	15	485	21	99	5338	10711	
煤炭开采和洗选业	5	434	19	80	4971	10396	
石油和天然气开采业							
黑色金属矿采选业							
有色金属矿采选业							
非金属矿采选业	10	51	2	19	367	316	
开采辅助活动							
其他采矿业							
制造业	1552	30312	615	4382	843241	811402	52935
农副食品加工业	126	1737	41	210	46908	22050	1567
食品制造业	41	706	14	88	16274	11417	654
酒、饮料和精制茶制造业	20	615	11	65	24092	110230	5035
烟草制品业	1	34		8	1420	2992	2173
纺织业	179	1840	34	161	37980	16377	45
纺织服装、服饰业	41	300	5	27	5621	5188	135
皮革、毛皮、羽毛及其制品和制鞋业	11	125	5	13	3798	1014	
木材加工和木、竹、藤、棕、草制品业	193	2810	34	151	69328	25427	79
家具制造业	18	113	7	16	2139	3240	
造纸和纸制品业	9	219	4	8	4627	1698	
印刷和记录媒介复制业	11	88		5	1008	35695	
文教、工美、体育和娱乐用品制造业	33	503	5	35	6674	7128	
石油加工、炼焦和核燃料加工业	11	294	11	26	11105	6455	
化学原料和化学制品制造业	128	3155	70	288	112529	97532	6450
医药制造业	49	1508	46	321	47322	47211	4772
化学纤维制造业	18	202	4	8	5180	2976	
橡胶和塑料制品业	65	889	9	58	21586	10815	176
非金属矿物制品业	93	1170	40	148	29603	26647	603
黑色金属冶炼和压延加工业	67	1186	38	114	28904	37467	1460
有色金属冶炼和压延加工业	20	528	20	43	16037	6877	
金属制品业	43	568	8	64	16481	12631	1248
通用设备制造业	77	3765	64	1867	104067	145668	24572
专用设备制造业	70	1687	38	131	50036	17442	107
汽车制造业	26	602	11	94	11015	3694	256
铁路、船舶、航空航天和其他运输设备制造业	16	959	2	25	14818	12921	865
电气机械和器材制造业	94	1919	56	173	69121	68576	1688
计算机、通信和其他电子设备制造业	38	1206	21	74	38349	33082	462
仪器仪表制造业	42	1449	15	148	43676	37821	591
其他制造业	6	84	1	6	2326	495	
废弃资源综合利用业	5	46	1	7	1197	622	
金属制品、机械和设备修理业	1	5			21	16	
电力、热力、燃气及水生产和供应业	10	155	2	26	2388	10245	580
电力、热力生产和供应业	9	149	2	26	2364	10221	580
燃气生产和供应业							
水的生产和供应业	1	6			24	24	
按经济成分分组							
公有经济	56	4309	90	2011	126893	295121	30830
非公有经济	1521	26643	548	2496	724074	537238	22686
按企业控股情况分组							
国有控股	42	3660	80	1951	99497	149263	25809
集体控股	14	649	10	60	27396	145858	5021
私人控股	1400	22773	496	2201	607259	423283	14165
港澳台商控股	44	1866	18	147	71283	73923	5292
外商控股	32	802	18	73	24055	14131	2478
其他	45	1202	16	75	21477	25902	751

17-3 规模以上工业企业科技活动人员情况

（2016 年）　　单位：人

指　　标	科技活动人员	#博士毕业（人）	硕士毕业（人）
总　计	**30952**	**638**	**4507**
按企业规模分组			
大型	8607	151	2415
中型	11761	218	1037
小型	10573	269	1055
微型	11		
按隶属关系分组			
中央	457	8	56
省（自治区、直辖市）	210	11	58
地（区、市、州、盟）	5721	84	2209
县（区、市、旗）	857	24	74
街道			
镇	88		7
乡			
社区（居委会）			
村委会	72		
其他	23547	511	2103
按登记注册类型分组			
内资企业	27078	585	4187
国有企业			
集体企业	9		4
股份合作企业			
联营企业			
国有联营企业			
集体联营企业			
国有与集体联营企业			
其他联营企业			
有限责任公司	7575	166	2258
国有独资公司	2880	65	1855
其他有限责任公司	4695	101	403
股份有限公司	2768	49	320
私营企业	16726	370	1605
私营独资企业	338	15	50
私营合伙企业	31		1
私营有限责任公司	15427	341	1497
私营股份有限公司	930	14	57
其他企业			
港、澳、台商投资企业	2378	30	198
与港澳台商合资经营企业	1356	17	150
与港澳台商合作经营企业	35	3	2
港澳台商独资经营企业	691	6	37
港澳台商投资股份有限公司	296	4	9
其他港澳台投资企业			
外商投资企业	1459	23	122
中外合资经营企业	1195	16	102
中外合作经营企业	44		3
外资企业	257	1	17
外商投资股份有限公司			
其他外商投资企业			
其他			

17-3 续表 (2016年) 单位:人

指标	科技活动人员	#博士毕业(人)	硕士毕业(人)
按国民经济行业大类分组			
采矿业	485	21	99
煤炭开采和洗选业	434	19	80
石油和天然气开采业			
黑色金属矿采选业			
有色金属矿采选业			
非金属矿采选业	51	2	19
开采辅助活动			
其他采矿业			
制造业	30312	615	4382
农副食品加工业	1737	41	210
食品制造业	706	14	88
酒、饮料和精制茶制造业	615	11	65
烟草制品业	34		8
纺织业	1840	34	161
纺织服装、服饰业	300	5	27
皮革、毛皮、羽毛及其制品和制鞋业	125	5	13
木材加工和木、竹、藤、棕、草制品业	2810	34	151
家具制造业	113	7	16
造纸和纸制品业	219	4	8
印刷和记录媒介复制业	88		5
文教、工美、体育和娱乐用品制造业	503	5	35
石油加工、炼焦和核燃料加工业	294	11	26
化学原料和化学制品制造业	3155	70	288
医药制造业	1508	46	321
化学纤维制造业	202	4	8
橡胶和塑料制品业	889	9	58
非金属矿物制品业	1170	40	148
黑色金属冶炼和压延加工业	1186	38	114
有色金属冶炼和压延加工业	528	20	43
金属制品业	568	8	64
通用设备制造业	3765	64	1867
专用设备制造业	1687	38	131
汽车制造业	602	11	94
铁路、船舶、航空航天和其他运输设备制造业	959	2	25
电气机械和器材制造业	1919	56	173
计算机、通信和其他电子设备制造业	1206	21	74
仪器仪表制造业	1449	15	148
其他制造业	84	1	6
废弃资源综合利用业	46	1	7
金属制品、机械和设备修理业	5		
电力、热力、燃气及水生产和供应业	155	2	26
电力、热力生产和供应业	149	2	26
燃气生产和供应业			
水的生产和供应业	6		
按经济成分分组			
公有经济	4309	90	2011
非公有经济	26643	548	2496
按企业控股情况分组			
国有控股	3660	80	1951
集体控股	649	10	60
私人控股	22773	496	2201
港澳台商控股	1866	18	147
外商控股	802	18	73
其他	1202	18	75

17-4 规模以上工业企业 R&D 经费情况

（2016 年） 单位：万元

指标	R&D 经费内部支出合计	按活动类型分组			按资金来源分组			
		基础研究支出	应用研究支出	试验发展支出	政府资金	企业资金	境外资金	其他资金
总　计	**1083931**	**250**	**36112**	**1047569**	**6203**	**1046343**	**2565**	**28820**
按企业规模分								
大型	378838		3719	375119	3332	366771	606	8131
中型	400419		9187	391233	1290	386542	387	12201
小型	303863	250	23206	280406	1582	292220	1573	8489
微型	811			811		811		
按隶属关系分								
中央	21955			21955		21955		
省（自治区、直辖市）	6315			6315	1	6314		
地（区、市、州、盟）	228699		3187	225512	1603	226765		330
县（区、市、旗）	27623			27623	595	26835		194
街道								
镇	468			468	55	413		
乡								
社区（居委会）								
村委会	2257			2257		2257		
其他	796615	250	32926	763439	3950	761804	2565	28296
按登记注册类型分								
内资企业	953826	250	35328	918248	5084	921900	2565	24277
国有企业	585			585		585		
集体企业								
股份合作企业								
联营企业								
国有联营企业								
集体联营企业								
国有与集体联营企业								
其他联营企业								
有限责任公司	264784		5668	259115	1593	258294	1556	3341
国有独资公司	136687		3055	133631	1044	135643		
其他有限责任公司	128097		2613	125484	549	122651	1556	3341
股份有限公司	108362		664	107698	1090	106104		1168
私营企业	580095	250	28996	550849	2402	556917	1009	19768
私营独资企业	9211		807	8403	6	8863	316	25
私营合伙企业	1991			1991		1991		
私营有限责任公司	521894	250	16023	505621	2336	499380	693	19485
私营股份有限公司	46999		12166	34833	60	46682		257
其他企业								
港、澳、台商投资企业	89691		652	89039	960	86381		2350
与港澳台商合资经营企业	61434			61434	929	60504		
与港澳台商合作经营企业								
港澳台商独资经营企业	14642		652	13990	31	14013		598
港澳台商投资股份有限公司	13615			13615		11863		1752
其他港澳台投资企业								
外商投资企业	40414		132	40282	159	38062		2193
中外合资经营企业	32160		132	32028	149	30274		1737
中外合作经营企业	1731			1731		1731		
外资企业	6523			6523	10	6057		456
外商投资股份有限公司								
其他外商投资企业								

17-4 续表　　（2016年）　　单位：万元

指　　标	R&D经费内部支出合计	按活动类型分组			按资金来源分组			
		基础研究支　出	应用研究支　出	试验发展支　出	政府资金	企业资金	境外资金	其他资金
按国民经济行业大类分组								
采矿业	26595			26595	1	25989	606	
煤炭开采和洗选业	25119			25119	1	24512	606	
石油和天然气开采业								
黑色金属矿采选业								
有色金属矿采选业								
非金属矿采选业	1477			1477		1477		
开采辅助活动								
其他采矿业								
制造业	1056075	250	36112	1019713	6202	1019093	1960	28820
农副食品加工业	55733		2325	53409	387	50885	271	4190
食品制造业	21396		185	21211	372	21008		16
酒、饮料和精制茶制造业	37854		342	37512	194	37524		135
烟草制品业	889			889		889		
纺织业	45572			45572	180	45264	128	
纺织服装、服饰业	8128			8128	180	7948		
皮革、毛皮、羽毛及其制品和制鞋业	5873			5873		5873		
木材加工和木、竹、藤、棕、草制品业	78230		7246	70984	213	77444	155	418
家具制造业	4111			4111	2	4109		
造纸和纸制品业	5369			5369	2	5001		366
印刷和记录媒介复制业	9			9		9		
文教、工美、体育和娱乐用品制造业	10091			10091	45	10020	27	
石油加工、炼焦和核燃料加工业	10168		192	9976	0	10168		
化学原料和化学制品制造业	144957		2096	142862	1469	139621	1010	2858
医药制造业	78924		12778	66146	214	76979		1731
化学纤维制造业	9555			9555	0	9239	316	
橡胶和塑料制品业	23093		939	22155	69	22777		248
非金属矿物制品业	37352		37	37316	538	36492	53	270
黑色金属冶炼和压延加工业	30133			30133	15	30118		
有色金属冶炼和压延加工业	20102			20102	72	19768		262
金属制品业	13746			13746	47	13414		285
通用设备制造业	151245		3258	147986	1362	148704		1179
专用设备制造业	61159	250	2584	58325	144	56986		4029
汽车制造业	18139		333	17806	11	18128		
铁路、船舶、航空航天和其他运输设备制造业	12027			12027	457	11570		
电气机械和器材制造业	80784		2581	78203	109	79479		1195
计算机、通信和其他电子设备制造业	33742			33742	40	31843		1860
仪器仪表制造业	53900		566	53334	50	44669		9181
其他制造业	2426		652	1774	31	1797		598
废弃资源综合利用业	1370			1370		1370		
金属制品、机械和设备修理业								
电力、热力、燃气及水生产和供应业	1261			1261		1261		
电力、热力生产和供应业	1261			1261		1261		
燃气生产和供应业								
水的生产和供应业								
按经济成分分组								
公有经济	210138		4775	205363	1247	208619		273
非公有经济	873793	250	31337	842205	4956	837724	2565	28547
按企业控股情况分组								
国有控股	168520		4775	163745	1044	167338		138
集体控股	41619			41619	203	41281		135
私人控股	747264	250	30553	716461	4311	716131	2495	24328
港澳台商控股	80697		652	80044	500	77846		2350
外商控股	25080		132	24949	12	24226		842
其他	20752			20752	133	19521	70	1028

17–5　规模以上工业企业新产品产出情况

（2016 年）　　单位：万元

指　　标	新产品开发项目数（项）	新产品开发经费支出	新产品产值	新产品销售收入	#出口
总　计	**2216**	**964210**	**10272537**	**10206871**	**532814**
按企业规模分					
大型	684	345750	5189401	5279941	457409
中型	771	351654	2481721	2372136	20184
小型	758	266203	2589534	2542913	55221
微型	3	603	11881	11881	
按隶属关系分					
中央	36	6401	45662	45628	
省（自治区、直辖市）	16	4211	19178	23887	33
地（区、市、州、盟）	608	237652	3634898	3672991	247058
县（区、市、旗）	35	20260	305404	291713	62550
街道					
镇	3	468	4749	3677	
乡					
社区（居委会）					
村委会	3	2257	3323	3163	
其他	1515	692961	6259323	6165812	223174
按登记注册类型分					
内资企业	1930	811328	7752287	7840200	460663
国有企业	5	585			
集体企业	1	40	50300	15073	
股份合作企业					
联营企业					
国有联营企业					
集体联营企业					
国有与集体联营企业					
其他联营企业					
有限责任公司	705	227412	2690844	3014255	328776
国有独资公司	417	129380	1204882	1413559	183782
其他有限责任公司	288	98032	1485962	1600696	144994
股份有限公司	203	92947	985814	961581	79172
私营企业	1016	490344	4025329	3849292	52716
私营独资企业	12	6177	18253	38800	17928
私营合伙企业	2	1335	606	593	
私营有限责任公司	944	456884	3823048	3631120	26479
私营股份有限公司	58	25948	183421	178778	8309
其他企业					
港、澳、台商投资企业	132	106773	2180397	2013027	67869
与港澳台商合资经营企业	67	74735	2028975	1865223	61165
与港澳台商合作经营企业	1	1600	5760	5760	
港澳台商独资经营企业	43	15544	116911	113819	6690
港澳台商投资股份有限公司	21	14894	28751	28225	14
其他港澳台投资企业					
外商投资企业	154	46109	339854	353643	4282
中外合资经营企业	134	38926	272073	287707	1184
中外合作经营企业	2	1731	901	873	
外资企业	18	5452	66880	65064	3098
外商投资股份有限公司					
其他外商投资企业					

17-5 续表 （2016 年） 单位:万元

指标	新产品开发项目数（项）	新产品开发经费支出	新产品产值	新产品销售收入	#出口
按国民经济行业大类分组					
采矿业	32	8010	6530	6796	
煤炭开采和洗选业	22	7115	4928	5264	
石油和天然气开采业					
黑色金属矿采选业					
有色金属矿采选业					
非金属矿采选业	10	895	1602	1532	
开采辅助活动					
其他采矿业					
制造业	2180	952047	10256419	10191224	532814
农副食品加工业	103	49457	453705	448876	7150
食品制造业	32	19860	90110	90731	
酒、饮料和精制茶制造业	41	32644	479035	492798	1605
烟草制品业	6	1758	1457	1457	
纺织业	87	32752	238877	230010	4939
纺织服装、服饰业	23	8604	59703	58981	
皮革、毛皮、羽毛及其制品和制鞋业	11	5873	10860	10194	
木材加工和木、竹、藤、棕、草制品业	106	59257	274181	269768	
家具制造业	13	4535	79696	66861	
造纸和纸制品业	8	3108	59030	49454	
印刷和记录媒介复制业	3	244	428	406	
文教、工美、体育和娱乐用品制造业	25	7448	67672	65092	770
石油加工、炼焦和核燃料加工业	3	3095	2563	8785	
化学原料和化学制品制造业	122	132770	2948160	2704157	122768
医药制造业	117	64972	406715	549961	160507
化学纤维制造业	11	8864	126159	125519	
橡胶和塑料制品业	52	18768	87248	82249	60
非金属矿物制品业	85	39163	389247	379185	314
黑色金属冶炼和压延加工业	45	17479	380416	331533	200
有色金属冶炼和压延加工业	25	20645	228641	227594	
金属制品业	50	10954	93215	89525	33
通用设备制造业	540	145407	1448706	1655420	186845
专用设备制造业	138	54102	463467	456389	15682
汽车制造业	72	16147	116396	122609	
铁路、船舶、航空航天和其他运输设备制造业	37	18469	272777	272056	2523
电气机械和器材制造业	161	73253	535282	537371	9284
计算机、通信和其他电子设备制造业	85	40610	326845	317383	20115
仪器仪表制造业	171	58809	599991	532305	20
其他制造业	5	1774	4431	4284	
废弃资源综合利用业	3	1226	11407	10272	
金属制品、机械和设备修理业					
电力、热力、燃气及水生产和供应业	4	4154	9588	8850	
电力、热力生产和供应业	4	4154	9588	8850	
燃气生产和供应业					
水的生产和供应业					
按经济成分分组					
公有经济	545	183945	1980939	2140740	219777
非公有经济	1671	780265	8291598	8066131	313037
按企业控股情况分组					
国有控股	479	146661	1305643	1512057	183782
集体控股	66	37284	675296	628682	35996
私人控股	1399	639219	5684571	5612983	234115
港澳台商控股	87	89304	2058622	1883906	66757
外商控股	107	28554	239527	257696	4282
其他	78	23189	308879	311547	7883

17-6 规模以上工业企业自主知识产权保护情况

（2016 年）

指标	专利申请数（件）	#发明专利	有效发明专利数（件）	#境外授权
总 计	**6448**	**2117**	**3962**	**75**
按企业规模分				
大型	1885	651	1380	47
中型	1941	639	1251	23
小型	2622	827	1329	5
微型			2	
按隶属关系分				
中央	39	13	79	
省(自治区、直辖市)	62	6	107	
地(区、市、州、盟)	1836	640	1657	34
县(区、市、旗)	83	28	67	
街道				
镇	10	1	19	
乡				
社区(居委会)				
村委会	9	3	2	
其他	4409	1426	2031	41
按登记注册类型分				
内资企业	5964	1961	3486	68
国有企业	4	4	4	
集体企业				
股份合作企业				
联营企业				
国有联营企业				
集体联营企业				
国有与集体联营企业				
其他联营企业				
有限责任公司	2646	816	1762	11
国有独资公司	1492	511	1028	11
其他有限责任公司	1154	305	734	
股份有限公司	306	138	526	31
私营企业	3008	1003	1194	26
私营独资企业	54	10	10	
私营合伙企业	4	1	2	
私营有限责任公司	2708	930	1097	26
私营股份有限公司	242	62	85	
其他企业				
港、澳、台商投资企业	252	53	333	7
与港澳台商合资经营企业	182	29	212	7
与港澳台商合作经营企业	6	2		
港澳台商独资经营企业	28	10	93	
港澳台商投资股份有限公司	36	12	28	
其他港澳台投资企业				
外商投资企业	232	103	143	
中外合资经营企业	173	77	107	
中外合作经营企业	2	1		
外资企业	57	25	36	
外商投资股份有限公司				
其他外商投资企业				

17-6 续表 （2016年）

指 标	专利申请数（件）	#发明专利	有效发明专利数（件）	#境外授权
按国民经济行业大类分组				
采矿业	60	10	22	
煤炭开采和洗选业	60	10	22	
石油和天然气开采业				
黑色金属矿采选业				
有色金属矿采选业				
非金属矿采选业				
开采辅助活动				
其他采矿业				
制造业	6359	2096	3913	75
农副食品加工业	369	158	89	
食品制造业	203	21	33	
酒、饮料和精制茶制造业	36	7	21	14
烟草制品业	18	2	81	
纺织业	49	13	80	
纺织服装、服饰业	55	8	23	
皮革、毛皮、羽毛及其制品和制鞋业	5	2		
木材加工和木、竹、藤、棕、草制品业	383	108	85	
家具制造业	68	6	21	
造纸和纸制品业	54	24	13	
印刷和记录媒介复制业	1			
文教、工美、体育和娱乐用品制造业	174	8	24	
石油加工、炼焦和核燃料加工业	16	5	39	
化学原料和化学制品制造业	383	137	284	7
医药制造业	239	131	209	14
化学纤维制造业	37	4	73	
橡胶和塑料制品业	121	35	41	
非金属矿物制品业	294	112	189	7
黑色金属冶炼和压延加工业	127	24	98	4
有色金属冶炼和压延加工业	121	24	25	
金属制品业	163	46	120	
通用设备制造业	1668	604	1189	12
专用设备制造业	618	236	463	7
汽车制造业	152	50	68	
铁路、船舶、航空航天和其他运输设备制造业	148	18	54	
电气机械和器材制造业	306	95	210	10
计算机、通信和其他电子设备制造业	225	75	176	
仪器仪表制造业	316	138	193	
其他制造业	2	1	11	
废弃资源综合利用业	8	4	1	
金属制品、机械和设备修理业				
电力、热力、燃气及水生产和供应业	29	11	27	
电力、热力生产和供应业	29	11	27	
燃气生产和供应业				
水的生产和供应业				
按经济成分分组				
公有经济	1798	612	1432	25
非公有经济	4650	1505	2530	50
按企业控股情况分组				
国有控股	1703	568	1386	11
集体控股	95	44	46	14
私人控股	4135	1361	1913	43
港澳台商控股	176	37	230	7
外商控股	111	43	62	
其他	228	64	325	

17-7 规模以上工业企业技术改造、技术获取情况

（2016年）　　单位：万元

指　　标	引进技术经费支出	消化吸收经费支出	购买国内技术经费支出	技术改造经费支出
总　计	**6625**	**995**	**2222**	**113421**
按企业规模分				
大型	1475	886	284	65576
中型	5084	99	25	30673
小型	66	10	1913	17173
微型				
按隶属关系分				
中央				23670
省(自治区、直辖市)				22468
地(区、市、州、盟)	1475	756	204	41619
县(区、市、旗)			15	2483
街道				
镇	23		20	3
乡				
社区(居委会)				
村委会				
其他	5127	239	1983	23178
按登记注册类型分				
内资企业	6602	995	2182	84249
国有企业				25
集体企业				
股份合作企业				
联营企业				
国有联营企业				
集体联营企业				
国有与集体联营企业				
其他联营企业				
有限责任公司			162	63647
国有独资公司				27133
其他有限责任公司			162	36513
股份有限公司	1475	756	231	11725
私营企业	5127	239	1789	8852
私营独资企业				
私营合伙企业				
私营有限责任公司	5127	239	1789	8540
私营股份有限公司				313
其他企业				
港、澳、台商投资企业			20	25890
与港澳台商合资经营企业				23724
与港澳台商合作经营企业				
港澳台商独资经营企业			20	2040
港澳台商投资股份有限公司				126
其他港澳台投资企业				
外商投资企业	23		20	3282
中外合资经营企业	23		20	3262
中外合作经营企业				
外资企业				21
外商投资股份有限公司				
其他外商投资企业				

17-7 续表 （2016年） 单位:万元

指 标	引进技术经费支出	消化吸收经费支出	购买国内技术经费支出	技术改造经费支出
按国民经济行业大类分组				
采矿业				15195
煤炭开采和洗选业				15195
石油和天然气开采业				
黑色金属矿采选业				
有色金属矿采选业				
非金属矿采选业				
开采辅助活动				
其他采矿业				
制造业	6625	995	2222	51481
农副食品加工业			111	1180
食品制造业		130	65	486
酒、饮料和精制茶制造业				
烟草制品业				
纺织业				1200
纺织服装、服饰业			15	247
皮革、毛皮、羽毛及其制品和制鞋业				
木材加工和木、竹、藤、棕、草制品业				64
家具制造业			12	20
造纸和纸制品业				91
印刷和记录媒介复制业				
文教、工美、体育和娱乐用品制造业	23		20	3
石油加工、炼焦和核燃料加工业		99	25	199
化学原料和化学制品制造业			216	13441
医药制造业	1475	756	204	8328
化学纤维制造业				
橡胶和塑料制品业				1588
非金属矿物制品业			286	1147
黑色金属冶炼和压延加工业				1132
有色金属冶炼和压延加工业				91
金属制品业			758	488
通用设备制造业	43	10	52	10558
专用设备制造业			421	2479
汽车制造业				189
铁路、船舶、航空航天和其他运输设备制造业				1484
电气机械和器材制造业	5084		12	1975
计算机、通信和其他电子设备制造业				2173
仪器仪表制造业			25	2919
其他制造业				
废弃资源综合利用业				
金属制品、机械和设备修理业				
电力、热力、燃气及水生产和供应业				46744
电力、热力生产和供应业				46744
燃气生产和供应业				
水的生产和供应业				
按经济成分分组				
公有经济				67906
非公有经济	6625	995	2222	45515
按企业控股情况分组				
国有控股				67260
集体控股				646
私人控股	6625	995	2202	28628
港澳台商控股			20	12562
外商控股				1648
其他				2678

17-8 规模以上工业企业 R&D 项目情况

（2016 年）

指 标	新产品开发项目数（项）	参加项目人员（人）	项目经费内部支出（万元）
总 计	**2216**	**30715**	**1083931**
按企业规模分组			
大型	684	11442	378838
中型	771	11244	400419
小型	758	8023	303863
微型	3	6	811
按隶属关系分组			
中央	36	1761	21955
省（自治区、直辖市）	16	316	6315
地（区、市、州、盟）	608	6979	228699
县（区、市、旗）	35	746	27623
街道			
镇	3	43	468
乡			
社区（居委会）			
村委会	3	72	2257
其他	1515	20798	796615
按登记注册类型分组			
内资企业	1930	27717	953826
国有企业	5	44	585
集体企业	1		
股份合作企业			
联营企业			
国有联营企业			
集体联营企业			
国有与集体联营企业			
其他联营企业			
有限责任公司	705	9802	264784
国有独资公司	417	4556	136687
其他有限责任公司	288	5246	128097
股份有限公司	203	3290	108362
私营企业	1016	14581	580095
私营独资企业	12	214	9211
私营合伙企业	2	35	1991
私营有限责任公司	944	13274	521894
私营股份有限公司	58	1058	46999
其他企业			
港、澳、台商投资企业	132	1576	89691
与港澳台商合资经营企业	67	1031	61434
与港澳台商合作经营企业	1		
港澳台商独资经营企业	43	432	14642
港澳台商投资股份有限公司	21	113	13615
其他港澳台投资企业			
外商投资企业	154	1422	40414
中外合资经营企业	134	1132	32160
中外合作经营企业	2	44	1731
外资企业	18	246	6523
外商投资股份有限公司			
其他外商投资企业			

17-8　续表　（2016年）

指　　标	项　目　数 （项）	参加项目人员 （人）	项目经费 内部支出 （万元）
按国民经济行业大类分组			
采矿业	32	1907	26595
煤炭开采和洗选业	22	1841	25119
石油和天然气开采业			
黑色金属矿采选业			
有色金属矿采选业			
非金属矿采选业	10	66	1477
开采辅助活动			
其他采矿业			
制造业	2180	28742	1056075
农副食品加工业	103	1603	55733
食品制造业	32	749	21396
酒、饮料和精制茶制造业	41	1301	37854
烟草制品业	6	28	889
纺织业	87	1249	45572
纺织服装、服饰业	23	246	8128
皮革、毛皮、羽毛及其制品和制鞋业	11	115	5873
木材加工和木、竹、藤、棕、草制品业	106	2650	78230
家具制造业	13	68	4111
造纸和纸制品业	8	155	5369
印刷和记录媒介复制业	3	5	9
文教、工美、体育和娱乐用品制造业	25	415	10091
石油加工、炼焦和核燃料加工业	3	190	10168
化学原料和化学制品制造业	122	2733	144957
医药制造业	117	1762	78924
化学纤维制造业	11	201	9555
橡胶和塑料制品业	52	678	23093
非金属矿物制品业	85	994	37352
黑色金属冶炼和压延加工业	45	795	30133
有色金属冶炼和压延加工业	25	553	20102
金属制品业	50	513	13746
通用设备制造业	540	5097	151245
专用设备制造业	138	1475	61159
汽车制造业	72	582	18139
铁路、船舶、航空航天和其他运输设备制造业	37	696	12027
电气机械和器材制造业	161	2039	80784
计算机、通信和其他电子设备制造业	85	709	33742
仪器仪表制造业	171	1016	53900
其他制造业	5	74	2426
废弃资源综合利用业	3	51	1370
金属制品、机械和设备修理业			
电力、热力、燃气及水生产和供应业	4	66	1261
电力、热力生产和供应业	4	66	1261
燃气生产和供应业			
水的生产和供应业			
按经济成分分组			
公有经济	545	8072	210138
非公有经济	1671	22643	873793
按企业控股情况分组			
国有控股	479	6626	168520
集体控股	66	1446	41619
私人控股	1399	19549	747264
港澳台商控股	87	1283	80697
外商控股	107	943	25080
其他	78	868	20752

17-9 规模以上工业企业政府相关政策落实情况

（2016 年）　　单位：万元

指　　标	来自政府部门的科技活动资金	研究开发费用加计扣除减免税	高新技术企业减免税
总　计	**11297**	**38674**	**59123**
按企业规模分组			
大型	3875	27153	24924
中型	4703	6527	23560
小型	2719	4994	10633
微型			6
按隶属关系分组			
中央		869	
省（自治区、直辖市）	45	151	791
地（区、市、州、盟）	1883	25000	21895
县（区、市、旗）	3966	207	1537
街道			
镇	55	10	
乡			
社区（居委会）			
村委会			
其他	5348	12437	34900
按登记注册类型分组			
内资企业	6528	35560	38693
国有企业			
集体企业	1		
股份合作企业			
联营企业			
国有联营企业			
集体联营企业			
国有与集体联营企业			
其他联营企业			
有限责任公司	2059	26385	15783
国有独资公司	1053	21586	2331
其他有限责任公司	1006	4800	13452
股份有限公司	1660	2984	9698
私营企业	2808	6191	13212
私营独资企业	6		
私营合伙企业			
私营有限责任公司	2742	6081	13084
私营股份有限公司	60	110	128
其他企业			
港、澳、台商投资企业	4525	1565	15445
与港澳台商合资经营企业	4289	1271	13539
与港澳台商合作经营企业	100		
港澳台商独资经营企业	36		
港澳台商投资股份有限公司	100	294	1906
其他港澳台投资企业			
外商投资企业	244	1549	4985
中外合资经营企业	234	707	4629
中外合作经营企业			
外资企业	10	842	356
外商投资股份有限公司			
其他外商投资企业			

17-9　续表　　（2016 年）　　单位：万元

指　　标	来自政府部门的科技活动资金	研究开发费用加计扣除减免税	高新技术企业减免税
按国民经济行业大类分组			
采矿业	10	937	
煤炭开采和洗选业	10	937	
石油和天然气开采业			
黑色金属矿采选业			
有色金属矿采选业			
非金属矿采选业			
开采辅助活动			
其他采矿业			
制造业	8137	37662	59123
农副食品加工业	421	709	94
食品制造业	472	378	
酒、饮料和精制茶制造业	256		
烟草制品业			
纺织业	180		
纺织服装、服饰业	180	11	
皮革、毛皮、羽毛及其制品和制鞋业			
木材加工和木、竹、藤、棕、草制品业	213	45	
家具制造业	23	77	
造纸和纸制品业	2	182	3017
印刷和记录媒介复制业			
文教、工美、体育和娱乐用品制造业	45	1023	119
石油加工、炼焦和核燃料加工业			
化学原料和化学制品制造业	2118	2428	14651
医药制造业	214	1595	4553
化学纤维制造业			
橡胶和塑料制品业	79	428	1275
非金属矿物制品业	669	916	753
黑色金属冶炼和压延加工业	15	71	300
有色金属冶炼和压延加工业	272	186	360
金属制品业	47	63	823
通用设备制造业	1698	22700	4916
专用设备制造业	321	2326	8835
汽车制造业	11	176	350
铁路、船舶、航空航天和其他运输设备制造业	457	209	2889
电气机械和器材制造业	142	1247	3515
计算机、通信和其他电子设备制造业	175	669	3262
仪器仪表制造业	97	2225	9413
其他制造业	31		
废弃资源综合利用业			
金属制品、机械和设备修理业			
电力、热力、燃气及水生产和供应业	3150	75	
电力、热力生产和供应业	3150	75	
燃气生产和供应业			
水的生产和供应业			
按经济成分分组			
公有经济	4519	22723	2782
非公有经济	6778	15950	56341
按企业控股情况分组			
国有控股	4238	22515	2331
集体控股	281	209	452
私人控股	5643	12080	35555
港澳台商控股	815	1044	13831
外商控股	12	899	669
其他	308	1927	6286

17-10　高新技术产业情况

（2015 年）

单位：万元

指　　标	从业人员年平均人数（人）	工业总产值	产品销售收入	出口交货值	利税总额
全市总计	**195645**	**45052600**	**46121389**	**955371**	**5949008**
电子计算机及办公设备制造业	30	2012	2110		37
电子及通讯设备制造业	15265	3426676	3516735	39992	468710
生物医药制造业	22204	5970503	6258490	1529	839870
仪器仪表制造业	8198	2454528	2551790	875	333467
高端装备制造业	84210	15730615	16090754	756976	2008430
新材料制造业	65031	17319621	17552802	155999	2274365
新能源制造业	707	148645	148709		24128

17-11　高新技术产业情况

（2016 年）

单位：万元

指　　标	从业人员年平均人数（人）	工业总产值	产品销售收入	出口交货值	利税总额
全市总计	**197408**	**51774625**	**51284256**	**1078270**	**6694324**
电子计算机及办公设备制造业	32	2045	2046		4
电子及通讯设备制造业	16466	4165294	4108784	106127	523080
生物医药制造业	24556	7159319	7228144	1480	955177
仪器仪表制造业	19071	7575839	7530893		1132162
高端装备制造业	73410	14232837	14320386	716760	1624333
新材料制造业	62717	18438245	17899431	253903	2429975
新能源制造业	1156	201045	194572		29594

17-12 主要年份各类学校数

单位:所

年　份	普通高等学校	中等专业学校	技工学校	职业高中	普通中学	小学
1949		4			16	1803
1952		8			21	2641
1957		5			62	3109
1962	3	7			140	3773
1965	2	11			142	4390
1970	2	2			179	5183
1975	2	9			228	5113
1978	2	14	9		234	4260
1979	2	14	9		236	4115
1980	2	13	10		274	3446
1981	3	13	10		395	4316
1982	3	14	10		478	3964
1983	4	14	10		494	3822
1984	5	15	11	18	512	3674
1985	5	17	11	36	551	3618
1986	5	16	11	28	612	3490
1987	5	17	11	29	643	3413
1988	5	17	11	31	648	3472
1989	4	17	12	41	654	3441
1990	4	16	12	43	640	3409
1991	4	15	11	45	639	3408
1992	4	15	14	55	621	3391
1993	4	15	14	49	610	3390
1994	4	16	14	51	581	3347
1995	4	16	14	52	553	3338
1996	4	16	14	50	546	3305
1997	4	16	14	52	525	3288
1998	4	16	13	48	523	3250
1999	5	14	14	47	513	3147
2000	5	13	13	42	492	2902
2001	5	12	10	41	498	2710
2002	6	11	10	35	476	2333
2003	6	11	11	31	371	945
2004	7	11	11	28	366	908
2005	7	11	11	21	367	902
2006	7	12	8	25	369	907
2007	7	12	8	26	367	917
2008	7	12	8	25	357	899
2009	7	12	8	25	350	879
2010	7	11	8	21	331	871
2011	8	11	8	18	326	856
2012	9	10	8	9	321	860
2013	9	10	6	14	321	870
2014	9	14	8	14	319	906
2015	9	13	8	12	328	924
2016	10	14	8	10	337	928

注:2006年及以前职业高中为农职业中学口径,下同。

17-13 主要年份各类学校在校学生数

单位：人

年　　份	普通高等学　　校	中等专业学　　校	技　工学　校	职　业高　中	普　通中　学	小　学（万人）
1949		737			6679	14.31
1952		1645			13117	27.25
1957		2312			37302	40.85
1962	2797	2402			59064	44.14
1965	1027	1913			59971	67.94
1970					175039	61.87
1975	1455	2903			224829	103.54
1978	2080	2869	1826		459841	95.62
1979	2704	5063	2070		408046	98.81
1980	2585	6382	3510		362789	96.94
1981	5634	4573	2919		298335	95.27
1982	4260	4810	2859		289862	91.28
1983	6109	5606	2580		290956	91.98
1984	7173	6884	2716	6913	292253	90.41
1985	9955	8708	2915	10369	311015	88.01
1986	10486	8880	3659	13577	328873	85.69
1987	11410	9711	3454	14355	327280	83.44
1988	11886	10339	3609	11882	314401	81.65
1989	11783	11101	4151	12344	317647	81.92
1990	11586	11091	4898	14440	313758	84.77
1991	12507	11670	5086	17497	309649	89.90
1992	12962	12176	5918	20398	313487	93.66
1993	14238	12918	7639	20098	327372	97.07
1994	16354	16127	10211	20401	374698	103.31
1995	18590	24480	10971	22459	424685	110.34
1996	19720	36831	11181	24848	463226	118.08
1997	21162	43831	11793	24969	481154	127.42
1998	24763	45113	11970	22549	512475	130.99
1999	32236	42072	10133	19832	543390	129.32
2000	46091	34072	10317	19334	584255	126.06
2001	58730	29616	11362	21425	638488	119.84
2002	67863	31610	14175	21222	718597	109.43
2003	71811	33368	18500	21821	802270	96.28
2004	86858	40989	23117	27028	831882	83.06
2005	92666	51166	23000	40492	815113	72.24
2006	104140	59648	26900	65365	777895	64.62
2007	113774	59787	26086	72768	733413	58.75
2008	120094	62043	27421	56712	670459	53.72
2009	125676	57091	26922	57385	593875	51.79
2010	118828	57543	24553	60233	520662	53.02
2011	131747	39331	23936	53811	463610	57.10
2012	133631	47217	22005	45498	426055	62.85
2013	136313	48143	22707	47906	375213	66.18
2014	137239	47125	22221	46227	359258	75.40
2015	137631	43627	19540	45734	347417	84.13
2016	140825	42515	20311	37623	361022	90.54

注：2015 年及以后普通高等学校在校学生数不包含成人高等教育学生数。

17-14 各类学校专任教师数

单位:人

年 份	普通高等学校	中等专业学校	技工学校	职业高中	普通中学	小 学
1978	423		83			
1979	444		184		16932	37511
1980	451		336			
1981	1178	591	364		15910	38804
1982	1441	686	398		15341	38004
1983	1512	813	419		14643	32669
1984	1740	843	444	270	14568	32295
1985	1803	984	444	528	15785	31831
1986	2073	1053	476	661	16859	33445
1987	2210	1173	441	759	17162	32519
1988	2135	1142	596	862	17668	32948
1989	2170	1114	659	890	18380	33787
1990	2086	1087	642	1047	19097	34520
1991	2065	1112	661	1144	19371	35723
1992	2020	1110	725	1377	19502	36367
1993	2037	1083	677	1348	19741	36499
1994	2028	1074	848	1440	20416	37915
1995	2160	1102	845	1575	21642	38649
1996	2045	1165	843	1688	22987	39911
1997	2117	1204	762	1983	24222	40670
1998	2244	1270	951	2053	24944	42305
1999	2681	1242	820	1965	26165	44577
2000	2883	1236	801	1816	27658	45798
2001	3198	1357	807	1586	29200	46575
2002	3635	1133	587	1461	32131	44837
2003	4061	1041	680	1575	34232	41806
2004	4686	1114	789	1431	35744	39864
2005	5298	1251	785	1718	37644	39156
2006	5586	1456	711	2185	38821	38719
2007	6203	1693	966	2375	39686	38350
2008	6433	1766	957	2556	39514	36999
2009	6670	1959	1005	2489	39112	36553
2010	6257	1926	987	2524	38379	33991
2011	7015	1808	1047	2279	37714	33517
2012	7418	1642	1147	2557	37179	35419
2013	7596	1704	1161	2487	34591	36511
2014	7734	1834	1187	2395	34013	38210
2015	7879	2537	1074	1856	33673	40445
2016	8217	2139	1351	1874	33695	42716

17-15 每一专任教师平均负担在校学生数

单位：人

年 份	普通高等学校	中等专业学校	技工学校	职业高中	普通中学	小学
1978	4.9		22.0			
1979	6.1		11.3			
1980	5.7		10.4		21.4	25.8
1981	4.8	7.7	8.0		18.8	24.6
1982	3.0	7.0	7.2		18.9	24.0
1983	4.0	6.9	6.2		19.9	28.2
1984	4.1	8.2	6.1	25.6	20.1	28.0
1985	5.5	8.8	6.6	19.6	19.7	27.6
1986	5.1	8.4	7.7	20.5	19.5	25.6
1987	5.2	8.3	7.8	18.9	19.1	25.7
1988	5.6	9.1	16.1	13.8	17.8	24.8
1989	5.4	10.0	6.3	13.9	17.3	24.2
1990	5.6	10.2	7.6	13.8	16.4	24.6
1991	6.1	10.5	7.7	15.3	16.0	25.2
1992	6.4	11.0	8.2	14.8	16.1	25.8
1993	7.0	11.9	11.3	15.0	16.6	26.6
1994	8.1	15.0	12.0	14.2	18.4	27.2
1995	8.6	22.2	13.0	14.3	19.6	28.5
1996	9.6	31.6	13.3	14.7	20.2	29.6
1997	10.0	36.4	15.5	12.6	19.9	31.3
1998	11.0	35.5	12.6	11.0	20.5	31.0
1999	12.1	33.9	12.4	10.1	20.8	29.0
2000	16.0	27.6	12.9	10.6	21.1	27.5
2001	18.4	21.8	14.1	13.5	21.9	25.7
2002	18.7	27.9	24.1	14.5	22.4	24.4
2003	17.7	32.1	27.2	13.9	23.4	23.0
2004	18.5	36.8	29.3	18.9	23.3	20.8
2005	17.5	40.9	29.3	23.6	21.7	18.4
2006	18.6	41.0	37.8	26.6	20.0	16.7
2007	18.3	35.3	27.0	30.6	18.5	15.3
2008	18.7	35.1	28.7	22.2	17.0	14.5
2009	18.8	29.1	26.8	23.1	15.2	14.2
2010	19.0	29.9	24.9	23.9	13.6	15.6
2011	18.8	21.8	22.9	23.6	12.3	17.0
2012	18.0	28.8	19.2	17.8	11.5	17.7
2013	17.9	28.3	14.9	19.3	10.8	18.1
2014	17.6	25.7	18.7	19.3	10.6	19.7
2015	17.5	17.2	18.2	24.6	10.3	20.8
2016	17.1	19.9	15.0	20.1	10.7	21.2

17–16 各级各类教育事业

（2016 年）　　单位：人

指　　标	学校数（所）	毕业生数	招生数	在　校学生数	教职工数	# 专任教师
基础教育合计	**2126**	**358194**	**411832**	**1642273**	**112851**	**93132**
学前教育	861	145140	119970	375891	29424	16721
小学	928	95912	161368	905360	40935	42716
普通中学	337	117142	130494	361022	42492	33695
初中	249	71458	92795	242050	25078	21551
高中	88	45684	37699	118972	17414	12144
中等职业教育	**24**	**32718**	**25704**	**80138**	**4851**	**4013**
调整后中职业学校	3	6014	5635	16611	769	633
普通中专学校	8	45968	73805	181591	1425	1188
成人中专学校	3	3365	4253	6225	244	147
职业高中学校	10	16111	9102	37623	2124	1874
中等技工学校	**8**	**3689**	**7396**	**20311**	**1836**	**1351**
普通高等学校	**10**	**53960**	**57010**	**179107**	**12098**	**8217**
职业技术培训机构	**181**	**103243**	**105519**		**1388**	**954**

17-17 普通高等学校和中等专业学校基本情况

（2016年） 单位:人

指 标	毕业生数	招生数	在校学生数	教职工数	#专任教师
普通高等学校	**53960**	**56992**	**179068**	**12098**	**8217**
中国矿业大学	14195	12281	44569	3114	1914
徐州医科大学	5263	6618	19033	1310	797
江苏师范大学	8285	9687	29101	2248	1397
江苏建筑职业技术学院	5682	6321	16423	751	580
徐州工程学院	9732	9598	31024	1426	1180
九州职业技术学院	871	1889	4286	256	182
徐州工业职业技术学院	3700	3093	9723	686	502
中国矿业大学徐海学院	1862	2095	7818	537	406
江苏师范大学科文学院	2193	2670	9265	636	486
徐州医科大学华芳学院	326		681		
徐州幼儿师范高等专科学校	1430	1496	3919	340	215
徐州生物工程职业技术学院	421	994	2976	318	220
江苏安全技术职业学院		250	250	476	338
中等专业学校	**7642**	**7484**	**21443**	**1646**	**1348**
徐州生物工程职业技术学院	601	504	1446		
徐州机电工程高等职业学校	1783	683	2695		
江苏省徐州医药高等职业学校	1043	1320	3455	272	228
江苏省徐州财经高等职业技术学校	1000	1516	3904	246	206
徐州经贸高等职业学校	1394	1549	4639	251	199
江苏省徐州市中等专业学校	178	349	808	204	177
徐州体育运动学校	125	128	431	48	23
江苏模特艺术学校	281	444	1064	232	205
运河高等师范学校	500	279	920	182	122
徐州高等师范学校	556	318	1082	211	188
徐州幼儿高等专科学校	181	394	999		

主要统计指标解释

独立研究与开发机构 指有明确的任务和研究方向，有一定学术水平的业务骨干和一定数量的研究人员，具有研究、开发、开展学术工作的基本条件，主要进行科学研究与技术开发活动，并且在行政上有独立的组织形式，财务上独立核算盈亏，有权与其他单位签订合同，在银行有单独户头的单位。包括国务院各部门、中国科学院、中国社会科学院和各省、自治区、直辖市以及地(市)以上[含地(市)]各部门所属的国有独立的科学研究与技术开发机构。

独立研究与开发机构职工 指在科学研究与技术开发机构工作，并由其支付工资的各种人员。包括长期职工和临时职工，不包括编制以外的离休、退休人员和停薪留职人员，但包括招聘人员。

研究与发展经费支出 指报告期内用于研究与试验发展课题活动(基础研究、应用研究、试验发展)的全部实支出。包括用于研究与发展课题活动的直接支出，还包括间接用于研究与发展活动的一切支出(院、所管理费及维持院、所正常运转的必需费用和与研究发展有关的基本建设支出)。

其他科技人员 指大专、中专毕业和具有初级职称的从事科技活动人员。

自然科学技术人员 指已取得科学技术职称，或大学、中专的理、工、农、医科系毕业，以及国民经济各部门从工作实践中提拔，从事理、工、农、医等自然科学技术的研究、教学、生产的专业人员和在机关、企业、事业中从事科学技术业务管理工作的专业人员。

工程技术人员 指在国民经济各行业从事工程技术工作的自然科学技术专业人员，包括：高级工程师、工程师、助理工程师、技术员和未评定职称的技术人员。

农业技术人员 指在国民经济各行业从事农业技术工作的自然科学技术专业人员，包括：高级农艺师、农艺师、助理农艺师、技术员和未评定职称的技术人员。

科学研究人员 指在国民经济各行业从事科学技术活动的自然科学技术专业人员，包括：正副研究员、助理研究员、研究实习员、技术员和未评定职称的技术人员。

教学人员 指在国民经济各行业从事自然科学技术方面教学活动的专业人员，包括：正副教授、讲师、助教、教师和在中学从事自然科学技术方面教学活动的人员。

发明 专利法及其实施细则所称的发明是指对有关产品、方法或其改进所提出的新的技术方案。

普通高等学校 指按照国家规定的设置标准和审批程序批准举办，通过国家统一招生考试，招收高中毕业生为主要培养对象，实施高等教育的全日制大学、独立设置的学院和高等专科学校、短期职业大学。

成人高等学校 指按照国家有关规定审批，招收通过全国成人高教统一招生考试的具有高中毕业或同等学历的在职从业人员利用脱产、半脱产、业余或函授等多种形式对其实施高等学历教育，培养高等教育专科或本科毕业水平的专门人才，修业年限、课程设置和总学时数均按高等学历教育要求付诸实施的学校。包括广播电视大学、职工高等学校、农民高等学校、管理干部学院、教育学院、独立设置的函授学院等。

招生数 指新学年开学时，一年级实际招收入学的新生数。不包括留级生和复学生数。

在校学生数 指学年初具有学籍的在校学生总数。

专任教师数 指主要从事教育工作的人员数。包括临时(一年以内)调去帮助做其他工作的教学人员。高等学校函授部、夜大学的专任教师和承招科研任务、未担任教学工作仍属教师编制的人员，也计入专任教师中。专任教师不包括调离教学岗位，担任行政领导工作或其他工作的原教学人员。

18 PUBLIC HEALTH AND SOCIAL SERVICES
卫生和社会服务

版面负责人：张玉强

编　　辑：马　萍　梅　楠

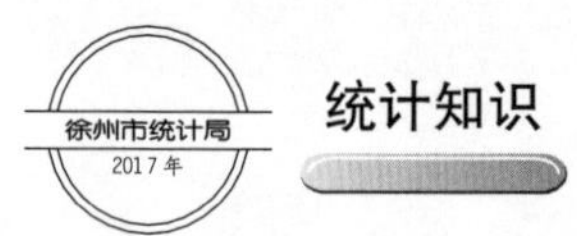

中华人民共和国统计法实施条例

第六章　监督检查

第三十六条　县级以上人民政府统计机构从事统计执法工作的人员，应当具备必要的法律知识和统计业务知识,参加统计执法培训,并取得由国家统计局统一印制的统计执法证。

第三十七条　任何单位和个人不得拒绝、阻碍对统计工作的监督检查和对统计违法行为的查处工作,不得包庇、纵容统计违法行为。

编辑:徐向忠

18-1　卫生机构数

单位:个

年份	总计	医院卫生院	#医院	疗养院、所	门诊部、所
1978	652				
1979	683				
1980	858				
1981	952				
1982	969	231	35	1	678
1983	1004	232	42	1	712
1984	1027	233	43	1	734
1985	1053	237	48	1	753
1986	1030	236	47	1	731
1987	1024	234	47	1	727
1988	1023	228	47	1	732
1989	1042	229	47	1	751
1990	1058	228	46	1	767
1991	1088	228	46	1	798
1992	1049	228	46	1	759
1993	1051	228	46	1	761
1994	1051	231	46	1	758
1995	1052	231	46	1	758
1996	1052	231	45	1	757
1997	1053	232	42	1	757
1998	1261	233	43	1	966
1999	954	275	43	1	456
2000	993	274	42	1	473
2001	1071	211	43	1	449
2002	1047	226	113		778
2003	1120	229	116	1	847
2004	1344	232	119	1	926
2005	1384	230	119	1	1105
2006	1327	227	116	1	917
2007	1483	238	117	1	921
2008	1116	251	108	1	732
2009	1169	268	102	1	828
2010	1213	256	99	1	864
2011	1365	266	108	1	1009
2012	1311	274	114	1	948
2013	4454	277	118	1	815
2014	4620	281	122	1	835
2015	4601	283	124	1	983
2016	4584	291	131	1	971

18-1 续表

单位:个

年 份	专科防治所、站	卫生防疫站	妇幼保健院、所、站	药品检验所、站	医学研究机构	其他卫生机构
1978						
1979						
1980						
1981						
1982		14				
1983	4	15	10	7	2	17
1984	4	15	10	7	2	17
1985	9	15	12	7	2	13
1986	10	15	12	7	2	12
1987	10	14	12	7	2	13
1988	10	14	12	7	2	13
1989	9	14	12	7	2	13
1990	10	14	12	7	2	13
1991	10	15	12	7	2	12
1992	10	14	12	7	2	13
1993	9	14	13	7	2	7
1994	8	14	14	7	2	7
1995	8	14	14	7	2	8
1996	9	14	13	7	3	8
1997	9	14	13	7	3	8
1998	8	14	13	7	3	8
1999	8	14	14	7	3	9
2000	8	14	14	7	3	9
2001	8	14	14		3	9
2002	8	14	13		3	5
2003	6	14	14		3	6
2004		14	14		3	154
2005		14	14		3	17
2006		14	14		3	151
2007		14	13		3	293
2008		14	13		3	102
2009		14	13		3	42
2010		13	12		3	64
2011		13	12		3	61
2012	1	13	12		3	925
2013	1	13	12		3	5
2014	1	13	12		3	7
2015	1	12	12		3	6
2016	1	11	13		3	7

注:1998 年以后门诊部所中包括个体开业,2009 年包括卫生所、医务室、社区卫生服务站等;2001 年以前医院为县及县以上医院数;2008 年及以后村卫生室不再作为卫生机构统计。

18-2 卫生机构人员数

单位：人

年份	总计	卫生技术人员	#医生	#中医	中医师	西医士	#护师护士	每千人口医生数
1978		15690	4857					0.9
1979		16477	4982					0.8
1980		17095	5765					0.8
1981	22581	17696	6542		3117		2888	1.0
1982	23956	18539	7203	574	3310		3496	1.1
1983	25237	19267	7635	1079	3639	2917	4298	1.1
1984	25885	19694	7671	1085	3668	2918	4366	1.1
1985	27354	20602	7881	1080	3679	3122	4603	1.1
1986	28234	21295	8097	1094	3747	3256	4799	1.1
1987	28710	21337	8023	1017	3677	3329	4917	1.1
1988	29477	22381	8804	1176	5174	2454	5438	1.2
1989	30960	23615	9598	1158	6715	1725	6430	1.3
1990	32029	24427	9888	1169	6965	1754	6914	1.2
1991	33771	25818	10298	1108	7205	1985	7289	1.3
1992	35051	26825	10216	1062	7101	2053	7351	1.2
1993	36383	27895	10488	1101	7211	2176	7617	1.3
1994	37741	28928	10891	1074	7474	2343	7881	1.3
1995	38533	29380	11204	1082	7605	2517	8167	1.3
1996	39027	29771	11525	1046	7762	2717	8277	1.3
1997	40472	31125	12025	1044	7998	2938	8424	1.4
1998	40454	31188	11756	986	7897	2810	8350	1.3
1999	39411	30394	11349	933	7843	2515	8421	1.3
2000	39366	30481	11622	925	8077	2529	8720	1.3
2001	39099	30275	11635	963	8041	2536	8863	1.3
2002	36997	29282	11396					1.3
2003	35369	28030	10692		725		8421	1.2
2004	36163	28297	10480		705		8479	1.1
2005	35809	28284	10494	721	597	124	8574	1.1
2006	36174	28922	10532	723	604		8677	1.2
2007	38048	29668	11137				9329	1.2
2008	38746	30396	11557				9985	1.2
2009	39408	30821	11613				10801	1.0
2010	41238	32368	12165				11961	1.0
2011	43623	34543	12273	80			13411	1.4
2012	47429	38091	13167	1250			15909	1.5
2013	51601	43573	14578	1448	348	1203	17859	1.9
2014	67552	47007	17518	1558	809	1205	19687	2.3
2015	71316	51567	20172	1863	884	1260	21355	2.3
2016	75957	55523	21836	1965	1005	2913	24349	2.5

18-3 卫生机构床位数

单位:张

年份	总计	医院卫生院	#医院	疗养院	门诊部、所	其他卫生机构	每千人口医院病床位数
1978	11325						
1979	11971						
1980	12299						
1981	13392						
1982	13644						
1983	14067	12167	7185	200	1550	150	1.8
1984	15046	13133	8109	200	1473	240	1.9
1985	15432	13269	8608	200	1762	200	1.9
1986	15771	13653	8925	200	1718	200	1.9
1987	16147	13845	9107	200	1802	300	1.9
1988	16809	14390	9549	200	1919	300	1.9
1989	17004	14483	9609	200	1921	400	1.9
1990	17303	14660	9630	200	2043	400	1.8
1991	17557	15059	10186	200	1898	400	1.8
1992	18100	15490	10459	200	1987	400	1.9
1993	18747	15813	10668	200	2310	400	1.9
1994	18650	15686	10791	200	2310	400	1.9
1995	18596	15647	10783	200	2310	400	1.8
1996	18733	15814	10883	200	2310	370	1.8
1997	18700	15751	10713	200	2310	400	1.8
1998	18637	15703	10645	200	2310	400	1.8
1999	17992	17368	10621	200		400	2.0
2000	17736	17091	10562	200		400	1.9
2001	17505	16964	10417	200		317	1.9
2002	18210	18210	13944				2.0
2003	18487	17961	13650	200		326	2.0
2004	18792	18252	13905	200		340	2.1
2005	19888	19287	14647	200	5	104	2.2
2006	20264	19749	14975	40		475	2.2
2007	21488	20238	15737	40		1210	2.3
2008	24430	23248	17614	40		1142	2.6
2009	26600	25081	18852	40	28	1451	2.8
2010	30500	27783	21496	40	130	2547	2.9
2011	32960	30283	23119	40	148	2601	2.7
2012	38489	35703	27091	40	60	2686	3.2
2013	43138	40179	30829	40	57	40	3.3
2014	46213	43175	33532	40	21	40	3.9
2015	47949	44550	34552	40	20	40	4.0
2016	52247	48926	38223	40	40	40	6.0

18-4 卫生机构、床位、人员数

（2016 年）

机构类别	机构数（个）	床位数（张）	诊疗人数（万人）	入院人数（万人）	工作人员数（人）	# 卫生技术人员	执业医师数
总计	**4584**	**52247**	**6039.84**	**174.15**	**75957**	**55523**	**15992**
医院合计	131	38223	2119.39	130.35	39201	32075	9810
综合医院	83	26390	1447.00	96.99	26641	21882	6701
中医医院	8	4701	356.57	16.45	5647	4698	1466
中西医结合医院	2	151	1.13	0.13	91	83	18
专科医院	35	6661	314.41	16.76	6732	5335	1603
# 口腔医院	6	95	26.62	0.11	465	357	181
耳鼻喉科医院	1	88	0.93	0.02	67	57	19
肿瘤医院	1	1132	104.91	3.78	1249	1033	299
儿童医院	2	1446	107.26	6.75	1632	1327	375
精神病医院	6	1550	20.64	1.53	981	732	201
传染病医院	1	499	10.83	0.92	427	326	77
皮肤病医院	1	80	5.89	0.07	95	70	18
职业病医院	2	409	4.70	0.42	71	62	24
康复医院	2	70	4.02	0.03	170	130	35
美容医院	2	40	0.61	1.90	79	70	20
其他专科医院	3	811	10.77	0.03	796	619	223
疗养院	1	40	2.02	0.05	49	14	4
社区卫生服务中心	50	2436	396.86	5.63	4068	3320	1024
卫生院	160	10703	1281.67	34.33	14780	11623	2625
门诊部、所	971	20	392.62	…	2761	2625	1276
# 私营门诊部、所	743	20	286.65	…	1783	1722	891
急救中心（站）	5	5	5.65		119	56	29
采供血机构	1				81	50	2
妇幼保健院（所、站）	13	816	122.21	3.79	1277	1029	363
妇幼保健院	3	790	98.84	3.72	1000	819	251
妇幼保健所	10	26	23.37	0.07	277	210	112
疾病预防控制中心（防疫站）	11		…		636	441	240
卫生监督所	11				276	250	
医学科学研究机构	3				121	79	48
其他卫生机构	7	40	2.02		232	101	56

18-4 续表 （2016 年）

机 构 类 别						其他技术	管 理	工 勤
	执业助理医师数	注册护士	药剂人员	技 师	其 他	人 员	人 员	人 员
总 计	**5844**	**24349**	**2661**	**2360**	**4317**	**3156**	**3548**	**6825**
医院合计	455	1675	1597	1392	2067	1719	1795	3612
综合医院	302	11689	1037	963	1190	1085	1281	2393
中医医院	58	2179	311	177	507	300	132	517
中西医结合医院	2	46	3	2	12		8	
专科医院	93	2792	243	246	358	329	369	699
# 口腔医院	25	118	7	13	13	30	15	63
耳鼻喉科医院		29	4	1	4		4	6
肿瘤医院	3	572	38	62	59	61	53	102
儿童医院	1	746	76	53	76	32	77	196
精神病医院	19	381	38	26	67	75	39	135
传染病医院		202	22	23	2	27	10	64
皮肤病医院	2	40	3	3	4	10	10	5
职业病医院		29	2	7		8	0	1
康复医院	11	44	5	7	28	6	16	18
美容医院	1	45	2	2		3	4	2
其他专科医院	6	275	21	23	71	18	100	59
疗养院	0	8	1	1		4	9	22
社区卫生服务中心	246	1318	247	195	290	160	157	431
卫生院	2479	3991	659	542	1327	800	452	1905
门诊部、所	162	1069	54	21	43	9	53	69
# 私营门诊部、所	82	699	21	7	22	5	6	50
急救中心（站）	4	21		2	0	12	16	35
采供血机构	1	17	1	29	0	15	3	13
妇幼保健院（所、站）	17	495	48	66	40	81	34	133
妇幼保健院	6	445	45	52	20	55	10	116
妇幼保健所	11	50	3	14	20	26	24	17
疾病预防控制中心（防疫站）	16	32	9	73	71	61	58	76
卫生监督所				0	250	3	17	6
医学科学研究机构		10	2	16	3	16	16	10
其他卫生机构	1	21	3	17	3	32	57	42

18-5 市区卫生机构、床位、人员数

指　　标	2014	2015	2016	指　　标	2014	2015	2016
卫生机构数　（个）	**1587**	**2827**	**2822**	#疗养院、所	40	40	40
医院	73	98	102	卫生院	2218	4968	5439
#疗养院、所	1	1	1	**卫生机构人员　（人）**	**32128**	**50941**	**54081**
卫生院	33	84	85	卫生技术人员	24763	37795	40590
门诊部、所	39	746	736	执业医师	7831	11065	12205
专科防治所、站	1	1	1	执业助理医师	910	3049	3024
疾病预防控制中心	8	9	8	注册护士	11436	16119	18509
妇幼保健院（所、站）	7	9	10	药剂人员	1276	1792	1956
卫生监督所	6	8	8	技师	1130	1573	1763
医学科学研究机构	3	3	3	其他卫生技术人员	2180	4197	3133
急救站和采供血机构	2	3	1	其他技术人员	1150	1643	2256
病床数　（张）	**26218**	**35613**	**38778**	管理人员	1827	2849	2510
医院	21654	21661	30344	工勤人员	2796	4390	4760

18-6 医院诊疗基本情况

（2016 年）

指　　标	县及县以上医院合计	非营利性	营利性	乡（镇）卫生院合计
诊疗人次　（万人次）	2119.39	1973.07	146.33	1281.67
#门、急诊	2041.86	1899.95	141.90	1250.97
入院人数　（人）	174.15	1218743	84748	343339
每百门急诊的入院人数　（人）	6.38	6.41	5.97	2.74
病床周转次数　（次）	35.70	36.30	28.10	34.80
病床工作日　（日）	355.30	365.90	237.20	276.10
病床使用率　（%）	97.34	100.24	64.99	75.65
出院者平均住院日　（日）	9.70	9.90	8.20	7.70

18-7　城市（市区）前十位疾病死亡原因和构成

（2015 年）

顺位	合计		男性		女性	
	死因	占死亡总数(%)	死因	占死亡总数(%)	死因	占死亡总数(%)
	十种死因合计	**96.77**	**十种死因合计**	**96.83**	**十种死因合计**	**96.68**
1	心脏病	24.26	肿瘤	26.11	心脏病	27.42
2	脑血管病	23.19	心脏病	21.89	脑血管病	25.35
3	肿瘤	22.92	脑血管病	21.58	肿瘤	18.65
4	呼吸系统疾病	11.57	呼吸系统疾病	11.62	呼吸系统疾病	11.49
5	损伤和中毒	5.99	损伤和中毒	7.39	内分泌、营养和代谢疾病	4.59
6	内分泌、营养和代谢疾病	3.43	内分泌、营养和代谢疾病	2.56	损伤和中毒	4.12
7	消化系统疾病	2.02	消化系统疾病	2.20	消化系统疾病	1.77
8	泌尿生殖系统疾病	1.37	泌尿生殖系统疾病	1.47	神经系统疾病	1.25
9	神经系统疾病	1.11	传染病和寄生虫病	1.01	泌尿生殖系统疾病	1.23
10	传染病和寄生虫病	0.92	神经系统疾病	1.00	传染病和寄生虫病	0.80

18-8　城市（市区）前十位疾病死亡原因和构成

（2016 年）

顺位	合计		男性		女性	
	死因	占死亡总数(%)	死因	占死亡总数(%)	死因	占死亡总数(%)
	十种死因合计	**96.64**	**十种死因合计**	**96.95**	**十种死因合计**	**96.24**
1	心脏病	25.39	肿瘤	24.65	心脏病	27.85
2	脑血管病	24.31	心脏病	23.54	脑血管病	25.40
3	肿瘤	21.97	脑血管病	23.49	肿瘤	18.43
4	呼吸系统疾病	10.97	呼吸系统疾病	10.63	呼吸系统疾病	11.43
5	损伤和中毒	6.10	损伤和中毒	7.15	内分泌、营养和代谢疾病	4.85
6	内分泌、营养和代谢疾病	4.02	内分泌、营养和代谢疾病	3.39	损伤和中毒	4.71
7	消化系统疾病	1.38	消化系统疾病	1.43	消化系统疾病	1.32
8	泌尿生殖系统疾病	1.01	泌尿生殖系统疾病	1.06	神经系统疾病	0.95
9	神经系统疾病	0.85	传染病和寄生虫病	0.98	泌尿生殖系统疾病	0.67
10	传染病和寄生虫病	0.64	神经系统疾病	0.64	传染病和寄生虫病	0.63

18-9 主要年份民政事业发展情况

指　　标		2000	2005	2010	2011	2013	2014	2015	2016
民政事业、企业情况									
收养类单位数	（个）	368	230	250	284	244	300	260	247
职工人数	（人）	1812	1416	2458	2879	3189	3702	3473	3256
社会福利企业单位数	（个）	297	196	117	118	92	87	84	73
职工人数	（人）	14824	7430	10952	7626	7068	6389	6246	5546
优抚安置单位数	（个）	18	20	22	22	23	23	22	20
职工人数	（人）	280	199	314	294	288	261	257	250
救助类单位数	（个）	2	2	3	2	5	11	10	10
职工人数	（人）	76	65	72	71	76	105	110	106
殡仪服务事业单位数	（个）	11	19	20	20	22	28	27	25
职工人数	（人）	335	405	486	485	511	514	501	497
彩票募捐单位数	（个）	8	10	8	8	8	8	8	8
职工人数	（人）	45	67	76	76	80	81	81	81
社区服务单位数	（个）	30	40	84	875	2949	3420	4169	4124
职工人数	（人）	655	321	519	4767	11942	22195	30408	28906
老龄事业单位数	（个）			11	11	10	11	9	9
职工人数	（人）			62	61	61	66	60	60
婚姻登记服务单位	（个）			4	4	4	17	6	5
职工人数	（人）			67	72	75	131	96	51
优抚对象优待抚恤情况									
享受定期抚恤金人数	（人）	3506	2873	2143	1892	1116	1137	977	1204
# 城镇			377	272	272	266	162	177	136
# 烈属		2271	2065	1349	1150	850	566	424	848
享受定期补助人数		16491	14027	21550	47174	42801	45220	47757	41046
# 在乡复员军人		12937	9301	8784	8317	3950	3956	3130	2910
优待优抚对象户数	（户）	34696	31597	21404	23288	48788	25142	63633	55373
社会救济情况									
城镇居民最低生活保障人数	（人）	7496	49437	43193	43193	35320	30915	27327	25536
# 失业人员		1154	9959	9573	18710	14091	12607	10412	10761
城镇居民最低生活保障家庭数	（户）		18460	18729	18710	16548	15277	13905	13309
农村居民最低生活保障人数	（人）	30136	122710	231938	232562	220045	166252	155694	155171
农村居民最低生活保障家庭数	（户）		65051	116162	109498	109240	85744	82112	81407
城镇临时救济人次数	（人次）	19578	7206	199	314	1340	1874	1224	
农村临时救济人次数		187629	152990	796	1769	3302	5890	6569	
农村定期救济人数	（人）	4227	33413	4524	33288				
农村五保供养户数	（户）		25289	42580	42304	35517	34018	33656	33366
城镇社区服务情况									
城镇社区服务设施数	（个）	1033	2872	3462	950	7949	3420	4169	4124
城镇社区服务从业人员	（人）	7767	45409	5561	7279	11942	22195	30408	28906
城镇便民、利民服务网点数	（个）	4809	7255	11756	25836	19344	14809	7658	3358
社会团体机构情况									
年末实有社团数	（个）	721	1061	1727	3179	1834	7351	7122	6823
# 地级社团机构数		274	333	400	732	439	481	512	534

注：2007年及以后社会救济城镇低保失业人员为登记失业人员、彩票募捐单位数为福利彩票发行单位数。2016年起不再统计城乡临时救济人次数。

18-10 社会福利事业基本情况

（2016 年）

指　标	机构数（个）	年末职工人数（人）	年末床位（张）	年末在院人员（人）
总　计	**249**	**3521**	**44773**	**32762**
社会福利院	5	125	1211	691
光荣院	4	58	292	168
社会福利医院	2	265	650	646
城镇收养性老年福利机构	52	1003	10077	3753
农村五保供养服务机构	186	2070	32543	27504

18-11 主要年份自然灾害情况

指　标	1990	1995	2000	2005	2011	2013	2014	2015	2016
受灾面积（千公顷）	**383.43**	**303.98**	**463.18**	**48.19**	**314.78**	**74.51**	**267.40**	**65.74**	**13.01**
# 旱灾	88.93	54.88	359.45		251.28	0.20	230.00		
水灾	249.43	22.52	26.50	19.42	55.63	21.26			6.78
风雹灾	27.13	133.67	54.57	4.67	7.87	26.60	12.4	40.86	5.89
霜冻	7.47	34.33	22.66			26.44	25	24.88	0.34
病虫	60.43	28.49							
成灾面积（千公顷）	**317.05**	**235.20**	**256.01**	**31.13**	**154.12**	**55.30**	**112.70**	**33.15**	**4.64**
# 旱灾	32.39	45.87	188.57		123.92	0.05	104.60		
水灾	205.88	17.54	19.67	12.93	25.18	14.24			1.31
风雹灾	21.69	103.36	33.77	2.64	5.03	19.26	8.00	22.21	3.12
霜冻	5.53	25.67	14.00			21.76		10.94	0.21
病虫	54.54	19.06							
因灾损失情况									
经济损失总值（万元）		86146	18448	155890	98342	73778	88952	82976	10399
死亡人口（人）	22	8	7		1	1			1
减产粮食（万吨）	39.03	35.95	52.07	22.65					
死亡大牲畜（头）	893	424	4	15					5
倒塌房屋（间）	45814	5289	2841	6972	270	249	3	174	115
损坏房屋（间）	52870	15521	6498	24183	633	3517	62	724	1336
成灾人口（万人）	**353.58**	**238.83**	**370.96**	**139.66**	**455.81**		**369.20**	**72.93**	**29.55**
因灾缺粮人口（万人）	123.33	123.64	119.82	65.12	55.02	48.70			
因灾缺粮数量（吨）	67360	81778	51168	13681	26780	20000			
得到国家救济人次数（人次）	**1087266**	**764550**	**328076**	**96080**	**352359**		**400000**	**102678**	**36809**

18–12 职工基本养老保险情况

单位：人

年份	在职职工人数	企业	事业、机关	其他	离休、退休退职人员数	企业	事业、机关	其他
1987	377943	377943			65317	65317		
1988	500278	500278			82466	82466		
1989	576379	572999		3380	93430	93430		
1990	580996	574437		6559	95435	95435		
1991	635907	626848		9059	100668	100668		
1992	593063	592998		65	105992	105992		
1993	464939	464939			97979	97979		
1994	606073	605999		74	119593	119593		
1995	601093	601020		73	121249	121249		
1996	588555	588482		73	128265	128265		
1997	779430	589567	189790	73	168099	135144	32955	
1998	759978	567398	191890	690	180354	143652	36702	
1999	745830	573526	168664	3640	184275	151910	32307	58
2000	691112	558247	121154	11711	188876	161900	26733	243
2001	692144	535201	112134	44809	193605	170241	23195	169
2002	673307	498608	87419	87280	200480	181011	19217	252
2003	661950	471888	64099	125963	207514	190284	16455	775
2004	633583	410727	55236	167620	217615	199374	15991	2250
2005	654863	602574	52289		227905	211607	16298	
2006	713907	661822	52085		237805	221466	16339	
2007	769214	714570	54644		259488	240812	18676	
2008	824778	770052	54726		273659	254314	19345	
2009	886247	832302	53945		287908	268259	19649	
2010	928684	875018	53666		300249	280125	20124	
2011	1005339	951248	54091		313181	292477	20704	
2012	1015065	539611	64686	475454	312400	268869	31891	43531
2013	1081964	560531	64696	521433	521433	322510	28224	50068
2014	1142559	578912	54253	563647	348609	288718	21682	59891
2015	1164834	594646	63441	570188	364916	294873	33215	70034
2016	1238177	616418	61939	559820	413964	300700	34461	78803

18-13 农村养老保险基本情况

年份	基金积累（万元）	当年保费收入（万元）	当年参保人数（万人）	总参保人数（万人）	当年领取人数（万人）
1992	610	570	3.24	3.24	0.01
1993	1668	1090	8.52	11.76	0.04
1994	4014	2163	14.32	26.08	0.10
1995	9051	3556	18.16	44.24	0.11
1996	11660	1558	16.89	61.13	0.13
1997	13238	1327	7.47	68.60	0.14
1998	14367	670	1.35	69.95	0.15
1999	14899	322	0.60	70.55	0.18
2000	14960	180	0.20	70.75	0.20
2001	14963	165	0.16	70.91	0.23
2002	15160	162	0.56	71.47	0.36
2003	15375	149	0.14	71.61	0.56
2004	15625	236	0.25	71.86	0.70
2005	15887	385	0.18	72.04	0.86
2006	17041	1290	0.38	72.03	1.03
2007	20155	3154	0.18	73.22	1.25
2008	22517	3012	4.68	77.33	1.40
2009	30314	8646	28.80	95.69	1.92
2010	80886	52488	119.67	215.37	88.21
2011	123331	35626	5.31	220.69	97.32
2012	161707	35415		203.38	107.29
2013	196674	33621	208.52	327.03	118.51
2014	229825	33342	198.87	317.31	118.44
2015	279490	49155	193.86	318.03	124.17
2016	363006	79833	194.70	322.02	127.32

18-14　婚姻登记和离婚情况

年　份	登记结婚（对）	初　婚（人）	再　婚（人）	离婚数（对）	结婚离婚比（%）
1985	52770	104502	1038	669	1.27
1986	49855	98120	1590	419	0.84
1987	61529	121365	1653	571	0.93
1988	55849	110225	1473	652	1.17
1989	54392	106673	2111	665	1.22
1990	68904	135874	1934	442	0.64
1991	64793	127810	1777	495	0.76
1992	64821	127488	2154	646	1.00
1993	58176	114149	2203	907	1.56
1994	66369	130332	2406	877	1.32
1995	65505	127837	2173	1056	1.61
1996	57001	111626	2376	862	1.51
1997	54954	107133	2775	1196	2.18
1998	56604	109832	3376	1699	3.00
1999	55743	108213	3273	1424	2.55
2000	55664	106774	4438	1514	2.72
2001	48820	93764	3708	1729	3.54
2002	45622	87011	4113	3459	7.58
2003	46016	88199	3695	2342	5.09
2004	51629	96765	6493	5051	9.80
2005	53419	98829	8009	6085	11.40
2006	62626	118172	7080	7131	11.39
2007	68003	127551	8455	8658	12.73
2008	78814	149336	8292	9614	12.20
2009	93612	172923	14301	10261	10.96
2010	101907	193626	10188	11101	10.89
2011	117345	214029	20661	12820	10.93
2012	127280	240760	13800	14269	8.92
2013	119843	221051	18635	17802	6.73
2014	107098	190617	23579	18952	5.65
2015	98203	167832	28582	21889	4.49
2016	98590	163391	33789	25186	3.91

主要统计指标解释

医院 指名称为医院,设有固定床位、能收容病人住院并能为病人提供医疗、护理服务的医疗机构。包括县及县以上医院、农村乡卫生院、其他医院三部分。按所属性质分为卫生部门、工业及其他部门,集体经济单位三类。其中县及县以上医院按业务性质分为综合医院和专科医院。

卫生技术人员 指卫生事业机构支付工资的全部固定职工和合同制职工中现任职务为卫生技术工作的专业人员。包括中医师、西医师、中西医结合高级医师、护师、中药师、西药师、检验师、其他技师、中医士、西医士、助产士、中药剂士、西药剂士、检验士、其他技士、其他中医、护理员、中药剂员、西药剂员、检验员,其他初级卫生技术人员。

医生 指经卫生部门审查合格，从事医疗工作的专业人员。分为中医医生和西医医生。包括卫生技术人员中的中医师、西医师、中西医结合高级医师、中医士、西医士和其他中医。

卫生机构床位 指年末卫生机构实有固定床位数，包括正规、简易和正在消毒、修理的床位以及因扩建或大修而停用的床位,不包括产科的新生儿床、库存床、观察床、临时增设的床位、病人家属的陪侍床、接产室的待产床。

社会福利事业单位 指集中收养社会孤、老、残、幼的机构。包括由民政部门管理的社会福利院、儿童福利院、精神病人福利院和城镇集体办的福利院,以及农村集体举办的敬老院。

社会福利事业单位收养人数 包括民政部门管理的和城镇及农村集体举办的社会福利事业单位中收养的老人、少年儿童、缺乏生活自理能力的残疾人员和精神病人。

社会福利企业单位 指以安置城镇有一定劳动能力的盲、聋、哑和肢体残疾人员就业为目的,享受国家减免税待遇的国有或集体经济性质的企业。包括福利工厂、福利商业服务业、假肢厂和安置农场等单位。

19 CULTURE AND SPORTS
文化和体育

版面负责人：张玉强

编　　　辑：马　萍

中华人民共和国统计法实施条例

第三十八条 任何单位和个人有权向县级以上人民政府统计机构举报统计违法行为。

县级以上人民政府统计机构应当公布举报统计违法行为的方式和途径,依法受理、核实、处理举报,并为举报人保密。

第三十九条 县级以上人民政府统计机构负责查处统计违法行为;法律、行政法规对有关部门查处统计违法行为另有规定的,从其规定。

编辑:徐向忠

19-1 文化事业情况

单位:个

年 份	公办文化馆站	公共图书馆	公共图书馆藏书(千册)	博物馆	新华书店	电影放映单位	#电影院影剧院	电影观众人数(万人次)
1982	105	7		1	9	640	57	20436
1983	105	7		2	7	690		22886
1984	112	7	1022	2	7	877	62	25755
1985	112	7	1085	4	7	919	58	20157
1986	101	7	1036	4	7	903	56	21078
1987	101	7	1079	5	7	892	55	22545
1988	101	7	1097	6	7	777	54	
1989	101	7	1128	8	7	781	54	17437
1990	101	7	1182	8	10	767	62	17802
1991	118	7	1240	9	7	641	75	16496
1992	113	7	1375	9	7	579	80	10317
1993	113	7	1398	9	14	567	77	2251
1994	125	7	1432	9	14	553	70	382
1995	113	7	1464	10	7	408	76	1092
1996	113	7	1476	10	7	433	94	1243
1997	113	7	1473	10	7	445	126	1296
1998	113	7	1509	10	7	324	132	1676
1999	113	7	1520	10	7	327	132	832
2000	85	7	1565	10	7	310	103	608
2001	86	7	1587	10	7	196	95	438
2002	86	7	1639	10	7	196	94	366
2003	114	7	1501	10	7	192	90	324
2004	127	7	1533	11	7	96	96	382
2005	127	7	1533	11	7	57	57	425
2006	125	7	1518	13	7	21	8	50
2007	125	7	1542	11	7	24	9	34
2008	126	7	1626	14	7	22	6	30
2009	130	7	1691	16	68	6	4	77
2010	157	7	2698	17	68	6		79
2011	157	8	2416	21	68	6	6	81
2012	157	8	6935	21	68	6	6	81
2013	158	8	8186	21	68	18	6	89
2014	158	8	5304	21	68	22	6	91
2015	158	8	5544	21	68	29	6	311
2016	158	8	3296	21	68	35	1	538

注:1.2009、2010 年新华书店为全社会口径,与往年不可比;2009、2010 年电影放映单位为市文化局备案单位数;2.公共图书馆藏书量往年含电子书,从 2016 年起为不含电子书口径。

19-2 主要年份广播、电视事业情况

指　　　标	1990	1995	2000	2005	2010	2012	2013	2014	2015	2016
广播电视台　　（座）	**1**	**8**	**1**	**7**	**8**	**8**	**8**	**8**	**8**	**8**
广播事业										
发射台及转播台(中波)　（座）	1	2	2	2	2	2	2	2	2	2
发射机功率(中波)（部 / 千瓦）	3/21	4/22	4/31	2/31	5/65	5/65	2/36	2/36	2/36	2/36
节目　　（套）	2	10	9	9	10	11	11	11	11	11
平均每日播音时间　（小时）	18	92	97	139	189	186	206	207	189	191
广播人口覆盖率　（%）	93.0	88.3	100	100	100	100	100	100	100	100
制作节目时间　（小时）	1323	8235	20754	32913	50415	45566	47159	50114	45847	47620
# 新闻节目	193	1249	1317	4125	7075	8181	7191	7280	4903	5106
文艺节目	379	3869	9595	5427	28159	22229	20901	24298	29816	26518
教育节目	183	26	96		1126	1682	1689	1806	1092	1108
电视事业										
发射台及转播台　（座）	6	1	8		8	8	8	8	8	8
发射机功率(全部)（部 / 千瓦）	20/19.55	28/50.20	30/53.25		33/60.55	33/55.25	33/60.56	33/60.56	33/60.56	33/60.56
节目　　（套）	1	8	8	10	11	11	11	11	11	11
平均每周播出时间　（小时）	83	444	572	1019	1134	1134	201	202	189	193
电视人口覆盖率　（%）	77.0	99.3	98.7	100.0	100.0	100.0	100.0	100.0	100.0	100
制作节目时间　（小时）	307	3509	3694	13696	11160	17182	19622	19767	19605	19316
# 新闻节目	75	387	555	2827	3196	2057	2862	2359	2720	2631
文艺节目	62	485	518	2242	2051	3422	2909	2301	2383	2269
教育节目		13	9		639	1365	1533	1596	1501	1561
有线电视用户　（万户）		12.66	25.52	80.70	218.11	265.31	269.76	271.36	264.79	263.77
有线电视入户率　（%）					78.3	97.1	98.4	98.5	95.3	95.0
县级广播电视台　（座）			6	6	7	7	7	7	7	7
数字电视用户　（万户）					43.80	117.53	147.43	163.25	156.42	157.90

注:1998 年及以后广播电台、电视台数根据省广播电视厅要求只统计地市级,县级电台、电视台合并统计为广播电视台。

19-3 主要年份体育事业基本情况

指　　标		1990	1995	2000	2005	2010	2012	2013	2014	2015	2016
体育设施	**(所)**										
体育场		1	1	7	2	13	16	40	41	41	41
体育馆		1	1		1	12	15	14	15	15	15
游泳馆			1	3	2	9	27	28	27	27	29
体育教育											
体育运动学校	(所)	1	1	1	1	1	1	1	1	1	1
普通业余体校	(所)	6	6	12	14	1	11	4	10	12	13
在校学生数	(人)	350	680	1506	2603	1617	2374	2705	2437	1709	1703
体委系统职工人数	**(人)**	**289**	**295**	**411**		**352**	**419**	**520**	**509**	**575**	**394**
注册运动员				1556	2612	3555	3179	2705	2053	2431	2721
专职教练员		82	79	130	206	49	36	114	128	109	115
专职文化教师		31	42	46	204	89	68	46	74	65	65
科技人员		2	2	6	8	2	5	1	4	10	7
医务人员		4	4	2	8	1	3	2	3	3	3
管理人员		83	79	141	264	123	173	167	150	142	91
其他		87	89	86	216	88	134	211	150	246	113
等级运动员	**(人)**	**135**	**200**	**1120**		**110**	**139**	**283**	**264**	**159**	**192**
#一级		5	50	65		6	15	24	25	47	35
二级		130	150	320	329	104	124	259	239	112	157
等级裁判员	**(人)**	**44**	**72**	**1106**		**448**	**2461**	**2378**	**2639**	**1966**	**2242**
#一级		6	17	162		54	647	721	756	714	778
二级		38	25	295	190	394	1452	1325	1486	1246	1464
三级			30	638			362	332	397	6	
各级体委举办运动会情况											
运动会次数	(次)	65	85	110			40	29	30	15	8
参加运动会的运动员人数	(万人)	0.60	0.96	12.00			1.20	0.7	1.5	0.4	5.1
获国内外奖章(牌)											
金质奖章(牌)	(枚)	5	7		11	104	195	202	235	21	36
银质奖章(牌)	(枚)	2	5			66	133	130	122	8	1
铜质奖章(牌)	(枚)	6	4			98.5	125	110	131	10	5
体彩情况											
体育彩票销售点个数	(个)					1000	1082	988	1043	1118	1050
年从业人员数	(人)					2000	2300	1976	1565	2200	2100
体育彩票发行额	(万元)					1149	1455	1970	1352		1554
体彩全年销售额	(亿元)					5.36	8.99	10.01	10.30	9.02	9.47
百万以上大奖个数	(个)					6	10	6	4		7

注:1.一、二级运动员2001年以后为当年新晋升数;2007、2008年奖章数为省级以上比赛奖牌数(含国际性比赛);2008年部分指标由于统计口径变化,数据相应调整。等级裁判员为当年新增数;2013年数据依照全国第六次体育场地普查数据调整。2.2015年国家体育总局取消金银铜牌统计,国家级比赛只统计到金牌,国内省级比赛只统计届赛,不统计年赛。3.体育彩票发行额改为发行费。

主要统计指标解释

文化事业机构 指从事专业文化工作和为专业文化工作服务的独立建制的单独核算的单位。不包括这些单位另外举办独立核算的其他机构和各部门的业余文化组织。

艺术表演团体 指从事戏曲、音乐、舞蹈、杂费等专业艺术表演,有独立帐户,实行单独核算的团体。不包括半工半艺、半农半艺的业余剧团。

电影放映单位 指具有放映机器设备、固定或不固定的放映场所与专职或兼职的放映技术人员，经有关部门登记批准,经常为一定的观众对象放映电影的机构。包括经批准对外开放进行营业，并与电影发行放映管理机构分帐的专用放映单位和军委系统租片单位。

电影观众人数(人次) 指各类型放映单位及军委系统租片单位映出的观众人次数。一个观众连续看了一部长片或短片专场规定的短片,为二人次。

艺术表演观众人数(人次) 指售票、包场演出或民族地区免费演出的艺术表演观众人次数。不包括彩排审查和内部观摩演出的观看人次数。

公共图书馆 文化部门举办的面向社会服务的独立的图书馆。不包括文化馆的图书室。

电视人口覆盖率 指电视覆盖人口与总人口的比率。电视覆盖人口是指能够用普通电视接收机、室外天线在离地面四米高处,在晚上收看电视,并且收视效果能达到图像基本稳定、清晰,能看清人物的形象、动作的地区内的人口数。计算公式为:

$$\text{电视人口覆盖率}(\%)=\frac{\text{年末电视覆盖人口数}}{\text{年末总人口数}}\times 100\%$$

广播人口覆盖率 指广播覆盖人口与总人口的比率。广播覆盖(或中波覆盖)人口是指能够用普通收音机在中午收听中波广播节目，并且收听效果能达到听清完整的节目内容的地区的人口数,包括只能收听外省中波广播的人口数在内。计算公式为:

$$\text{广播人口覆盖率}(\%)=\frac{\text{年末广播覆盖人口数}}{\text{年末总人口数}}\times 100\%$$

等级运动员人数 指经考核正式批准授予等级运动员称号的人数。运动员等级分为国际级运动健将、运动健将、一级运动员、二级运动员、三级运动员、少年级运动员。

等级裁判员人数 指经考核正式批准授予等级裁判员称号的人数。裁判员等级分为国际裁判、国家级裁判、一级裁判、二级裁判、三级裁判。

体育场 指有 400 米跑道(中心含足球场),有固定道牙,跑道 6 条以上,并有固定看台的室外田径场地。以看台容纳观众人数分：甲级 25000 人以上，乙级 15000–25000 人，丙级 5000–15000 人,丁级 5000 人以下。

体育馆 指有固定看台,可供篮球、排球、羽毛球、乒乓球、体操等项目比赛活动用的室内运动场地。以看台容纳观众人数分：甲级 6000 人以上，乙级 4000–6000 人，丙级 2000–4000 人,丁级 2000 人以下。

20 PUBLIC MANAGEMENT AND OTHERS
公共管理及其他

版面负责人：张玉强

编　　　辑：马　萍

中华人民共和国统计法实施条例

第七章 法律责任

第四十条 下列情形属于统计法第三十七条第四项规定的对严重统计违法行为失察，对地方人民政府、政府统计机构或者有关部门、单位的负责人，由任免机关或者监察机关依法给予处分，并由县级以上人民政府统计机构予以通报：

（一）本地方、本部门、本单位大面积发生或者连续发生统计造假、弄虚作假；

（二）本地方、本部门、本单位统计数据严重失实，应当发现而未发现；

（三）发现本地方、本部门、本单位统计数据严重失实不予纠正。

第四十一条 县级以上人民政府统计机构或者有关部门组织实施营利性统计调查的，由本级人民政府、上级人民政府统计机构或者本级人民政府统计机构责令改正，予以通报；有违法所得的，没收违法所得。

编辑：徐向忠

20-1 主要年份律师、公证、调解工作情况

单位:件

项　　目		1990	1995	2000	2005	2010	2013	2014	2015	2016
律师工作										
律师事务所	(个)	14	36	44	59	86	101	108	116	126
律师	(人)	151	224	543	736	999	1247	1392	1462	1602
# 专职律师		123	143	247	650	976	1194	1333	1381	1531
# 女性		27	31	31	93	164	298	362	362	444
兼职律师		7	52	25	15	23	23	24	30	32
聘任担任常年法律顾问的单位	(处)	507	1659	1494	1347	1664	3586	4631	4668	5190
民事诉讼代理		784	1755	4026	6045	9483	20776	29925	38432	43415
经济诉讼代理		348	1157	2065	1712	4306	1140	13822	16545	20710
刑事辩护		1281	1145	1850	1662	2320	3257	4304	3569	4182
行政诉讼代理		22	103	242	102	518	31	35	40	81
非诉讼法律事务		159	1269	1107	1154	2232	16958	22071	24589	26150
涉外法律事务		29	3	5	11					
解答法律咨询		7748	15459	32156	45350	25210	11544	99860	99989	113084
代写法律事务文书		1192	2577	3132	5195	2930	1695	2253	2451	3506
公证工作										
公证处	(个)	8	10	12	12	13	11	11	15	11
公证人员	(人)	59	56	76	87	111	130	121	132	127
# 公证员		30	38	52	50	56	66	62	60	50
公证员助理		13	7	24	30	28	24	40	40	34
办理公证文书		20702	23006	44501	60805	58572	34161	31593	30912	42281
人民调解工作										
专职司法助理人员	(人)	215	183	182	388					533
人民调解委员会	(个)	4648	4595	4800	3212	3185	3388	3268	3211	3109
调解人员	(人)	94920	116844	98456	73216	35494	19439	13472	10224	9892
调解民事纠纷		32719	31160	25562	16449	32621	45558	49206	30809	36708

注:调解人员 2008 年及以后不包括调解信息员。

20-2 主要年份国内公证文书分类

分 类	办证件数(件)						
	1995	2000	2010	2013	2014	2015	2016
经济公证合计	**13727**	**27696**	**27445**	**12610**	**9712**	**10250**	**4859**
购 销	185	223	16876				
联 营			3				
拍 卖	3	519					
贷 款	3299	7196	6779	2903	3393	2714	3645
担 保	42	560	147	513	81	71	78
招标、投标	6	606	553	103	109	169	153
科技合同	18	23		8			
供用电	66	43					
劳务合同	4058	1210	224	131			
建筑工程承包	106	302	543	272		36	
工商服务业承包	272	594					
农林牧渔业承包	1443	1489	1				
企业承包	96	136		136			
财产租赁	1098	4716	1	229			1
企业租赁	34	643				5	
资产经营协议	16	20		2			
其他经济合同	1265	2426	330	654	1247	358	308
法人(代表人)资格	249	119	1	13	30	82	
法人委托书	83	118	234	5744			1
公司章程	5	51	164			15	
执行许可证明	3	12		320			226
提 存	5	12	3	1			
其 他	1267	6543	1586	1581	4850	6800	447
民事法律关系公证	**7262**	**13811**	**23087**	**18104**	**21881**	**20662**	**26622**
收 养	151	100	93	79			58
解除收养	18	6					
继承权	121	313	1353	3425	3454	3121	4522
遗 嘱	96	227	381	390	318	333	192
产 权	78	152	130				
亲属关系	39	114	163	221	204	271	252
死 亡	4	12	4	11			4
房屋买卖	187	367	887	421			127
房屋租赁	326	142	12				1
留学协议	9	32	43		57	31	298
遗赠扶养协议	87	162	25				9
其他民事协议	1241	1221		1382	490	294	150
委托书	299	201	6985	3463	6469	5385	8165
赠与书	328	533	480	211	120	56	40
声明书	800	203	4285	3219	3992	2719	1929
现场监督	94	82	385	127	158	223	59
副本等与原本相符	31	90	528	4432			3969
宅基地使用权	126	47	15	12			
证据保全	20	96	207	284	460	443	644
其 他	3205	9711	7111	3874	6159	7790	6203

20-3 主要年份涉外(含港澳台)公证文书分类

分类	办证件数(件)						
	1995	2000	2010	2013	2014	2015	2016
合计	**2007**	**2994**	**8037**	**7615**	**11429**	**12457**	**10800**
收养	3	3		1			
遗嘱			12				
出生	193	347	1682	1001	1498	602	1595
死亡	30	15	18	19	10	3	12
生存、居住	60	76	84	54	7	1	9
学历	162	312	1306	641	246	1523	1836
经历	116	123	68	374	32	5	31
国籍	5	10	3				
婚姻状况	124	201	928	288	77	321	292
亲属关系	316	337	1321	996	1041	561	366
继承权		2	31		2		2
受、未受刑事处分	678	284	1352	1104	1426	1533	2099
声明书	8	17	330	296	100	185	55
委托书	58	54	180	185	103	296	398
营业证书	2	5	47				1023
公司章程	1		2		4	273	
其他法律文书		4	16	791			
职称	10	9		111	13	5	
法人资格	2	2	15	4	27	270	
商标注册		1					
贷款							
担保	1	6	2				
其他经济合同	10	25		20	352	15	1
副本等与原本相等	38	199	201	868	1703	1937	1054
其他	190	962	439	862	4788	4927	2027

20-4 主要年份调解民间纠纷分类

分 类	调解纠纷(件)							
	1995	2000	2010	2012	2013	2014	2015	2016
合 计	**31160**	**25562**	**32621**	**43811**	**45558**	**39383**	**35898**	**36708**
婚姻家庭	10805	10143	8860	13473	11352	11323	10072	7693
婚 姻	4136	3870		12897	10802		10072	6053
继 承	1179	1327		576	550			393
赡养扶养	2892	2466						726
其 他	2598	2480						521
房屋、宅基地	4815	2706	3703	5069	4824	3981	3232	3020
合 同	2848	3039	2003	2732	2498	2169	1548	1208
工地承包			2696	447	2492	1965	1360	2282
邻 里	6169	3548	8877	13892	12475	11164	12313	11701
损害赔偿	1832	2225	3562	3865	3677	4142	3485	2776
其 他	4691	3901	2920	4333	8240	4639	3888	8028

20-5 政治协商会议徐州市委员会历届委员人数

届 次	委员总数(人)	中国共产党代表(人)	占代表总数比重(%)	少数民族代表(人)	占代表总数比重(%)
一届(1955年7月)	83	6	7.2	1	1.2
二届(1957年5月)	130	10	7.7	2	1.5
三届(1959年12月)	170	12	7.1	5	2.9
四届(1961年5月)	190	12	6.3	5	2.6
五届(1963年11月)	190	12	6.3	4	2.1
六届(1966年2月)	210	12	5.7	5	2.4
七届(1981年4月)	357	18	5.0	10	2.8
八届(1983年12月)	456	21	4.6	11	2.4
九届(1988年1月)	461	20	4.3	11	2.4
十届(1993年3月)	459	22	4.8	13	2.8
十一届(1998年1月)	460	26	5.7	13	2.8
十二届(2003年1月)	480	21	4.4	8	1.7
十三届(2008年1月)	558	24	4.3	8	1.4
十四届(2012年6月)	576	23	4.0	11	1.9
十五届(2017年2月)	574	29	5.7	12	2.1

20-6 妇联组织情况

单位:个

年 份	各级妇联总 计	#镇、街道级	基层妇代会总 计	#农 村	机关及事业单位妇 委 会 数	各类妇女联谊组织数
1988	229	218				
1989	236	218			7	
1990	236	218			7	
1991	236	218			7	1
1992	236	218			7	1
1993	236	218	3 775	3 429	7	1
1994	236	217	3 775	3 429	7	1
1995	238	217	3 778	3 429	10	2
1996	233	221	3 820	3 440	10	2
1997	230	218	3 754	3 430	11	2
1998	231	219	4 101	3 430	71	6
1999	235	223	4 097	3 430	71	6
2000	169	157	3 527	3 062	71	6
2001	176	164	2 727	2 255	72	6
2002	176	164	2 727	2 255	76	6
2003	181	169	2 616	2 264	92	6
2004	174	162	2 617	2 295	92	6
2005	166	154	2 842	2 295	393	322
2006	164	152	2 980	2 294	396	216
2007	167	155	2 853	2 262	290	234
2008	167	155	2 619	2 271	320	30
2009	167	155	2 776	2 257	281	23
2010	167	155	1 649	2 250	316	13
2011	167	155	2 672	2 318	282	43
2012	168	156	2678	2238	320	70
2013	168	156	2678	2234	320	70
2014	173	161	2690	2192	313	70
2015	173	161	2696	2192	379	145
2016	175	163	2692	2085	379	211

20-7 交通事故发生情况

年 份	交通事故发生数（起）	交通事故死伤人数（人）	#死亡人数	每十万人交通事故发生数（起）	每起交通事故死伤人数(人)
1984	518	520	156	7.4	1.0
1985	541	501	156	7.6	0.9
1986	529	576	199	7.4	1.1
1996	1107	1167	319	12.9	1.1
1997	1094	1253	319	12.6	1.1
1998	1063	1271	360	12.1	1.2
1999	775	1095	326	8.8	1.4
2000	3557	3700	773	39.7	1.0
2001	2099	2407	518	23.3	1.1
2002	1730	2100	459	19.2	1.2
2003	1569	1993	458	17.3	1.3
2004	1506	1824	521	16.5	1.2
2005	1289	1619	487	13.9	1.3
2006	1123	1431	448	12.0	1.3
2007	1007	1336	373	10.7	1.3
2008	1038	1425	374	11.0	1.4
2009	969	1343	371	10.1	1.4
2010	852	1140	357	8.8	1.3
2011	733	994	364	8.6	1.4
2012	839	1084	350	9.8	1.3
2013	914	1154	348	10.7	1.3
2014	913	1154	348	10.6	1.3
2015	912	1152	347	10.5	1.3
2016	900	1136	341	10.4	1.3

20-8　主要年份火灾事故发生情况

年　份	火灾发生数（起）	火灾死伤人数（人）	#死亡人数	直接经济损失（万元）	平均每起火灾损失（元）
1985	118	35	11	47.72	4044
1990	284	21	5	205.8	7246
1991	142	19	7	122.4	8620
1992	162	24	6	223.04	13768
1993	108	81	23	192.45	17819
1994	140	53	20	271.71	19408
1995	185	75	13	345.42	18671
1996	204	34	8	394.36	19331
1997	903	33	15	449.65	4980
1998	841	55	23	307.41	3655
1999	799	60	11	289.74	3626
2000	858	62	12	322.25	3756
2001	1122	42	15	244.52	2179
2002	1360	46	19	293.29	2157
2003	1103	22	10	417.76	3787
2004	1346	46	18	394.66	2932
2005	1728	36	21	488.26	2826
2006	1504	23	14	348.03	2314
2007	1123	20	17	408.91	3641
2008	1029	7	4	314.82	3059
2009	884	11	8	544.95	6165
2010	856	10	7	447.45	5227
2011	763	9	9	387.30	5076
2012	717	10	7	562.68	7848
2013	2140	18	10	1480.30	6917
2014	2312	23	14	2225.00	9624
2015	2417	23	14	2081.34	8611
2016	1954	5	5	1459.10	7467

20-9　火灾事故发生情况

（2016 年）

项　　目	合　计	按事故发生程度分			按事故发生地区分					
		特大	重大	一般	市区	县(市)	集镇镇区	农村	开发区、旅游区	其他
火灾发生数（起）	1954			1954	449	298	253	810	63	81
死伤人数（人）	5			5		1	1	3		
#死亡人数	5			5		1	1	3		
直接经济损失（万元）	1459			1459	216	243	205	624	94	78
平均每起火灾损失（元）	7467			7467	4801	8140	8103	7699	14988	9622

主要统计指标解释

律师 指受聘参加法律顾问处工作，担任法律顾问、刑(民)事代理人、刑事辩护人,办理非诉讼事件、解答法律询问、代定法律事务文书等主要从事律师业务的专职法律工作者和兼职律师。

公证人员 指在国家公证机关依法办理公证事务的司法人员。包括公证员、助理公证员和在公证处工作的其他人员。

办理公证文书 指公证处在一定时期内办结的公证文书件数。公证文书系按司法部门规定或批准的格式制作。包括国内公证和涉外公证两部分。其中国内公证分为经济合同公证和民事法律关系公证两大类。

调解人员 在人民调解委员会担负调解民间一般民事纠纷和轻微违法行为所引起的纠纷的工作人员。包括调解委员会的委员和调解小组的调解员。

调解民间纠纷 指调解委员会依照法律规定，根据自愿原则，用说服教育的方法调解民间发生的有关民事权利和义务的争执,促成当事双方达到协议的谅解,解决纠纷。包括婚姻家庭纠纷,财产权益纠纷等。不包括法院受理调解的民事案件数。

21 SOCLAL ECONOMIC OF COUNTIES(CITIES)

县(市)社会经济(1978-2016)

版面负责人：张玉强　卓卫华　李跃东
顾元林　李　燕　许　清
王廷宝　徐　康　迟　伶

编　　辑：卢川川　王　楠　闫礼建
刘　畅　殷溪晨　张　虹
柏　慧　柳　震　李银浩

中华人民共和国统计法实施条例

第四十二条 地方各级人民政府、县级以上人民政府统计机构或者有关部门及其负责人，侵犯统计机构、统计人员独立行使统计调查、统计报告、统计监督职权，或者采用下发文件、会议布置以及其他方式授意、指使、强令统计调查对象或者其他单位、人员编造虚假统计资料的，由上级人民政府、本级人民政府、上级人民政府统计机构或者本级人民政府统计机构责令改正，予以通报。

第四十三条 县级以上人民政府统计机构或者有关部门在组织实施统计调查活动中有下列行为之一的，由本级人民政府、上级人民政府统计机构或者本级人民政府统计机构责令改正，予以通报：

（一）违法制定、审批或者备案统计调查项目；

（二）未按照规定公布经批准或者备案的统计调查项目及其统计调查制度的主要内容；

（三）未执行国家统计标准；

（四）未执行统计调查制度；

（五）自行修改单个统计调查对象的统计资料。

乡、镇统计人员有前款第三项至第五项所列行为的，责令改正，依法给予处分。

编辑：徐向忠

21-1 历年地区生产总值

（当年价格）　　　　单位:亿元

年份	丰县	沛县	铜山区	睢宁县	新沂市	邳州市
1978	1.72	2.04	3.18	2.12	2.21	2.42
1979	1.99	2.24	4.08	2.21	2.24	2.82
1980	2.32	2.54	4.18	2.69	2.38	3.11
1981	2.42	2.80	4.83	2.91	2.62	3.23
1982	3.04	3.39	5.76	3.41	2.82	3.73
1983	3.53	3.78	6.96	3.61	3.55	4.93
1984	4.14	4.85	7.95	4.90	4.27	5.69
1985	3.87	5.88	8.89	5.30	5.02	6.46
1986	4.48	6.36	10.20	5.58	5.80	7.99
1987	4.86	7.11	12.35	5.70	6.85	8.94
1988	5.37	8.96	15.29	6.26	8.46	11.29
1989	7.06	8.59	15.13	6.88	9.49	12.04
1990	7.51	9.37	16.37	8.49	10.10	13.55
1991	9.28	13.18	18.29	9.46	11.42	14.70
1992	9.77	15.56	16.38	11.45	12.69	17.10
1993	12.42	20.07	21.79	15.28	17.41	20.75
1994	14.61	25.42	32.37	22.07	28.50	29.79
1995	16.36	32.33	45.67	29.53	32.51	34.59
1996	17.13	35.81	50.37	32.59	36.50	38.94
1997	17.91	38.88	55.55	30.29	39.51	44.48
1998	19.47	43.86	60.70	32.69	43.30	50.71
1999	22.78	49.23	64.65	34.31	44.53	55.96
2000	26.28	60.15	70.91	36.61	38.91	62.68
2001	30.40	68.00	77.75	41.35	43.66	69.05
2002	34.91	76.41	86.21	47.03	47.96	76.46
2003	40.50	86.57	99.00	53.20	54.24	88.07
2004	48.89	104.75	117.39	54.04	64.55	102.26
2005	57.94	125.22	147.69	64.26	82.99	128.93
2006	68.58	150.82	181.08	78.12	103.83	161.98
2007	81.08	179.50	229.31	95.58	129.32	198.55
2008	102.43	218.89	290.58	129.93	168.66	257.13
2009	120.15	249.98	338.11	151.15	195.53	298.46
2010	150.18	301.60	462.75	200.10	241.20	365.39
2011	190.61	376.98	570.57	252.36	301.37	448.86
2012	228.73	431.30	647.60	302.45	350.16	513.49
2013	281.78	495.37	737.14	360.16	412.22	599.14
2014	341.63	564.96	835.27	419.97	473.54	684.48
2015	370.33	605.84	900.42	451.89	507.63	731.71
2016	405.19	665.03	974.81	497.38	562.06	804.14

注:1993-2004 年为按 2004 年经济普查调整修订数据;2006-2008 年数据是全国第二次经济普查调整修订后的数据;2013 年数据根据全国第三次经济普查调整结果进行了修订。

21–2 历年地区生产总值指数

（按可比价格计算、以 1978 年为 100）

年　份	丰　县	沛　县	铜山区	睢宁县	新沂市	邳州市
1978	100.0	100.0	100.0	100.0	100.0	100.0
1979	99.0	95.5	110.3	90.8	89.5	99.9
1980	114.1	107.5	113.7	109.2	93.8	108.5
1981	117.5	117.6	128.3	115.8	101.1	110.1
1982	140.8	138.1	150.4	129.6	105.9	122.6
1983	161.0	151.6	181.0	134.8	129.7	159.3
1984	181.9	188.0	200.2	174.3	151.6	175.9
1985	158.6	210.8	209.6	173.2	165.0	189.4
1986	170.4	219.0	226.2	178.9	180.5	215.1
1987	171.9	228.4	256.3	173.1	195.7	224.0
1988	167.7	254.6	289.7	169.6	221.8	241.7
1989	199.1	221.2	249.8	169.8	240.8	238.1
1990	202.1	224.3	261.3	195.9	254.7	248.8
1991	241.7	304.8	283.8	212.9	277.1	269.7
1992	245.3	347.5	359.3	249.7	312.3	308.0
1993	274.5	376.0	395.6	283.9	360.7	363.7
1994	326.4	418.9	447.0	343.5	445.8	432.1
1995	378.0	517.8	596.3	401.6	465.9	523.7
1996	408.6	577.3	647.6	425.6	515.3	573.5
1997	455.6	665.6	736.3	435.9	563.7	543.1
1998	506.2	752.1	832.8	471.6	635.3	608.8
1999	569.5	843.1	934.4	509.3	688.7	679.4
2000	632.1	936.7	1047.5	547.0	739.7	754.8
2001	704.8	1041.6	1153.3	618.1	828.5	841.6
2002	787.3	1172.8	1287.1	685.5	927.1	943.4
2003	866.0	1322.9	1455.7	760.9	1043.0	1069.8
2004	976.0	1504.1	1669.7	858.3	1185.9	1227.1
2005	1107.8	1729.7	1928.5	974.2	1361.4	1422.2
2006	1275.1	2006.5	2250.6	1120.3	1575.1	1659.7
2007	1469.9	2321.0	2604.9	1290.7	1816.0	1920.2
2008	1678.6	2664.5	2993.0	1474.0	2077.5	2204.4
2009	1916.9	3056.2	3439.0	1690.7	2385.0	2532.9
2010	2183.8	3508.5	3941.0	1937.5	2740.1	2904.7
2011	2476.7	4003.3	4504.6	2204.8	3136.0	3314.3
2012	2816.0	4559.8	5148.8	2506.9	3578.2	3781.6
2013	3182.1	5138.9	5807.6	2835.3	4505.5	4273.2
2014	3551.2	5724.7	6481.3	3175.5	5028.1	4773.2
2015	3920.5	6325.8	7135.9	3508.9	5561.1	5269.6
2016	4230.2	6901.4	7706.8	3807.2	6083.8	5727.9

21-3 历年地区生产总值指数

（按可比价格计算、以上年为 100）

年 份	丰 县	沛 县	铜山区	睢宁县	新沂市	邳州市
1978						
1979	99.0	95.5	110.3	90.8	89.5	99.9
1980	115.3	112.6	103.1	120.3	104.8	108.6
1981	103.0	109.4	112.8	106.0	107.8	101.5
1982	119.8	117.4	117.2	111.9	104.7	111.4
1983	114.3	109.8	120.3	104.0	122.5	129.9
1984	113.0	124.0	110.6	129.3	116.9	110.4
1985	87.2	112.1	104.7	99.4	108.8	107.7
1986	107.4	103.9	107.9	103.3	109.4	113.6
1987	100.9	104.3	113.3	96.8	108.4	104.1
1988	97.6	111.5	113.0	98.0	113.3	107.9
1989	118.7	86.9	86.2	100.1	108.6	98.5
1990	101.5	101.4	104.6	115.4	106.5	104.5
1991	119.6	135.9	108.6	108.7	113.0	108.4
1992	101.5	114.0	126.6	117.3	111.1	114.2
1993	111.9	108.2	110.1	113.7	122.7	118.1
1994	118.9	111.4	113.0	121.0	123.6	118.8
1995	115.8	123.6	133.4	116.9	104.5	121.2
1996	108.1	111.5	108.6	106.0	110.6	109.5
1997	111.5	115.3	113.7	102.4	109.4	94.7
1998	111.1	113.0	113.1	108.2	112.7	112.1
1999	112.5	112.1	112.2	108.0	108.4	111.6
2000	111.0	111.1	112.1	107.4	107.4	111.1
2001	111.5	111.2	110.1	113.0	112.0	111.5
2002	111.7	112.6	111.6	110.9	111.9	112.1
2003	110.0	112.8	113.1	111.0	112.5	113.4
2004	112.7	113.7	114.7	112.8	113.7	114.7
2005	113.5	115.0	115.5	113.5	114.8	115.9
2006	115.1	116.0	116.7	115.0	115.7	116.7
2007	115.3	115.7	115.7	115.2	115.3	115.7
2008	114.2	114.8	114.9	114.2	114.4	114.9
2009	114.2	114.7	114.9	114.7	114.8	114.9
2010	113.9	114.8	114.6	114.6	114.9	114.7
2011	113.4	114.1	114.3	113.8	114.4	114.1
2012	113.7	113.9	114.3	113.7	114.1	114.1
2013	113.0	112.7	112.8	113.1	113.2	113.0
2014	111.6	111.4	111.6	112.0	111.6	111.7
2015	110.4	110.5	110.1	110.5	110.6	110.4
2016	107.9	109.1	108.0	108.5	109.4	108.7

21-4 历年人均地区生产总值

（当年价格）　　单位:元

年　份	丰　县	沛　县	铜山区	睢宁县	新沂市	邳州市
1978	215	254	236	224	310	213
1979	246	274	300	232	313	246
1980	284	307	305	280	330	269
1981	294	332	348	300	359	277
1982	363	292	408	347	381	315
1983	417	429	486	364	474	410
1984	486	546	549	490	562	367
1985	451	660	607	526	653	524
1986	518	700	692	550	746	641
1987	557	777	827	557	872	707
1988	608	951	1001	603	1058	874
1989	785	879	1304	649	1248	913
1990	805	916	1345	767	1289	985
1991	960	1241	1450	817	1398	1025
1992	997	1445	1878	973	1612	1234
1993	1250	1846	1938	1287	2094	1415
1994	1451	2299	2863	1845	3150	2013
1995	1611	2880	4004	2447	3577	2320
1996	1677	3169	4387	2679	3941	2598
1997	1718	3427	4819	2471	4177	2960
1998	1845	3834	5221	2647	4515	3375
1999	2149	4263	5529	2776	4718	3691
2000	2403	4776	6044	2917	4075	4066
2001	2770	5465	6592	3221	4511	4429
2002	3179	6302	7292	3648	4949	4888
2003	3698	7328	8378	4108	5646	5774
2004	4811	8991	10368	4130	6723	6892
2005	5702	10928	13206	4856	9001	8766
2006	6722	13091	16158	6616	11038	10903
2007	8044	15789	20788	8193	13941	13542
2008	10182	19402	26603	11285	18439	17531
2009	12130	22322	31289	13328	21480	20616
2010	15414	26727	40362	18498	26360	25186
2011	19867	33335	50982	24366	32861	30972
2012	24021	38633	58873	29427	38443	35736
2013	29711	44514	66649	35177	45414	41799
2014	36086	50772	77674	41087	52195	47761
2015	39124	54394	86123	44210	55891	51015
2016	42739	59604	93025	48556	61765	55960

21-5 历年年末总人口

单位:万人

年份	丰县	沛县	铜山区	睢宁县	新沂市	邳州市
1978	80.53	81.07	135.85	95.06	71.53	114.30
1979	81.10	82.03	136.27	95.71	71.85	114.92
1980	81.78	83.46	137.36	96.22	72.38	115.81
1981	83.00	85.64	139.90	97.56	73.38	117.58
1982	84.21	87.43	142.58	98.95	74.48	119.51
1983	84.94	88.88	143.99	99.74	75.22	120.89
1984	85.50	88.59	145.73	100.48	76.31	122.79
1985	86.13	89.66	146.90	101.07	77.25	124.07
1986	86.68	90.93	147.97	101.96	78.28	125.51
1987	87.62	92.20	150.68	102.96	79.38	127.47
1988	89.08	96.18	154.90	104.84	80.69	130.89
1989	90.78	99.28	160.13	107.03	82.36	132.96
1990	95.78	105.36	170.35	114.40	88.37	142.22
1991	97.61	107.16	172.16	117.23	89.44	144.71
1992	98.51	108.15	172.38	118.26	89.74	146.06
1993	99.39	109.29	173.29	119.15	90.33	147.32
1994	100.67	111.84	128.56	120.09	90.62	148.59
1995	101.51	112.66	129.90	121.21	91.13	149.60
1996	102.14	113.32	130.30	122.12	94.10	150.11
1997	104.28	113.62	131.34	123.08	95.05	150.45
1998	105.57	115.16	132.77	124.25	96.15	150.02
1999	106.04	115.79	133.00	122.96	94.59	152.74
2000	109.38	118.13	128.34	128.06	96.34	155.59
2001	109.74	118.48	128.90	128.71	97.22	156.25
2002	109.80	118.92	128.94	129.09	96.58	156.56
2003	109.51	119.50	128.80	129.93	95.55	158.04
2004	110.24	120.34	129.19	131.76	96.48	161.43
2005	111.03	120.48	119.60	132.89	97.47	163.96
2006	112.11	121.74	120.72	134.04	99.06	165.46
2007	113.30	123.59	120.47	132.89	99.11	168.66
2008	114.03	123.80	122.11	132.51	100.31	169.70
2009	114.58	125.81	124.21	132.91	101.95	171.93
2010	116.49	127.94	129.27	133.12	104.01	178.62
2011	115.08	127.12	131.07	135.46	104.70	178.63
2012	116.62	128.66	134.51	137.35	107.15	179.86
2013	118.23	128.91	137.06	140.74	109.66	182.95
2014	120.05	130.63	131.56	143.58	111.89	185.89
2015	120.67	130.92	131.36	144.28	112.66	187.49
2016	121.41	130.74	132.26	144.16	113.56	193.87

21-6 历年年末农业人口

单位:万人

年 份	丰 县	沛 县	铜山区	睢宁县	新沂市	邳州市
1978	78.34	76.75	132.80	92.61	68.32	111.00
1979	78.77	77.47	133.36	93.08	68.45	111.23
1980	79.32	78.39	134.26	93.45	68.85	112.03
1981	80.39	79.99	136.72	94.61	69.69	113.56
1982	81.40	81.42	139.37	95.74	70.66	115.27
1983	81.98	82.04	140.96	96.45	71.22	116.55
1984	82.29	81.39	142.46	96.95	72.01	118.15
1985	82.28	81.39	143.21	97.13	72.49	118.85
1986	82.64	82.12	143.88	97.90	73.27	120.38
1987	83.13	82.80	145.43	98.59	74.26	122.01
1988	83.61	85.46	145.78	98.90	74.88	123.42
1989	84.68	87.23	148.35	99.98	75.10	124.39
1990	89.28	92.58	156.87	106.85	80.56	132.65
1991	90.74	92.83	156.98	109.39	81.11	134.64
1992	91.28	93.41	155.94	110.19	81.06	135.39
1993	91.78	94.01	155.17	110.64	80.98	136.11
1994	92.77	95.73	116.63	111.30	80.90	136.69
1995	93.12	95.89	116.09	111.74	80.68	136.36
1996	93.22	95.88	115.72	112.30	82.85	135.79
1997	94.82	95.57	115.94	112.93	83.21	135.14
1998	95.62	96.11	117.04	113.70	83.40	134.10
1999	95.75	95.95	116.88	112.04	81.24	135.60
2000	94.02	96.88	111.68	111.56	77.95	121.74
2001	93.62	97.27	110.92	111.67	76.27	120.89
2002	93.48	97.42	110.85	111.68	75.92	121.32
2003	90.54	87.09	101.09	113.29	75.80	124.46
2004	88.15	87.56	101.00	110.86	76.35	121.62
2005	88.40	87.48	94.56	109.91	77.14	121.72
2006	89.47	88.69	95.92	110.95	78.13	122.92
2007	90.20	94.09	91.06	109.99	79.70	125.60
2008	80.75	93.64	91.82	110.26	80.89	126.45
2009	65.10	81.04	85.55	110.68	82.30	127.49
2010	65.22	79.67	83.65	100.83	43.69	129.62
2011	50.45	54.62	52.69	60.95	46.11	68.45
2012	50.49	52.54	51.87	60.03	43.88	47.43
2013	49.20	52.01	24.96	55.02	41.94	47.16
2014	48.63	53.69	21.70	55.32	42.53	47.08
2015	72.30	67.38	64.87	55.80	61.02	88.82
2016	72.77	61.77	65.41	55.18	61.38	91.68

注:2015 年起,城乡人口划分与往年不可比。

21-7 历年人口出生率

单位:‰

年 份	丰 县	沛 县	铜山区	睢宁县	新沂市	邳州市
1978	18.96	19.40	15.94	15.36	16.94	14.67
1979	13.03	15.91	13.58	12.35	12.34	11.93
1980	17.51	25.44	22.86	17.35	15.19	17.48
1981	16.88	19.30	21.51	14.19	18.08	16.79
1982	15.41	17.87	20.46	14.64	17.58	18.05
1983	13.44	12.81	16.46	12.05	14.46	15.63
1984	12.52	16.54	14.42	11.71	15.99	15.28
1985	11.79	11.50	12.50	9.99	14.91	12.86
1986	13.25	13.34	13.48	11.14	16.98	13.72
1987	15.89	15.08	16.52	12.02	16.30	15.33
1988	19.13	44.33	25.48	13.18	19.01	22.87
1989	21.83	31.63	31.69	15.49	19.22	18.90
1990	19.77	23.92	28.08	17.19	18.90	18.50
1991	21.24	19.90	18.31	26.21	16.72	20.93
1992	13.20	13.29	12.22	14.08	11.52	12.77
1993	13.78	15.92	12.37	10.76	10.08	11.26
1994	16.73	22.94	14.20	10.78	9.26	10.96
1995	12.67	10.68	10.75	9.90	8.29	8.75
1996	10.64	9.28	8.88	10.85	12.57	7.92
1997	23.83	8.28	13.83	10.74	9.03	7.77
1998	13.64	9.60	13.54	8.88	8.23	9.67
1999	9.49	7.73	8.32	7.49	8.00	8.44
2000	35.54	24.04	13.86	18.66	13.15	15.28
2001	7.74	8.17	7.85	6.96	8.10	8.47
2002	7.31	7.17	8.72	7.04	6.65	9.59
2003	6.45	8.92	8.85	13.76	6.91	13.18
2004	15.74	11.69	9.18	19.10	15.70	22.63
2005	13.07	9.23	14.50	14.01	15.32	19.52
2006	15.24	15.58	14.68	15.03	16.50	17.92
2007	20.13	21.01	18.86	14.67	22.31	32.02
2008	17.09	18.93	20.62	13.85	21.24	23.21
2009	17.34	19.14	20.67	14.30	16.24	30.79
2010	26.31	24.14	18.09	15.69	23.33	26.77
2011	19.17	18.51	26.52	25.46	20.70	9.13
2012	21.96	19.75	23.79	21.26	25.64	15.78
2013	20.44	20.75	24.69	26.43	25.69	18.46
2014	21.55	20.45	19.05	25.67	23.61	18.30
2015	14.07	14.71	14.74	16.05	18.03	14.30
2016	12.71	14.04	13.60	12.88	13.21	37.68

注:各县(市、区)出生人口中包含往年补报出生人口,下同。

21-8 历年人口自然增长率

单位:‰

年　　份	丰　县	沛　县	铜山区	睢宁县	新沂市	邳州市
1978	13.44	14.30	10.35	9.50	10.82	9.11
1979	7.55	11.13	8.16	6.60	6.36	6.52
1980	11.53	17.81	15.24	9.61	8.65	11.07
1981	11.76	14.10	15.00	9.05	11.86	11.88
1982	10.71	13.13	15.66	9.54	12.50	13.12
1983	8.55	7.72	11.59	7.16	9.38	11.13
1984	7.09	11.01	9.23	6.31	10.98	10.75
1985	6.62	6.81	7.29	5.20	9.96	8.31
1986	8.08	8.74	8.47	6.63	11.93	9.17
1987	10.76	10.73	11.38	7.49	11.36	11.06
1988	13.77	39.92	20.19	8.80	13.80	18.23
1989	16.48	27.40	27.02	11.28	14.38	14.61
1990	15.14	19.70	23.08	12.51	13.70	14.27
1991	17.07	15.42	13.00	20.70	11.60	15.66
1992	8.16	8.65	6.60	8.67	6.36	7.34
1993	8.93	11.42	6.93	5.20	4.79	5.94
1994	11.43	18.14	8.44	5.44	4.06	5.55
1995	7.83	6.42	5.97	5.02	3.42	3.63
1996	5.82	4.90	2.96	5.67	8.25	2.46
1997	19.26	4.42	7.81	5.55	4.93	2.84
1998	9.09	6.17	8.04	3.82	3.52	5.47
1999	5.69	4.80	2.86	3.22	4.18	5.04
2000	30.15	18.83	7.50	14.38	9.06	11.18
2001	4.37	4.29	4.14	4.03	4.99	5.32
2002	3.51	4.27	4.63	4.18	0.68	5.71
2003	2.85	5.47	2.97	10.06	4.67	9.29
2004	10.18	6.84	4.32	14.54	11.13	17.91
2005	10.58	5.92	11.83	12.22	13.91	17.33
2006	10.82	12.64	10.66	12.40	14.86	11.60
2007	11.82	14.06	-2.70	-6.91	1.37	17.24
2008	7.01	1.66	11.93	-2.16	11.50	9.56
2009	5.54	15.37	16.11	2.85	14.97	17.57
2010	17.19	16.66	2.84	5.89	17.79	21.40
2011	11.59	13.53	20.97	20.80	12.32	-3.36
2012	18.85	14.49	19.98	14.48	22.78	8.51
2013	16.45	14.86	20.40	25.13	23.69	15.78
2014	16.32	18.33	15.77	21.97	21.95	16.14
2015	8.76	7.77	6.14	10.98	10.72	10.21
2016	9.22	9.20	10.30	2.88	11.77	35.71

注:2007 年及以后死亡人口中含有往年未销户人口。

21-9 历年从业人员

单位:万人

年份	丰县	沛县	铜山区	睢宁县	新沂市	邳州市
1978	34.29	32.05	57.76	40.84	29.23	45.71
1979	31.55	31.76	57.82	40.14	29.59	45.20
1980	32.83	34.16	59.44	41.92	30.15	46.46
1981	34.33	36.01	61.67	43.22	30.45	47.78
1982	35.75	38.04	62.54	44.42	32.74	50.07
1983	36.00	39.20	64.85	44.83	32.37	51.67
1984	38.19	41.00	68.50	46.10	34.02	53.93
1985	39.44	41.72	70.57	48.16	34.37	56.64
1986	39.98	43.20	72.07	49.64	36.18	57.70
1987	41.69	43.83	72.48	52.21	37.06	60.27
1988	43.18	46.23	75.02	53.25	38.46	63.87
1989	44.02	47.28	77.43	54.45	40.58	65.20
1990	46.85	49.73	80.08	57.42	42.66	69.25
1991	47.98	50.97	81.50	59.21	42.76	73.44
1992	48.65	51.39	82.72	58.40	43.12	74.17
1993	49.49	49.25	81.91	60.03	43.78	74.98
1994	50.34	49.81	61.46	59.55	46.18	75.89
1995	50.75	48.46	58.56	60.95	47.23	76.59
1996	51.22	49.64	58.67	61.28	47.74	77.50
1997	51.60	51.42	59.47	61.14	48.41	77.99
1998	50.93	51.45	58.22	61.28	47.10	77.72
1999	51.69	50.24	58.01	62.73	45.86	78.83
2000	52.03	55.75	55.60	63.62	44.79	73.71
2001	54.01	55.21	54.10	61.92	44.68	73.05
2002	54.02	52.73	52.44	57.15	41.37	70.88
2003	53.77	51.74	50.23	52.69	39.82	71.03
2004	53.43	51.85	52.51	52.91	42.30	71.13
2005	58.09	56.39	52.48	66.72	48.65	78.77
2006	58.74	57.52	54.37	68.38	48.67	80.73
2007	58.97	58.55	59.13	71.12	50.47	82.55
2008	59.71	57.01	62.28	72.85	50.10	84.93
2009	61.30	58.18	64.69	73.32	52.43	87.41
2010	62.76	60.80	68.38	73.09	55.57	89.61
2011	66.17	62.09	70.40	72.63	58.19	90.26
2012	66.58	62.61	70.80	72.92	59.09	90.55
2013	56.05	66.25	65.33	59.66	54.05	77.19
2014	56.31	66.55	65.63	59.93	54.30	77.54
2015	55.69	64.54	56.11	62.88	55.27	87.75
2016	55.78	64.77	56.27	62.89	55.35	87.79

注:从业人员口径发生变化,2012年以前是全社会口径,2013年起改为劳动力抽样调查推算数。

21-10 历年在岗职工人数

单位:万人

年 份	丰 县	沛 县	铜山区	睢宁县	新沂市	邳州市
1978	2.72	3.46	4.44	3.30	3.11	3.89
1979	2.72	2.86	4.02	3.31	3.23	3.68
1980	2.95	3.66	4.58	3.73	3.58	3.76
1981	3.21	3.86	4.82	3.89	3.55	3.89
1982	3.29	4.04	5.03	3.86	3.61	3.99
1983	3.29	4.00	5.04	3.97	3.53	3.97
1984	3.61	4.37	5.52	4.00	4.12	5.02
1985	3.77	4.52	5.39	4.28	4.06	4.62
1986	3.71	4.97	5.56	4.48	4.27	4.73
1987	3.86	4.90	5.68	4.83	4.41	5.13
1988	4.25	5.41	5.84	5.21	4.70	6.40
1989	4.32	5.14	5.92	5.15	4.86	5.99
1990	4.73	5.24	6.14	5.14	4.91	6.14
1991	4.84	5.55	6.46	5.42	4.86	6.41
1992	4.80	5.79	6.69	5.44	4.91	6.44
1993	5.00	6.15	7.16	5.10	5.47	6.81
1994	5.15	6.05	6.49	5.39	5.56	7.00
1995	5.22	6.04	7.00	5.45	5.87	6.89
1996	4.99	6.53	7.53	5.63	5.99	7.36
1997	5.03	6.32	7.51	5.56	6.03	7.42
1998	3.86	5.61	7.11	4.65	5.14	6.64
1999	3.76	5.40	6.76	4.48	5.12	6.70
2000	3.80	5.06	6.41	4.31	4.94	6.41
2001	3.41	4.84	6.03	4.03	4.94	6.27
2002	3.28	4.44	5.46	3.58	4.73	5.93
2003	3.13	4.44	5.17	3.41	4.77	5.56
2004	3.03	4.03	5.04	3.44	4.88	5.17
2005	3.11	4.14	4.82	3.51	4.90	5.24
2006	3.25	4.17	5.17	3.66	5.11	5.36
2007	3.62	4.12	5.25	3.73	4.86	5.44
2008	3.67	4.07	5.63	3.84	4.97	5.85
2009	3.76	4.04	5.39	4.06	4.89	6.15
2010	3.84	3.99	5.48	4.16	4.95	6.23
2011	3.99	3.85	5.52	4.34	5.29	6.47
2012	4.07	4.05	5.70	4.54	5.73	6.38
2013	8.11	11.38	18.39	7.69	7.85	11.66
2014	8.26	11.46	17.21	8.14	8.25	10.94
2015	8.49	11.79	16.64	7.62	9.02	10.08
2016	8.37	12.44	14.99	7.64	8.68	9.95

21-11 历年乡村劳动力

单位:万人

年份	丰县	沛县	铜山区	睢宁县	新沂市	邳州市
1978	31.57	28.59	53.32	37.54	26.12	41.82
1979	28.79	28.81	53.80	36.82	26.36	41.49
1980	29.84	30.36	54.86	38.00	23.54	42.69
1981	31.02	31.92	56.85	39.21	26.81	43.88
1982	32.43	33.96	57.51	40.53	29.10	46.06
1983	32.68	35.14	59.81	40.80	28.80	46.69
1984	34.55	36.52	62.98	41.99	29.83	48.88
1985	35.64	37.14	65.18	43.77	30.17	51.98
1986	36.24	38.13	66.51	45.04	31.78	52.92
1987	37.79	33.80	66.81	47.24	32.55	55.08
1988	38.89	40.73	69.18	47.95	33.66	57.40
1989	39.65	41.91	71.51	49.20	34.74	59.13
1990	42.07	44.27	73.94	52.15	36.78	63.04
1991	43.02	45.21	75.04	53.64	37.79	66.95
1992	43.76	45.35	75.87	52.78	37.90	67.63
1993	44.26	42.65	74.71	54.73	37.63	67.98
1994	44.96	43.06	54.86	53.90	39.66	68.63
1995	45.19	41.80	51.46	55.18	39.96	69.01
1996	45.85	42.33	51.00	55.11	40.03	69.44
1997	46.43	44.21	51.93	57.54	41.46	71.06
1998	46.62	44.34	51.13	58.26	41.51	71.06
1999	46.48	42.43	50.41	56.71	39.35	70.01
2000	46.59	47.84	48.33	57.68	38.16	66.55
2001	49.04	47.79	47.62	56.29	37.61	65.64
2002	49.90	48.73	48.73	59.33	38.33	69.56
2003	50.87	49.61	46.87	60.18	38.31	68.66
2004	51.50	50.24	50.37	61.48	39.55	70.30
2005	53.24	49.99	45.83	61.64	40.36	68.75
2006	53.48	50.40	46.73	62.76	40.37	68.76
2007	51.38	49.74	49.91	63.96	40.40	69.76
2008	51.53	47.26	51.46	64.38	40.36	69.71
2009	52.00	47.61	52.62	63.66	41.72	69.70
2010	52.81	49.46	54.41	62.83	43.43	69.50
2011	54.36	49.64	55.42	60.87	43.71	67.65
2012	55.77	52.33	58.63	62.11	47.46	72.40
2013	54.14	49.89	55.42	59.28	46.63	68.22
2014	53.18	48.94	51.65	59.97	45.46	67.02
2015	53.21	49.25	52.20	59.83	44.38	66.22
2016	53.11	49.57	52.77	59.72	44.42	65.49

21-12 历年固定资产投资

单位:万元

年　份	丰 县	沛 县	铜山区	睢宁县	新沂市	邳州市
1978	846	381	932	257	721	927
1979	830	575	1394	468	1040	1036
1980	654	795	1817	1054	810	844
1981	456	552	1226	577	726	613
1982	811	956	2377	637	846	1134
1983	640	1255	2114	538	1137	1485
1984	572	2036	1871	863	946	1530
1985	1016	1917	4021	1034	1609	2983
1986	5058	8509	30918	6564	16901	6136
1987	6794	9879	26961	8976	18966	26902
1988	8435	11978	31727	10496	23567	14313
1989	6587	11901	35441	8836	24988	30930
1990	9373	12345	38817	10194	30595	15335
1991	14560	16841	52059	11899	34845	17397
1992	19873	19901	71959	15199	36754	41934
1993	30578	30026	94013	45751	46133	55851
1994	46867	42717	141040	62722	66874	84525
1995	63137	79776	190435	82607	92935	88830
1996	80677	94540	238234	91157	94616	163509
1997	86698	113573	239240	84216	91756	116662
1998	96895	112588	211505	76037	129451	137538
1999	109440	144693	214600	102185	155269	165504
2000	125324	159146	229307	110264	129970	195998
2001	142671	175018	260666	132805	173082	227638
2002	172107	208096	295093	175419	197020	258616
2003	247625	310271	395956	240029	236778	383732
2004	323756	480920	537958	301340	461986	523462
2005	310470	607311	717791	325584	608550	950910
2006	413310	750129	1050982	402385	785000	1082000
2007	505000	1001518	1469954	508178	922500	1465814
2008	516480	1138254	1819519	617000	1184300	1816780
2009	650120	1586504	2397838	1058325	1583500	2602000
2010	901750	2140020	3351370	1345338	2101912	3349981
2011	1039371	2372031	3473398	1247240	2207210	3213528
2012	1273340	2923210	4267923	1532206	2706367	3938766
2013	1449732	3312973	4869369	1747941	3075835	4490608
2014	1801402	4090561	5665406	2185526	3862929	5459584
2015	2158322	4870889	6755075	2697732	4736939	6526898
2016	2511004	5603481	7834538	3204884	5500480	7631214

注:2011 年起不再统计全社会固定资产投资,统计口径改为 500 万元以上固定资产投资。

21-13 历年财政收入

单位:万元

年 份	丰 县	沛 县	铜山区	睢宁县	新沂市	邳州市
1978	1326	1612	1831	1839	1491	1625
1979	962	1417	1611	1538	1377	1498
1980	1003	1322	1818	1604	1546	1608
1981	1014	1400	2251	1879	1617	1615
1982	1341	1751	3609	1820	1800	2123
1983	1441	2008	4025	2029	1736	2156
1984	1503	2132	4841	2285	1954	2489
1985	1852	2829	5401	2692	2375	2941
1986	2195	2944	6336	2960	2622	3400
1987	2509	3517	6316	3275	3045	3726
1988	2853	4465	7737	3778	3819	4264
1989	2483	4552	11609	3769	3434	3927
1990	2831	5227	12021	3879	3721	4309
1991	3004	5928	12122	3672	4151	4375
1992	3570	6579	12551	3886	4431	4963
1993	5331	9350	16627	5212	7367	7462
1994	7851	13335	18225	7574	10702	11575
1995	12054	18003	23454	11252	12468	15183
1996	14308	21534	30026	14002	15125	19222
1997	15559	26208	34911	14259	16772	22055
1998	16586	28004	38507	15360	18204	24271
1999	17620	30039	43062	16906	19410	26726
2000	17886	33018	48118	16330	20605	29060
2001	18508	36320	55685	18008	24463	34442
2002	19662	44582	62452	21137	27284	42168
2003	25318	50609	76398	26139	33342	56998
2004	27724	63601	92668	29502	40227	80058
2005	35221	85008	116500	35016	50576	95826
2006	49318	120271	156800	47073	75278	131022
2007	59755	157645	185086	55122	89561	150777
2008	81671	203279	236725	78109	114918	188589
2009	122515	261124	295654	115424	153260	253046
2010	169252	353923	387417	183819	236023	307900
2011	252468	481652	568925	282610	346516	463876
2012	305518	539131	663088	337728	404448	525325
2013	365891	579056	778290	406591	457312	583166
2014	438794	649830	859746	482701	529191	653571
2015	513049	705687	950743	560283	584543	731382
2016	433177	700806	856028	554716	620801	735946

注:2007年及以后财政收入及支出中不包括基金性收入和支出,与往年不可比(下同)。

21-14 历年财政支出

单位:万元

年份	丰县	沛县	铜山区	睢宁县	新沂市	邳州市
1978	1590	1314	2088	1680	1447	1684
1979	2018	1675	2529	1840	1531	2237
1980	1667	1709	2315	1973	1479	2125
1981	1693	1724	2174	1951	1522	2160
1982	1896	2182	3082	2127	2016	2371
1983	2429	2554	3416	2629	2256	2858
1984	2840	3802	3706	2738	2531	3153
1985	2742	3950	4536	2940	2682	3488
1986	3653	5073	5628	4067	3538	4495
1987	4290	5118	6212	4199	3975	4661
1988	5181	6501	7952	5170	5187	5465
1989	5924	7687	10851	6605	6168	6678
1990	6896	8989	13543	7252	6811	7556
1991	7614	9556	15276	7886	7771	8476
1992	7586	9506	15621	8056	8303	9014
1993	10265	13261	16591	10324	10355	10811
1994	12891	13324	16611	12675	11454	14275
1995	16217	18621	20332	16013	14375	16403
1996	20248	21725	27532	19392	17820	21464
1997	24032	25682	32493	21162	19223	24898
1998	26558	27162	35526	23762	21683	29529
1999	26651	29588	39390	26580	24986	34094
2000	29667	31180	40284	26386	28064	36627
2001	35393	36889	44391	33568	34858	42889
2002	37866	45020	50338	39808	39122	49543
2003	45639	53456	62569	46134	48682	66217
2004	55325	67373	78394	54676	58307	84928
2005	72979	88488	107780	77545	79123	113430
2006	91672	116118	145418	96865	99903	143508
2007	116415	168273	162830	117449	113104	173183
2008	157929	203316	224738	167227	157278	237026
2009	208700	271959	285893	217116	221451	311689
2010	276883	360103	382972	284511	303498	411118
2011	403976	507852	521982	423914	431830	534465
2012	476067	611756	616370	482555	547278	679840
2013	541357	672191	824175	571385	617017	777384
2014	627100	731506	945903	675628	684991	886240
2015	747200	923535	1077401	788948	825003	1034275
2016	709000	948558	1080029	802093	918229	1100768

21-15 历年常用耕地面积

（年底数） 单位:千公顷

年 份	丰 县	沛 县	铜山区	睢宁县	新沂市	邳州市
1978	89.29	83.81	159.38	103.04	84.12	118.23
1979	89.07	83.64	158.77	102.47	84.04	117.75
1980	88.30	83.03	157.90	102.43	83.76	117.66
1981	87.80	82.87	157.07	102.27	83.73	117.60
1982	87.76	82.73	156.29	102.22	83.55	117.57
1983	88.00	82.67	156.00	102.00	83.33	117.33
1984	88.03	82.46	155.15	102.08	83.49	117.23
1985	88.01	81.19	154.73	102.03	83.48	117.01
1986	88.01	81.12	151.88	102.03	83.35	116.53
1987	87.93	80.86	151.32	101.95	83.21	116.32
1988	87.81	80.77	150.63	101.91	82.54	115.79
1989	87.63	80.73	149.94	101.89	82.32	115.73
1990	87.61	80.62	148.89	101.82	82.15	114.83
1991	87.51	80.45	148.33	101.25	82.10	114.67
1992	86.01	80.38	147.53	100.79	81.63	114.16
1993	86.00	80.20	146.79	100.52	81.55	112.86
1994	85.85	79.97	115.52	100.09	81.42	112.45
1995	85.85	77.97	115.38	99.92	81.07	111.88
1996	85.68	77.91	115.15	99.62	80.47	111.44
1997	76.65	77.44	117.47	100.79	79.37	122.66
1998	76.60	77.03	117.40	100.67	80.65	122.83
1999	76.64	77.05	117.66	100.63	80.14	122.48
2000	76.70	77.22	115.99	100.63	80.57	121.37
2001	76.25	77.13	116.05	100.10	79.90	121.16
2002	76.41	76.93	116.31	100.05	79.85	121.17
2003	76.10	76.72	113.19	100.08	79.70	112.70
2004	76.09	76.56	108.97	100.08	79.57	111.84
2005	76.28	76.44	109.43	100.08	79.37	111.39
2006	75.34	75.92	109.31	99.84	79.02	112.38
2007	75.51	75.80	109.37	99.76	79.00	111.79
2008	75.72	75.48	106.52	100.00	78.76	110.68
2009	75.67	73.57	105.10	99.40	78.64	111.86
2010	75.67	75.51	106.52	97.46	78.43	111.96
2011	79.58	81.09	106.53	103.47	80.41	116.31
2012	79.75	80.92	107.02	103.41	80.23	116.33
2013	79.57	80.90	106.91	103.30	80.30	116.30
2014	79.57	81.20	106.85	103.42	80.33	116.32
2015	79.52	81.30	106.81	103.49	80.16	116.60
2016	79.49	81.57	106.50	103.39	80.22	116.42

21-16 历年农业机械总动力

（年底数）　　单位：万千瓦

年　份	丰　县	沛　县	铜山区	睢宁县	新沂市	邳州市
1978	12.44	12.95	23.21	11.44	10.47	13.70
1979	12.86	14.47	26.21	12.64	14.28	14.87
1980	15.96	15.65	29.45	14.10	15.65	16.74
1981	16.77	17.27	30.82	16.04	17.15	18.35
1982	18.95	19.29	35.35	18.84	18.47	22.39
1983	20.59	21.80	40.13	20.18	20.05	25.99
1984	24.02	23.91	49.46	21.56	19.99	29.12
1985	25.74	24.32	56.19	22.93	19.91	30.07
1986	27.61	25.54	60.61	25.00	21.27	34.61
1987	30.40	28.50	72.00	26.84	22.76	36.96
1988	32.50	29.16	86.62	28.11	23.23	38.18
1989	34.39	27.70	93.14	26.25	23.44	39.96
1990	30.27	34.42	93.52	25.27	23.15	39.81
1991	30.49	34.29	72.86	25.19	22.34	40.40
1992	28.09	33.17	65.23	24.79	22.66	36.61
1993	29.56	32.81	63.29	25.59	22.73	34.90
1994	29.51	32.73	39.84	25.89	23.66	33.58
1995	30.34	34.52	36.93	23.55	24.74	29.72
1996	31.80	35.32	36.37	24.55	25.02	31.54
1997	44.92	40.34	54.86	26.98	29.97	38.24
1998	47.90	41.96	58.19	29.92	32.61	41.47
1999	50.58	43.30	72.20	31.33	36.55	46.83
2000	57.51	65.59	70.67	45.85	41.18	57.97
2001	58.11	67.20	71.06	48.66	43.09	65.02
2002	57.81	68.52	73.14	50.93	44.58	70.80
2003	59.37	69.07	73.85	53.43	46.42	75.55
2004	59.98	70.25	73.95	55.83	46.62	78.06
2005	60.44	74.62	67.30	60.02	49.76	83.15
2006	61.66	78.44	70.46	65.01	53.91	88.34
2007	62.13	79.94	71.50	66.99	56.71	94.46
2008	66.25	82.31	91.90	82.07	60.40	96.80
2009	69.13	84.10	93.90	86.26	65.84	101.40
2010	69.93	85.65	96.20	89.37	69.03	104.10
2011	73.80	89.13	98.79	96.96	72.61	111.13
2012	76.77	92.41	98.76	103.00	77.18	116.04
2013	77.83	95.94	98.92	106.30	81.13	113.25
2014	80.27	97.80	199.44	111.80	94.93	116.02
2015	81.73	100.09	102.63	117.99	105.08	117.34
2016	82.84	102.08	111.65	122.05	115.86	118.52

21-17 历年农林牧渔业总产值

（当年价格）　　单位：万元

年　份	丰　县	沛　县	铜山区	睢宁县	新沂市	邳州市
1978	15810	18382	31848	18356	18265	24491
1979	20724	19705	42217	18880	18612	28479
1980	23182	21854	37976	23603	18598	31461
1981	24163	24754	37987	26421	21157	34168
1982	29770	27695	47763	33934	26418	38514
1983	35419	33163	60996	35885	33330	43581
1984	43388	40732	66347	47968	37414	55344
1985	41474	42583	75225	49402	41786	59884
1986	45200	55998	85209	51449	50860	76645
1987	52613	62592	94380	51600	63375	83140
1988	64426	73268	146023	54879	78355	110264
1989	69328	73819	147659	66570	87884	110596
1990	78230	91721	163381	80470	94180	128027
1991	91766	93687	175889	89271	104601	135059
1992	91465	91402	209745	102009	119878	142777
1993	131067	122049	257302	135878	154151	171199
1994	180928	197257	320311	217635	213544	292885
1995	239818	247827	399924	269129	256031	384102
1996	280443	324758	454553	317969	293759	461242
1997	256802	333973	384232	296479	285292	426967
1998	266865	348366	401055	282536	303556	450727
1999	279736	354591	381167	278597	312216	459072
2000	300605	363461	400294	273376	321307	486340
2001	320867	381637	431471	289274	339682	516544
2002	342465	405504	460307	314341	360180	552480
2003	366826	422362	405606	325021	308914	580636
2004	414977	483373	478627	399044	380824	599434
2005	355373	566218	464871	389692	414548	695374
2006	395859	594072	501253	413557	446353	779016
2007	437125	651825	541433	442820	507574	830250
2008	530887	673930	599778	519253	503328	882368
2009	580693	751617	670996	665887	615434	991811
2010	649355	903156	684373	787066	694783	1100101
2011	775231	1090245	856960	950728	806247	1327479
2012	886899	1207167	981564	1046895	916229	1494402
2013	1027733	1352225	1152242	1182998	1028666	1628505
2014	1232193	1501940	1286776	1342580	1175475	1873621
2015	1371308	1618628	1452086	1463121	1281589	2054161
2016	1479144	1738438	1546741	1586230	1360946	2233015

21-18 历年粮食产量

单位:万吨

年　份	丰　县	沛　县	铜山区	睢宁县	新沂市	邳州市
1978	24.82	29.08	51.50	30.57	31.47	36.94
1979	28.59	33.87	60.73	32.04	36.83	41.14
1980	30.81	32.71	63.44	37.69	38.98	44.22
1981	31.30	35.49	69.80	45.39	41.40	49.93
1982	35.09	36.30	68.95	52.62	45.55	53.33
1983	42.13	49.79	95.67	57.79	55.16	65.35
1984	49.19	56.51	103.18	64.08	58.77	71.22
1985	49.41	48.94	94.84	62.97	54.68	67.14
1986	51.27	55.30	105.80	66.17	57.32	72.59
1987	45.11	54.20	100.12	68.25	58.89	74.99
1988	38.92	52.38	94.04	59.29	52.50	71.34
1989	43.55	55.97	104.71	68.58	54.27	75.44
1990	43.72	55.69	107.60	67.29	51.54	71.20
1991	48.70	55.82	108.48	66.88	55.30	74.62
1992	46.11	55.63	111.70	68.27	55.47	79.67
1993	50.15	59.30	105.65	60.79	54.54	74.86
1994	46.64	52.62	72.63	61.02	50.61	70.92
1995	51.24	58.58	76.75	63.66	54.20	76.10
1996	52.24	62.25	79.94	69.76	54.29	78.25
1997	53.44	62.50	82.56	73.80	56.55	81.10
1998	44.19	51.91	75.87	64.62	49.79	73.00
1999	54.93	56.89	81.88	73.62	50.74	75.66
2000	40.34	45.60	56.63	53.92	39.00	64.57
2001	38.25	44.43	54.17	51.53	37.55	65.30
2002	38.06	45.22	48.88	49.49	37.69	60.38
2003	23.83	36.22	33.28	39.70	25.74	36.80
2004	43.17	47.35	51.32	58.48	35.07	62.03
2005	38.08	48.19	53.30	53.68	36.80	60.65
2006	42.77	48.03	61.58	65.47	41.98	60.30
2007	40.03	46.29	65.43	61.34	49.12	66.11
2008	43.91	51.76	65.43	74.67	52.94	69.93
2009	49.43	55.62	71.37	84.29	59.93	73.75
2010	46.01	58.11	79.20	85.31	62.67	75.88
2011	51.10	59.89	81.61	88.51	63.58	79.50
2012	52.89	61.17	84.22	91.62	65.68	82.77
2013	51.76	58.99	83.33	85.03	62.68	78.74
2014	53.49	60.71	78.94	90.98	65.97	80.85
2015	52.99	61.63	79.32	92.03	65.95	80.64
2016	52.54	60.27	79.37	92.78	66.06	80.75

注:2006年数据根据农普资料进行了调整。

21-19 历年棉花产量

单位:万吨

年　份	丰　县	沛　县	铜山区	睢宁县	新沂市	邳州市
1978	0.25	0.37	0.73	0.64	0.07	0.41
1979	0.32	0.31	0.60	0.41	0.01	0.35
1980	0.71	0.73	1.22	1.00	0.01	0.79
1981	0.63	0.75	1.26	0.93	0.01	0.75
1982	1.15	1.07	1.73	0.94		0.80
1983	1.43	1.25	2.33	1.28		1.04
1984	2.33	1.40	2.56	1.68		1.36
1985	1.45	1.04	1.97	1.06		1.53
1986	1.77	0.77	1.63	0.76		1.31
1987	2.05	1.09	1.94	0.85		1.56
1988	1.94	1.18	2.55	1.15	0.04	1.97
1989	1.25	0.30	1.23	0.72	0.03	1.16
1990	1.62	0.42	1.51	0.84	0.01	1.18
1991	1.98	0.86	2.36	1.05		1.70
1992	1.00	0.41	1.81	0.98		1.26
1993	1.12	0.55	1.74	0.60		0.78
1994	0.80	0.32	1.04	0.71		1.10
1995	1.01	0.55	1.54	0.85		1.69
1996	0.90	0.61	1.25	0.68		1.17
1997	0.80	0.40	0.86	0.68		1.20
1998	0.71	0.23	1.02	0.57		1.07
1999	0.36	0.09	0.71	0.39		0.70
2000	1.53	0.26	1.24	0.62		1.12
2001	1.66	0.47	1.43	1.02		1.80
2002	1.71	0.49	1.16	1.10		1.51
2003	1.45	0.31	0.78	0.58		1.03
2004	2.31	1.02	1.65	0.99		1.95
2005	0.95	0.39	0.84	0.62		1.04
2006	1.05	0.31	0.54	0.37		0.78
2007	1.60	0.52	0.63	0.34		0.86
2008	1.68	0.45	0.81	0.25		0.86
2009	1.61	0.42	0.80	0.14		0.77
2010	1.10	0.34	0.79	0.21		0.68
2011	1.30	0.38	0.71	0.17		0.70
2012	1.54	0.39	0.74	0.15		0.74
2013	1.62	0.46	0.70	0.16		0.58
2014	1.69	0.16	0.63	0.14		0.52
2015	1.58	0.17	0.47	0.11		0.17
2016	1.02	0.40	0.39	0.09		0.07

21-20 历年油料产量

单位:万吨

年份	丰县	沛县	铜山区	睢宁县	新沂市	邳州市
1978	0.11	0.08	0.35	0.19	0.73	0.12
1979	0.17	0.12	0.32	0.29	0.99	0.18
1980	0.28	0.23	0.50	0.44	1.37	0.33
1981	0.41	0.24	0.67	0.96	2.20	0.56
1982	0.44	0.21	0.83	2.63	2.67	0.77
1983	0.27	0.11	0.53	1.86	2.49	0.43
1984	0.30	0.26	0.52	1.69	1.92	0.41
1985	0.79	0.74	1.41	3.67	3.09	0.79
1986	1.00	0.78	1.29	3.75	3.05	0.76
1987	0.68	0.61	1.28	4.53	2.71	0.80
1988	0.36	0.46	0.40	0.61	2.67	0.31
1989	0.44	0.47	0.50	0.87	2.34	0.38
1990	0.51	0.57	0.57	0.62	2.08	0.41
1991	0.49	0.60	0.70	1.18	2.53	0.82
1992	0.50	0.43	0.66	0.97	2.21	0.75
1993	0.62	0.50	0.86	1.44	3.14	0.57
1994	0.68	0.40	0.45	2.15	4.04	1.33
1995	0.63	0.55	0.35	1.42	3.91	1.22
1996	0.68	0.70	0.32	0.96	2.75	0.70
1997	0.86	0.75	0.36	1.22	3.83	0.58
1998	1.18	1.01	0.23	2.11	4.03	0.61
1999	1.73	1.07	1.00	3.43	5.79	0.78
2000	2.68	1.44	1.40	5.28	7.65	1.21
2001	3.50	1.46	1.13	4.83	8.78	2.54
2002	2.20	1.60	1.42	5.52	9.09	1.92
2003	1.12	0.86	0.93	3.01	2.78	1.09
2004	1.56	0.81	1.78	4.73	8.67	1.97
2005	0.60	0.62	1.19	3.33	8.43	1.62
2006	0.70	0.68	0.95	2.20	6.11	1.33
2007	0.68	0.35	0.96	1.75	5.76	1.60
2008	0.62	0.36	0.73	1.95	5.40	1.47
2009	0.61	0.40	0.68	2.06	7.04	1.49
2010	0.51	0.24	0.64	1.60	7.44	1.48
2011	0.47	0.20	0.68	1.58	6.57	1.76
2012	0.47	0.20	0.69	1.66	5.83	1.63
2013	0.45	0.27	0.56	1.46	5.51	1.50
2014	0.48	0.26	0.49	1.49	6.23	1.47
2015	0.51	0.28	0.51	2.04	6.26	1.42
2016	0.44	0.24	0.56	3.07	7.54	1.40

21-21 历年肉类总产量

单位:万吨

年 份	丰 县	沛 县	铜山区	睢宁县	新沂市	邳州市
1978						
1979						
1980						
1981						
1982						
1983						
1984						
1985	1.71	1.83	2.65	2.53	2.39	2.81
1986	1.79	1.70	2.86	2.88	2.40	2.36
1987	2.52	1.68	3.58	2.72	2.49	3.01
1988	2.78	2.27	4.33	3.25	2.72	3.05
1989	2.83	2.27	4.48	3.17	2.58	3.38
1990	3.03	2.61	5.12	3.56	2.86	4.13
1991	3.66	2.86	5.37	3.65	2.90	4.54
1992	3.98	2.96	6.09	4.14	3.16	5.10
1993	4.45	3.49	7.32	4.99	3.64	5.30
1994	4.55	3.81	6.56	6.17	4.93	6.23
1995	5.03	4.67	8.15	7.25	5.32	7.67
1996	7.48	6.32	9.16	8.92	5.15	8.98
1997	3.14	5.19	4.78	6.06	5.29	6.20
1998	4.76	5.67	4.55	4.82	5.58	7.26
1999	4.35	5.49	5.06	4.06	5.01	6.84
2000	4.56	6.30	5.63	3.97	6.20	7.45
2001	5.10	6.87	5.79	4.36	6.89	8.06
2002	5.23	6.94	6.03	5.32	6.11	8.26
2003	5.60	6.94	6.61	5.34	6.30	8.81
2004	5.63	7.15	6.82	6.22	6.30	9.38
2005	6.32	8.17	6.40	7.06	6.86	10.17
2006	4.29	11.36	7.14	6.43	7.34	10.56
2007	4.23	9.90	6.42	5.48	5.89	8.83
2008	7.86	11.94	7.30	7.22	7.80	13.36
2009	10.57	12.67	8.74	9.24	9.88	17.48
2010	12.01	17.61	10.23	11.04	12.70	20.42
2011	13.32	19.54	11.49	12.91	12.63	19.55
2012	15.14	19.49	12.47	15.57	14.92	20.43
2013	16.19	18.55	11.09	14.34	13.28	20.62
2014	15.93	18.96	10.59	14.93	13.89	21.08
2015	16.72	19.38	10.41	14.17	12.91	20.68
2016	13.85	17.55	9.89	12.15	11.68	19.93

21-22 历年工业产品销售收入

单位:万元

年 份	丰 县	沛 县	铜山区	睢宁县	新沂市	邳州市
1978	6093	5539	6942	4038	3789	3597
1979	5521	4748	8234	6101	5110	7643
1980	7288	5914	13371	9432	7945	9448
1981	7594	7593	10992	9663	8080	11276
1982	9037	7635	21254	12244	11178	11518
1983	9940	8399	23379	13468	12296	12670
1984	10442	10412	24848	13830	13966	15216
1985	12089	12889	29743	16709	17718	19573
1986	12978	15635	34276	19551	22452	23271
1987	17426	19654	43188	24516	28916	26512
1988	25030	27617	65925	33840	46398	40831
1989	31697	32552	81245	42265	52302	49290
1990	30066	31251	82778	34802	53081	53643
1991	30698	36702	91081	39554	55867	59475
1992	40842	47562	127876	47105	71612	78587
1993	54946	54946	194665	73764	108146	124530
1994	74415	101265	228878	110356	144329	166624
1995	123593	167353	463747	155227	195580	271147
1996	160092	216443	626225	202132	236024	291125
1997	196218	279907	740342	119934	285216	185141
1998	137860	151483	837798	61014	135734	135609
1999	155166	163600	942589	68148	152031	158264
2000	160578	176848	1020779	74519	170343	168582
2001	173585	193699	1141803	88199	202297	196712
2002	130208	221719	1312678	126891	239156	256489
2003	200799	285100	1209910	181201	287972	352189
2004	217832	431470	1502553	257885	412006	596828
2005	288579	659600	1961668	397786	637953	957120
2006	365312	946365	2927393	537142	889313	1364986
2007	494401	1445039	4188926	661268	1216672	2014706
2008	697564	2025139	6173759	839734	1705810	3057777
2009	961436	3100737	8737012	1414594	2344880	4524177
2010	1352859	5207771	12668254	2328915	3824086	6977492
2011	2164308	7736896	17578572	3752484	6014427	10500899
2012	3193821	9968799	23362278	5435180	9077506	14857790
2013	4115015	11642171	28676326	6827441	12080336	18660289
2014	5056350	13053292	29504312	7731941	13827788	20204711
2015	6024297	14853089	31834559	8878229	15817046	21715382
2016	7132171	17346461	36611758	10722254	18611293	26768647

注:根据《企业会计制度》修订要求,该指标统计口径即为主营业务收入。

21-23 历年工业利税总额

单位:万元

年 份	丰 县	沛 县	铜山区	睢宁县	新沂市	邳州市
1978	654	751	1294	1088	1173	937
1979	765	802	1552	1212	1156	1026
1980	1070	770	2821	1680	1338	1488
1981	1215	906	3095	1936	1593	1318
1982	1077	1064	3851	1667	1541	1325
1983	1178	1053	3696	1810	1860	1487
1984	1352	1920	4086	2334	2422	2485
1985	1303	1550	4072	2272	2175	2197
1986	936	1688	3224	2257	2383	2545
1987	1677	2169	3689	2633	3523	2527
1988	2401	3245	6385	3710	5661	3314
1989	2812	3588	7147	3052	5513	3207
1990	2332	2153	2400	1743	5400	3149
1991	1859	3355	4765	2195	4609	3928
1992	3032	4080	9292	2933	6333	5415
1993	2463	2463	14971	3622	8603	8609
1994	5903	8184	22357	6591	13445	14062
1995	8234	13999	55036	8154	14785	16898
1996	11377	13885	54521	11171	11742	19740
1997	12760	17344	59679	243	13488	11367
1998	6654	10021	67158	-413	2789	11542
1999	7112	8777	72330	1191	3545	10051
2000	7272	10420	76355	5287	4502	12594
2001	7699	12794	90875	6819	6460	13449
2002	5287	15460	121167	10308	7624	18588
2003	8287	20846	103248	13715	16006	23195
2004	13409	19761	139549	21430	25108	35289
2005	18137	33090	194102	30257	38674	59337
2006	27396	63530	329099	39931	66066	98171
2007	39878	79715	505331	46627	101417	161090
2008	64581	266504	976394	125773	158478	552478
2009	122028	453514	1287571	232828	248118	793915
2010	203384	705335	1936434	384522	466113	1054324
2011	331167	1055409	2651766	616100	785797	1713339
2012	484455	1380665	3431046	852617	1124075	2477509
2013	619855	1577595	4371185	1084012	1409713	2795984
2014	717701	1636272	4373799	1211394	1702546	2818078
2015	832350	1742349	4704688	1357819	1962276	3039422
2016	921039	1883774	4999164	1534336	2276059	3261037

21-24 历年邮电业务总量

单位:万元

年 份	丰 县	沛 县	铜山区	睢宁县	新沂市	邳州市
1978	53	66	72	65	67	72
1979	56	74	70	70	78	73
1980	63	79	80	76	84	82
1981	68	88	89	82	97	94
1982	69	92	95	82	101	97
1983	74	100	107	87	106	99
1984	81	113	107	98	110	114
1985	93	130	122	112	126	128
1986	97	148	128	119	148	142
1987	108	165	128	138	162	163
1988	131	199	153	176	199	216
1989	139	213	172	193	217	222
1990	325	483	206	430	477	480
1991	386	529	593	544	543	596
1992	511	763	774	752	840	829
1993	722	1207	1154	1008	1259	1227
1994	1356	1750	1398	1598	1834	2090
1995	2200	2594	2335	2575	3405	3354
1996	2994	3779	3735	3464	4087	4463
1997	4520	5628	4880	5169	5614	6272
1998	5851	6986	1084	6756	7227	8534
1999	6981	9140	1164	8144	8275	10724
2000	10487	14645	1638	10763	13269	17517
2001	10308	12875	2010	11297	11784	16573
2002	10742	13486	2488	11767	11986	16611
2003	12905	15924	9207	13946	14313	19077
2004	6234	8340	11043	7227	7245	10789
2005	7235	9905	5233	8630	9111	12756
2006	10181	13059	14502	11904	11399	16508
2007	26922	37403	45696	33023	33868	49353
2008	30719	38781	58462	37780	39634	56284
2009	40988	51202	46242	46782	44708	59252
2010	56228	69137	58455	60394	60718	79485
2011	42916	55635	55410	49128	50933	65536
2012	51983	64783		57971	57155	74320
2013	153394	192013		183881	166383	235569
2014	149084	186814		188957	171454	227140
2015	165129	200653		205099	188432	240449
2016	193859	222595		269623	249448	299179

注:2006年及以前邮电业务总量中电信业务总量以电信业务收入代替;2011年及以后邮电业务总量按2010年价格计算;2013年起电信业务总量口径调整,与往年不可比。

21-25 历年年末固定电话用户

单位:户

年份	丰县	沛县	铜山区	睢宁县	新沂市	邳州市
1978	992	2044		1517	1391	1716
1979	1110	2130		1563	1483	1809
1980	1186	2130		1674	1705	1881
1981	1250	2162		1729	1774	1898
1982	1229	2237		1799	2132	1863
1983	1152	2374		1815	2253	1917
1984	1224	2500		1907	2508	2076
1985	1353	2744		2028	2833	2310
1986	1462	3122		2167	2965	2348
1987	1547	3579		2304	3288	2611
1988	1800	4141		2625	3650	2946
1989	1961	5059		3189	4060	3418
1990	2256	6011		3659	4316	3791
1991	2848	6767		4779	4953	4502
1992	3133	8601		5393	7452	5845
1993	3627	11141		6763	9206	7883
1994	6910	16834		10704	11529	11767
1995	12173	22799		16219	20675	22594
1996	21588	33719		29817	39309	34371
1997	36893	53963		40811	54080	48738
1998	49871	70380		61097	75566	82685
1999	44267	59464		52052	58453	70343
2000	65944	81326		73890	80146	100162
2001	94810	106240		106927	98699	134368
2002	124422	140187		134598	129540	175820
2003	165988	187204	198979	177939	168802	229143
2004	208672	239275	282600	228993	209109	293284
2005	239468	275750	295707	273883	257232	353097
2006	248726	288165	270251	298558	266937	372969
2007	242158	235777	272056	297598	270527	353257
2008	220611	230571	241018	270364	237400	312135
2009	145540	167392	180008	199079	160805	202749
2010	137603	157466	173708	188348	150520	190971
2011	140462	197216	239038	187160	207733	221426
2012	100803	146045	161416	155666	132020	154129
2013	100036	146919	170089	155292	133787	157783
2014	88545	146269	154977	146843	120367	144323
2015	82152	113449	133088	128151	100704	130520
2016	79027	99583	121435	115086	91685	113514

21–26 历年社会消费品零售总额

单位:万元

年 份	丰 县	沛 县	铜山区	睢宁县	新沂市	邳州市
1978	5581	6587	11569	7448	6594	7799
1979	6981	8136	12704	9037	7842	10096
1980	8962	9357	13144	10741	8968	12282
1981	10167	10934	14478	11616	10625	13140
1982	11883	12036	16486	12343	12169	14186
1983	12191	13541	18637	13945	13490	15083
1984	14000	16071	21802	16575	14216	17547
1985	18465	19762	27613	21199	18869	22883
1986	20579	22168	32365	23307	22833	26869
1987	23555	26658	37441	25849	25821	29582
1988	28620	31213	43827	30628	30630	35904
1989	31599	33343	44445	31893	31650	38837
1990	32267	32521	42464	31685	32118	40060
1991	32403	34096	49490	31180	32383	41918
1992	34881	35409	53118	32751	34459	46422
1993	41004	50429	67999	38870	42663	54945
1994	54011	61581	64651	51600	58291	68552
1995	74978	85502	85414	63669	77231	86774
1996	91807	104356	110087	72042	90872	111463
1997	105186	119155	129757	77511	102264	125514
1998	115033	128715	135971	76110	110139	130665
1999	123018	137866	151757	78839	119568	144046
2000	134526	156215	164494	82276	131226	163492
2001	153120	173339	182109	93115	147012	189651
2002	173596	191614	200440	127452	163521	214305
2003	168067	185347	191502	140192	178210	237918
2004	190284	347448	281052	233373	228244	295771
2005	218489	401302	322648	268379	262708	342503
2006	253188	465918	374434	310894	304810	399337
2007	294141	545168	438068	362246	355990	469111
2008	374000	701000	575000	460000	455000	619000
2009	429748	807965	664348	528884	523198	713333
2010	508844	921280	871283	629654	613273	843942
2011	613797	1094873	1024992	757458	738148	1003705
2012	685764	1244249	1164333	852198	831300	1140613
2013	782456	1419689	1329669	974063	947691	1302580
2014	1180588	1921264	1902559	1396217	1357182	1978977
2015	1333593	2172181	2151033	1585544	1537144	2235452
2016	1510427	2455868	2421203	1795788	1745581	2534109

注:2004、2008及2014年数据为经济普查后调整数。

21–27 历年实际利用外资

单位:万美元

年　份	丰　县	沛　县	铜山区	睢宁县	新沂市	邳州市
1978						
1979						
1980						
1981						
1982						
1983						
1984						
1985						
1986						
1987						
1988						
1989						
1990		58				10
1991		61	19		143	
1992	531	62	154	29	44	52
1993		142		127	528	150
1994	112	330	552	47	711	265
1995	23	316	1734	659	1067	70
1996	520	878	1544	604	608	820
1997	42	632	878	253	717	118
1998	426	759	1294	91	762	280
1999	377	821	1624	10	143	15
2000	3477	5240	3448	1164	453	464
2001	1843	1345	2360	881	913	784
2002	1518	1840	2458	1242	1828	2586
2003	2129	3110	3817	1750	1945	4030
2004	701	2037	3254	1998	2859	4811
2005	453	793	3709	1698	914	3337
2006	669	1813	3006	385	1197	3940
2007	119	955	4279	1310	1930	3910
2008	482	2394	6073	1134	1326	3012
2009	1098	1981	8080	2667	2604	6653
2010	3548	8186	5013	5351	4214	4227
2011	4240	10677	16287	10472	6599	16734
2012	6889	17022	10225	12932	18450	17991
2013	13288	9444	20099	11177	6240	25193
2014	10016	7174	22040	12239	3390	18803
2015	5093	8306	6524	1060	661	18802
2016	4121	13038	14924	11068	9993	18344

21-28 历年金融机构存款余额

（年底数）

单位:万元

年　份	丰　县	沛　县	铜山区	睢宁县	新沂市	邳州市
1978	1837	3136	5345		2316	3106
1979	2399	3284	4902		3120	3100
1980	2875	4200	9832		4069	1961
1981	5022	6940	14116	4877	5027	6553
1982	5088	7023	20008	4838	6008	6372
1983	6797	10208	22421	6141	7317	8638
1984	8901	14301	29211	8842	8902	13061
1985	9533	15979	27026	8953	7778	12967
1986	14755	23518	36338	13134	13392	18106
1987	21314	31463	42162	15096	16638	23157
1988	33930	50916	101302	26576	24604	38244
1989	41592	54235	101385	30909	28825	45297
1990	45540	72942	130105	30578	37086	51235
1991	58389	91595	163671	43924	44799	63715
1992	68038	109118	191854	56667	53151	76573
1993	82111	138413	235212	69903	65805	98074
1994	101203	177476	227397	89463	84266	133823
1995	126259	228300	299449	108597	114259	170289
1996	160051	282481	397126	129704	144377	212096
1997	184294	334381	466258	155819	172473	265491
1998	202842	375402	479798	176429	189829	290241
1999	214309	399968	447114	195967	200851	327727
2000	234947	435149		232361	211738	376325
2001	267706	515503		277154	238487	416461
2002	313444	591085		328267	286770	465173
2003	342292	650666	782659	376152	339602	531812
2004	381379	766597	1005189	450926	401685	640338
2005	464517	894761	1227538	541638	459154	714438
2006	579389	1022218	1448235	648257	542146	832182
2007	685879	1160059	1673637	748577	634831	965045
2008	818346	1449307	2102891	874589	762853	1117426
2009	1012609	1802697	2713274	1203225	1022393	1412470
2010	1237618	2105658	3500298	1552054	1367829	1777676
2011	1456157	2464859	3757705	1868564	1580320	2053286
2012	1744220	2929076		2155969	1800078	2514837
2013	2058711	3231849		2446515	2181317	2976061
2014	2398365	3365344		2827866	2353682	3463384
2015	2973594	3788786		3299813	2658207	4117882
2016	3541443	4541010		4018965	3869686	5253351

21-29 历年金融机构贷款余额

（年底数） 单位:万元

年 份	丰 县	沛 县	铜山区	睢宁县	新沂市	邳州市
1978	5797	5147	7531		6539	7389
1979	6557	6056	507		9046	8416
1980	8608	8320	11041		11117	5693
1981	10657	10164	14552	14950	12047	12502
1982	11838	11047	18971	16873	12806	13666
1983	14961	14973	23631	18659	15731	17608
1984	22800	20272	33537	26554	20597	23621
1985	23955	21811	30849	26556	21967	24260
1986	23619	25493	34318	30139	25202	28473
1987	30051	34615	43078	35710	27659	35065
1988	40078	42129	72414	42454	33682	45529
1989	42760	48419	30092	45644	39567	51291
1990	54344	60156	97147	48158	47492	63296
1991	68054	75465	122990	65786	60662	78020
1992	71953	87955	137975	72499	70518	82859
1993	83172	104424	165564	81590	82763	93846
1994	101478	123824	172538	101536	99263	119778
1995	122433	156109	229780	119301	116298	146597
1996	139456	199805	288921	127800	144036	165083
1997	162500	270044	340406	154744	194145	210939
1998	177176	290329	389318	174750	214116	228154
1999	185233	300287	356499	169663	211732	232973
2000	172863	290188		143036	192087	221341
2001	186201	302386		158528	200594	358097
2002	186511	317655		175184	208252	416690
2003	196355	378965	541456	193408	243692	461613
2004	180528	372238	586723	201152	269633	500891
2005	190997	344037	630614	217166	275663	495003
2006	245075	357974	721496	271389	353228	567831
2007	238736	347166	873131	312390	435818	619833
2008	289367	346410	990968	369949	539993	679753
2009	466892	520922	1471172	593081	842694	975664
2010	638501	706312	2075650	808866	1067845	1241637
2010	848770	892845	2426655	982607	1304818	1498377
2012	966398	1087704		1172305	1571333	1889226
2013	1146818	1417916		1392059	1862149	2260353
2014	1280908	1573277		1693980	2020852	2713875
2015	1474972	1873874		1926127	2218496	3195690
2016	1773131	2225951		2243856	2463821	3661281

21-30 历年各类专业技术人员

单位:万人

年 份	丰 县	沛 县	铜山区	睢宁县	新沂市	邳州市
1978	0.24	0.21	0.32	0.16	0.18	0.25
1979	0.27	0.24	0.35	0.18	0.20	0.27
1980	0.29	0.27	0.39	0.21	0.23	0.30
1981	0.32	0.30	0.43	0.24	0.26	0.33
1982	0.36	0.33	0.47	0.27	0.29	0.36
1983	0.39	0.38	0.52	0.30	0.32	0.39
1984	0.43	0.42	0.57	0.34	0.36	0.43
1985	0.44	0.44	0.65	0.41	0.31	0.51
1986	0.45	0.49	0.68	0.44	0.38	0.50
1987	0.55	0.51	0.77	0.52	0.45	0.57
1988	0.65	0.63	0.79	0.63	0.53	0.66
1989	0.78	0.81	0.93	0.87	0.66	0.84
1990	0.82	0.82	0.98	0.91	0.68	0.89
1991	0.97	0.94	1.08	0.92	0.72	0.99
1992	1.00	0.93	1.18	0.98	0.77	0.85
1993	1.01	1.04	1.29	1.04	0.86	1.08
1994	1.01	1.16	1.12	1.04	0.88	1.12
1995	1.18	1.50	1.57	1.29	1.00	1.28
1996	1.40	1.56	1.70	1.43	1.43	1.29
1997	1.53	1.81	1.76	1.65	1.58	1.77
1998	1.58	2.00	1.83	1.79	1.69	2.05
1999	1.62	2.05	1.87	1.81	1.74	2.23
2000	1.67	2.16	1.95	1.86	1.91	2.39
2001	1.67	2.06	1.93	1.88	1.89	2.57
2002	1.71	2.04	1.86	1.76	1.94	2.46
2003	1.63	2.05	1.87	1.80	1.77	2.38
2004	1.40	2.87	1.88	1.80	1.65	2.10
2005	1.51	1.92	2.13	1.79	2.09	2.60
2006	1.83	3.30	2.59	1.83	2.57	3.29
2007	1.84	3.31	2.59	1.84	2.58	3.30
2008	2.27	2.51	2.25	2.60	3.39	2.55
2009	2.27	2.52	2.25	2.61	3.40	2.56
2010	2.53	2.74	2.65	2.74	3.76	2.79
2011	3.17	3.98	4.77	3.98	3.84	4.52
2012	3.29	4.08	4.88	4.09	3.96	4.71
2013	3.54	4.28	5.13	4.32	4.17	5.10
2014	3.83	4.45	5.86	4.50	4.35	5.38
2015	4.00	5.50	4.60	4.60	4.90	5.40
2016	4.13	5.61	4.73	4.72	5.03	5.60

注:2013 年及以后各类专业技术人员口径调整,仅含国有、集体口径,不再是全社会口径。

21-31 历年普通中学在校学生

单位:万人

年　份	丰　县	沛　县	铜山区	睢宁县	新沂市	邳州市
1978	9.57	5.64	7.31	5.54	4.21	6.52
1979	8.45	5.28	6.34	5.00	4.02	5.48
1980	7.69	4.32	5.74	4.61	3.80	4.40
1981	4.28	4.18	5.45	3.88	3.16	3.60
1982	4.05	3.75	5.45	3.52	3.09	3.51
1983	3.73	3.61	5.71	3.39	3.13	4.01
1984	3.71	3.65	6.18	3.57	3.06	4.08
1985	4.00	3.88	6.77	3.95	3.47	4.44
1986	4.16	4.16	6.98	4.24	3.57	5.31
1987	4.16	4.28	6.90	4.11	3.43	5.18
1988	3.94	4.32	6.73	3.84	3.31	5.10
1989	3.90	4.50	6.96	3.82	3.23	5.15
1990	3.69	4.15	7.45	3.72	3.02	5.15
1991	3.20	3.79	7.71	3.48	3.22	5.50
1992	3.31	3.89	7.74	3.61	3.38	5.51
1993	3.41	4.20	7.89	3.76	3.51	5.84
1994	4.06	5.49	6.56	4.20	3.57	6.73
1995	4.72	6.30	7.29	4.85	3.95	7.80
1996	5.28	7.05	8.18	5.66	4.49	7.67
1997	5.84	7.00	8.76	6.10	5.15	7.08
1998	6.25	7.22	9.53	6.73	5.70	7.67
1999	6.65	7.65	9.04	7.23	6.14	8.96
2000	7.14	8.06	8.21	7.82	5.89	10.85
2001	7.59	8.51	8.21	8.94	7.72	12.15
2002	8.20	9.45	9.53	10.24	8.84	13.94
2003	8.83	10.69	11.30	11.62	9.71	15.86
2004	9.42	11.49	11.92	12.62	9.97	15.80
2005	9.69	11.78	10.26	12.54	9.48	15.18
2006	10.17	11.34	10.29	12.21	8.83	13.94
2007	10.47	10.63	9.60	11.55	7.93	12.64
2008	10.12	9.93	8.28	10.95	6.93	11.27
2009	8.99	8.57	7.01	10.00	5.78	10.02
2010	7.94	7.17	5.85	8.95	4.72	9.00
2011	6.72	5.97	4.68	8.34	4.08	8.20
2012	5.80	5.25	4.35	7.42	3.85	7.94
2013	4.87	3.94	4.23	6.29	3.40	7.04
2014	4.45	3.72	4.12	5.73	3.20	6.87
2015	4.18	3.58	4.12	5.05	3.13	6.90
2016	4.27	3.74	4.37	4.72	3.58	7.49

21-32 历年小学在校学生

单位:万人

年份	丰县	沛县	铜山区	睢宁县	新沂市	邳州市
1978	8.85	13.91	21.36	14.47	12.32	16.60
1979	9.72	13.61	21.67	14.57	12.34	18.80
1980	9.99	12.86	22.34	14.11	12.50	17.17
1981	12.75	12.67	21.26	12.96	11.61	16.29
1982	12.09	12.15	20.58	12.59	10.68	15.52
1983	11.97	11.82	19.96	13.21	10.55	16.82
1984	11.67	11.59	19.65	12.45	10.27	16.84
1985	11.29	11.14	19.63	12.23	9.72	16.38
1986	10.92	10.82	18.67	12.15	9.32	16.10
1987	10.57	11.18	17.41	11.84	9.28	15.53
1988	10.38	11.48	16.93	11.50	9.10	14.51
1989	10.55	11.75	16.84	11.30	9.21	14.30
1990	10.40	12.66	16.87	12.19	9.58	15.03
1991	11.35	14.01	17.80	13.15	10.00	15.45
1992	11.56	14.31	18.73	13.78	10.59	16.51
1993	11.76	14.34	19.56	13.90	11.41	17.61
1994	12.30	14.79	15.04	15.05	12.46	19.09
1995	12.73	15.32	15.94	16.43	13.51	21.12
1996	13.24	15.94	16.51	17.50	14.72	24.18
1997	13.86	16.69	17.46	19.13	15.79	27.42
1998	14.38	17.41	17.98	20.29	16.00	27.95
1999	14.56	17.96	17.77	20.33	14.89	27.29
2000	14.69	17.82	18.29	20.17	13.92	25.05
2001	14.90	17.68	17.16	19.32	12.89	22.25
2002	14.55	16.46	15.51	17.96	11.43	19.39
2003	13.53	14.73	13.37	16.04	9.60	16.15
2004	12.24	12.70	11.01	13.95	7.97	13.47
2005	10.83	10.59	8.09	12.27	7.00	11.78
2006	9.63	8.73	6.89	10.97	6.21	11.21
2007	8.32	7.42	5.90	9.88	5.78	10.70
2008	7.11	6.78	5.36	8.62	4.96	10.68
2009	6.43	6.37	5.22	7.60	4.88	11.17
2010	6.34	6.53	5.53	7.19	5.37	11.87
2011	6.50	6.98	6.30	7.54	6.25	12.82
2012	6.81	7.70	7.31	7.85	7.44	14.18
2013	7.02	7.75	8.56	7.24	8.55	14.58
2014	7.81	8.96	10.09	8.17	10.09	16.53
2015	8.52	10.02	11.57	9.44	11.42	18.19
2016	8.93	10.76	12.70	10.26	12.21	19.18

21-33 历年卫生机构数

单位:个

年 份	丰 县	沛 县	铜山区	睢宁县	新沂市	邳州市
1978	50	28	46	15	51	44
1979	50	28	46	15	51	46
1980	51	57	98	58	62	70
1981	59	66	102	69	67	76
1982	64	66	105	69	65	76
1983	64	71	96	71	77	74
1984	67	70	96	72	76	73
1985	71	70	101	74	77	73
1986	74	70	96	73	62	72
1987	74	70	92	74	62	73
1988	74	70	102	66	63	73
1989	74	79	102	70	69	77
1990	74	79	111	70	65	77
1991	74	79	149	72	65	77
1992	74	77	132	72	68	78
1993	82	109	144	72	68	82
1994	82	109	123	71	68	82
1995	82	109	123	71	68	82
1996	82	109	123	69	67	83
1997	82	109	123	69	67	84
1998	94	169	136	67	67	86
1999	86	69	61	56	47	86
2000	85	80	72	68	50	111
2001	91	89	65	56	40	101
2002	85	102	73	30	46	94
2003	152	125	71	22	51	91
2004	192	217	66	29	50	149
2005	192	192	63	29	60	149
2006	159	192	64	29	62	149
2007	154	188	63	28	187	149
2008	144	67	63	27	61	96
2009	177	66	63	37	60	138
2010	194	70	90	51	64	136
2011	530	487	498	647	440	807
2012	521	506	497	629	439	778
2013	515	598	515	623	447	739
2014	559	613	511	650	468	773
2015	558	608	511	608	480	767
2016	554	612	507	596	483	768

注:2011 年及以后卫生机构数包括村卫生室。

21-34 历年卫生技术人员

单位:万人

年　份	丰　县	沛　县	铜山区	睢宁县	新沂市	邳州市
1978	0.11	0.12	0.14	0.14	0.12	0.14
1979	0.10	0.13	0.14	0.14	0.12	0.18
1980	0.10	0.13	0.13	0.14	0.13	0.16
1981	0.10	0.13	0.15	0.14	0.13	0.12
1982	0.11	0.13	0.15	0.14	0.13	0.15
1983	0.11	0.13	0.15	0.14	0.14	0.14
1984	0.11	0.13	0.17	0.14	0.14	0.15
1985	0.12	0.14	0.19	0.14	0.14	0.16
1986	0.12	0.15	0.20	0.14	0.15	0.17
1987	0.12	0.15	0.20	0.15	0.14	0.17
1988	0.14	0.16	0.23	0.15	0.14	0.18
1989	0.14	0.18	0.24	0.16	0.16	0.18
1990	0.15	0.19	0.26	0.17	0.16	0.18
1991	0.16	0.21	0.29	0.18	0.17	0.20
1992	0.17	0.21	0.31	0.19	0.18	0.23
1993	0.18	0.33	0.32	0.19	0.19	0.24
1994	0.18	0.35	0.26	0.19	0.20	0.29
1995	0.19	0.36	0.27	0.19	0.20	0.31
1996	0.19	0.37	0.27	0.19	0.20	0.34
1997	0.19	0.38	0.28	0.21	0.21	0.40
1998	0.19	0.39	0.28	0.21	0.22	0.40
1999	0.19	0.38	0.28	0.21	0.22	0.43
2000	0.19	0.37	0.28	0.20	0.22	0.47
2001	0.20	0.37	0.27	0.20	0.22	0.48
2002	0.18	0.35	0.27	0.19	0.21	0.48
2003	0.19	0.33	0.28	0.19	0.16	0.47
2004	0.20	0.34	0.27	0.19	0.18	0.48
2005	0.18	0.31	0.26	0.19	0.21	0.46
2006	0.19	0.32	0.27	0.19	0.22	0.47
2007	0.20	0.33	0.25	0.19	0.22	0.48
2008	0.22	0.32	0.25	0.20	0.23	0.47
2009	0.22	0.32	0.26	0.19	0.24	0.47
2010	0.22	0.34	0.28	0.22	0.27	0.46
2011	0.23	0.36	0.29	0.24	0.29	0.53
2012	0.34	0.38	0.30	0.28	0.34	0.56
2013	0.38	0.43	0.33	0.31	0.37	0.56
2014	0.39	0.47	0.36	0.34	0.41	0.63
2015	0.42	0.49	0.38	0.46	0.46	0.69
2016	0.46	0.54	0.41	0.49	0.48	0.72

21-35 历年医院、卫生院床位数

单位:万张

年 份	丰 县	沛 县	铜山区	睢宁县	新沂市	邳州市
1978	0.06	0.10	0.15	0.11	0.10	0.10
1979	0.06	0.11	0.15	0.12	0.11	0.11
1980	0.06	0.11	0.15	0.12	0.11	0.10
1981	0.08	0.11	0.15	0.12	0.11	0.10
1982	0.08	0.11	0.15	0.13	0.11	0.10
1983	0.08	0.11	0.15	0.13	0.11	0.09
1984	0.08	0.11	0.15	0.11	0.11	0.10
1985	0.08	0.10	0.16	0.11	0.12	0.10
1986	0.08	0.12	0.16	0.11	0.12	0.10
1987	0.09	0.11	0.16	0.11	0.11	0.10
1988	0.10	0.11	0.17	0.11	0.12	0.10
1989	0.10	0.11	0.17	0.11	0.12	0.10
1990	0.10	0.11	0.17	0.11	0.13	0.10
1991	0.10	0.12	0.17	0.12	0.13	0.10
1992	0.11	0.13	0.18	0.12	0.12	0.11
1993	0.10	0.17	0.18	0.12	0.12	0.13
1994	0.11	0.17	0.15	0.11	0.11	0.12
1995	0.10	0.17	0.15	0.11	0.12	0.13
1996	0.10	0.17	0.15	0.12	0.12	0.12
1997	0.10	0.17	0.14	0.11	0.11	0.12
1998	0.11	0.17	0.15	0.12	0.11	0.13
1999	0.10	0.20	0.14	0.11	0.12	0.15
2000	0.10	0.20	0.14	0.11	0.12	0.16
2001	0.10	0.20	0.14	0.11	0.13	0.15
2002	0.10	0.19	0.14	0.12	0.12	0.14
2003	0.10	0.19	0.13	0.12	0.12	0.15
2004	0.11	0.19	0.14	0.12	0.12	0.15
2005	0.11	0.20	0.14	0.12	0.13	0.15
2006	0.11	0.21	0.15	0.12	0.14	0.15
2007	0.11	0.23	0.14	0.12	0.15	0.18
2008	0.15	0.25	0.16	0.13	0.14	0.19
2009	0.18	0.26	0.17	0.15	0.18	0.21
2010	0.20	0.29	0.21	0.18	0.17	0.25
2011	0.23	0.32	0.24	0.24	0.17	0.32
2012	0.33	0.38	0.27	0.29	0.25	0.41
2013	0.36	0.41	0.28	0.35	0.28	0.45
2014	0.40	0.45	0.28	0.36	0.31	0.49
2015	0.40	0.45	0.30	0.39	0.31	0.54
2016	0.41	0.49	0.34	0.45	0.35	0.57

21-36 历年职工平均工资

单位:元

年份	丰县	沛县	铜山区	睢宁县	新沂市	邳州市
1978	403	381	442	364	472	471
1979	503	454	464	451	496	501
1980	584	547	598	551	564	565
1981	609	548	581	541	571	587
1982	640	596	608	578	621	625
1983	635	606	616	576	641	634
1984	870	902	936	786	971	861
1985	943	1101	960	914	995	941
1986	1106	1072	1134	1079	1106	1124
1987	1164	1141	1160	1132	1217	1174
1988	1541	1487	1416	1355	1517	1590
1989	1558	1520	1568	1551	1549	1480
1990	1691	1647	1751	1700	1787	1653
1991	1725	1837	1838	1742	1928	1777
1992	2159	2118	1961	2042	2243	2047
1993	2676	2328	2339	2328	2638	2506
1994	3422	3081	3464	3203	3841	3755
1995	4071	3890	4442	3964	4580	3964
1996	4789	4411	5379	4416	5151	5035
1997	4719	5111	5997	4193	5024	4832
1998	5625	6108	6678	5148	5974	5972
1999	6264	6687	7260	5476	6533	6382
2000	6669	7234	7862	5693	7047	7002
2001	7200	7765	8441	5868	7519	7560
2002	7568	8202	9012	7331	7998	8085
2003	8254	8838	9708	8242	8313	8659
2004	9455	9950	10938	8987	9525	9485
2005	11220	11950	13235	10658	11659	11625
2006	12530	13688	15604	11984	13423	13412
2007	14406	16128	18725	13825	15855	15746
2008	17389	18688	21845	17136	18483	18722
2009	20791	22166	25393	20694	22156	22168
2010	24090	25786	30525	22993	26061	26130
2011	29872	30713	36726	26606	31986	30633
2012	34189	35433	40977	31094	35337	35535
2013	35951	44659	44758	34836	38647	40092
2014	41980	46251	46321	37683	45212	42793
2015	45126	48454	49664	44057	48540	50108
2016	49302	52247	51606	45877	51464	55182

21-37 历年城乡居民储蓄存款余额

（年底数）　　单位:万元

年　份	丰　县	沛　县	铜山区	睢宁县	新沂市	邳州市
1978	586	624	1507	539	632	734
1979	1336	898	2432	777	1101	937
1980	1615	1810	3539	1512	1649	1603
1981	2382	2559	4856	2133	2130	2326
1982	2958	3404	7008	2539	2681	3036
1983	4103	5190	12165	3434	3964	4214
1984	6131	7736	17268	5428	4794	6706
1985	8368	10594	21242	6057	5823	7973
1986	12708	16225	30893	8861	8585	12290
1987	16501	23200	41731	11992	11733	16771
1988	21174	32136	52867	15390	14500	22296
1989	25950	41532	70538	19006	18521	26550
1990	34202	56573	94683	25825	25157	35367
1991	43926	72169	117328	32366	31235	44820
1992	49950	86495	139644	41025	37116	55914
1993	66718	113260	178720	55765	47034	76298
1994	80922	142420	167956	76328	63093	103133
1995	99477	184149	223857	90917	87749	136143
1996	123305	232008	275204	107658	108385	169884
1997	147178	278504	313763	126611	125355	201070
1998	165461	314558	344175	147203	136191	220552
1999	177192	347884	322766	161323	140484	244637
2000	198535	374997		190522	159261	274035
2001	229579	416814		227229	186972	313571
2002	264249	474533		268767	222142	345541
2003	289921	535110	660774	308658	261334	402443
2004	330664	611413	778962	372365	310294	492403
2005	395565	710275	896873	457046	362101	583793
2006	479684	786261	1030057	532538	404096	648887
2007	544418	863847	1197030	592255	463567	736551
2008	659610	1065308	1526967	719016	559798	890588
2009	764610	1222173	1509486	857904	611631	1030206
2010	924204	1439169		1065322	710413	1195898
2011	1038767	1615171	1946720	1281978	978517	1355304
2012	1292601	1918117		1525560	1240984	1677574
2013	1560756	2214804		1807558	1398079	2082612
2014	1902973	2523432		2142900	1690732	2544222
2015	2251179	2893774		2516866	1926070	3021499
2016	2517502	3243499		2856726	2178744	3613507

注:2015 年起居民储蓄调整为住户存款,与往年不可比。

21-38 历年农民人均收入

单位:元

年　份	丰 县	沛 县	铜山区	睢宁县	新沂市	邳州市
1978	84	131	120	54	72	55
1979	121	149	176	56	77	64
1980	117	170	205	74	163	76
1981	129	193	268	109	199	92
1982	144	215	342	164	282	123
1983	307	373	377	325	308	257
1984	419	425	478	379	424	345
1985	422	428	412	316	356	345
1986	412	451	522	378	426	427
1987	454	498	567	369	443	476
1988	462	578	646	460	535	576
1989	491	682	785	448	624	639
1990	504	613	832	519	610	648
1991	595	739	873	559	729	783
1992	669	758	982	638	760	815
1993	777	919	1142	761	890	893
1994	1067	1170	1451	1022	1291	1259
1995	1545	1751	2038	1513	1764	1706
1996	2162	2362	2770	2121	2301	2360
1997	2561	2852	3202	2427	2643	2604
1998	2807	3109	3428	2551	2857	2847
1999	3003	3241	3590	2661	3016	3001
2000	3129	3365	3748	2664	2814	3121
2001	3034	3544	3943	2850	2959	3295
2002	3479	3735	3780	3050	3123	3475
2003	3611	3880	3930	3163	3231	3613
2004	4027	4325	4402	3465	3613	4004
2005	4026	4550	4920	3845	4025	4477
2006	4537	5143	5591	4314	4516	5088
2007	5104	5831	6340	4849	5076	5770
2008	5724	6593	7167	5452	5698	6526
2009	6369	7342	7988	6077	6340	7267
2010	7258	8378	9173	7022	7231	8331
2011	8642	10001	10934	8384	8634	9931
2012	9783	11351	12421	9541	9808	11282
2013	10957	12725	13924	10686	10979	12635
2014	11757	13249	15100	11600	12140	12846
2015	12850	14441	16459	12656	13281	14028
2016	14026	15791	17970	13822	14526	15321

注:2013 年及之前为农民人均纯收入,自 2014 年起为农民人均可支配收入。

21-39 历年农民人均消费支出

单位:元

年　份	丰　县	沛　县	铜山区	睢宁县	新沂市	邳州市
1978	71		109		65	
1979	85		148		71	
1980	116		160		148	
1981	175		221		177	
1982	211		239		225	
1983	253	210	272	247	289	223
1984	294	272	311	278	350	247
1985	363	343	353	269	347	285
1986	398	362	390	334	424	353
1987	418	415	443	370	400	448
1988	500	511	544	386	450	447
1989	585	611	622	423	590	598
1990	565	510	575	425	537	550
1991	663	622	536	497	530	603
1992	526	579	582	546	512	684
1993	594	955	690	499	606	679
1994	864	938	927	891	1039	992
1995	917	1227	1040	1073	1361	1192
1996	1455	1699	1610	1325	1344	1467
1997	1605	1714	1943	1555	1393	1311
1998	1586	1576	1258	1466	1538	1227
1999	1685	1603	1459	1286	1496	1258
2000	1468	1741	1384	1429	1358	1583
2001	1596	1913	1582	1395	1453	1381
2002	1912	2296	1674	1588	1552	1311
2003	1933	2510	1881	1648	1915	1361
2004	2230	2110	2200	1861	1862	1257
2005	3082	3282	2961	2567	2501	2630
2006	3118	3666	3515	2932	3145	3027
2007	3461	4695	4311	3432	3565	3528
2008	4085	5318	4807	3746	3756	4218
2009	4695	5814	4957	4079	3951	4761
2010	5306	6572	5513	4436	4651	4937
2011	6288	7587	6496	4987	5766	5188
2012	7095	8558	7149	5616	6481	5866
2013	8325	7207	7858	6190	7141	6969
2014	7641	8682	8066	7292	8201	7990
2015	8296	9473	8927	8054	9025	8674
2016	9277	10573	10000	9064	10101	9699

注:2013 年及之前为农民人均生活消费支出,自 2014 年起为农民人均消费支出。

21-40　县(市)社会经济主要指标

（2016 年）

指　　标	丰　县	沛　县	铜山区	睢宁县	新沂市	邳州市
人口、就业及土地面积						
年末总人口　（万人）	121.41	130.74	132.26	144.16	113.56	193.87
年平均人口	121.04	130.83	131.81	144.22	113.11	190.68
当年出生人口　（人）	15382	18317	17923	18571	14945	71851
当年死亡人口	4224	6317	4343	14411	1635	3755
年末总户数　（万户）	32.64	36.92	35.70	33.41	31.71	45.91
从业人员　（万人）	55.78	64.77	56.27	62.89	55.35	87.79
第一产业	19.58	22.09	21.10	22.33	17.82	29.14
第二产业	19.02	22.09	17.39	21.26	18.87	29.77
第三产业	17.18	20.60	17.78	19.31	18.65	28.88
年末单位从业人员　（人）	87235	135800	166763	78983	93530	102946
按国民经济行业分						
第一产业（农林牧渔业）	99	7202	5292		311	294
第二产业	50814	85054	128042	42680	58905	56956
第三产业	36322	43544	33429	36303	34314	45696
按登记注册类型分						
# 国有单位	31392	50739	37389	41339	27368	35926
城镇集体单位	4712	7498	3113	2483	3417	9257
港澳台商投资单位	2242	792	2793	10404	2451	6701
外商投资单位	2011	1570	4184	1315	2056	6206
在岗职工人数	83725	124435	149851	76383	86818	99526
在岗职工平均人数	79291	118960	149297	71858	85759	97560
私营企业从业人员	111559	147552	130927	168194	182777	172963
个体从业人员	59890	46232	56435	69706	66665	132308
年末城镇登记失业人员数	1986	3243	3264	1878	2785	4489
行政区域土地面积　（平方公里）	1450	1806	1871	1769	1592	2085
综合经济						
地区生产总值　（亿元）	405.19	665.03	974.81	497.38	562.06	804.14
第一产业	74.81	91.29	77.99	84.09	64.91	111.92
第二产业	171.60	305.05	505.35	207.65	232.17	347.27
# 工业	132.52	234.93	448.92	163.98	198.89	303.07
第三产业	158.78	268.69	391.47	205.64	264.98	344.95
地区生产总值指数（上年 =100）	107.9	109.1	108.0	108.5	109.4	108.7
第一产业	102.8	102.7	102.3	103.0	102.1	102.6
第二产业	109.2	111.7	108.4	110.7	111.4	111.9
# 工业	110.9	110.4	110.5	111.3	112.0	112.5
第三产业	108.8	108.4	108.6	108.5	109.5	107.6
固定资产投资						
固定资产投资　（亿元）	251.10	560.35	783.45	320.49	550.05	763.12
# 房地产开发投资	32.62	24.68	35.90	43.53	49.08	72.83

21-40 续表 1

(2016 年)

指　　标	丰　县	沛　县	铜山区	睢宁县	新沂市	邳州市
商品房销售面积　（万平方米）	98.33	92.78	44.40	119.52	134.35	142.49
#住宅	93.05	83.51	40.50	103.80	101.69	130.32
财政、金融、保险						
上划中央收入　（亿元）	8.32	12.40	17.24	12.96	12.17	11.20
公共财政预算收入	35.00	57.68	68.36	42.52	49.91	62.40
#税收收入	25.03	45.08	53.63	32.97	37.71	48.10
#增值税	3.97	6.88	7.95	6.82	4.25	5.88
营业税	13.24	15.09	15.79	11.85	12.68	13.16
企业所得税(40%)	0.89	0.82	2.95	1.31	2.57	1.41
个人所得税(40%)	0.36	0.53	1.01	0.70	1.03	0.58
公共财政预算支出	70.90	94.86	108.00	80.21	91.82	110.08
#一般公共服务	4.08	6.48	7.83	6.89	4.23	8.11
教育	14.82	18.56	23.40	16.01	17.15	31.02
科学技术	1.49	2.95	3.65	1.79	1.62	0.94
文化体育与传媒	0.56	0.72	0.60	0.38	0.85	2.35
社会保障和就业	6.77	7.57	7.31	8.22	6.22	9.64
医疗卫生	5.87	8.36	8.90	6.92	5.89	10.24
节能环保	1.37	3.55	3.91	1.33	3.25	1.56
城乡社区事务	8.36	12.82	11.69	13.15	24.57	11.06
农林水事务	9.47	22.22	21.43	14.68	14.38	19.76
交通运输	2.22	1.51	1.65	1.09	2.69	6.72
住房保障	1.99	3.20	3.33	3.09	3.90	1.82
年末金融机构各项存款余额	354.14	454.10		401.90	386.97	525.34
#住户存款	251.75	324.35		285.67	217.87	361.35
年末金融机构各项贷款余额	177.31	222.60		224.39	246.38	366.13
保费收入	10.84	15.85		10.89	9.49	13.16
财产险	3.86	3.81		3.50	4.40	5.43
人寿险	6.98	12.04		7.39	5.09	7.73
赔款和给付	6.43	6.02		4.28	3.62	5.44
财产险	4.09	1.95		1.78	2.46	2.78
人寿险	2.34	4.07		2.50	1.16	2.66
农业						
乡村户数　（万户）	23.48	23.84	28.55	25.18	21.37	33.65
乡村人口数　（万人）	92.11	92.37	102.13	103.49	81.98	127.50
乡村从业人数	53.11	49.57	52.77	59.72	44.42	65.49
#农林牧渔业	22.98	16.91	20.28	23.00	17.89	20.61

21-40 续表 2 （2016 年）

指 标		丰 县	沛 县	铜山区	睢宁县	新沂市	邳州市
农林牧渔业总产值(当年价)	（万元）	1479144	1738438	1546741	1586230	1360946	2233015
农业		1054899	1074978	947359	938184	671786	1437458
林业		11591	9849	14936	26730	46457	39015
牧业		353007	499883	455804	519980	414934	575199
渔业		11881	67540	76987	52239	177129	86300
农林牧渔服务业		47766	86188	51655	49097	50640	95043
农作物总播种面积	（千公顷）	143.77	150.88	174.09	189.57	188.92	230.21
#粮食作物		87.26	90.98	121.47	148.77	101.30	124.86
粮食总产量	（万吨）	52.54	60.27	79.37	92.78	66.06	80.75
油料产量		0.44	0.24	0.56	3.07	7.54	1.40
棉花产量		1.02	0.40	0.39	0.09		0.07
肉类总产量		13.85	17.55	9.89	12.15	11.68	19.93
#猪肉		5.70	5.26	5.53	5.70	7.03	7.03
牛肉		0.13	0.19	0.17	0.16	0.14	0.17
羊肉		0.85	0.45	0.47	1.36	0.22	0.27
水产品产量(万吨)		0.30	1.72	4.30	2.25	5.90	3.08
规模以上工业、建筑业							
规模以上工业企业单位数	（个）	331	499	416	355	504	524
内资企业		308	491	399	336	486	491
港澳台商投资企业		9	3	8	13	9	15
外商投资企业		14	5	9	6	9	18
工业总产值(当年价)	（亿元）	715.31	1738.40	3552.96	1084.38	1812.43	2592.57
内资企业		664.90	1715.17	3329.60	953.12	1709.27	2400.59
港澳台商投资企业		21.40	10.32	95.81	105.37	45.84	110.48
外商投资企业		29.01	12.91	127.55	25.89	57.32	81.50
主营业务收入		713.22	1734.65	3661.18	1072.23	1861.13	2676.86
#主营业务税金及附加		3.76	9.10	33.68	5.83	19.22	25.77
利润总额		57.40	104.09	341.43	114.94	138.29	206.01
亏损企业亏损总额		0.17	0.95	1.44	0.15	0.60	2.67
利税总额		92.10	188.38	499.92	153.43	227.61	326.10
本年应交增值税		30.93	75.18	124.80	32.66	70.10	94.32
全部从业人员年平均人数	（万人）	4.82	12.99	16.01	6.69	9.33	13.29
建筑企业单位数	（个）	38	72	56	35	47	54
建筑企业期末从业人员	（万人）	4.68	11.38	6.47	3.96	5.04	6.35
建筑业总产值	（亿元）	141.30	313.50	155.65	159.46	137.42	146.01

21-40 续表 3 (2016 年)

指　　标		丰　县	沛　县	铜山区	睢宁县	新沂市	邳州市
交通运输、邮电通信、电力							
公路里程	(公里)	1834	2328	2395	2396	2719	3118
# 等级公路		1834	2328	2326	2281	2358	2806
# 高速公路		33	34	159	59	112	39
一级公路		109	154	253	161	186	154
公路客运量	(万人)	554	862		1074	889	744
公路货运量	(万吨)	1408	1527		1763	1510	1954
民用汽车拥有量	(辆)	89159	89573	156141	99185	73170	117100
# 私人汽车拥有量		84617	82385	147616	92367	66994	110656
邮政局所数	(处)	26	29		32	33	42
邮电业务总量	(亿元)	19.39	22.26		26.96	24.94	29.92
# 邮政业务总量		2.18	2.05		5.58	6.14	3.59
邮政业务收入		1.78	1.63		3.12	2.27	2.61
电信业务收入		4.69	5.57	5.93	5.84	5.20	7.22
固定电话用户	(万户)	7.90	9.96	12.14	11.51	9.17	11.35
# 农村电话用户		3.50	5.64	9.73	6.19	4.67	7.02
移动电话年末用户		83.24	98.12	92.85	82.43	75.11	121.87
国际互联网用户		17.93	21.63	23.72	22.13	21.32	26.48
全年用电量	(亿千瓦时)	21.27	35.85	48.74	25.04	39.27	28.40
# 工业用电		12.31	25.85	36.56	14.61	30.97	15.88
城乡居民生活用电		5.69	5.95	7.00	6.10	4.70	7.28
批发零售贸易、外经							
社会消费品零售总额	(亿元)	151.04	245.59	242.12	179.58	174.56	253.41
批发和零售业		139.32	220.70	221.22	166.04	157.84	231.56
住宿和餐饮业		11.72	24.89	20.90	13.54	16.72	21.85
进出口总额	(亿美元)	1.46	3.09	3.69	7.52	4.58	10.32
# 出口总额		1.26	2.94	2.99	6.35	2.98	9.16
进出口总额	(亿元)	9.67	20.43	24.42	50.49	30.33	68.05
# 出口总额		8.37	19.40	19.85	42.74	19.83	60.41
外商投资企业个数	(个)	10	17	14	20	20	24
协议注册外资	(亿美元)	1.18	5.61	4.17	2.90	5.37	2.89
实际使用外资		0.41	1.30	1.49	1.11	1.00	1.83

注:此表中的公路客货运量为营业性口径,下同;2011 年及以后邮电业务总量按 2010 年价格计算;邮电业务总量因口径调整,与往年不可比。

21-40 续表 4 （2016 年）

指　　标		丰　县	沛　县	铜山区	睢宁县	新沂市	邳州市
市政公用事业、环境保护(城市)							
城市维护建设资金支出	（亿元）	0.16	4.14		7.24	0.20	5.82
供水综合生产能力(包括自备水源)	（万吨/日）	8	13		8	21	26
供水总量	（万吨）	2294	3768		2083	2633	3316
售水量		2102	3388		1919	2298	3107
#居民生活用水		890	1561		1099	883	1397
用水人口	（万人）	27.42	41.96		25.80	32.95	36.41
公共汽(电)车运营车辆数	（辆）	369	233		150	200	348
公共汽(电)车客运总量	（万人次）	618	975		469	715	3010
出租汽车数	（辆）	302	626		598	458	536
煤气(人工煤气、天然气)供气总量	（万立方米）	4307	2548		714	1863	2428
#家庭用量		2439	2363		534	360	658
煤气用气人口	（万人）	27.15	32.80		6.70	10.62	12.42
液化石油气供气总量	（吨）		2023		6910	8101	4361
#家庭用量			2000		6885	7290	3940
液化石油气用气人口	（万人）		9.60		18.85	23.40	23.80
道路面积	（万平方米）	542	1370		511	699	570
排水管道长度	（公里）	339	711		247	643	591
绿化覆盖面积	（公顷）	1575	2032		1799	2380	2423
#建成区绿化覆盖面积		1248	1923		1357	1515	1975
绿地面积		1403	1973		1543	2163	1882
#建成区绿地覆盖面积		1147	1893		1268	1463	1791
公园绿地面积	（公顷）	369	491		344	359	534
污水处理厂数	（座）	1	1		2	1	2
垃圾处理站数	（个）	2	2	1	1	1	1
生活垃圾无害化处理率	（%）	100.0	100.0		100.0	100.0	100.0
污水集中处理率		84.8	87.3		87.1	89.8	82.6
自然保护区面积	（公顷）			14930		8848	4478
工业废水排放量	（万吨）	2135	2272	755	477	712	251
工业废气排放量	（亿立方米）	1052.60	888.16	1967.85	25.26	568.41	192.51
工业二氧化硫排放量	（吨）	3561	18841	33616	2170	4240	4826
化学需氧量排放量		1473	2425	660	858	740	196
工业氮氧化物排放量		1094	8529	24269	891	3362	6335
工业烟(粉)尘排放量		1680	2482	16273	2775	10423	1968
工业固体废物综合利用率	（%）	100.0	100.0	93.1	100.0	99.9	70.1

21-40　续表 5　（2016 年）

指　　标	丰　县	沛　县	铜山区	睢宁县	新沂市	邳州市
教育、科技、卫生						
学校总数　（个）	151	164	182	185	150	256
#普通中等专业学校			1	2		
普通中学	42	44	41	44	36	55
职业高中	1	2	1		1	2
小学	107	117	138	138	112	198
在校学生总数　（万人）	13.76	15.44	18.06	15.62	16.45	27.86
#普通中等专业学校			0.26	0.28	0.20	0.53
普通中学	4.27	3.74	4.37	4.72	3.58	7.49
职业高中	0.53	0.92	0.71	0.36	0.44	0.64
小学	8.93	10.76	12.70	10.26	12.21	19.18
专任教师总数　（人）	9538	9405	9884	11176	7777	15636
#普通中等专业学校	60		295	335	28	24
普通中学	4760	3689	4681	4849	3175	5707
职业高中	214	550	184		179	308
小学	4470	5138	4709	5951	4347	9551
幼儿园数　（个）	96	67	113	102	130	112
在园幼儿数　（万人）	1.19	2.12	2.00	1.44	1.37	2.04
小学毕业生升学率　（%）	100.0	100.0	100.0	100.0	100.0	100.0
各类专业技术人员数　（万人）	4.13	5.61	4.73	4.72	5.03	5.60
专利申请受理量　（件）	1053	1520	5163	1715	1321	1263
专利申请授权量	687	982	2118	843	704	728
#发明	29	47	268	18	28	27

注:2016 年学校总数及学生数较往年增加特殊教育学校数及学生数。

21-40 续表 6 （2016 年）

指 标		丰 县	沛 县	铜山区	睢宁县	新沂市	邳州市
广播覆盖率	（%）	100.0	100.0	100.0	100.0	100.0	100.0
电视覆盖率		100.0	100.0	100.0	100.0	100.0	100.0
有线电视入户率		92.3	98.1	95.6	100.0	100.0	94.2
剧场、影剧院数	（个）	3	6	4	3	2	5
公共图书馆		1	1	1	1	1	1
公共图书馆图书总藏量	（千册、千件）	219.61	353.43	359.58	412.45	189.66	492.53
卫生机构数	（个）	554	612	507	596	483	768
# 医院		5	12	11	12	12	17
卫生院		25	26	24	24	20	31
卫生机构床位数	（张）	4053	4876	3426	4540	3549	5678
# 医院		1957	3293	1480	2629	2581	3433
卫生院		2069	1583	1826	1612	838	1913
卫生技术人员	（人）	4635	5398	4108	4900	4848	7203
# 执业（助理）医师		2076	2481	1812	2050	2192	2560
注册护士		1829	2150	1586	1861	1942	2856
人民生活							
在岗职工工资总额	（亿元）	39.09	62.15	77.05	32.97	44.13	53.84
在岗职工平均工资	（元）	49302	52247	51606	45877	51464	55182
全体居民人均可支配收入		18056	21221	25143	18127	18786	20675
工资性收入		10192	11786	15936	7874	10256	11150
经营净收入		4834	5064	5577	6991	4629	5476
财产净收入		658	1102	948	1246	973	923
转移净收入		2371	3270	2682	2015	2928	3125
人均生活消费支出		12551	13552	15746	10867	12594	12072
食品烟酒		3925	3836	5197	3557	4166	3684
衣着		1013	1233	1589	782	1188	947
居住		2165	2998	1798	2442	2435	2447
生活用品及服务		942	909	974	542	910	858
交通通信		1353	1958	2091	917	1365	1600
教育文化娱乐		2305	1458	2848	1984	1749	1466
医疗保健		606	826	1030	527	587	827
其他用品和服务		243	335	218	115	194	243
人均期末拥有房屋面积	（平方米）	46	47	55	56	48	67
人均现住房建筑面积		46	46	45	50	48	66
城镇居民人均可支配收入	（元）	22971	27277	31960	23403	24928	28546
工资性收入		15225	16062	21150	11658	15181	17109
经营净收入		2820	4303	5047	7750	4023	4455
财产净收入		1189	2176	1570	2564	1943	1968
转移净收入		3737	4736	4193	1430	3781	5014

21-40　续表 7　　（2016 年）

指　　标		丰　县	沛　县	铜山区	睢宁县	新沂市	邳州市
人均生活消费支出		16711	17050	21599	13185	16382	15765
食品烟酒		5080	4756	6772	4195	5351	4812
衣着		1495	1685	2441	1029	1721	1281
居住		2921	3864	1962	3088	3403	3476
生活用品及服务		1295	1045	1454	716	1247	1151
交通通信		1773	2196	3097	1065	1598	1821
教育文化娱乐		3106	1884	4135	2408	2273	1753
医疗保健		667	1129	1382	537	529	1067
其他用品和服务		374	491	357	145	260	407
人均期末拥有房屋面积	（平方米）	43	45	48	54	47	66
人均现住房建筑面积		43	43	34	45	46	64
农村居民人均可支配收入	（元）	14026	15791	17970	13822	14526	15321
工资性收入		5922	7951	10450	4819	6839	7098
经营净收入		6711	5747	6136	6312	5050	6172
财产净收入		234	138	293	221	301	212
转移净收入		1159	1955	1091	2471	2336	1840
人均生活消费支出		9277	10573	10000	9064	10101	9699
食品烟酒		2966	3051	3652	2923	3386	2960
衣着		615	849	753	580	837	733
居住		1577	2260	1638	1815	1797	1786
生活用品及服务		657	793	503	535	688	670
交通通信		1025	1755	1103	895	1212	1459
教育文化娱乐		1753	1095	1584	1654	1404	1282
医疗保健		554	568	685	575	626	673
其他用品和服务		129	202	82	86	151	139
人均期末拥有房屋面积	（平方米）	48	49	63	57	50	67
人均现住房建筑面积		49	48	56	54	49	67
城乡居民社会养老保险参保人数	（万人）	26.71	28.37	30.00	29.39	22.64	38.72
城镇企业职工基本养老保险参保人数		8.62	10.30	9.02	9.73	8.39	12.40
城镇职工基本医疗保险参保人数		7.45	10.53	9.73	6.96	8.99	13.50
新型农村合作医疗参保人数		87.06	103.43	111.91	106.54	81.77	123.30
城镇失业保险参保人数		4.01	8.41	6.89	5.23	5.72	8.56
社会福利收养性单位数	（个）	27	30	41	44	32	29
社会福利收养性单位床位数	（张）	7048	7906	8936	8866	7480	11044
社区服务设施数	（个）	460	186	968	430	102	516
社会治安							
刑事案件立案数	（件）	682	698	963	1049	986	1015
犯罪人数	（人）	811	980	1138	1152	942	1218
交通事故死亡人数		26	23	77	48	40	40
交通事故损失额	（万元）	54	57	26	18	35	43
火灾事故死亡人数	（人）		3				1
火灾损失金额	（万元）	409	159	95	114	214	144

22 BASIC CONDITIONS OF COUNTRY AND TOWN 乡镇基本情况

版面负责人：顾元林

编　　　辑：刘　畅

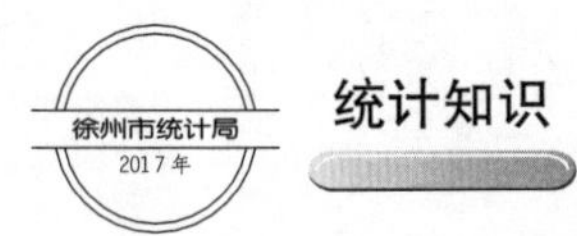

中华人民共和国统计法实施条例

第四十四条 县级以上人民政府统计机构或者有关部门违反本条例第二十四条、第二十五条规定公布统计数据的,由本级人民政府、上级人民政府统计机构或者本级人民政府统计机构责令改正,予以通报。

第四十五条 违反国家有关规定对外提供尚未公布的统计资料或者利用尚未公布的统计资料谋取不正当利益的,由任免机关或者监察机关依法给予处分,并由县级以上人民政府统计机构予以通报。

第四十六条 统计机构及其工作人员有下列行为之一的, 由本级人民政府或者上级人民政府统计机构责令改正,予以通报:

(一)拒绝、阻碍对统计工作的监督检查和对统计违法行为的查处工作;

(二)包庇、纵容统计违法行为;

(三)向有统计违法行为的单位或者个人通风报信,帮助其逃避查处;

(四)未依法受理、核实、处理对统计违法行为的举报;

(五)泄露对统计违法行为的举报情况。

编辑:徐向忠

22–1 分镇主要经济指标

（2016 年）

乡 镇	乡镇行政区域面积（公顷）	居委会数（个）	村委会数（个）	常住户数（户）	常住人口（人）	#外来人口
贾汪区						
大泉街道	8632	2	11	15852	50509	524
大吴街道	3840	11	6	14132	52023	216
潘安湖街道	2063	5	4	5522	16921	400
青山泉镇	6647	5	11	15924	48673	482
紫庄镇	6668	4	15	16573	63545	1437
塔山镇	9468	3	20	18164	74674	117
汴塘镇	10080		17	14456	51259	44
江庄镇	7496		11	10164	33540	2847
徐州经济技术开发区						
金山桥街道	400	6		11317	38774	13567
东环街道	2280	5		7855	27456	5548
大黄山街道	4300	10	12	16046	65655	2604
大庙街道	9526	3	20	44136	131274	29562
徐庄镇	13259		22	18432	71361	573
丰 县						
中阳里街道	990	16		23013	67588	3492
凤城街道	8773	12	11	17751	65564	1079
孙楼街道	6608	4	19	13820	50845	580
首羡镇	12232	5	33	23342	92636	2000
顺河镇	9404	2	22	13099	55502	1438
常店镇	8187	3	27	17949	63626	1350
欢口镇	10751	3	27	26500	103822	1287
师寨镇	8419	2	28	16009	63743	81
华山镇	10100	3	25	23550	75017	720
梁寨镇	8680	3	20	16213	58927	70
范楼镇	11610	3	31	23102	83889	182
宋楼镇	12214	3	32	21724	89708	114
大沙河镇	8631	2	19	16312	62271	1427
王沟镇	12621	3	31	21435	88593	1654
赵庄镇	9100	3	18	16530	60818	1088
沛 县						
沛城街道	6240	23	7	59572	175397	14031
大屯街道	5430	15	10	19183	69698	5462
汉源街道	3403	11	3	19696	64397	26022
汉兴街道	5310	19		12695	46176	1048
龙固镇	5302	14	9	15099	60199	810
杨屯镇	5165	12	9	16089	59996	864
胡寨镇	4594	4	10	10416	37245	360
魏庙镇	6014	3	14	14612	59071	492
五段镇	4977	3	14	11715	40789	336
张庄镇	11200	8	24	24443	87547	221
张寨镇	10634	3	26	22832	80024	663
敬安镇	9600	8	18	17523	61866	150
河口镇	8257	2	16	15421	51073	426
栖山镇	8951	4	18	15281	51766	475
鹿楼镇	12540	2	22	19243	72402	213
朱寨镇	7900	2	20	15548	60566	355
安国镇	10294	8	23	22563	82943	910

注：部分指标为待国家统计局审定反馈的统计上报数。

22-1 续表 1 （2016 年）

乡 镇	乡镇行政区域面积（公顷）	居委会数（个）	村委会数（个）	常住户数（户）	常住人口（人）	# 外来人口
铜山区						
新区街道	6450	5	7	10747	37777	9790
三堡镇街道	3540	5	1	6975	26183	2113
何桥镇	7400		15	13157	50491	314
黄集镇	8340		18	17052	63143	612
马坡镇	6900		12	12279	44455	2102
郑集镇	6710		10	12583	47192	4631
柳新镇	9606		19	20622	76926	6780
刘集镇	8360		15	17071	63566	471
大彭镇	6158		14	16269	65543	3819
汉王镇	6393		9	10670	40646	260
棠张镇	8360		17	15494	54836	393
张集镇	14800	1	19	22048	85302	1645
房村镇	13600		20	19892	76225	2424
伊庄镇	8565		15	10852	45420	690
单集镇	13210		21	14964	59897	554
利国镇	7769	3	10	19216	57994	2455
大许镇	12917		23	18725	81228	4997
茅村镇	8324		13	23196	65761	3145
柳泉镇	10520	1	17	17373	64421	1271
睢宁县						
睢城街道	10242	28		69127	248402	38657
金城街道	6697	13		12946	55394	4667
睢河街道	4261	11	1	10400	41591	925
王集镇	13152	6	22	17780	72610	1266
双沟镇	9530	4	16	15965	59292	1309
岚山镇	12837	3	17	17856	69640	1578
李集镇	6298	4	11	13230	53003	3391
桃园镇	9489	4	21	16106	67592	887
官山镇	12528	8	16	19821	75210	835
高作镇	4171	5	8	9638	35561	623
沙集镇	6518	4	13	13576	60998	1899
凌城镇	9365	6	19	17727	80357	599
邱集镇	14079	5	28	24072	97828	752
古邳镇	10666	6	20	15614	67061	739
姚集镇	16780	7	29	21782	93492	1488
魏集镇	13000	6	20	15452	66801	56
梁集镇	12134	6	11	14557	62113	855
庆安镇	11571	6	16	14062	57204	729

22-1 续表 2 （2016 年）

乡 镇	乡镇行政区域面积（公顷）	居委会数（个）	村委会数（个）	常住户数（户）	常住人口（人）	# 外来人口
新沂市						
新安街道	8087	25	4	79623	231065	12679
北沟街道	3400	12		18510	56471	2446
墨河街道	7759	9		15653	49422	3140
唐店街道	6777	5	4	9868	36325	3056
瓦窑镇	6203		12	9725	36885	1715
港头镇	6810	7	4	10292	38936	293
合沟镇	6872		20	14482	60424	170
草桥镇	10125		16	17667	67306	4646
窑湾镇	11636	1	21	17545	59350	207
棋盘镇	17214		26	18430	69446	2658
马陵山镇	10600		16	14897	52385	3360
新店镇	12800		15	11923	44875	1485
邵店镇	5860		14	9270	38051	314
时集镇	11623		18	12948	54726	487
高流镇	12290		14	15976	60093	1217
阿湖镇	12545		18	17303	62846	1401
双唐镇	8807		14	9701	37742	1010
邳州市						
东湖街道	3410	4	3	7530	29275	1840
运河街道	7831	15	12	81550	281757	11314
戴圩街道	8000	5	19	19712	106183	5351
炮车街道	5700	3	12	18327	52473	157
邳城镇	9028	1	22	18167	77574	648
官湖镇	8888		27	26424	109925	507
四户镇	8156		17	11049	47715	126
宿羊山镇	9013	1	24	17726	77449	581
八义集镇	10562	1	25	17253	73521	636
土山镇	7015		21	12047	48643	2035
碾庄镇	12088	1	27	21390	94515	530
港上镇	6470	3	19	14221	64245	234
邹庄镇	7036	1	16	11734	58513	6
占城镇	8900		18	11171	46735	817
新河镇	11800		19	13774	57518	579
八路镇	6700		14	10528	43194	247
铁富镇	12447		30	28061	120069	700
岔河镇	7088		12	8224	38972	83
陈楼镇	4341		17	11740	50507	206
邢楼镇	9684		18	13317	56832	92
戴庄镇	6845		16	11964	57248	146
车辐山镇	9488		16	12806	60122	3149
燕子埠镇	7700		16	8281	35653	388
赵墩镇	12081	1	27	23160	99857	3096
议堂镇	5442	3	12	8342	35630	170

22-1 续表 3 （2016 年）

乡 镇	公共财政收入（万元）	公共财政支出（万元）	年末资产总额（万元）	年末负债总额（万元）
贾汪区				
大泉街道	15237	7882	6760	6985
大吴街道	6730	1667	7880	6780
潘安湖街道	4405	1500	4773	833
青山泉镇	25968	16504	2432	1456
紫庄镇	6100	5404	3451	4972
塔山镇	5272	6072	2480	30517
汴塘镇	2358	2290	2816	7160
江庄镇	12436	7150	22410	23422
徐州经济技术开发区				
金山桥街道	13660	5297	2520	400
东环街道	30850	2185	6403	908
大黄山街道	45848	8159	4407	3029
大庙街道	74328	15049	4348	1714
徐庄镇	1663	8608	11736	9085
丰 县				
中阳里街道	27100	6326	4011	3526
凤城街道	166149	97337	216500	216349
孙楼街道	7704	6700	18703	2706
首羡镇	14471	10333	20893	19344
顺河镇	7312	5894	12350	9623
常店镇	15196	12622	3680	0
欢口镇	13676	11408	605	220
师寨镇	9889	8273	9580	689
华山镇	14670	8636	7799	3364
梁寨镇	22930	15867	11404	9845
范楼镇	8758	6906	8303	5882
宋楼镇	16931	9022	17758	25019
大沙河镇	5543	4691	12994	13662
王沟镇	6549	4931	16661	16725
赵庄镇	6347	4810	2411	3041
沛 县				
沛城街道	68343	69940	1732	4315
大屯街道	63876	63082	19475	16189
汉源街道	2330	2341	2117	2029
汉兴街道	276	276	2345	
龙固镇	39799	40241	8216	1486
杨屯镇	26315	2379	43081	
胡寨镇	11224	11224	3646	12169
魏庙镇	9735	13479	10379	1355
五段镇	10213	4716	1227	974
张庄镇	16351	17847	11517	28004
张寨镇	10573	11761	4512	14396
敬安镇	25164	22439	10287	10287
河口镇	8972	9718	4522	4042
栖山镇	12254	13367	9801	7712
鹿楼镇	11992	13447	11468	12029
朱寨镇	14436	15417	4252	8383
安国镇	24100	24100	15783	17022

22-1 续表 4 （2016 年）

乡　镇	公共财政收入（万元）	公共财政支出（万元）	年末资产总额（万元）	年末负债总额（万元）
铜山区				
新区街道	4885		2521	
三堡镇街道	4256	3228	7815	10416
何桥镇	5908	6600	7647	12548
黄集镇	9541	587	12320	14215
马坡镇	7367	7367	7062	14757
郑集镇	11523	10251	2676	20268
柳新镇	68710	52854	31062	29510
刘集镇	11707	10296	7629	21839
大彭镇	34492	2462	5390	1298
汉王镇	5282	3193	19063	6171
棠张镇	9381	9249	10958	10697
张集镇	13357	13513	16237	31498
房村镇	7103	7968	14315	22727
伊庄镇	4713	5203	3481	15980
单集镇	5286	6641	9526	19724
利国镇	46298	34562	58572	73446
大许镇	7085	8347	11793	23134
茅村镇	14199	13481	12063	20501
柳泉镇	26149	26635	17856	11671
睢宁县				
睢城街道	93506	139255	57966	60850
金城街道	70386	49841	68940	73807
睢河街道	17024	17664	29375	20180
王集镇	4178	916	1796	12100
双沟镇	19513	18695	8562	7636
岚山镇	9766	7460	14831	15162
李集镇	14288	13910	14151	9046
桃园镇	8606	4562	3356	8809
官山镇	9513	8336	12486	14500
高作镇	12227	6886	17358	17091
沙集镇	6057	5479	9105	6255
凌城镇	9637	9637	7361	7029
邱集镇	5452	3474	3595	20054
古邳镇	5789	6531	16637	1783
姚集镇	8800	8856	7800	9200
魏集镇	8445	6730	14582	10358
梁集镇	21395	19942	29813	4509
庆安镇	8816	5860	1860	5230

22-1 续表 5 （2016 年）

乡 镇	公共财政收入（万元）	公共财政支出（万元）	年末资产总额（万元）	年末负债总额（万元）
新沂市				
新安街道	97501	45493	16135	16873
北沟街道	13507	1849	465	6133
墨河街道	5813	1245	520	285
唐店街道	17356	16408	4057	2024
瓦窑镇	14594	13508	13381	13323
港头镇	12825	12001	7308	7285
合沟镇	9621	8424	3746	2312
草桥镇	17084	17084	1680	4554
窑湾镇	15288	16377	23310	12797
棋盘镇	20753	17250	3660	7548
马陵山镇	12786	5456	2367	2433
新店镇	14792	12099	2384	4889
邵店镇	17190	16691	4801	3205
时集镇	14529	14040	3920	1156
高流镇	19121	18453	21455	4500
阿湖镇	12156	12274	9305	10358
双唐镇	18089	14866	4140	2182
邳州市				
东湖街道	3623	5386	4472	4399
运河街道	89463	57488	8688	14004
戴圩街道	38788	39088	7112	3612
炮车街道	64012	33849	4967	4488
邳城镇	7622	2616	5252	2164
官湖镇	59479	34602	11226	10569
四户镇	9890	8840	1500	620
宿羊山镇	11979	14209	5856	6177
八义集镇	9573	10234	5027	2067
土山镇	7350	9114	576	3382
碾庄镇	28688	17249	6982	5151
港上镇	7190	8875	2860	3487
邹庄镇	9200	8900	1200	560
占城镇	5381	4528	1917	2245
新河镇	7498	8831	4880	7108
八路镇	5802	1670	1080	1245
铁富镇	32690	18580	13600	5600
岔河镇	11953	5187	3610	1487
陈楼镇	2220	2350	7281	5151
邢楼镇	10964	10964	2775	2421
戴庄镇	6752	8647	4600	400
车辐山镇	10649	10649	3610	3351
燕子埠镇	6914	5206	1347	1347
赵墩镇	10328	9876	1488	786
议堂镇	20361	10500	2400	3067

22-1　续表 6

（2016 年）

乡　镇	企业个数（个）	企　业从业人员（人）	企　业实缴税金（万元）	工业企业单位数（个）	#规模以上工业企业单位数	工业总产值（万元）	#规模以上工业总产值
贾汪区							
大泉街道	839	8011	18950	94	4	57209	29175
大吴街道	316	20327	16629	198	23	1362823	1286165
潘安湖街道	78	5736	2286	36	11	64933	44297
青山泉镇	265	24156	78530	155	53	1415228	1235676
紫庄镇	272	8685	7000	156	16	540702	459781
塔山镇	219	7531	2233	135	13	234686	215085
汴塘镇	255	4100	1430	149	4	81430	20940
江庄镇	241	6542	15574	19	7	274000	253000
徐州经济技术开发区							
金山桥街道	786	125678	29710	219	12	244529	182947
东环街道	925	12001	25802	398	34	351410	258095
大黄山街道	255	18061	30127	140	34	566218	365565
大庙街道	239	18790	63152	188	31	739681	445905
徐庄镇	327	6347	5139	83	12	34092	30240
丰　县							
中阳里街道	2602	32154	45477	1573	21	1152636	912151
凤城街道	1251	43571	67035	845	51	1846327	1542873
孙楼街道	1646	21310	13124	1380	26	810830	559750
首羡镇	1623	30485	101763	838	18	1071103	406245
顺河镇	2431	30550	15890	781	14	505600	227010
常店镇	704	19932	9865	343	45	782928	457800
欢口镇	1952	26992	32326	1661	22	1073324	577442
师寨镇	2046	16147	46578	1311	19	1000997	402806
华山镇	2836	28940	7576	1850	30	459348	194992
梁寨镇	1275	15214	6118	513	23	299959	275768
范楼镇	1196	17986	25971	789	17	495208	333846
宋楼镇	2310	31950	22666	1720	21	710000	356151
大沙河镇	858	13852	12751	737	14	495237	237523
王沟镇	1632	8559	2693	1058	17	508701	338302
赵庄镇	1241	30109	12216	875	16	432460	138020
沛　县							
沛城街道	6038	57446	38296	1815	52	1893658	887093
大屯街道	1040	61955	93156	513	67	3207563	2320939
汉源街道	233	2053		23		1334	
汉兴街道	55	2934	1165	35		53665	
龙固镇	725	18852	30021	502	56	987562	790786
杨屯镇	1053	24276	25191	656	62	2365841	1536196
胡寨镇	771	11214	41925	497	15	971426	481237
魏庙镇	735	21100	3220	403	14	1244068	965083
五段镇	809	6593	1906	619	19	334492	57598
张庄镇	689	15976	9582	140	22	1026075	932649
张寨镇	272	7268	5120	148	14	195125	151216
敬安镇	1612	20368	5986	722	32	3251060	3120680
河口镇	962	10752	34428	496	16	579303	376721
栖山镇	983	11259	22470	667	9	793750	34256
鹿楼镇	693	15168	2536	139	24	692729	589065
朱寨镇	1430	15575	39939	961	25	722698	610166
安国镇	128	6875	4628	94	29	689456	592606

22-1 续表 7 （2016 年）

乡 镇	企业个数（个）	企 业 从业人员（人）	企 业 实缴税金（万元）	工业企业单位数（个）	# 规模以上工业企业单位数	工业总产值（万元）	# 规模以上工业总产值
铜山区							
新区街道	1036	35605	148857	482	90	8095131	7933219
三堡镇街道	163	9751	24011	103	18	1811076	1707587
何桥镇	87	7143	16253	28	8	425261	392408
黄集镇	232	3258	3021	98	5	538745	423650
马坡镇	268	9189	14059	192	13	722161	462265
郑集镇	251	20135	9235	105	19	289326	261392
柳新镇	1025	20856	75996	260	39	2095101	1755001
刘集镇	817	13106	21502	740	20	979624	521843
大彭镇	490	8500	6236	256	21	2050400	1950390
汉王镇	521	7100	1100	170	2	243500	7000
棠张镇	529	15100	11506	365	28	226267	197216
张集镇	1351	27501	6802	1061	33	2456644	2186414
房村镇	893	8569	14905	408	5	806572	471065
伊庄镇	285	4150	5580	85	10	101550	92580
单集镇	402	6220	5161	253	6	225144	200801
利国镇	2073	26239	53681	1292	25	4137082	4105921
大许镇	679	20523	20014	484	13	815242	664110
茅村镇	896	18587	9327	211	32	1935201	1741680
柳泉镇	614	23327	64590	460	23	2014697	1841020
睢宁县							
睢城街道	2500	93750	102005	825	46	2430120	2257503
金城街道	325	22196	33839	180	73	4021851	3861795
睢河街道	1209	8463	27115	224	43	1365036	1355732
王集镇	161	15434	667	88	6	183482	121626
双沟镇	523	4253	45621	76	21	65120	42156
岚山镇	211	5976	5579	133	12	162579	97065
李集镇	376	14012	8533	242	16	732516	540355
桃园镇	177	11119	6406	148	11	198910	129208
官山镇	204	3728	3720	136	13	256479	221848
高作镇	123	3843	4320	67	3	60565	26574
沙集镇	3522	32167	17900	481	23	396982	334503
凌城镇	185	10985	9830	118	16	434560	302820
邱集镇	237	3579	4219	169	14	127695	111478
古邳镇	468	8306	5532	231	17	149652	135281
姚集镇	368	6124	3859	207	12	122247	106701
魏集镇	906	7711	3041	346	10	147429	133076
梁集镇	186	6932	5094	91	6	116463	43227
庆安镇	152	30750	6680	101	15	665232	600222

22-1 续表 8 （2016 年）

乡 镇	企业个数（个）	企 业 从业人员（人）	企 业 实缴税金（万元）	工业企业单位数（个）	#规模以上工业企业单位数	工业总产值（万元）	#规模以上工业总产值
新沂市							
新安街道	2488	112692	250348	279	42	3016697	2781412
北沟街道	120	12646	25312	84	18	676376	545036
墨河街道	562	24520	4102	267	60	1685620	1576942
唐店街道	1545	17712	10615	275	36	1812422	1510352
瓦窑镇	1345	12628	10075	442	26	1755836	1632825
港头镇	365	8740	2600	126	27	994218	895208
合沟镇	892	6504	3594	413	40	98384	69495
草桥镇	1638	22638	38546	1151	24	1856851	1428347
窑湾镇	2326	19238	63859	1216	20	636105	603620
棋盘镇	650	10628	21430	322	34	1488574	1359605
马陵山镇	503	9618	6130	223	23	907803	707128
新店镇	332	4909	3916	151	20	573876	475329
邵店镇	126	6682	8216	56	21	420540	350715
时集镇	2700	19200	6300	92	31	691146	570000
高流镇	1054	11932	78345	475	36	1554348	1350848
阿湖镇	1050	13865	13128	650	45	1240800	1150250
双唐镇	1150	17864	33336	685	34	1667465	1280104
邳州市							
东湖街道	168	6265	1282	32	6	79768	56908
运河街道	5076	86638	59811	914	23	1525869	1258322
戴圩街道	474	23662	52197	456	42	2895658	2349822
炮车街道	1513	39655	49696	219	41	1682488	1523824
邳城镇	18	2130	2963	14	10	69921	69045
官湖镇	1698	35189	32914	1221	111	3522486	3055141
四户镇	170	2952	980	70	14	35210	28000
宿羊山镇	416	11652	7149	302	25	1220974	1141542
八义集镇	2064	19734	2436	664	11	369574	291587
土山镇	235	10964	11742	181	11	805910	731000
碾庄镇	1625	23125	58129	315	35	2143747	2103847
港上镇	35	1333	1010	20	11	163000	148150
邹庄镇	93	4533	1866	60	12	282600	238748
占城镇	95	2734	792	69	2	199745	130265
新河镇	294	5680	3346	45	9	601910	578724
八路镇	225	26320	4062	158	8	115260	56230
铁富镇	989	25556	2568	135	19	532000	489800
岔河镇	323	4532	5346	232	16	801675	587852
陈楼镇	1426	15475	28406	751	28	1025647	857573
邢楼镇	350	10520	7963	260	4	145200	102265
戴庄镇	242	5363	1364	8	5	25600	24600
车辐山镇	541	13575	1796	276	11	374685	340736
燕子埠镇	124	1742	1047	104	9	207042	17132
赵墩镇	179	14380	7556	131	27	563213	496520
议堂镇	251	7786	11560	221	20	1945022	1824566

22-1 续表 9 （2016 年）

乡 镇	建筑业企业单位数（个）	建筑业总产值（万元）	住宿餐饮业企业个数（个）	社会消费品零售总额（万元）		市场个数（个）	集贸市场成交额（万元）
					#限上社会消费品零售总额		
贾汪区							
大泉街道	29	35394	15	64054	39080	2	21753
大吴街道	1	2049		25876	4805	3	85629
潘安湖街道	1	430	5	5366		1	1413
青山泉镇	1	1875	1	11633	1439	2	9056
紫庄镇	1	3027	1	45806	16129	2	15280
塔山镇			1	12030	9365	5	46598
汴塘镇			3	5510	2948	3	542
江庄镇	3	865	24	8120	4350	2	16355
徐州经济技术开发区							
金山桥街道	30	106985	5	1297369	955336		
东环街道	17	7411	7	817929	638797	2	366860
大黄山街道	4	14306	2	30167	22782	1	5924
大庙街道	8	3500	5	247600	124954	5	58150
徐庄镇				23657	20196	5	9023
丰 县							
中阳里街道	34	851462	46	349562	250236	8	432563
凤城街道	8	89125	9	182483	151342	1	43185
孙楼街道	3	8861	2	130625	120693	1	10381
首羡镇	4	3526	9	135760	108960	4	27924
顺河镇	4	59890	2	55690	33209	4	33280
常店镇	5	14870	15	114800	36356	3	12247
欢口镇			2	119600	66000	3	47464
师寨镇	1	3640	15	48855	18314	2	14925
华山镇	11	37000	82	98034	50226	5	54380
梁寨镇	6	98427	13	36582	24489	4	48527
范楼镇			31	149558	98756	3	40546
宋楼镇	4	25610		1288520	48001	4	29965
大沙河镇	2	3724		176238	33022	2	21437
王沟镇			3	83502	25140	2	17954
赵庄镇	2	2120	26	198358	101841	2	29721
沛 县							
沛城街道	53	187315	102	573175	441263	8	93178
大屯街道	6	60615	6	458326	192011	8	261937
汉源街道			3	13180	10530	1	10000
汉兴街道	1	350		48753		2	18567
龙固镇	2	15765	2	119256	95724	1	51297
杨屯镇	4	22628	1	121298	117105	4	56381
胡寨镇	2	17426		34589	22767	1	4354
魏庙镇	2	38987	4	182123	171373	7	1186
五段镇	1	31043	8	185507	160343	2	2428
张庄镇	1	29334		347263	165671	3	79816
张寨镇	5	33562		26142	24894	4	24126
敬安镇	1	2430	2	196586	171213	3	33190
河口镇	2	1973		56385	45930	2	23576
栖山镇	1	25346		92200	84592	3	3977
鹿楼镇	1	29720	2	199299	117235	2	28068
朱寨镇				103173	98812	4	77
安国镇	1	6856	15	102340	86920		66548

22-1 续表10 （2016年）

乡镇	建筑业企业单位数（个）	建筑业总产值（万元）	住宿餐饮业企业个数（个）	社会消费品零售总额（万元）	#限上社会消费品零售总额	市场个数（个）	集贸市场成交额（万元）
铜山区							
新区街道	24			557232	546085		
三堡镇街道	3	12182		327791	217462	2	16252
何桥镇	3	1628		71421	48006	4	13000
黄集镇	6	5421	5	144768	101414	4	23500
马坡镇	15	15541	2	90541	51214	3	2234
郑集镇	10	18962	6	18532	15709	2	806
柳新镇	7	84296	17	240786	172628	6	312900
刘集镇	1	6055	1	161725	128817	4	28192
大彭镇	19	14230	10	56370	52982	3	10200
汉王镇	4	51400	6	160411	138909	2	14006
棠张镇	28	4660	8	90208	74506	3	65000
张集镇	3	1675	2	853496	155941	2	8426
房村镇	29	2694	68	338405	279045	6	27254
伊庄镇	3	190	3	73173	46143	5	365
单集镇	8	60855		140323	67175	4	24596
利国镇	2	4281	16	114563	75594	6	219867
大许镇			10	62583	55625	4	41615
茅村镇	4	70985	25	214603	86826	1	37
柳泉镇	1	5500	31	307272	221298	3	45800
睢宁县							
睢城街道	37	825610	120	561020	474343	15	1999870
金城街道	3	70250	2	151330	113500	1	25373
睢河街道	78	11765	49	95449	76359	2	3562
王集镇			1	172766	26978	10	88228
双沟镇	1	26589	3	42315	36521	3	27717
岚山镇	1	7126		123679	29110	8	41331
李集镇			5	90124	76158	6	20182
桃园镇	3	3985	6	32112	26959	5	33765
官山镇				20412	16770	4	10064
高作镇	9	5103		24096	17096	1	1177
沙集镇	14	5543	60	81033	46701	2	41500
凌城镇	1	8350	1	47185	18678	3	28410
邱集镇			10	2127	617	5	36129
古邳镇			95	51321	40128	3	21452
姚集镇	4	3201	32	12447	8970		
魏集镇	6	12717		126345	45181	3	56171
梁集镇	2	30143		17515	10753	13	9459
庆安镇			23	53260	31250	7	27850

22-1 续表 11　　　　　　　　　（2016 年）

乡　　镇	建筑业企业单位数（个）	建筑业总产值（万元）	住宿餐饮业企业个数（个）	社会消费品零售总额（万元）	#限上社会消费品零售总额	市场个数（个）	集贸市场成交额（万元）
新沂市							
新安街道	67	137005	60	222600	175725	15	1912655
北沟街道	3	6728	3	230984	136018	3	502646
墨河街道	2	6486	14	84856	13642	6	24562
唐店街道	3	15985	55	132393	110328	4	42265
瓦窑镇	12	16882	56	175556	15112	5	98024
港头镇	13	30821	27	68909	38562	5	2400
合沟镇	8	5316	41	56941	44951	4	4286
草桥镇	29	76319	356	167452	160001	6	44442
窑湾镇	4	9839	108	107271	81806	6	47506
棋盘镇	3	3388	10	85625	80401	8	1250
马陵山镇	15	910	265	244581	229415	4	44363
新店镇	9	1523	35	44571	33425	4	22943
邵店镇	9	68974	25	72948	54719	2	70256
时集镇	5	61200	3	55340	6015	3	19472
高流镇	1	3540	156	32254	22507	4	34125
阿湖镇	5	9845	35	14554	12819	6	253035
双唐镇	7	9850	2	68560	4536	6	65545
邳州市							
东湖街道	14	40715	11	3857	2236	6	3684
运河街道	136	730135	89	289349	211426	23	319353
戴圩街道	16	86422	2	64179	36996	3	13312
炮车街道			9	24561	24315	3	37914
邳城镇	1	1542	3	8230	7376	3	2470
官湖镇	6	278651	1	294752	32984	6	745541
四户镇			7	6980	5210	7	1650
宿羊山镇	10	79146	52	101113	91761	5	9378
八义集镇	2	17214	4	104326	61258	5	17985
土山镇	4	39578	6	49026	22579	6	10013
碾庄镇			6	31515	23451	5	203643
港上镇	1	1350	14	115900	39483	4	1750
邹庄镇	1	1244	32	17976	9976	5	1400
占城镇	1	5433	2	29153	6486	3	4739
新河镇			1	7450	6192	2	1980
八路镇	2	730	2	8682	6215	4	730
铁富镇	3	18560	12	389980	365600	6	4400
岔河镇			4	19328	11465	4	9687
陈楼镇	1	1025	1	31515	23451	5	15730
邢楼镇	1	2950		90500	3900	8	14500
戴庄镇				28562		3	19653
车辐山镇			13	113085	23289	2	3150
燕子埠镇			2	4517	3624	2	9827
赵墩镇	3	1342	1	11880	10970	6	1780
议堂镇			2	29654	22856	1	1560

22-1 续表 12 （2016 年）

乡 镇	50 平方米以上超市个数（个）	幼儿园、托儿所个数（个）	小学校数（个）	小学专任教师数（人）	小学在校学生数（人）	图书馆、文化站个数（个）	剧场、影剧院个数（个）	体育场馆个数（个）
贾汪区								
大泉街道	20	17	4	254	3893	13	2	1
大吴街道	40	20	7	287	5721	1	1	1
潘安湖街道	21	6	1	30	206	6		
青山泉镇	35	19	5	269	3357	1	1	1
紫庄镇	101	15	8	285	4335	1		
塔山镇	51	17	7	315	6302	2		
汴塘镇	23	11	5	176	3146	1		
江庄镇	70	7	4	109	1987	1	1	
徐州经济技术开发区								
金山桥街道	3	3				6		2
东环街道	15	6	2	92	1450	1		
大黄山街道	44	23	3	224	3883	1		
大庙街道	108	52	8	563	8972	1	1	1
徐庄镇	55	10	10	428	7145	1		1
丰 县								
中阳里街道	104	41	6	406	9254	2	2	
凤城街道	110	6	4	139	2487	1		
孙楼街道	130	15	4	174	2495	3		
首羡镇	12	19	11	230	5481	1		1
顺河镇	126	7	6	193	3152	1	1	
常店镇	135	16	6	239	2747	1		
欢口镇	113	14	9	352	6187	1	1	2
师寨镇	145	12	8	253	3880	1	1	
华山镇	201	27	10	329	8538	2	1	1
梁寨镇	113	14	10	286	3155	2	1	1
范楼镇	158	21	10	281	4750	2		
宋楼镇	190	21	8	264	5793	1		
大沙河镇	105	15	6	177	3364	1		
王沟镇	179	12	10	314	3660	1		
赵庄镇	133	19	8	243	3160	1	1	2
沛 县								
沛城街道	118	48	12	1082	9146	1	2	2
大屯街道	92	58	10	310	4878	1	3	1
汉源街道	43	18	3	179	3865	6	1	
汉兴街道	55	15	2	144	960	11		
龙固镇	105	34	5	157	3052	1		
杨屯镇	63	5	6	183	4445	1	1	1
胡寨镇	27	11	5	219	1505	1		
魏庙镇	27	25	5	197	4966	1		1
五段镇	25	15	6	236	4022	1	1	
张庄镇	75	44	11	315	6066	1	1	
张寨镇	115	29	11	336	6219	1		
敬安镇	73	29	7	200	3801	1	1	2
河口镇	86	35	6	203	3542	1		
栖山镇	56	33	9	158	3452	1		
鹿楼镇	141	26	9	216	3750	1		
朱寨镇	38	18	5	265	2966	1		
安国镇	118	42	8	274	5130	1		

22-1 续表 13 （2016 年）

乡 镇	50平方米以上超市个数（个）	幼儿园、托儿所个数（个）	小学校数（个）	小学专任教师数（人）	小学在校学生数（人）	图书馆、文化站个数（个）	剧场、影剧院个数（个）	体育场馆个数（个）
铜山区								
新区街道	83	22	5	228	4722	8		
三堡镇街道	48	15	3	105	3084	1	1	2
何桥镇	105	24	7	122	4917	1		2
黄集镇	58	15	7	196	3401	3	1	2
马坡镇	48	19	8	195	4071	1		1
郑集镇	15	25	8	195	5331	11		
柳新镇	13	41	9	306	6232	1	1	
刘集镇	109	14	9	204	5779	1		1
大彭镇	64	34	8	237	6800	14	1	8
汉王镇	86	19	5	132	3423	1		
棠张镇	55	18	7	199	5056	1	1	1
张集镇	60	56	15	300	8351	21		
房村镇	142	33	6	248	3911	9		3
伊庄镇	58	15	5	178	2894	15		1
单集镇	56	12	10	197	4600	1		3
利国镇	8	21	6	302	6215	5		1
大许镇	41	30	11	241	6802	1		4
茅村镇	96	43	6	228	6065	16		1
柳泉镇	54	12	6	219	4483	18		3
睢宁县								
睢城街道	528	63	15	1286	20655	27	4	2
金城街道	92	10	6	108	1694	13		
睢河街道	49	13	3	168	3321	12		1
王集镇	52	10	12	258	5979	1		
双沟镇	46	7	8	226	6899	1	1	2
岚山镇	56	23	13	282	5501	1		
李集镇	15	12	8	190	5145	1	1	1
桃园镇	101	17	8	223	4229	1		1
官山镇	124	21	8	190	3510	1		
高作镇	46	4	3	132	1695	1		
沙集镇	40	20	6	140	3410	18		
凌城镇	165	12	10	224	4145	1		1
邱集镇	40	23	10	232	4744	1	1	
古邳镇	65	16	17	211	4356	26		
姚集镇	135	9	14	220	3924	1		1
魏集镇	74	11	10	172	2527	27		
梁集镇	63	13	9	344	6649	1	1	1
庆安镇	60	26	10	372	4850	1		

22-1 续表 14 （2016 年）

乡 镇	50 平方米以上超市个数（个）	幼儿园、托儿所个数（个）	小学校数（个）	小学专任教师数（人）	小学在校学生数（人）	图书馆、文化站个数（个）	剧场、影剧院个数（个）	体育场馆个数（个）
新沂市								
新安街道	467	73	11	702	9696	4	3	2
北沟街道	58	6	4	337	4980	1	1	
墨河街道	40	21	7	212	4952	1		
唐店街道	143	20	3	160	4680	1		1
瓦窑镇	57	12	4	143	4598	2		
港头镇	64	10	5	168	4520	1	1	1
合沟镇	42	20	9	251	6585	1		
草桥镇	266	24	9	229	5770	10	1	1
窑湾镇	262	14	7	216	6116	22		
棋盘镇	87	22	10	288	8026	1	1	1
马陵山镇	185	20	7	894	4853	1	1	
新店镇	106	10	8	207	4526	1	1	
邵店镇	51	6	6	132	3334	1	1	1
时集镇	93	17	9	257	7752	1		
高流镇	33	12	7	262	5511	1		
阿湖镇	105	23	7	219	6215	1		
双唐镇	42	17	7	207	4338	1		
邳州市								
东湖街道	22	20	5	290	12121	7	2	1
运河街道	246	34	15	1285	35125	10	3	4
戴圩街道	158	32	9	568	11608	1		
炮车街道	6	20	7	246	4723	1		2
邳城镇	7	14	9	130	3309	1		
官湖镇	516	60	12	473	15019	1	2	1
四户镇	6	9	5	166	5843	1	1	
宿羊山镇	76	27	8	333	8112	1	1	1
八义集镇	5	29	12	397	6500	20	1	1
土山镇	119	6	7	276	4019	1	1	2
碾庄镇	7	31	16	339	9000	1		1
港上镇	82	25	8	192	7270	2		
邹庄镇	44	13	9	179	4110	1		1
占城镇	21	13	7	139	3316	14		
新河镇	43	20	8	193	4980	1	1	1
八路镇	5	14	6	235	2241	14		14
铁富镇	6	33	25	584	13480	1		3
岔河镇	5	7	7	167	4125	1	1	1
陈楼镇	18	16	8	268	7239	1		
邢楼镇	78	25	5	150	6204	1		
戴庄镇	44	36	9	244	6103	17		1
车辐山镇	103	26	7	266	9093	18		
燕子埠镇	75	20	6	134	3165	2		
赵墩镇	106	37	12	489	8921	21		
议堂镇	39	15	4	199	3096	1		

22-1 续表 15 （2016 年）

乡 镇	医疗卫生机构个数（个）	医疗卫生机构床位数（张）	执业(助理)医师数（人）	各种社会福利收养性单位数（个）	各种社会福利收养性单位床位数（张）	各种社会福利收养性单位收养人数（人）
贾汪区						
大泉街道	2	150	123	3	127	121
大吴街道	4	120	119	1	150	48
潘安湖街道	2	50	10			
青山泉镇	16	234	136	2	165	131
紫庄镇	2	120	108	1	160	70
塔山镇	2	120	65	4	310	310
汴塘镇	1	132	60	2	180	120
江庄镇	15	102	50	1	80	80
徐州经济技术开发区						
金山桥街道	4	327	105			
东环街道	1	50	21			
大黄山街道	2	56	26			
大庙街道	3	550	152	1	120	82
徐庄镇	2	50	47	5	340	272
丰 县						
中阳里街道	18	981	453			
凤城街道	40	145	142	1	200	95
孙楼街道	22	180	72	3	120	24
首羡镇	35	124	133	1	108	57
顺河镇	24	120	118	1	220	208
常店镇	31	185	118	2	230	175
欢口镇	30	155	103	1	330	88
师寨镇	38	150	92	2	288	68
华山镇	30	178	96	2	340	97
梁寨镇	30	212	113	1	320	109
范楼镇	43	160	69	2	230	90
宋楼镇	34	215	155	1	346	182
大沙河镇	21	132	63	1	125	46
王沟镇	33	160	97	1	270	86
赵庄镇	46	120	74	2	275	81
沛 县						
沛城街道	46	2509	2173	3	359	175
大屯街道	29	361	240	2	335	65
汉源街道	17	117	120	1	10	10
汉兴街道	19	170	23	1	10	4
龙固镇	22	295	61	2	150	70
杨屯镇	24	223	60	1	89	50
胡寨镇	17	172	81	2	74	45
魏庙镇	18	197	38	1	148	139
五段镇	18	196	116	1	80	75
张庄镇	32	120	82	2	200	69
张寨镇	35	308	134	2	220	136
敬安镇	27	295	45	1	195	108
河口镇	26	226	148	2	135	135
栖山镇	26	255	143	1	245	120
鹿楼镇	31	207	124	1	150	76
朱寨镇	27	278	96	2	260	208
安国镇	32	346	148	1	108	82

22-1 续表 16 （2016 年）

乡 镇	医疗卫生机构个数（个）	医疗卫生机构床位数（张）	执业(助理)医师数（人）	各种社会福利收养性单位数（个）	各种社会福利收养性单位床位数（张）	各种社会福利收养性单位收养人数（人）
铜山区						
新区街道	14		30			
三堡镇街道	7	45	39	1	120	120
何桥镇	1	80	48	3	178	142
黄集镇	1	68	50	2	240	240
马坡镇	1	38	59	4	263	263
郑集镇	1	260	70	3	240	85
柳新镇	1	79	60	5	175	175
刘集镇	1	60	49	4	260	158
大彭镇	18	127	22	1	100	82
汉王镇	11	111	68	3	122	116
棠张镇	1	120	66	1	130	127
张集镇	2	200	126	2	200	138
房村镇	2	125	68	5	330	292
伊庄镇	2	56	38	2	305	270
单集镇	2	170	46	3	450	204
利国镇	15	115	143	3	328	275
大许镇	3	284	221	8	646	412
茅村镇	1	100	77	2	76	70
柳泉镇	12	47	46	3	154	93
睢宁县						
睢城街道	69	1156	927	1	300	120
金城街道	19	289	92	2	340	150
睢河街道	19	42	26			
王集镇	18	220	95	2	215	210
双沟镇	28	120	49	1	240	85
岚山镇	52	163	63	3	38	38
李集镇	17	129	43	1	267	146
桃园镇	32	130	65	3	206	148
官山镇	2	85	58	1	200	191
高作镇	18	120	35	1	96	24
沙集镇	23	30	13	1	145	51
凌城镇	29	195	168	2	310	205
邱集镇	3	281	154	2	200	176
古邳镇	30	268	85	2	180	74
姚集镇	40	43	81	3	310	154
魏集镇	2	125	65	1	400	78
梁集镇	31	351	164	2	225	221
庆安镇	39	396	196	1	190	165

22-1　续表 17　　（2016 年）

乡　镇	医疗卫生机构个数（个）	医疗卫生机构床位数（张）	执业（助理）医师数（人）	各种社会福利收养性单位数（个）	各种社会福利收养性单位床位数（张）	各种社会福利收养性单位收养人数（人）
新沂市						
新安街道	75	2642	1207	5	225	201
北沟街道	11	167	125	4	172	165
墨河街道	22	92	38	1	76	76
唐店街道	17	124	119	2	178	175
瓦窑镇	20	96	70	1	123	72
港头镇	1	86	46	1	110	70
合沟镇	1	141	45	2	89	55
草桥镇	3	226	97	3	265	252
窑湾镇	28	120	57	1	230	79
棋盘镇	35	307	193	2	270	235
马陵山镇	19	166	72	4	420	255
新店镇	2	183	109	1	417	417
邵店镇	15	155	62	1	140	75
时集镇	2	85	96	2	210	88
高流镇	27	124	62	1	225	52
阿湖镇	26	265	175	3	485	395
双唐镇	16	135	126	1	128	109
邳州市						
东湖街道	19	465	108	1	131	111
运河街道	11	1188	2192	2	60	56
戴圩街道	28	792	44	2	380	380
炮车街道	16	120	94	2	145	141
邳城镇	23	50	58	1	93	87
官湖镇	38	235	170	1	90	42
四户镇	1	52	35	1	25	20
宿羊山镇	29	269	168	1	161	123
八义集镇	31	191	264	2	331	132
土山镇	23	415	229	1	182	175
碾庄镇	27	237	248	2	362	362
港上镇	20	40	60	1	120	95
邹庄镇	26	76	87	1	50	20
占城镇	21	100	88	1	66	47
新河镇	20	89	117	2	251	251
八路镇	15	98	33	1	128	122
铁富镇	33	358	120	1	168	126
岔河镇	15	138	32	1	186	25
陈楼镇	13	30	140	1	43	20
邢楼镇	18	31	67	1	100	30
戴庄镇	1	60	32	1	152	30
车辐山镇	21	171	95	1	260	260
燕子埠镇	16	48	30	1	141	121
赵墩镇	29	108	68	2	78	62
议堂镇	14	142	136	1	154	96

22-1 续表 18 （2016 年）

乡 镇	自来水用水户数（户）	金融机构网点数（个）	公园及休闲健身广场个数（个）
贾汪区			
大泉街道	14945	6	13
大吴街道	14132	5	14
潘安湖街道	5522	2	2
青山泉镇	15914	7	7
紫庄镇	14762	4	1
塔山镇	12915	6	32
汴塘镇	9118	3	
江庄镇	7910	4	18
徐州经济技术开发区			
金山桥街道	10277	6	2
东环街道	7855	2	7
大黄山街道	15589	3	15
大庙街道	20624	7	8
徐庄镇	14942	5	22
丰 县			
中阳里街道	1921	9	2
凤城街道	7122	5	2
孙楼街道	13000	2	1
首羡镇	22000	6	2
顺河镇	12486	2	1
常店镇	13084	3	10
欢口镇	20456	6	3
师寨镇	12369	4	1
华山镇	22988	4	2
梁寨镇	13682	3	3
范楼镇	4210	4	2
宋楼镇	23100	4	1
大沙河镇	12512	4	2
王沟镇	21680	4	
赵庄镇	18669	3	5
沛 县			
沛城街道	40175	27	42
大屯街道	19073	7	6
汉源街道	19696	5	3
汉兴街道	7923	2	1
龙固镇	9752	3	6
杨屯镇	16089	3	1
胡寨镇	9225	2	3
魏庙镇	16399	4	1
五段镇	10394	2	2
张庄镇	24725	5	1
张寨镇	15881	5	1
敬安镇	13910	3	3
河口镇	6920	3	2
栖山镇	14445	3	1
鹿楼镇	16215	3	3
朱寨镇	945	4	
安国镇	21033	5	2

22-1 续表 19 （2016 年）

乡 镇	自来水用水户数（户）	金融机构网点数（个）	公园及休闲健身广场个数（个）
铜山区			
新区街道	13982	1	4
三堡镇街道	5680	3	18
何桥镇	6350	3	21
黄集镇	16040	3	36
马坡镇	12279	2	1
郑集镇	8600	3	24
柳新镇	2658	6	12
刘集镇	6340	5	19
大彭镇	14559	3	32
汉王镇	9625	5	20
棠张镇	15000	4	2
张集镇	14361	3	20
房村镇	6805	4	10
伊庄镇	10932	3	10
单集镇	9528	4	6
利国镇	19061	7	13
大许镇	11865	3	4
茅村镇	19938	5	40
柳泉镇	16340	3	3
睢宁县			
睢城街道	62214	58	20
金城街道	10196		20
睢河街道	5064		13
王集镇	11425	5	2
双沟镇	8900	4	6
岚山镇	13917	6	24
李集镇	13166	3	3
桃园镇	16106	5	1
官山镇	9902	4	1
高作镇	8652	3	
沙集镇	10700	4	1
凌城镇	17850	3	1
邱集镇	22617	4	1
古邳镇	17785	2	23
姚集镇	19800	4	1
魏集镇	14800	5	
梁集镇	8569	4	1
庆安镇	14062	4	1

22-1　续表 20　　（2016 年）

乡　镇	自来水用水户数（户）	金融机构网点数（个）	公园及休闲健身广场个数（个）
新沂市			
新安街道	70149	72	8
北沟街道	11427	5	1
墨河街道	15752	2	1
唐店街道	9868	2	1
瓦窑镇	9379	2	14
港头镇	11174	2	3
合沟镇	11213	2	1
草桥镇	16416	4	6
窑湾镇	12436	5	1
棋盘镇	18201	5	2
马陵山镇	12345	4	2
新店镇	11733	2	1
邵店镇	9618	3	8
时集镇	90	4	1
高流镇	14836	4	1
阿湖镇	17134	2	1
双唐镇	9850	3	2
邳州市			
东湖街道	6489	6	3
运河街道	74821	85	31
戴圩街道	13680	8	6
炮车街道	13628	2	2
邳城镇	18926	3	
官湖镇	26842	6	3
四户镇	9505	1	10
宿羊山镇	12343	4	1
八义集镇	17494	4	2
土山镇	13927	5	4
碾庄镇	20972	6	4
港上镇	10550	3	4
邹庄镇	9860	3	23
占城镇	7479	2	14
新河镇	4512	4	18
八路镇	11090	2	14
铁富镇	18260	8	2
岔河镇	7348	1	4
陈楼镇	11597	4	12
邢楼镇	13900	2	1
戴庄镇	11842	2	18
车辐山镇	13650	2	1
燕子埠镇	8246	2	
赵墩镇	18756	5	1
议堂镇	7525	4	10

22-2 分镇建成区主要经济指标

（2016 年）

乡　镇	城镇建成区面积（公顷）	#绿化面积	建成区总户数（户）	建成区总人口（人）
贾汪区				
大泉街道	230	81	3851	8429
大吴街道	560	323	8793	35126
潘安湖街道	520	181	1325	3201
青山泉镇	785	431	10669	33098
紫庄镇	780	245	5530	19375
塔山镇	605	168	5262	21235
汴塘镇	361	90	2516	8935
江庄镇	275	75	1039	4340
徐州经济技术开发区				
金山桥街道	400		11317	38774
东环街道	2280	50	7855	27456
大黄山街道	400	132	6392	23527
大庙街道	660	380	17274	62929
徐庄镇	378	73	8045	28627
丰　县				
中阳里街道	95	46	2611	7419
凤城街道	182	87	4432	15983
孙楼街道	220	75	3120	8950
首羡镇	61	10	3823	12604
顺河镇	426	158	4528	20347
常店镇	582	120	3150	12350
欢口镇	980	245	17352	55006
师寨镇	170	43	3504	14850
华山镇	630	260	13550	48770
梁寨镇	430	185	8273	30121
范楼镇	158	54	3421	11746
宋楼镇	290	87	4112	10912
大沙河镇	450	152	5896	32763
王沟镇	300	37	4656	17304
赵庄镇	519	212	9978	39769
沛　县				
沛城街道	1315	187	51593	134682
大屯街道	566	280	12440	51580
汉源街道	1314	322	15222	45877
汉兴街道	92	31	926	3024
龙固镇	586	269	9951	43685
杨屯镇	300	120	8626	30192
胡寨镇	208	11	1238	6716
魏庙镇	248	135	7422	25978
五段镇	125	16	1886	7472
张庄镇	819	280	10116	43669
张寨镇	96	10	1642	9124
敬安镇	660	164	11210	43280
河口镇	135	39	1408	5850
栖山镇	70	20	1785	6797
鹿楼镇	195	22	3607	13309
朱寨镇	205	29	3412	11888
安国镇	618	296	7932	43140

22-2 续表 1 （2016 年）

乡 镇	城镇建成区面积（公顷）	#绿化面积	建成区总户数（户）	建成区总人口（人）
铜山区				
新区街道				
三堡镇街道	140	52	1230	4300
何桥镇	270	74	2351	6892
黄集镇	514	88	4361	19997
马坡镇	240	24	2769	9533
郑集镇	432	148	6509	25900
柳新镇	615	253	4720	25421
刘集镇	720	60	3120	11825
大彭镇	255	9	10526	42108
汉王镇	302	92	1279	6121
棠张镇	495	180	8290	17460
张集镇	410	48	3246	7443
房村镇	230	31	2554	9684
伊庄镇	243	20	2458	7550
单集镇	225	16	4759	13955
利国镇	330	105	6356	30627
大许镇	410	104	9177	39522
茅村镇	372	155	14125	37852
柳泉镇	232	28	3241	18110
睢宁县				
睢城街道	4426	494	69127	248402
金城街道	3700	850	8485	38765
睢河街道	1569	267	3817	14101
王集镇	573	80	3980	19005
双沟镇	532	132	13965	59292
岚山镇	833	9	7158	28754
李集镇	542	287	6896	25017
桃园镇	460	5	4255	17506
官山镇	484	9	2195	6940
高作镇	260	50	5996	18242
沙集镇	656	185	6613	22362
凌城镇	510	265	6415	26295
邱集镇	429	52	6120	24637
古邳镇	900	356	7283	34728
姚集镇	1540	40	5320	23541
魏集镇	2400	4	2936	12506
梁集镇	269	38	3108	8318
庆安镇	335	90	4420	17850

注：铜山新区街道部分数据暂时无法取得。

22-2 续表 2 （2016 年）

乡 镇	城镇建成区面积（公顷）	#绿化面积	建成区总户数（户）	建成区总人口（人）
新沂市				
新安街道	6473	989	61706	190258
北沟街道	1118	221	16381	49288
墨河街道	4585	1376	9579	29852
唐店街道	1660	531	7143	25372
瓦窑镇	296	70	4706	17922
港头镇	210	138	2738	11190
合沟镇	445	142	1643	6438
草桥镇	895	279	9993	32008
窑湾镇	480	220	9327	30940
棋盘镇	803	385	8536	32065
马陵山镇	402	160	6352	28156
新店镇	698	88	2412	8769
邵店镇	418	152	3812	10136
时集镇	181	47	2830	10669
高流镇	510	158	5976	22093
阿湖镇	1050	325	5130	18500
双唐镇	375	110	2650	7934
邳州市				
东湖街道	264	248	4126	12229
运河街道	4087	457	68868	233065
戴圩街道	1539	702	6301	26159
炮车街道	2013	96	8101	28353
邳城镇	53	39	6393	33621
官湖镇	870	190	9381	46952
四户镇	560	45	2260	10396
宿羊山镇	446	34	3727	12415
八义集镇	281	32	2106	8744
土山镇	420	308	6816	27013
碾庄镇	583	156	10604	45342
港上镇	401	112	4518	23252
邹庄镇	690	80	2265	8650
占城镇	204	36	693	2365
新河镇	367	22	1940	8352
八路镇	210	35	2520	11859
铁富镇	1080	980	18990	83600
岔河镇	124	32	2458	9234
陈楼镇	200	95	2857	8506
邢楼镇	233	30	1080	4080
戴庄镇	270	92	1529	5437
车辐山镇	413	27	1995	8385
燕子埠镇	120	15	903	3716
赵墩镇	538	118	2612	9758
议堂镇	350	125	1662	7680

22-3 分镇主要经济指标排序（2016 年）

行政区域面积

排序	乡　镇	绝对量（公顷）	排序	乡　镇	绝对量（公顷）	排序	乡　镇	绝对量（公顷）
1	新沂市棋盘镇	17214	43	沛县敬安镇	9600	85	邳州市戴庄镇	6845
2	睢宁县姚集镇	16780	44	睢宁县双沟镇	9530	86	新沂市港头镇	6810
3	铜山区张集镇	14800	45	徐州经济开发区大庙街道	9526	87	新沂市唐店街道办事处	6777
4	睢宁县邱集镇	14079	46	睢宁县桃园镇	9489	88	铜山区郑集镇	6710
5	铜山区房村镇	13600	47	邳州市车辐山镇	9488	89	邳州市八路镇	6700
6	徐州经济开发区徐庄镇	13259	48	贾汪区塔山镇	9468	90	睢宁县金城街道	6697
7	铜山区单集镇	13210	49	丰县顺河镇	9404	91	贾汪区紫庄镇	6668
8	睢宁县王集镇	13152	50	睢宁县凌城镇	9365	92	贾汪区青山泉镇	6647
9	睢宁县魏集镇	13000	51	丰县赵庄镇	9100	93	丰县孙楼街道办事处	6608
10	铜山区大许镇	12917	52	邳州市邳城镇	9028	94	睢宁县沙集镇	6518
11	睢宁县岚山镇	12837	53	邳州市宿羊山镇	9013	95	邳州市港上镇	6470
12	新沂市新店镇	12800	54	沛县栖山镇	8951	96	铜山区新区街道办事处	6450
13	丰县王沟镇	12621	55	邳州市占城镇	8900	97	铜山区汉王镇	6393
14	新沂市阿湖镇	12545	56	邳州市官湖镇	8888	98	睢宁县李集镇	6298
15	沛县鹿楼镇	12540	57	新沂市双塘镇	8807	99	沛县沛城街道办事处	6240
16	睢宁县官山镇	12528	58	丰县凤城街道办事处	8773	100	新沂市瓦窑镇	6203
17	邳州市铁富镇	12447	59	丰县梁寨镇	8680	101	铜山区大彭镇	6158
18	新沂市高流镇	12290	60	贾汪区大泉街道	8632	102	沛县魏庙镇	6014
19	丰县首羡镇	12232	61	丰县大沙河镇	8631	103	新沂市邵店镇	5860
20	丰县宋楼镇	12214	62	铜山区伊庄镇	8565	104	邳州市炮车街道办事处	5700
21	睢宁县梁集镇	12134	63	丰县师寨镇	8419	105	邳州市议堂镇	5442
22	邳州市碾庄镇	12088	64	铜山区刘集镇	8360	106	沛县大屯街道办事处	5430
23	邳州市赵墩镇	12081	65	铜山区棠张镇	8360	107	沛县汉兴街道办事处	5310
24	邳州市新河镇	11800	66	铜山区黄集镇	8340	108	沛县龙固镇	5302
25	新沂市窑湾镇	11636	67	铜山区茅村镇	8324	109	沛县杨屯镇	5165
26	新沂市时集镇	11623	68	沛县河口镇	8257	110	沛县五段镇	4977
27	丰县范楼镇	11610	69	丰县常店镇	8187	111	沛县胡寨镇	4594
28	睢宁县庆安镇	11571	70	邳州市四户镇	8156	112	邳州市陈楼镇	4341
29	沛县张庄镇	11200	71	新沂市新安街道办事处	8087	113	徐州经济开发区大黄山街道	4300
30	丰县欢口镇	10751	72	邳州市戴圩街道办事处	8000	114	睢宁县睢河街道	4261
31	睢宁县古邳镇	10666	73	沛县朱寨镇	7900	115	睢宁县高作镇	4171
32	沛县张寨镇	10634	74	邳州市运河街道办事处	7831	116	贾汪区大吴街道	3840
33	新沂市马陵山镇	10600	75	铜山区利国镇	7769	117	铜山区三堡街道办事处	3540
34	邳州市八义集镇	10562	76	新沂市墨河街道办事处	7759	118	邳州市东湖街道办事处	3410
35	铜山区柳泉镇	10520	77	邳州市燕子埠镇	7700	119	沛县汉源街道办事处	3403
36	沛县安国镇	10294	78	贾汪区江庄镇	7496	120	新沂市北沟街道办事处	3400
37	睢宁睢城街道办事处	10242	79	铜山区何桥镇	7400	121	徐州经济开发区东环街道	2280
38	新沂市草桥镇	10125	80	邳州市岔河镇	7088	122	贾汪区潘安湖街道	2063
39	丰县华山镇	10100	81	邳州市邹庄镇	7036	123	丰县中阳里街道办事处	990
40	贾汪区汴塘镇	10080	82	邳州市土山镇	7015	124	徐州经济开发区金山桥街道	400
41	邳州市邢楼镇	9684	83	铜山区马坡镇	6900			
42	铜山区柳新镇	9606	84	新沂市合沟镇	6872			

公共财政收入

22-3 续表 1

排序	乡　镇	绝对量（公顷）	排序	乡　镇	绝对量（公顷）	排序	乡　镇	绝对量（公顷）
1	丰县凤城街道办事处	166149	43	丰县华山镇	14670	85	丰县范楼镇	8758
2	新沂市新安街道办事处	97501	44	新沂市瓦窑镇	14594	86	睢宁县桃园镇	8606
3	睢宁睢城街道办事处	93506	45	新沂市时集镇	14529	87	睢宁县魏集镇	8445
4	邳州市运河街道办事处	89463	46	丰县首羡镇	14471	88	丰县孙楼街道办事处	7704
5	徐州经济开发区大庙街道	74328	47	沛县朱寨镇	14436	89	邳州市邳城镇	7622
6	睢宁县金城街道	70386	48	睢宁县李集镇	14288	90	邳州市新河镇	7498
7	铜山区柳新镇	68710	49	铜山区茅村镇	14199	91	铜山区马坡镇	7367
8	沛县沛城街道办事处	68343	50	丰县欢口镇	13676	92	邳州市土山镇	7350
9	邳州市炮车街道办事处	64012	51	徐州经济开发区金山桥街道	13660	93	丰县顺河镇	7312
10	沛县大屯街道办事处	63876	52	新沂市北沟街道办事处	13507	94	邳州市港上镇	7190
11	邳州市官湖镇	59479	53	铜山区张集镇	13357	95	铜山区房村镇	7103
12	铜山区利国镇	46298	54	新沂市港头镇	12825	96	铜山区大许镇	7085
13	徐州经济开发区大黄山街道	45848	55	新沂市马陵山镇	12786	97	邳州市燕子埠镇	6914
14	沛县龙固镇	39799	56	贾汪区江庄镇	12436	98	邳州市戴庄镇	6752
15	邳州市戴圩街道办事处	38788	57	沛县栖山镇	12254	99	贾汪区大吴街道	6730
16	铜山区大彭镇	34492	58	睢宁县高作镇	12227	100	丰县王沟镇	6549
17	邳州市铁富镇	32690	59	新沂市阿湖镇	12156	101	丰县赵庄镇	6347
18	徐州经济开发区东环街道	30850	60	沛县鹿楼镇	11992	102	贾汪区紫庄镇	6100
19	邳州市碾庄镇	28688	61	邳州市宿羊山镇	11979	103	睢宁县沙集镇	6057
20	丰县中阳里街道办事处	27100	62	邳州市岔河镇	11953	104	铜山区何桥镇	5908
21	沛县杨屯镇	26315	63	铜山区刘集镇	11707	105	新沂市墨河街道办事处	5813
22	铜山区柳泉镇	26149	64	铜山区郑集镇	11523	106	邳州市八路镇	5802
23	贾汪区青山泉镇	25968	65	沛县胡寨镇	11224	107	睢宁县古邳镇	5789
24	沛县敬安镇	25164	66	邳州市邢楼镇	10964	108	丰县大沙河镇	5543
25	沛县安国镇	24100	67	邳州市车辐山镇	10649	109	睢宁县邱集镇	5452
26	丰县梁寨镇	22930	68	沛县张寨镇	10573	110	邳州市占城镇	5381
27	睢宁县梁集镇	21395	69	邳州市赵墩镇	10328	111	铜山区单集镇	5286
28	新沂市棋盘镇	20753	70	沛县五段镇	10213	112	铜山区汉王镇	5282
29	邳州市议堂镇	20361	71	邳州市四户镇	9890	113	贾汪区塔山镇	5272
30	睢宁县双沟镇	19513	72	丰县师寨镇	9889	114	铜山区新区街道办事处	4885
31	新沂市高流镇	19121	73	睢宁县岚山镇	9766	115	铜山区伊庄镇	4713
32	新沂市双塘镇	18089	74	沛县魏庙镇	9735	116	贾汪区潘安湖街道	4405
33	新沂市唐店街道办事处	17356	75	睢宁县凌城镇	9637	117	铜山区三堡街道办事处	4256
34	新沂市邵店镇	17190	76	新沂市合沟镇	9621	118	睢宁县王集镇	4178
35	新沂市草桥镇	17084	77	邳州市八义集镇	9573	119	邳州市东湖街道办事处	3623
36	睢宁县睢河街道	17024	78	铜山区黄集镇	9541	120	贾汪区汴塘镇	2358
37	丰县宋楼镇	16931	79	睢宁县官山镇	9513	121	沛县汉源街道办事处	2330
38	沛县张庄镇	16351	80	铜山区棠张镇	9381	122	邳州市陈楼镇	2220
39	新沂市窑湾镇	15288	81	邳州市邹庄镇	9200	123	徐州经济开发区徐庄镇	1663
40	贾汪区大泉街道	15237	82	沛县河口镇	8972	124	沛县汉兴街道办事处	276
41	丰县常店镇	15196	83	睢宁县庆安镇	8816			
42	新沂市新店镇	14792	84	睢宁县姚集镇	8800			

附录一

MAJOR ECONOMIC INDICATORS OF CITIES AND COUNTIES OF JIANGSU

江苏省市、县主要经济指标(2016年)

版面负责人：张玉强

编　　　辑：卢川川

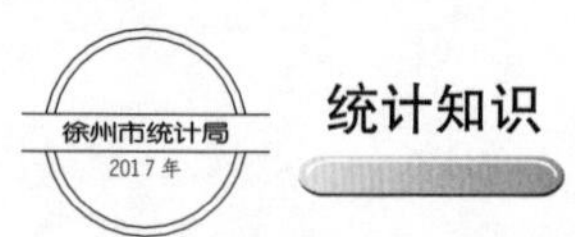

中华人民共和国统计法实施条例

第四十七条 地方各级人民政府、县级以上人民政府有关部门拒绝、阻碍统计监督检查或者转移、隐匿、篡改、毁弃原始记录和凭证、统计台账、统计调查表及其他相关证明和资料的，由上级人民政府、上级人民政府统计机构或者本级人民政府统计机构责令改正，予以通报。

第四十八条 地方各级人民政府、县级以上人民政府统计机构和有关部门有本条例第四十一条至第四十七条所列违法行为之一的，对直接负责的主管人员和其他直接责任人员，由任免机关或者监察机关依法给予处分。

第四十九条 乡、镇人民政府有统计法第三十八条第一款、第三十九条第一款所列行为之一的，依照统计法第三十八条、第三十九条的规定追究法律责任。

编辑：徐向忠

江苏省市、县主要经济指标

（2016年）

市(县)	土地面积（平方公里）	年末户籍人口（万人）	出生人口（人）	死亡人口（人）	年末总户数（万户）	年末常住人口（万人）	人口密度（人/平方公里）	从业人员（万人）			
									第一产业	第二产业	第三产业
南京市	**6587**	**662.79**	**80332**	**37156**	**229.95**	**827.00**	**1256**	**456.00**	**46.00**	**148.90**	**261.10**
无锡市	**4627**	**486.20**	**44836**	**31253**	**163.87**	**652.90**	**1411**	**387.00**	**17.10**	**214.90**	**155.00**
江阴市	987	124.80	11617	8079	37.32	164.15	1663	98.99	4.86	61.03	33.10
宜兴市	1997	108.34	9218	8108	37.60	125.44	628	73.92	8.62	40.36	24.94
徐州市	**11765**	**1041.39**	**184364**	**39293**	**278.49**	**871.00**	**740**	**483.40**	**144.30**	**159.90**	**179.20**
丰　县	1450	121.41	15382	4224	32.64	94.89	654	55.78	19.58	5.87	17.18
沛　县	1806	130.74	18317	6317	36.92	111.68	618	64.77	22.09	19.02	20.60
睢宁县	1769	144.16	18571	14411	33.41	102.59	580	62.89	22.33	22.09	19.31
新沂市	1592	113.56	14945	1635	31.71	91.09	572	55.35	17.82	21.26	18.65
邳州市	2085	193.87	71851	3755	45.91	143.86	690	87.79	29.14	18.87	28.88
常州市	**4373**	**374.90**	**36984**	**22573**	**131.45**	**470.83**	**1077**	**281.40**	**30.00**	**142.20**	**109.20**
溧阳市	1535	79.95	7999	3509	26.26	76.16	496	49.84	11.56	25.47	12.81
苏州市	**8657**	**678.20**	**75303**	**42685**	**222.44**	**1064.74**	**1230**	**691.30**	**23.50**	**412.10**	**255.70**
常熟市	1276	106.87	8025	8167	32.63	151.26	1185	104.55	3.95	64.17	36.43
张家港市	987	92.66	8895	6077	32.95	125.55	1272	77.27	4.41	46.51	26.35
昆山市	932	82.35	11313	4097	27.85	165.70	1778	116.27	1.73	74.40	40.14
太仓市	810	48.30	3813	3590	15.09	71.20	879	45.80	2.60	26.81	16.39
南通市	**10549**	**766.66**	**57103**	**59429**	**281.88**	**730.20**	**692**	**458.00**	**96.00**	**213.00**	**149.00**
海安县	1184	93.83	6985	7865	33.98	86.60	731	54.20	11.30	28.55	14.35
如东县	2791	103.54	6125	9544	36.78	98.18	352	62.00	13.35	30.70	17.95
启东市	1715	111.95	7427	8088	45.37	95.20	555	67.00	18.30	29.20	19.50
如皋市	1575	143.68	12209	10750	44.99	125.00	794	74.30	19.30	34.60	20.40
海门市	1144	100.10	6870	6915	37.74	90.50	791	64.70	16.50	31.20	17.00
连云港市	**7615**	**533.99**	**61852**	**15114**	**142.10**	**449.64**	**590**	**250.50**	**78.60**	**80.70**	**91.20**
东海县	2037	123.45	15623	6315	29.02	96.84	475	56.59	18.63	17.81	20.15
灌云县	1538	105.21	11233	1504	26.39	80.51	523	47.87	18.49	12.92	16.46
灌南县	1028	82.64	9539	1475	20.88	63.51	618	36.44	15.09	10.96	10.39

续表 1 （2016 年）

市(县)	土地面积（平方公里）	年末户籍人口（万人）	出生人口（人）	死亡人口（人）	年末总户数（万户）	年末常住人口（万人）	人口密度（人/平方公里）	从业人员（万人）			
									第一产业	第二产业	第三产业
淮安市	**10030**	**567.56**	**64090**	**23097**	**164.82**	**489.00**	**488**	**283.60**	**78.30**	**89.60**	**115.70**
涟水县	1679	115.38	14114	5269	29.92	84.80	505	48.92	17.17	11.86	19.89
盱眙县	2497	80.47	9084	3323	21.65	65.35	262	38.48	11.72	12.86	13.90
金湖县	1378	35.96	3594	2370	12.73	33.18	241	19.27	5.53	6.65	7.09
盐城市	**16931**	**830.53**	**91500**	**50039**	**271.20**	**723.50**	**427**	**446.00**	**110.20**	**159.80**	**176.00**
响水县	1474	62.49	7451	4037	16.86	50.10	340	28.74	8.21	9.97	10.56
滨海县	1950	123.00	16920	8604	34.14	93.45	479	56.40	16.85	18.77	20.78
阜宁县	1439	112.95	15450	4241	35.77	83.17	578	51.42	15.46	17.33	18.63
射阳县	2606	96.23	9554	5646	31.47	88.45	339	57.01	16.04	19.55	21.42
建湖县	1157	80.06	7485	4789	29.45	73.07	632	44.18	10.86	17.04	16.28
东台市	3176	112.46	8723	7289	39.11	98.04	309	65.17	16.32	23.13	25.72
扬州市	**6591**	**461.67**	**40003**	**31112**	**148.63**	**449.14**	**681**	**263.40**	**46.20**	**116.40**	**100.80**
宝应县	1462	91.25	7954	3945	27.72	75.68	518	41.56	12.12	17.24	12.20
仪征市	902	59.62	5294	3842	18.64	56.57	627	39.18	8.62	18.02	12.54
高邮市	1922	81.48	6714	6210	25.51	74.14	386	45.52	12.29	19.11	14.12
镇江市	**3840**	**271.98**	**21686**	**16869**	**101.24**	**318.13**	**828**	**194.30**	**22.20**	**88.10**	**84.00**
丹阳市	1047	81.15	5948	5756	27.80	98.16	938	63.56	5.80	33.76	24.00
扬中市	327	28.20	2341	2142	10.54	34.26	1048	21.72	1.33	11.73	8.66
句容市	1378	59.21	5071	3244	22.70	62.58	454	39.30	9.58	15.60	14.12
泰州市	**5787**	**508.21**	**46618**	**36734**	**167.66**	**464.58**	**803**	**278.10**	**60.10**	**112.80**	**105.20**
兴化市	2395	158.25	15847	9777	51.84	125.53	524	75.10	22.80	26.10	26.20
靖江市	655	66.67	5114	4273	21.19	68.71	1049	41.10	6.90	20.60	13.60
泰兴市	1170	119.31	9810	9624	39.16	107.74	921	64.40	16.10	26.40	21.90
宿迁市	**8524**	**591.60**	**88802**	**24165**	**150.12**	**487.94**	**572**	**283.20**	**89.30**	**106.80**	**87.10**
沭阳县	2299	197.06	31344	9755	49.44	154.88	674	93.80	28.44	37.73	27.63
泗阳县	1378	107.34	14085	5447	26.91	84.09	610	49.49	18.90	16.91	13.68
泗洪县	2694	111.06	15706	2619	29.55	89.23	331	48.46	17.34	16.72	14.40

续表 2 （2016 年）

市(县)	法人单位数（个）	企业	事业单位	机关	社会团体	民办非企业单位	其他组织机构
南京市	**217681**	**201410**	**3449**	**1183**	**2285**	**3510**	**5844**
无锡市	**216409**	**204239**	**3049**	**762**	**1566**	**1579**	**5214**
江阴市	46372	43503	642	139	347	231	1510
宜兴市	36666	33264	670	136	289	302	2005
徐州市	**137809**	**117453**	**3661**	**1005**	**1695**	**1913**	**12082**
丰　县	10562	8313	507	112	212	141	1277
沛　县	10307	7838	423	100	132	103	1711
睢宁县	11865	9668	379	80	121	171	1446
新沂市	13825	11600	342	90	119	85	1589
邳州市	17981	14289	508	138	140	94	2812
常州市	**145469**	**132065**	**2226**	**581**	**4374**	**1124**	**5099**
溧阳市	13225	10417	443	101	629	119	1516
苏州市	**456803**	**439290**	**3972**	**941**	**3093**	**2384**	**7123**
常熟市	39307	36964	533	99	407	251	1053
张家港市	38359	36021	491	137	446	288	976
昆山市	94599	92074	612	113	436	438	926
太仓市	23117	21394	383	86	286	127	841
南通市	**143824**	**126582**	**3677**	**898**	**2316**	**2945**	**7406**
海安县	18571	16203	602	108	264	534	860
如东县	13868	11860	586	105	283	307	727
启东市	14864	12258	395	125	306	403	1377
如皋市	19665	16972	531	118	191	242	1611
海门市	13703	11172	472	116	239	487	1217
连云港市	**63057**	**51938**	**2295**	**614**	**1074**	**1003**	**6133**
东海县	10452	8279	470	111	114	155	1323
灌云县	7916	5606	417	89	141	139	1524
灌南县	6475	3934	442	97	358	344	1300

续表 3　　（2016 年）

市(县)	法人单位数(个)	企　业	事业单位	机　关	社会团体	民办非企业单位	其他组织机构
淮安市	**83325**	**66766**	**3697**	**1124**	**1802**	**1055**	**8881**
涟水县	10551	7409	652	141	176	234	1939
盱眙县	8755	6429	493	195	298	92	1248
金湖县	7772	5881	356	98	155	42	1240
盐城市	**114796**	**99620**	**3426**	**899**	**1810**	**1701**	**7340**
响水县	7625	5975	301	75	420	152	702
滨海县	8298	6609	372	71	289	92	865
阜宁县	12784	11274	230	81	66	143	990
射阳县	12802	11203	377	110	69	241	802
建湖县	12453	10931	399	107	174	91	751
东台市	14350	11651	459	81	344	342	1473
扬州市	**90993**	**77781**	**3164**	**810**	**1472**	**1140**	**6626**
宝应县	10387	7890	519	85	149	112	1632
仪征市	11059	9097	530	147	276	91	918
高邮市	11646	9403	472	132	160	121	1358
镇江市	**80882**	**70868**	**2237**	**541**	**2096**	**1024**	**4116**
丹阳市	21128	18753	477	104	329	197	1268
扬中市	11780	10653	321	74	160	131	441
句容市	11610	9437	393	84	321	139	1236
泰州市	**84747**	**70662**	**2925**	**579**	**1504**	**1565**	**7512**
兴化市	13160	9232	568	103	264	421	2572
靖江市	15042	13045	441	80	187	176	1113
泰兴市	15433	13219	526	84	170	115	1319
宿迁市	**71928**	**58461**	**2045**	**681**	**1634**	**2126**	**6981**
沭阳县	23984	21058	483	132	105	444	1762
泗阳县	11370	8329	270	104	508	460	1699
泗洪县	11366	7968	423	142	233	802	1798

续表 4

(2016 年)

市(县)	在岗职工人数(万人)	# 国有单位	# 城镇集体单位	# 港澳台商投资单位	# 外商投资单位	私营企业就业人员(万人)	个体就业人员(万人)	乡村就业人员(万人)	# 农林牧渔业
南京市	**191.97**	**47.45**	**2.03**	**12.00**	**26.28**	**371.68**	**94.60**	**116.97**	**23.21**
无锡市	**94.72**	**15.36**	**4.38**	**12.82**	**28.04**	**262.45**	**60.24**	**109.81**	**16.30**
江阴市	21.03	3.08	3.81	3.73	3.24	67.13	16.22	35.20	4.93
宜兴市	12.89	2.60	0.08	1.29	1.23	57.59	7.82	35.15	7.97
徐州市	**92.89**	**31.76**	**3.21**	**4.09**	**3.45**	**136.89**	**68.54**	**358.55**	**130.56**
丰　县	8.37	2.89	0.44	0.22	0.20	11.16	5.99	53.11	22.98
沛　县	12.44	4.22	0.61	0.08	0.16	14.76	4.62	49.57	16.91
睢宁县	7.64	4.04	0.24	1.04	0.13	16.82	6.97	59.72	23.00
新沂市	8.68	2.62	0.34	0.24	0.21	18.28	6.67	44.42	17.89
邳州市	9.95	3.55	0.88	0.66	0.61	17.30	13.23	65.49	20.61
常州市	**56.87**	**14.02**	**0.99**	**12.42**	**12.38**	**168.48**	**56.75**	**128.05**	**23.22**
溧阳市	4.91	2.32	0.06	0.36	0.58	22.25	7.74	31.73	7.82
苏州市	**279.90**	**27.44**	**3.96**	**57.15**	**121.13**	**440.87**	**126.95**	**171.89**	**21.83**
常熟市	25.90	3.23	0.60	6.97	6.81	50.25	17.14	38.42	3.58
张家港市	26.05	3.66	0.47	2.18	4.15	57.81	14.31	30.42	3.05
昆山市	72.46	4.47	0.81	16.34	42.94	67.68	22.97	20.78	1.67
太仓市	13.77	1.95	0.43	2.84	6.31	25.15	6.28	15.52	2.87
南通市	**145.86**	**17.86**	**1.76**	**12.32**	**18.53**	**211.26**	**76.03**	**299.48**	**63.55**
海安县	17.69	1.84	0.12	0.89	1.33	32.40	8.76	37.32	6.87
如东县	15.12	2.26	0.08	1.44	1.54	26.38	7.24	47.59	8.11
启东市	16.18	1.88	0.27	1.27	2.39	20.80	5.99	49.22	12.05
如皋市	19.71	2.59	0.13	1.55	2.10	32.58	10.60	60.00	13.20
海门市	33.32	1.96	0.38	2.64	1.95	23.56	9.03	48.88	11.57
连云港市	**43.71**	**14.75**	**1.85**	**2.19**	**3.81**	**50.19**	**28.63**	**177.97**	**80.84**
东海县	4.75	2.60	0.24	0.60	0.41	7.97	6.50	43.84	19.05
灌云县	5.05	1.87	0.44	0.08	0.19	5.22	4.59	38.91	20.17
灌南县	5.38	1.44	0.21	0.13	0.18	4.51	3.48	29.88	15.18

续表 5 （2016 年）

市(县)	在岗职工人数（万人）	# 国有单位	# 城镇集体单位	# 港澳台商投资单位	# 外商投资单位	私营企业就业人员（万人）	个体就业人员（万人）	乡村就业人员（万人）	# 农林牧渔业
淮安市	**63.23**	**15.56**	**1.71**	**8.54**	**3.82**	**79.26**	**45.33**	**211.79**	**86.13**
涟水县	10.23	2.11	0.26	0.77	1.03	10.41	5.89	49.48	20.38
盱眙县	5.22	2.01	0.42	0.50	0.18	9.21	5.46	33.90	13.34
金湖县	2.86	1.13	0.16	0.52	0.03	7.19	3.25	13.45	4.60
盐城市	**74.61**	**21.09**	**1.90**	**3.89**	**5.65**	**145.28**	**55.53**	**299.92**	**107.93**
响水县	4.61	1.80	0.22	0.05	0.15	5.78	3.58	21.57	8.88
滨海县	8.78	2.19	0.07	0.15	0.12	12.43	5.20	44.09	16.12
阜宁县	7.56	1.77	0.16	0.10	0.45	20.21	6.58	36.76	14.75
射阳县	5.63	2.34	0.39	0.68	0.20	11.21	5.98	34.64	12.50
建湖县	7.20	1.60	0.37	0.51	0.17	14.24	5.40	30.31	9.21
东台市	9.76	2.38	0.31	0.86	0.85	25.91	6.76	48.23	19.01
扬州市	**96.89**	**16.80**	**2.28**	**7.92**	**6.97**	**133.53**	**49.71**	**181.49**	**33.22**
宝应县	10.93	1.79	0.53	1.03	0.56	15.81	6.40	41.78	10.30
仪征市	9.48	1.76	0.09	0.53	1.14	13.43	6.08	23.02	3.18
高邮市	8.91	1.96	0.54	0.93	0.42	22.56	7.24	36.52	8.98
镇江市	**45.36**	**12.84**	**1.50**	**7.63**	**6.08**	**98.25**	**39.79**	**101.27**	**21.68**
丹阳市	9.90	2.28	0.20	2.20	1.59	34.55	12.10	36.48	7.12
扬中市	6.96	1.18	0.24	0.53	0.47	16.80	2.82	13.66	2.01
句容市	8.69	2.18	0.44	3.19	0.90	11.54	7.06	25.97	7.58
泰州市	**101.46**	**13.65**	**2.63**	**4.39**	**8.02**	**115.93**	**50.42**	**212.34**	**42.93**
兴化市	8.23	2.54	0.50	0.25	0.79	18.42	11.98	60.97	19.85
靖江市	15.89	2.04	0.40	0.97	2.35	19.88	6.74	26.96	5.19
泰兴市	28.06	2.66	0.71	0.75	1.50	23.10	12.69	56.73	8.53
宿迁市	**12.60**	**0.59**	**5.39**	**1.68**	**1.62**	**98.18**	**49.38**	**225.25**	**84.72**
沭阳县	3.98	0.34	1.12	0.44	0.44	48.78	10.80	82.01	28.30
泗阳县	2.22	0.10	0.35	0.08	0.08	12.73	9.07	40.81	14.95
泗洪县	2.61	0.14	0.16	0.46	0.44	10.69	8.62	38.32	20.36

续表 6

（2016 年）

市(县)	地区生产总值(亿元)	第一产业	第二产业	#工业	第三产业	人均地区生产总值(按常住人口计算,元)	地区生产总值指数(上年=100)	三次产业结构(%) 第一产业	第二产业	第三产业
南京市	**10503.02**	**252.54**	**4117.32**	**3581.72**	**6133.16**	**127264**	**108.0**	**2.4**	**39.2**	**58.4**
无锡市	**9210.02**	**135.19**	**4346.78**	**3977.58**	**4728.05**	**141258**	**107.5**	**1.5**	**47.2**	**51.3**
江阴市	3083.26	44.34	1680.99	1612.25	1357.93	188101	107.4	1.4	54.5	44.0
宜兴市	1377.74	48.74	709.51	608.05	619.49	109881	106.7	3.5	51.5	45.0
徐州市	**5808.52**	**542.88**	**2513.85**	**2122.58**	**2751.79**	**66845**	**108.2**	**9.3**	**43.3**	**47.4**
丰　县	405.19	74.81	171.60	132.52	158.78	42739	107.9	18.5	42.4	39.2
沛　县	665.03	91.29	305.05	234.93	268.69	59604	109.1	13.7	45.9	40.4
睢宁县	497.38	84.09	207.65	163.98	205.64	48556	108.5	16.9	41.7	41.3
新沂市	562.06	64.91	232.17	198.89	264.98	61765	109.4	11.5	41.3	47.1
邳州市	804.14	111.92	347.27	303.07	344.95	55960	108.7	13.9	43.2	42.9
常州市	**5773.86**	**152.67**	**2682.46**	**2428.84**	**2938.73**	**122721**	**108.5**	**2.6**	**46.5**	**50.9**
溧阳市	801.26	48.29	392.29	334.26	360.68	105256	108.6	6.0	49.0	45.0
苏州市	**15475.09**	**221.81**	**7277.46**	**6709.02**	**7975.82**	**145556**	**107.5**	**1.5**	**47.0**	**51.5**
常熟市	2112.39	42.76	1082.43	1026.16	987.20	139768	107.5	2.0	51.3	46.7
张家港市	2317.24	31.34	1214.70	1155.30	1071.21	184744	107.0	1.4	52.4	46.2
昆山市	3160.29	30.07	1708.82	1608.39	1421.40	191058	107.4	0.9	54.1	45.0
太仓市	1155.13	36.76	583.87	547.67	534.50	162523	107.3	3.2	50.5	46.3
南通市	**6768.20**	**366.66**	**3170.30**	**2633.06**	**3231.24**	**92702**	**109.3**	**5.4**	**46.8**	**47.7**
海安县	755.29	55.97	354.15	290.67	345.17	87201	109.6	7.4	46.9	45.7
如东县	746.69	67.87	340.57	286.80	338.25	76045	109.2	9.1	45.6	45.3
启东市	881.85	66.58	422.85	336.94	392.42	92534	109.5	7.6	48.0	44.5
如皋市	904.27	62.99	434.36	364.30	406.92	72255	109.6	7.0	48.0	45.0
海门市	1005.06	53.28	504.53	420.99	447.25	111099	109.4	5.3	50.2	44.5
连云港市	**2376.48**	**301.56**	**1049.90**	**851.82**	**1025.02**	**52987**	**107.8**	**12.7**	**44.2**	**43.1**
东海县	433.43	67.28	186.57	163.08	179.58	44871	108.3	15.5	43.0	41.4
灌云县	328.66	64.10	143.12	109.30	121.44	40926	108.2	19.5	43.5	37.0
灌南县	306.80	51.51	144.78	125.92	110.51	48429	107.5	16.8	47.2	36.0

续表 7 （2016 年）

市(县)	地区生产总值(亿元)	第一产业	第二产业	#工业	第三产业	人均地区生产总值(按常住人口计算,元)	地区生产总值指数(上年=100)	三次产业结构(%) 第一产业	第二产业	第三产业
淮安市	**3048.00**	**324.61**	**1268.15**	**1071.99**	**1455.24**	**62446**	**109.0**	**10.6**	**41.6**	**47.7**
涟水县	387.09	56.64	147.51	121.88	182.94	45680	109.4	14.6	38.1	47.3
盱眙县	356.70	54.20	140.30	113.46	162.20	54625	108.9	15.2	39.3	45.5
金湖县	241.88	33.11	90.31	79.90	118.46	72987	109.7	13.7	37.3	49.0
盐城市	**4576.08**	**533.91**	**2050.02**	**1771.68**	**1992.15**	**63278**	**108.9**	**11.7**	**44.8**	**43.5**
响水县	270.64	41.42	126.77	113.66	102.45	53971	109.8	15.3	46.8	37.9
滨海县	391.61	57.99	156.72	132.74	176.90	41761	108.9	14.8	40.0	45.2
阜宁县	394.40	54.60	169.15	126.96	170.65	47236	108.9	13.8	42.9	43.3
射阳县	441.65	81.01	155.78	142.01	204.86	49749	108.9	18.3	35.3	46.4
建湖县	466.13	46.73	197.59	168.82	221.81	63514	108.7	10.0	42.4	47.6
东台市	727.01	91.47	292.03	255.73	343.51	73902	108.9	12.6	40.2	47.2
扬州市	**4449.38**	**251.39**	**2197.63**	**1925.92**	**2000.36**	**99151**	**109.4**	**5.7**	**49.4**	**45.0**
宝应县	506.30	66.44	226.31	187.64	213.55	66962	109.4	13.1	44.7	42.2
仪征市	557.05	23.36	294.27	262.33	239.42	98558	109.4	4.2	52.8	43.0
高邮市	537.50	69.59	237.86	194.85	230.05	72562	109.5	12.9	44.3	42.8
镇江市	**3833.84**	**137.78**	**1870.40**	**1728.00**	**1825.66**	**120603**	**109.3**	**3.6**	**48.8**	**47.6**
丹阳市	1136.04	52.31	567.57	544.57	516.16	115816	109.1	4.6	50.0	45.4
扬中市	504.73	12.96	261.44	250.74	230.33	147431	109.5	2.6	51.8	45.6
句容市	493.20	43.11	231.90	206.81	218.19	78862	109.3	8.7	47.0	44.2
泰州市	**4101.78**	**240.00**	**1933.89**	**1679.83**	**1927.89**	**88330**	**109.5**	**5.9**	**47.1**	**47.0**
兴化市	748.85	102.59	289.85	251.07	356.41	59662	110.6	13.7	38.7	47.6
靖江市	801.75	22.51	391.95	351.39	387.29	116703	105.7	2.8	48.9	48.3
泰兴市	832.91	53.95	388.52	340.07	390.44	77315	110.8	6.5	46.6	46.9
宿迁市	**2351.12**	**275.23**	**1139.97**	**976.89**	**935.92**	**48311**	**109.1**	**11.7**	**48.5**	**39.8**
沭阳县	697.31	91.27	317.95	284.04	288.09	45107	109.0	13.1	45.6	41.3
泗阳县	402.75	57.85	199.21	166.95	145.69	48006	109.3	14.4	49.5	36.2
泗洪县	401.14	61.13	168.93	142.09	171.08	45039	109.0	15.2	42.1	42.6

续表 8 （2016 年）

市(县)	农林牧渔业总产值(亿元)(现价)	农作物总播种面积(千公顷)	#粮食作物	粮食总产量(万吨)	油料产量(万吨)	棉花产量(吨)	肉类总产量(万吨)	水产品产量(万吨)	农业机械总动力(万千瓦)
南京市	**451.16**	**289.25**	**153.05**	**108.04**	**7.43**	**3071**	**9.81**	**22.31**	**227.61**
无锡市	**249.98**	**160.31**	**94.06**	**59.16**	**0.81**		**7.35**	**12.67**	**99.22**
江阴市	87.83	40.15	22.72	14.49	0.27		3.96	2.70	25.63
宜兴市	86.58	87.17	59.54	37.05	0.51		2.46	8.19	52.15
徐州市	**1046.76**	**1154.55**	**737.77**	**469.16**	**13.45**	**20653**	**90.77**	**18.88**	**712.33**
丰　县	147.91	143.77	87.26	52.54	0.44	10157	13.86	0.30	82.84
沛　县	173.84	150.88	90.98	60.27	0.24	3976	17.55	1.72	102.08
睢宁县	158.62	189.57	148.77	92.78	3.07	850	12.15	2.25	122.05
新沂市	136.09	188.92	101.30	66.06	7.54		11.68	5.90	115.86
邳州市	223.30	230.21	124.86	80.75	1.40	703	19.94	3.08	118.52
常州市	**283.97**	**209.20**	**132.79**	**93.74**	**3.41**	**371**	**13.52**	**16.64**	**146.25**
溧阳市	89.72	90.98	66.54	48.66	2.55	359	2.25	5.46	55.86
苏州市	**424.67**	**241.40**	**145.01**	**97.68**	**1.34**	**500**	**9.76**	**25.49**	**163.89**
常熟市	79.80	68.40	41.24	27.76	0.35	288	1.06	3.68	32.03
张家港市	61.14	51.67	33.87	22.17	0.38	27	0.76	1.61	29.99
昆山市	54.51	21.46	15.37	10.13	0.16	22	0.63	4.10	18.00
太仓市	69.48	44.21	24.26	16.53	0.36	163	4.24	2.16	20.85
南通市	**691.55**	**824.10**	**518.87**	**325.20**	**35.82**	**23797**	**45.73**	**89.03**	**398.28**
海安县	113.29	102.30	78.69	60.12	1.51		8.03	4.86	65.55
如东县	139.88	166.65	133.00	90.90	4.02	4505	9.99	30.49	92.43
启东市	131.73	138.71	70.98	26.14	8.37	6310	5.67	36.55	59.28
如皋市	108.88	152.26	107.17	70.95	3.78	82	11.13	2.76	81.12
海门市	94.12	112.57	39.94	19.16	8.58	10593	4.09	7.22	38.19
连云港市	**589.42**	**631.90**	**501.53**	**360.80**	**11.40**	**549**	**29.50**	**75.30**	**588.06**
东海县	130.31	205.49	159.80	114.53	4.80		7.39	6.81	151.66
灌云县	128.00	135.95	112.67	81.88	0.09		5.24	5.77	126.49
灌南县	97.07	109.87	87.03	63.34	0.16		5.33	3.73	124.14

续表 9 （2016 年）

市(县)	农林牧渔业总产值（亿元）（现价）	农作物总播种面积（千公顷）	#粮食作物	粮食总产量（万吨）	油料产量（万吨）	棉花产量（吨）	肉类总产量（万吨）	水产品产量（万吨）	农业机械总动力（万千瓦）
淮安市	**602.72**	**797.17**	**659.99**	**458.55**	**8.80**	**84**	**30.39**	**26.10**	**622.60**
涟水县	109.49	167.88	132.93	88.44	3.73		6.34	1.86	119.12
盱眙县	100.75	162.74	143.58	97.86	1.20	84	7.30	5.87	123.57
金湖县	62.56	82.43	74.35	53.56	0.84		1.39	4.71	87.07
盐城市	**1104.93**	**1399.86**	**981.57**	**687.31**	**24.30**	**11262**	**81.40**	**119.43**	**679.12**
响水县	75.13	113.44	78.97	53.51	2.06		5.86	6.81	75.48
滨海县	110.69	170.63	130.08	95.62	3.14	252	9.92	10.10	84.52
阜宁县	110.41	168.24	125.54	91.50	1.70	74	16.20	7.57	84.02
射阳县	181.07	200.27	158.47	111.90	1.33	2244	8.26	21.28	102.03
建湖县	92.99	115.77	99.71	72.86	1.88	87	6.49	10.22	61.84
东台市	203.11	243.88	146.57	97.28	6.12	636	13.73	18.50	94.00
扬州市	**477.95**	**507.16**	**418.85**	**300.30**	**6.87**	**1144**	**18.01**	**40.12**	**270.19**
宝应县	124.99	138.48	120.25	90.04	1.61		4.72	15.06	58.36
仪征市	45.84	58.11	46.12	31.14	0.93	26	2.13	0.77	40.22
高邮市	135.64	139.94	117.76	85.98	2.00	51	4.93	16.23	71.36
镇江市	**240.71**	**233.75**	**174.02**	**118.74**	**5.83**	**910**	**7.95**	**9.85**	**145.72**
丹阳市	86.64	84.59	71.39	49.33	0.85		2.45	4.09	37.35
扬中市	25.53	17.85	12.70	9.19	0.16		0.88	0.78	13.65
句容市	73.32	77.01	49.68	33.18	3.71	898	1.66	2.70	56.26
泰州市	**415.96**	**575.18**	**435.05**	**313.03**	**12.20**	**1770**	**26.65**	**39.64**	**275.52**
兴化市	179.94	223.43	185.52	137.91	3.45	1496	5.99	30.33	119.76
靖江市	39.81	53.88	44.60	30.98	0.56		3.13	1.02	28.39
泰兴市	91.76	139.55	95.90	68.47	4.17		8.56	2.50	62.57
宿迁市	**517.24**	**718.03**	**579.41**	**384.54**	**4.65**	**637**	**32.86**	**27.11**	**577.77**
沭阳县	172.56	251.39	185.40	127.49	1.51		9.02	1.83	207.95
泗阳县	106.53	115.38	92.93	60.37	0.88	12	4.93	8.77	99.08
泗洪县	121.89	189.06	166.91	105.55	1.82	558	7.18	10.17	148.45

续表 10 （2016 年）

市(县)	工业企业个数（个）	工业总产值（亿元）	#内资企业	#大中型企业	#轻工业	主营业务收入（亿元）	利润总额（亿元）	从业人员年平均人数（万人）
南京市	**2661**	**12945.02**	**7554.24**	**8824.62**	**2958.57**	**12442.36**	**959.35**	**74.44**
无锡市	**4888**	**14352.96**	**9108.05**	**9734.20**	**3642.34**	**14120.24**	**968.02**	**116.78**
江阴市	1356	5376.01	4169.01	4080.44	1655.16	5393.26	337.84	41.42
宜兴市	868	2588.86	2133.81	1384.28	306.24	2446.33	137.10	15.13
徐州市	**2992**	**13644.36**	**12442.52**	**7983.71**	**4610.40**	**13947.04**	**1108.89**	**81.07**
丰　县	331	715.31	664.90	117.83	336.06	713.22	57.40	4.82
沛　县	499	1738.40	1715.17	1237.84	697.21	1734.65	104.09	12.99
睢宁县	355	1084.38	953.12	418.92	576.46	1072.23	114.94	6.69
新沂市	504	1812.43	1709.27	583.40	581.97	1861.13	138.29	9.33
邳州市	524	2592.57	2400.59	1339.24	726.92	2676.86	206.01	13.29
常州市	**4139**	**12096.82**	**8050.37**	**7703.92**	**2769.91**	**12435.86**	**725.27**	**85.68**
溧阳市	393	1363.42	923.08	1004.09	130.26	1349.51	79.08	7.14
苏州市	**9616**	**30713.99**	**10845.61**	**22961.02**	**7695.83**	**30380.18**	**1772.74**	**286.58**
常熟市	1309	3684.89	1893.21	2634.37	1499.50	3633.14	235.76	32.97
张家港市	1078	4571.66	3046.22	3618.93	1067.57	4683.67	177.08	27.33
昆山市	1851	8383.24	1294.31	6828.77	1057.15	8369.39	446.81	75.68
太仓市	1020	2027.67	968.31	1092.95	702.61	1968.23	154.73	18.48
南通市	**5071**	**14525.72**	**10167.43**	**7692.30**	**4585.27**	**14650.80**	**1118.27**	**101.55**
海安县	895	2204.77	1827.10	1098.72	786.84	2213.06	159.99	12.47
如东县	689	1896.41	1348.16	791.59	839.75	1883.91	147.18	11.55
启东市	503	1829.18	1300.61	702.30	324.37	1839.18	130.52	11.47
如皋市	819	1985.12	1680.32	1251.12	570.43	2009.77	128.77	20.89
海门市	650	2053.24	1291.91	1082.19	492.09	2072.14	220.61	12.21
连云港市	**1815**	**5974.81**	**4855.40**	**3502.70**	**2042.27**	**5946.41**	**496.53**	**489.63**
东海县	546	1124.94	1007.90	143.65	424.24	1109.15	74.33	74.33
灌云县	279	762.14	741.68	228.42	283.71	715.77	44.99	44.99
灌南县	192	671.18	651.86	536.22	49.59	666.61	46.83	46.83

注：工业企业相关指标为规模以上口径。

续表 11 （2016 年）

市(县)	工业企业个数（个）	工业总产值（亿元）	#内资企业	#大中型企业	#轻工业	主营业务收入（亿元）	利润总额（亿元）	从业人员年平均人数（万人）
淮安市	**2609**	**6951.32**	**5758.55**	**2536.24**	**2964.07**	**7014.24**	**404.81**	**46.75**
涟水县	368	808.17	733.53	336.34	479.49	762.17	37.32	8.10
盱眙县	432	1038.08	986.35	248.97	403.16	1085.70	42.86	7.52
金湖县	328	547.97	516.53	143.02	243.21	542.75	22.96	3.12
盐城市	**3185**	**9180.84**	**7104.34**	**4282.24**	**3143.41**	**8870.47**	**475.83**	**54.90**
响水县	166	924.82	830.30	540.30	278.71	922.06	53.93	3.27
滨海县	228	705.15	675.32	287.89	389.66	685.29	35.01	4.14
阜宁县	299	804.18	741.63	157.40	271.65	757.17	31.82	4.54
射阳县	312	751.19	664.46	137.69	506.57	731.74	32.58	4.37
建湖县	416	876.09	733.13	358.28	322.73	836.04	54.23	6.25
东台市	560	1186.59	1008.90	330.71	461.65	1145.78	65.96	8.71
扬州市	**2686**	**9661.65**	**7043.23**	**6205.37**	**2540.76**	**9502.36**	**593.15**	**70.59**
宝应县	411	1075.78	979.50	732.32	219.11	1022.58	59.59	9.19
仪征市	363	1616.84	802.59	1041.10	346.93	1558.76	137.14	6.66
高邮市	527	1218.35	1067.15	495.73	445.16	1180.87	62.28	9.69
镇江市	**2635**	**8722.84**	**5925.14**	**6176.79**	**1535.87**	**8632.13**	**582.17**	**55.56**
丹阳市	724	2529.31	1845.89	1901.26	492.59	2521.56	159.66	18.29
扬中市	460	1372.66	1222.70	1064.72	61.22	1365.95	94.16	7.90
句容市	545	1399.25	986.99	703.81	435.91	1388.50	71.56	13.14
泰州市	**3018**	**12170.80**	**9775.98**	**6138.34**	**3407.52**	**12139.45**	**938.67**	**59.68**
兴化市	622	1790.42	1669.90	237.65	438.80	1789.33	105.72	6.99
靖江市	488	1888.79	1365.00	1375.97	249.36	1865.42	147.87	12.13
泰兴市	698	3002.02	2419.32	1508.49	733.46	3090.49	278.07	15.87
宿迁市	**2599**	**4096.70**	**3679.11**	**1343.12**	**2147.38**	**3896.33**	**391.93**	**40.85**
沭阳县	850	1375.83	1259.77	293.30	638.53	1356.37	119.92	10.48
泗阳县	574	708.99	682.46	168.34	347.33	693.26	51.22	8.94
泗洪县	532	744.10	705.49	145.31	426.05	660.92	64.41	6.00

注:工业企业相关指标为规模以上口径。

续表 12 （2016 年）

市(县)	社会消费品零售总额（亿元）	# 批发和零售业	进出口总额（亿美元）	# 出口总额	实际使用外资（亿美元）	固定资产投资（亿元）	# 房地产开发投资	商品房建筑面积（万平方米）	# 住宅
南京市	**5088.20**	**4638.45**	**502.14**	**295.94**	**34.79**	**5533.56**	**1845.60**	**1558.18**	**1406.29**
无锡市	**3119.56**	**2880.94**	**698.05**	**429.10**	**34.13**	**4793.69**	**1033.62**	**1276.41**	**1168.43**
江阴市	776.05	730.46	198.77	119.22	10.55	1133.03	281.10	233.05	214.81
宜兴市	556.37	530.87	37.00	30.17	1.58	537.31	88.70	135.13	117.16
徐州市	**2659.39**	**2433.52**	**62.58**	**52.54**	**15.06**	**4797.33**	**549.13**	**1071.43**	**917.89**
丰　县	151.04	139.32	1.46	1.26	0.41	251.10	32.62	98.33	93.05
沛　县	245.59	220.70	3.09	2.94	1.30	560.35	24.68	92.78	83.51
睢宁县	179.58	166.04	7.52	6.35	1.11	320.49	43.53	119.52	103.80
新沂市	174.56	157.84	4.58	2.98	1.00	550.05	49.08	134.35	101.69
邳州市	253.41	231.56	10.32	9.16	1.83	763.12	72.83	142.49	130.32
常州市	**2202.83**	**2016.06**	**275.84**	**208.60**	**25.00**	**3605.08**	**446.70**	**933.20**	**810.80**
溧阳市	303.03	276.51	8.30	7.46	3.36	486.55	44.06	75.55	71.49
苏州市	**4936.79**	**4343.02**	**2737.58**	**1639.41**	**60.03**	**5648.49**	**2163.24**	**2494.05**	**2258.60**
常熟市	740.78	678.32	198.53	133.56	6.30	544.91	143.71	213.15	192.80
张家港市	535.16	457.54	274.17	142.02	6.04	724.77	163.81	196.62	171.75
昆山市	815.04	663.93	722.66	463.21	8.96	757.42	379.80	633.43	575.97
太仓市	287.31	247.05	109.64	54.30	5.61	465.00	94.73	178.09	170.42
南通市	**2632.87**	**2406.78**	**308.59**	**230.11**	**23.87**	**4811.95**	**584.14**	**1200.80**	**1115.64**
海安县	273.74	236.65	16.55	14.05	2.96	584.46	52.44	101.25	97.00
如东县	318.62	301.31	25.10	14.51	2.94	545.42	22.24	39.78	36.63
启东市	324.57	295.57	30.22	26.51	2.84	614.84	55.63	155.93	151.87
如皋市	342.21	304.74	25.29	20.15	2.77	575.25	52.68	120.26	109.97
海门市	344.60	317.46	39.14	35.79	2.40	613.19	49.77	107.02	98.22
连云港市	**933.31**	**829.64**	**70.40**	**36.84**	**5.50**	**2385.16**	**235.41**	**524.44**	**503.30**
东海县	175.89	154.06	4.58	3.68	0.94	330.59	19.77	88.42	83.22
灌云县	119.45	103.80	2.33	2.03	0.24	272.19	27.26	47.78	46.59
灌南县	93.52	85.23	2.25	1.70	0.03	218.06	22.51	43.61	41.50

注：工业企业相关指标为规模以上口径。

续表 13 （2016 年）

市(县)	社会消费品零售总额（亿元）	#批发和零售业	进出口总额（亿美元）	#出口总额	实际使用外资（亿美元）	固定资产投资（亿元）	房地产开发投资	商品房建筑面积（万平方米）	#住宅
淮安市	**1083.83**	**978.30**	**35.04**	**26.98**	**11.61**	**2535.19**	**321.41**	**869.80**	**749.08**
涟水县	130.03	119.90	3.71	3.30	1.41	335.29	23.83	118.43	96.32
盱眙县	123.89	109.89	1.88	1.34	1.20	350.65	45.66	108.17	77.08
金湖县	90.76	81.35	3.47	3.42	1.20	195.54	11.88	39.98	31.90
盐城市	**1630.88**	**1465.26**	**79.51**	**47.38**	**7.07**	**3882.83**	**358.57**	**842.55**	**751.32**
响水县	66.52	60.92	4.86	4.70	0.29	287.25	11.07	42.83	36.95
滨海县	110.46	99.56	3.77	3.08	0.53	377.87	21.34	67.76	60.33
阜宁县	130.29	122.73	2.77	2.22	0.12	320.52	28.29	72.21	65.83
射阳县	167.90	149.09	2.84	1.95	0.45	300.16	26.21	56.55	54.24
建湖县	171.98	144.77	3.03	2.92	0.55	357.70	13.61	52.41	43.81
东台市	253.53	227.36	7.37	7.07	0.62	581.03	48.68	114.96	103.43
扬州市	**1358.80**	**1201.39**	**96.25**	**72.59**	**12.04**	**3288.68**	**410.18**	**734.76**	**682.21**
宝应县	150.34	135.96	10.59	8.43	0.50	372.72	40.58	98.67	96.18
仪征市	109.75	97.09	10.83	4.64	1.29	471.00	22.11	87.52	85.20
高邮市	170.10	145.60	4.75	4.33	0.50	455.62	31.64	99.50	90.88
镇江市	**1236.78**	**1086.95**	**103.17**	**69.52**	**13.51**	**2873.43**	**448.64**	**996.50**	**947.93**
丹阳市	315.61	279.39	25.44	21.40	3.22	514.01	71.73	150.23	134.33
扬中市	140.92	114.88	5.73	4.54	1.18	305.10	24.86	54.94	50.45
句容市	142.02	126.33	5.93	4.71	2.21	360.81	112.46	461.40	450.77
泰州市	**1118.34**	**964.94**	**103.81**	**66.74**	**13.44**	**3155.87**	**249.96**	**694.87**	**645.44**
兴化市	171.24	145.74	5.24	4.90	1.83	419.66	22.49	93.01	81.76
靖江市	176.24	148.23	27.18	19.36	0.23	500.00	35.08	80.99	73.94
泰兴市	213.95	173.32	25.75	12.33	3.53	687.46	67.69	146.47	134.22
宿迁市	**705.54**	**614.55**	**24.22**	**18.71**	**4.50**	**2059.58**	**309.76**	**765.10**	**704.42**
沭阳县	197.68	161.96	6.39	5.12	0.80	515.03	74.81	182.22	164.71
泗阳县	100.47	86.93	3.53	3.43	0.51	379.23	64.29	138.20	130.42
泗洪县	105.40	98.28	1.66	1.34	0.33	380.41	49.86	158.00	148.00

续表 14

（2016 年）

市(县)	公共财政预算收入（亿元）	#税收收入	公共财政预算支出（亿元）	年末金融机构各项存款余额（亿元）	#住户存款	年末金融机构各项贷款余额（亿元）	公路里程（公里）	#等级公路	公路客运量（万人）
南京市	**1142.60**	**956.62**	**1173.84**	**27633.55**	**5894.47**	**21681.28**	**11211**	**10991**	**8490**
无锡市	**875.00**	**706.04**	**867.36**	**14101.40**	**4867.43**	**10382.93**	**7695**	**7695**	**5785**
江阴市	229.91	191.20	226.26	3509.40	1079.72	2689.91	2373	2373	420
宜兴市	108.65	91.21	117.42	1903.25	958.60	1392.03	2388	2388	564
徐州市	**516.06**	**390.31**	**797.99**	**5495.31**	**3090.21**	**3620.21**	**16277**	**15405**	**13217**
丰　县	35.00	25.03	70.90	354.14	251.75	177.31	1834	1834	554
沛　县	57.68	45.08	94.86	454.10	324.35	222.60	2328	2328	862
睢宁县	42.52	32.97	80.21	401.90	285.67	224.39	2396	2281	1074
新沂市	49.91	37.71	91.82	386.97	217.87	246.38	2719	2358	889
邳州市	62.40	48.10	110.08	525.34	361.35	366.13	3118	2806	744
常州市	**480.29**	**383.19**	**508.11**	**8540.82**	**3366.85**	**6043.16**	**9031**	**9031**	**5423**
溧阳市	59.00	46.74	69.44	994.82	478.51	798.94	2557	2557	946
苏州市	**1730.04**	**1505.82**	**1617.11**	**25864.26**	**7913.85**	**21924.44**	**12681**	**12681**	**31589**
常熟市	173.58	145.54	158.74	2692.88	1192.75	2139.49	3120	3120	3528
张家港市	190.00	160.11	184.81	2508.27	1018.23	1994.40	1617	1617	3129
昆山市	318.92	284.07	269.00	3562.27	1155.13	2552.22	1893	1893	4048
太仓市	127.71	110.52	115.84	1395.41	522.74	1245.07	1304	1304	2796
南通市	**590.18**	**456.77**	**749.22**	**11097.74**	**5554.89**	**6835.46**	**18427**	**18427**	**8204**
海安县	57.58	48.16	81.35	1286.53	696.77	798.77	2374	2374	544
如东县	54.41	44.44	102.16	1010.55	601.62	494.56	2691	2691	679
启东市	71.03	54.95	89.03	1232.03	767.24	705.13	3595	3595	1198
如皋市	71.21	54.26	96.38	1135.62	716.86	709.99	3270	3270	548
海门市	72.41	53.23	85.75	1368.55	766.55	824.32	2521	2521	482
连云港市	**211.47**	**170.80**	**373.12**	**2501.84**	**1168.71**	**2046.93**	**12027**	**12027**	**4654**
东海县	22.61	18.59	58.09	317.38	161.78	248.71	2999	2999	497
灌云县	21.52	17.64	49.64	260.88	82.62	183.80	2649	2649	439
灌南县	22.43	19.33	48.04	179.88	77.90	134.05	1921	1921	359

续表 15

（2016 年）

市(县)	公共财政预算收入(亿元)	#税收收入	公共财政预算支出(亿元)	年末金融机构各项存款余额(亿元)	#住户存款	年末金融机构各项贷款余额(亿元)	公路里程(公里)	#等级公路	公路客运量(万人)
淮安市	**315.51**	**235.15**	**483.47**	**3066.00**	**1360.51**	**2304.22**	**13351**	**12589**	**7226**
涟水县	28.98	23.49	64.11	330.06	187.51	197.10	2554	2307	1510
盱眙县	30.78	23.02	54.65	278.07	161.88	222.34	2724	2724	1157
金湖县	22.00	19.19	41.84	221.07	129.57	171.67	1499	1334	686
盐城市	**415.18**	**324.67**	**730.33**	**5255.06**	**2682.46**	**3699.32**	**19568**	**19303**	**8283**
响水县	29.60	20.39	50.13	178.13	93.58	139.77	1806	1806	426
滨海县	34.07	25.08	70.89	308.75	176.66	249.46	2158	2145	900
阜宁县	36.24	26.87	76.55	392.18	266.81	240.78	1932	1925	636
射阳县	21.58	17.40	64.60	413.98	277.99	264.42	2498	2298	796
建湖县	35.01	27.30	73.22	409.79	284.50	301.49	1805	1791	811
东台市	60.26	50.70	95.58	715.99	510.70	394.75	3264	3264	890
扬州市	**345.30**	**267.16**	**478.97**	**5361.55**	**2560.98**	**3508.13**	**9546**	**9166**	**3840**
宝应县	30.81	26.60	64.38	478.68	286.71	294.60	1932	1819	601
仪征市	44.74	38.57	50.95	606.06	295.73	343.07	1510	1510	451
高邮市	34.12	28.54	56.93	552.73	345.62	322.23	2134	2092	820
镇江市	**293.01**	**231.40**	**362.94**	**4705.99**	**1879.10**	**3444.36**	**7354**	**7354**	**3574**
丹阳市	65.55	54.23	79.01	1040.33	566.31	964.49	2189	2189	761
扬中市	32.50	26.72	38.66	578.31	276.78	431.43	1031	1031	360
句容市	40.48	36.38	53.54	629.87	287.82	561.03	2498	2498	637
泰州市	**321.18**	**257.62**	**448.93**	**5275.62**	**2474.71**	**3656.79**	**9635**	**9628**	**7300**
兴化市	37.06	30.07	85.00	681.08	483.63	428.41	2753	2747	1623
靖江市	58.93	48.08	64.15	940.16	472.16	694.02	1327	1327	1046
泰兴市	57.20	47.16	76.38	912.30	465.34	581.39	2191	2191	1716
宿迁市	**238.08**	**186.27**	**424.57**	**2207.43**	**1086.33**	**1960.37**	**10500**	**10110**	**5909**
沭阳县	71.75	54.48	117.29	461.62	323.19	403.49	3299	219	1649
泗阳县	33.34	25.46	70.29	320.87	194.68	314.93	1647	136	1085
泗洪县	31.75	25.43	66.59	299.28	192.89	288.55	2300	194	2007

续表 16 （2016 年）

市(县)	公路货运量（万吨）	私人汽车拥有量（万辆）	全年用电量（亿千瓦时）	#工业用电	邮电业务总量（亿元）	固定电话用户（万户）	移动电话年末用户（万户）	国际互联网用户（万户）
南京市	**12463**	**192.71**	**524.79**	**310.81**	**525.27**	**243.50**	**1114.72**	**373.66**
无锡市	**13225**	**134.08**	**638.67**	**493.73**	**368.86**	**168.09**	**799.86**	**269.95**
江阴市	2947	35.49	244.93	214.41	35.26	33.53	201.45	65.05
宜兴市	1683	21.84	92.25	70.35	22.11	26.17	144.97	49.15
徐州市	**17586**	**92.64**	**353.91**	**250.22**	**246.69**	**115.78**	**762.01**	**223.61**
丰　县	1408	8.46	21.27	12.31	19.39	7.90	83.24	17.93
沛　县	1527	8.24	35.85	25.85	22.26	9.96	98.12	21.63
睢宁县	1763	9.24	25.04	14.61	26.96	11.51	82.43	22.13
新沂市	1510	6.70	39.27	30.97	24.94	9.17	75.11	21.32
邳州市	1954	11.07	28.40	15.88	29.92	11.35	121.87	26.48
常州市	**11095**	**93.93**	**429.93**	**334.78**	**231.95**	**123.49**	**539.94**	**195.15**
溧阳市	2029	11.89	72.75	60.36	8.34	18.80	73.62	29.47
苏州市	**12287**	**267.03**	**1382.58**	**1116.30**	**789.21**	**314.20**	**1447.59**	**471.80**
常熟市	1275	34.52	172.33	144.18	67.71	33.05	202.59	63.03
张家港市	1599	29.20	288.81	264.91	26.71	24.32	171.70	50.99
昆山市	1339	41.60	217.51	171.12	63.96	40.08	299.55	87.66
太仓市	1302	16.73	96.93	81.30	17.26	15.30	99.99	31.15
南通市	**11535**	**120.41**	**374.79**	**265.65**	**261.92**	**179.98**	**678.69**	**225.34**
海安县	1794	11.75	46.72	36.31	24.60	22.86	82.59	92.00
如东县	1335	14.07	49.12	36.11	21.27	19.40	86.48	91.45
启东市	548	15.01	31.02	19.07	26.32	24.59	97.19	105.29
如皋市	2137	19.41	50.31	34.49	27.93	25.46	127.15	130.76
海门市	780	15.21	38.60	25.91	27.05	23.59	94.18	108.28
连云港市	**8378**	**43.16**	**166.15**	**110.00**	**119.96**	**71.20**	**368.05**	**114.94**
东海县	1805	10.37	23.22	13.69	10.01	10.81	82.21	24.37
灌云县	873	6.85	12.83	6.05	7.00	8.88	62.84	15.87
灌南县	694	4.66	31.48	24.87	4.37	6.80	49.85	12.44

续表 17 （2016 年）

市(县)	公路货运量（万吨）	私人汽车拥有量（万辆）	全年用电量（亿千瓦时）	#工业用电	邮电业务总量（亿元）	固定电话用户（万户）	移动电话年末用户（万户）	国际互联网用户（万户）
淮安市	**5663**	**40.31**	**163.20**	**106.70**	**126.06**	**57.06**	**383.34**	**111.15**
涟水县	1531	6.51	16.69	8.94	5.17	10.48	169.00	27.88
盱眙县	1438	3.80	17.51	10.26	4.35	9.82	56.50	13.64
金湖县	228	2.29	10.78	6.86	2.83	3.51	23.70	7.55
盐城市	**5076**	**67.55**	**289.29**	**201.37**	**173.17**	**98.80**	**584.97**	**174.43**
响水县	359	3.68	42.08	36.08	3.43	4.84	41.39	10.19
滨海县	1052	6.88	26.26	17.22	6.66	10.40	66.19	15.87
阜宁县	225	6.06	29.06	20.65	6.18	8.21	68.66	15.98
射阳县	672	7.54	21.64	12.42	6.54	9.35	79.99	17.37
建湖县	250	4.97	22.13	14.32	6.24	7.63	65.59	15.67
东台市	868	8.91	41.10	30.12	8.55	15.92	88.33	22.02
扬州市	**6546**	**56.27**	**225.37**	**156.60**	**155.88**	**108.59**	**437.36**	**146.95**
宝应县	542	4.20	19.76	11.70	29.43	12.18	22.92	9.07
仪征市	914	7.14	41.10	34.40	27.03	13.50	23.26	9.87
高邮市	830	6.80	31.78	22.38	31.52	15.18	28.54	11.73
镇江市	**6950**	**43.68**	**232.41**	**173.77**	**109.87**	**75.79**	**305.89**	**107.69**
丹阳市	1583	14.49	71.50	55.67	27.76	21.00	89.32	29.81
扬中市	423	5.14	18.26	12.96	10.31	9.15	34.16	12.70
句容市	1043	3.96	26.09	15.93	14.36	12.11	50.22	18.21
泰州市	**2577**	**55.54**	**239.55**	**176.20**	**131.20**	**104.85**	**404.76**	**134.75**
兴化市	441	10.20	63.38	50.46	20.27	20.09	98.12	26.78
靖江市	342	10.76	37.47	26.43	20.14	18.00	73.87	21.80
泰兴市	496	11.37	54.57	42.46	25.53	24.58	96.95	28.62
宿迁市	**3785**	**44.88**	**168.83**	**115.81**	**130.21**	**47.00**	**371.56**	**105.72**
沭阳县	1981	13.29	47.97	32.62	26.89	15.35	130.09	33.71
泗阳县	472	7.06	24.53	15.30	8.47	8.40	71.16	18.22
泗洪县	459	6.12	17.97	8.82	7.76	6.06	77.91	19.12

续表 18

（2016 年）

市(县)	在校学生总数（万人）	# 普通中学	# 小学	专任教师总数（万人）	专利申请受理量（件）	专利申请授权量（件）	公共图书馆（个）	公共图书馆图书总藏量(千册、千件)	卫生机构床位数（张）	卫生技术人员（人）	# 执业（助理）医师
南京市	**151.35**	**22.45**	**37.54**	**10.31**	**65198**	**28782**	**14**	**6240**	**49857**	**70687**	**25272**
无锡市	**75.77**	**21.54**	**36.13**	**5.32**	**71673**	**29865**	**8**	**7100**	**39732**	**47549**	**18107**
江阴市	16.58	5.63	9.33	1.22	18537	4912	1	2528	8080	9405	3702
宜兴市	11.76	4.13	6.04	0.91	7354	3305	1	815	5320	7887	2996
徐州市	**150.37**	**36.10**	**90.54**	**9.02**	**21511**	**11458**	**8**	**3296**	**52247**	**55523**	**21836**
丰　县	13.76	4.27	8.93	0.95	1053	687	1	220	4053	4635	2076
沛　县	15.44	3.74	10.76	0.94	1520	982	1	353	4876	5398	2481
睢宁县	15.62	4.72	10.26	1.12	1715	843	1	412	4540	4900	2050
新沂市	16.45	3.58	12.21	0.78	1321	704	1	190	3549	4848	2192
邳州市	27.86	7.49	19.18	1.56	1263	728	1	493	5678	7203	2560
常州市	**63.39**	**16.53**	**28.11**	**3.83**	**43860**	**17790**	**5**	**4520**	**25370**	**31194**	**12447**
溧阳市	7.14	2.62	3.86	0.57	1435	764	1	415	2956	4189	1879
苏州市	**131.04**	**30.98**	**69.37**	**8.23**	**106700**	**53528**	**11**	**18780**	**63241**	**72166**	**27667**
常熟市	15.50	4.45	8.15	1.06	6571	3078	1	2533	7882	9114	3834
张家港市	14.40	4.23	8.01	0.91	8889	4162	1	2170	9601	9288	3814
昆山市	20.97	4.76	13.02	1.14	18159	9833	1	2433	7148	11070	4312
太仓市	7.43	2.11	4.42	0.45	8226	3632	1	1150	3853	4520	1778
南通市	**72.91**	**23.59**	**32.71**	**5.38**	**45557**	**24337**	**10**	**5000**	**39147**	**43570**	**17967**
海安县	7.38	2.68	3.21	0.63	6125	3413	1	467	4974	4815	2183
如东县	5.85	2.52	2.92	0.54	3399	1424	1	431	3599	4311	1981
启东市	7.04	2.82	3.72	0.63	6127	2598	1	493	4094	4185	1667
如皋市	12.22	4.78	6.14	0.88	5132	2422	2	960	5988	6181	2820
海门市	8.68	3.30	4.74	0.70	6673	3019	1	564	3694	4154	1712
连云港市	**75.39**	**23.01**	**43.20**	**4.92**	**8780**	**4599**	**8**	**2650**	**23281**	**26152**	**10979**
东海县	17.63	5.25	11.82	1.08	954	504	1	748	3902	4054	1883
灌云县	11.59	4.14	7.01	0.69	1100	95	1	249	3368	3350	1471
灌南县	10.45	3.33	6.25	0.69	685	680	1	183	3400	3562	1535

续表 19　（2016 年）

市(县)	在校学生总数（万人）	#普通中学	#小学	专任教师总数（万人）	专利申请受理量（件）	专利申请授权量（件）	公共图书馆（个）	公共图书馆图书总藏量(千册、千件)	卫生机构床位数（张）	卫生技术人员（人）	#执业（助理）医师
淮安市	**70.65**	**21.52**	**35.05**	**4.74**	**17293**	**8081**	**9**	**2860**	**27529**	**31524**	**12385**
涟水县	14.19	4.45	8.10	0.92	2299	901	1	133	4110	4539	1926
盱眙县	9.70	3.03	5.63	0.66	1555	627	1	316	3607	3600	1455
金湖县	2.43	0.94	1.29	0.20	1622	921	1	238	1557	1855	739
盐城市	**85.74**	**27.00**	**45.02**	**6.08**	**28509**	**8076**	**11**	**3350**	**38663**	**39472**	**18124**
响水县	7.29	2.24	4.87	0.48	1161	432	1	89	2616	2871	1339
滨海县	12.30	3.49	8.47	0.82	2018	257	1	208	4940	4293	1904
阜宁县	10.45	3.47	6.49	0.75	3061	392	2	304	4203	3828	1990
射阳县	8.35	3.13	4.85	0.64	1976	672	1	256	3941	4314	2208
建湖县	7.07	2.71	4.01	0.57	3044	942	1	263	3638	3503	1751
东台市	6.83	3.01	3.45	0.63	3638	1032	1	284	5109	4649	2211
扬州市	**52.53**	**17.56**	**21.26**	**3.90**	**27043**	**13253**	**7**	**3540**	**20683**	**25273**	**10405**
宝应县	7.15	3.21	3.63	0.56	3807	1156	1	182	2313	3125	1386
仪征市	5.27	1.90	2.35	0.42	3472	1190	1	389	2376	2840	1158
高邮市	6.00	2.65	2.68	0.50	3962	2750	1	254	2646	3292	1488
镇江市	**35.74**	**9.52**	**14.38**	**2.78**	**34260**	**13836**	**9**	**3150**	**14585**	**19449**	**7884**
丹阳市	8.62	3.25	4.91	0.73	8415	3006	2	629	3232	4622	1938
扬中市	2.55	0.97	1.43	0.22	4510	1208	1	337	1100	1733	756
句容市	4.53	1.67	2.47	0.40	5341	3061	1	254	1759	2698	1140
泰州市	**47.96**	**17.08**	**22.00**	**3.83**	**31598**	**12489**	**7**	**2710**	**23324**	**26094**	**11287**
兴化市	10.66	3.99	6.41	0.86	4524	2751	1	251	4783	5730	2850
靖江市	5.53	2.38	2.83	0.54	5391	2453	1	606	4275	4484	1934
泰兴市	9.68	4.24	4.89	0.86	5117	1041	1	325	4371	4628	2066
宿迁市	**99.42**	**23.20**	**46.90**	**5.70**	**10522**	**4910**	**6**	**1440**	**25441**	**28412**	**10327**
沭阳县	31.87	7.58	16.34	1.81	3706	1862	1	167	7318	10276	3279
泗阳县	18.15	5.04	9.02	1.02	2004	1064	1	313	4770	6898	1658
泗洪县	18.62	4.41	9.02	1.03	816	229	1	100	4591	7140	2076

续表 20 （2016 年）

市(县)	城镇居民人均可支配收入（元）	城镇居民人均消费支出（元）	#食品烟酒	城镇居民恩格尔系数（%）	城镇居民人均现住房建筑面积（平方米）	农村居民人均可支配收入（元）	农村居民人均消费支出（元）	#食品烟酒	农村居民恩格尔系数（%）	农村居民人均现住房建筑面积（平方米）	在岗职工平均工资（元）
南京市	**49997**	**29772**	**7642**	**25.7**	**36.7**	**21156**	**15773**	**4745**	**30.1**	**56.6**	**90191**
无锡市	**48628**	**31438**	**8818**	**28.0**	**46.7**	**26158**	**18463**	**5502**	**29.8**	**56.4**	**84931**
江阴市	54631	28775	8402	29.2	54.0	28181	18791	5648	30.1	47.8	79175
宜兴市	46092	28767	8409	29.2	47.5	23709	16771	5055	30.1	71.5	74667
徐州市	**28421**	**17255**	**5182**	**30.0**	**41.4**	**15274**	**11059**	**3475**	**31.4**	**53.3**	**57228**
丰　县	22971	16711	5080	30.4	40.9	14026	9277	2966	32.0	48.5	49302
沛　县	27277	17050	4756	27.9	42.8	15791	10573	3051	28.9	47.9	52247
睢宁县	23403	13185	4195	31.8	46.5	13822	9064	2923	32.2	54.4	45877
新沂市	24928	16382	5351	32.7	46.0	14526	10101	3386	33.5	49.1	51464
邳州市	28546	15765	4812	30.5	64.3	15321	9699	2960	30.5	67.3	55182
常州市	**46058**	**27080**	**7357**	**27.2**	**44.3**	**23780**	**16567**	**5102**	**30.8**	**64.7**	**81058**
溧阳市	42063	21550	7180	33.3	39.0	21899	16895	5840	34.6	58.3	81668
苏州市	**54341**	**33305**	**8882**	**26.7**	**43.3**	**27691**	**18820**	**4832**	**25.7**	**65.6**	**79870**
常熟市	54411	31520	9087	28.8	50.0	27956	21024	5876	28.0	72.6	80489
张家港市	54602	31590	9025	28.6	60.1	27849	18687	5286	28.3	66.4	77976
昆山市	54728	32578	9194	28.2	36.2	28178	18890	5511	29.2	44.8	70967
太仓市	54099	33721	10148	30.1	57.7	27766	19589	5994	30.6	77.5	87994
南通市	**39247**	**25217**	**7227**	**28.7**	**47.8**	**18741**	**13440**	**3923**	**29.2**	**61.5**	**71743**
海安县	37297	22949	6593	28.7	51.6	17978	15120	4728	31.3	60.7	74296
如东县	37133	21470	7386	34.4	54.0	17119	13314	3994	30.0	60.5	62525
启东市	37390	29629	9161	30.9	45.4	19875	14615	4712	32.2	64.1	68737
如皋市	36590	21810	6347	29.1	55.4	16883	12526	3871	30.9	62.1	69335
海门市	40509	25928	7597	29.3	47.5	20608	14570	4269	29.3	63.0	68234
连云港市	**27853**	**18344**	**5924**	**32.3**	**46.1**	**13932**	**10113**	**3299**	**32.6**	**48.7**	**61262**
东海县	27391	18633	6423	34.5	45.5	14487	10194	3571	35.0	56.9	51884
灌云县	22979	13980	4865	34.8	42.5	12969	9140	3127	34.2	41.9	50071
灌南县	24494	15734	5475	34.8	51.8	12430	8978	3335	37.1	54.3	50461

续表 21

（2016 年）

市(县)	城镇居民人均可支配收入（元）	城镇居民人均消费支出（元）	#食品烟酒	城镇居民恩格尔系数（%）	城镇居民人均现住房建筑面积（平方米）	农村居民人均可支配收入（元）	农村居民人均消费支出（元）	#食品烟酒	农村居民恩格尔系数（%）	农村居民人均现住房建筑面积（平方米）	在岗职工平均工资（元）
淮安市	**30335**	**16912**	**5054**	**29.9**	**44.2**	**14319**	**9633**	**3055**	**31.7**	**51.2**	**59642**
涟水县	25230	15768	5109	32.4	52.1	13372	8324	2622	31.5	62.0	55842
盱眙县	30684	16234	5099	31.4	49.2	14495	7938	2540	32.0	53.2	55277
金湖县	30799	19833	6047	30.5	41.9	15683	13385	4210	31.5	60.6	57905
盐城市	**30496**	**17546**	**5532**	**31.5**	**43.1**	**17172**	**13145**	**4159**	**31.6**	**50.9**	**58205**
响水县	25564	11190	3499	31.3	36.2	14299	9651	2987	30.9	48.1	50065
滨海县	26543	15922	5160	32.4	31.8	14931	11225	3525	31.4	43.7	54412
阜宁县	25543	20603	7268	35.3	34.8	15439	8275	2786	33.7	43.8	51348
射阳县	26509	21882	7077	32.3	41.4	16536	8161	2897	35.5	36.9	58538
建湖县	29637	16084	4976	30.9	43.7	17083	10989	3750	34.1	45.8	57808
东台市	32686	17641	5684	32.2	57.6	19727	12771	4157	32.6	58.0	51783
扬州市	**35659**	**21064**	**6551**	**31.1**	**46.4**	**18057**	**13722**	**4185**	**30.5**	**54.2**	**67611**
宝应县	26842	16263	5501	33.8	40.3	16856	12145	3955	32.6	50.7	64247
仪征市	36523	20710	6723	32.5	46.3	17516	16390	5002	30.5	66.7	61868
高邮市	31430	20610	6455	31.3	45.3	16952	13280	4175	31.4	45.8	61868
镇江市	**41794**	**24388**	**6939**	**28.5**	**44.7**	**20922**	**15925**	**4547**	**28.6**	**57.7**	**68874**
丹阳市	41653	22452	7642	34.0	44.8	21706	18791	5795	30.8	55.6	68444
扬中市	45842	24103	7111	29.5	54.7	23855	16574	4906	29.6	61.2	65226
句容市	40582	22893	6970	30.4	42.3	18893	14484	4604	31.8	49.3	64255
泰州市	**36828**	**22480**	**6470**	**28.8**	**49.0**	**17861**	**13250**	**4025**	**30.4**	**64.0**	**61069**
兴化市	33614	19029	5675	29.8	37.4	16915	11691	3849	32.9	51.9	51228
靖江市	39713	26570	7955	29.9	56.7	19605	16958	5213	30.7	74.1	60630
泰兴市	36521	22891	6539	28.6	50.0	17842	11935	2485	20.8	69.0	60913
宿迁市	**24086**	**15521**	**5390**	**34.7**	**46.7**	**13929**	**9395**	**3358**	**35.7**	**47.8**	**55844**
沭阳县	23933	15802	6035	38.2	45.8	14107	10044	3769	37.5	49.9	49902
泗阳县	23535	15028	5176	34.4	50.7	13952	10599	3705	35.0	46.2	48636
泗洪县	22953	15146	5427	35.8	46.1	13625	7777	2875	37.0	45.7	53086

附录二

MAJOR ECONOMIC INDICATORS OF MUNICIPAL DISTRICTS OF JIANGSU

江苏省市辖区主要经济指标(2016)

版面负责人：张玉强

编　　　辑：卢川川

中华人民共和国统计法实施条例

第五十条 下列情形属于统计法第四十一条第二款规定的情节严重行为：

（一）使用暴力或者威胁方法拒绝、阻碍统计调查、统计监督检查；

（二）拒绝、阻碍统计调查、统计监督检查，严重影响相关工作正常开展；

（三）提供不真实、不完整的统计资料，造成严重后果或者恶劣影响；

（四）有统计法第四十一条第一款所列违法行为之一，1年内被责令改正3次以上。

第五十一条 统计违法行为涉嫌犯罪的，县级以上人民政府统计机构应当将案件移送司法机关处理。

编辑：徐向忠

江苏省市辖区主要经济指标

（2016 年）

市辖区	年末户籍人口（万人）	出生人口（人）	死亡人口（人）	年末总户数（万户）	年末常住人口（万人）	土地面积（平方公里）	人口密度（人/平方公里）
南京市							
玄武区	47.87	4292	2397	14.76	63.43	75	8457
秦淮区	69.46	6193	4591	25.88	100.37	49	20484
建邺区	31.59	3944	1471	11.28	45.97	83	5539
鼓楼区	92.49	7906	4991	31.45	124.94	53	23574
浦口区	66.69	10797	3166	22.73	76.99	910	846
栖霞区	46.70	5802	2435	16.25	69.33	395	1755
雨花台区	26.92	3611	1295	9.82	43.63	132	3305
江宁区	102.52	15157	5019	37.01	121.57	1563	778
六合区	90.89	9762	5854	29.96	94.48	1471	642
溧水区	43.37	6249	2870	15.32	43.25	1064	406
高淳区	44.29	6619	3067	15.48	43.04	790	545
无锡市							
锡山区	44.33	3960	3006	13.30	70.44	399	1765
惠山区	46.83	4575	2481	14.64	70.95	325	2183
滨湖区	49.26	5008	2738	18.90	70.15	628	1117
梁溪区	77.23	6421	4820	29.81	95.45	71	13444
新吴区	35.41	4037	2021	12.29	56.32	220	2560
徐州市							
鼓楼区	31.10	3751	757	10.64	38.45	66	5826
云龙区	34.84	5201	767	11.19	41.89	120	3491
贾汪区	52.57	6806	964	13.93	42.87	620	691
泉山区	56.96	6733	1482	18.59	71.30	100	7130
铜山区	132.26	17923	4343	35.70	104.91	1871	561
常州市							
天宁区	46.71	4133	2950	17.47	63.99	155	4128
钟楼区	42.57	3918	2640	15.98	61.70	133	4639
新北区	56.30	6721	3347	18.29	68.98	509	1355
武进区	94.32	9121	6190	33.28	144.00	1065	1352
金坛区	55.04	5092	3937	20.17	56.00	976	574
苏州市							
虎丘区	37.53	5303	1843	11.50	59.40	332	1789
吴中区	64.73	8656	3724	19.42	112.40	2231	504
相城区	41.33	5544	2573	12.90	73.17	490	1493

续表 1 （2016 年）

市辖区	年末户籍人口（万人）	出生人口（人）	死亡人口（人）	年末总户数（万户）	年末常住人口（万人）	土地面积（平方公里）	人口密度（人/平方公里）
姑苏区	73.21	6398	5185	28.07	95.30	83	11482
吴江区	82.45	8734	5759	25.89	129.98	1237	1051
南通市							
崇川区	52.61	4729	2778	19.20	71.10	160	4444
港闸区	19.40	1794	1636	7.52	28.42	152	1870
通州区	126.42	9289	10922	50.16	114.20	267	4277
连云港市							
连云区	17.74	1982	605	5.78	19.35	797	243
海州区	76.64	8930	1891	23.14	84.58	701	1207
赣榆区	120.30	13625	3025	34.23	96.60	1514	638
淮安市							
淮安区	118.45	11875	4523	32.87	98.85	1452	681
淮阴区	93.36	10916	2777	28.28	78.15	1307	598
清江浦区	55.99	5801	1870	18.91	67.40	310	2174
洪泽区	37.88	3749	1608	11.80	33.82	1273	266
盐城市							
亭湖区	70.66	6877	3193	23.95	69.97	800	875
盐都区	71.49	7813	5364	23.93	63.75	1015	628
大丰区	71.65	6493	5430	27.25	70.21	3008	233
扬州市							
广陵区	49.46	3963	3578	16.93	52.80	335	1576
邗江区	60.06	6501	3607	18.84	69.03	553	1248
江都区	105.94	7864	8912	35.16	100.82	1330	758
镇江市							
京口区	31.40	2392	1498	12.53	39.70	125	3176
润州区	24.41	1928	1385	10.20	30.46	124	2456
丹徒区	29.11	2419	1916	10.35	30.84	617	500
泰州市							
海陵区	42.91	3995	2678	15.73	47.91	237	2022
高港区	26.29	2480	2317	8.05	25.32	287	882
姜堰区	78.66	7128	6894	26.82	73.07	928	787
宿迁市							
宿城区	94.81	14420	3114	23.88	81.32	917	887
宿豫区	66.54	10559	2551	16.55	62.52	1237	505

续表 2

（2016 年）

市辖区	法人单位数（个）	企业	事业单位	机关	社会团体	民办非企业单位	其他组织机构
南京市							
玄武区	19012	17686	318	122	399	326	161
秦淮区	31050	29434	364	105	275	558	314
建邺区	15165	14139	223	111	208	241	243
鼓楼区	34116	31817	658	240	697	359	345
浦口区	18864	17416	272	87	107	297	685
栖霞区	20349	18970	201	92	122	635	329
雨花台区	9992	9408	141	66	82	193	102
江宁区	32726	30289	374	86	108	675	1194
六合区	16766	15272	341	97	83	93	880
溧水区	11206	9762	305	75	75	57	932
高淳区	8435	7217	252	102	129	76	659
无锡市							
锡山区	18757	17917	199	76	125	88	352
惠山区	23975	22807	312	73	172	153	458
滨湖区	26369	24892	488	150	195	258	386
梁溪区	42037	40103	587	172	405	477	293
新吴区	22233	21753	151	16	33	70	210
徐州市							
鼓楼区	12321	11742	142	55	45	223	114
云龙区	17059	15683	330	160	249	326	311
贾汪区	5743	4598	218	60	123	123	621
泉山区	17886	16630	306	95	290	324	241
铜山区	13641	11022	412	105	250	242	1610
常州市							
天宁区	22051	20390	269	52	741	196	403
钟楼区	19528	18011	312	67	639	260	239
新北区	34672	32717	277	124	730	167	657
武进区	44623	40885	574	163	1440	221	1340
金坛区	11370	9645	351	74	195	161	944
苏州市							
虎丘区	27021	26066	250	54	100	256	295
吴中区	47380	45860	370	108	198	96	748
相城区	25708	24820	197	66	92	56	477

续表 3 （2016 年）

市辖区	法人单位数（个）	企业	事业单位	机关	社会团体	民办非企业单位	其他组织机构
姑苏区	53058	50842	475	141	577	497	526
吴江区	50539	48613	488	101	312	120	905
南通市							
崇川区	27678	25821	407	152	535	516	247
港闸区	6990	6305	153	54	59	284	135
通州区	18852	16729	483	107	227	149	1157
连云港市							
连云区	3778	3368	144	63	35	70	98
海州区	21244	19778	366	122	190	180	608
赣榆区	9791	7922	352	66	187	85	1179
淮安市							
淮安区	10658	8248	527	134	188	167	1394
淮阴区	10243	8155	495	117	222	142	1112
清江浦区	19635	17177	693	289	599	238	639
洪泽区	7234	5477	347	103	141	107	1059
盐城市							
亭湖区	18158	16886	453	117	124	204	374
盐都区	13840	12478	386	155	60	66	695
大丰区	12480	10757	404	82	255	349	633
扬州市							
广陵区	17282	15664	364	156	280	314	504
邗江区	18456	16555	534	187	301	254	625
江都区	17252	14513	666	91	273	215	1494
镇江市							
京口区	11238	9990	330	63	504	196	155
润州区	9705	8460	318	125	391	194	217
丹徒区	7955	6651	273	72	252	110	597
泰州市							
海陵区	13800	11725	604	148	502	311	510
高港区	7711	6693	228	64	156	127	443
姜堰区	12557	10094	418	75	190	340	1440
宿迁市							
宿城区	12447	10191	495	181	603	253	724
宿豫区	7070	5464	329	113	167	119	878

续表 4

（2016 年）

市辖区	从业人员（万人）	第一产业	第二产业	第三产业	在岗职工人数（万人）	私营企业从业人员（万人）	个体从业人员（万人）
南京市							
玄武区	38.36		2.91	35.45	18.32	14.80	5.50
秦淮区	63.80		8.64	55.16	19.53	26.69	12.46
建邺区	29.40		11.69	17.71	9.54	13.31	5.29
鼓楼区	76.00		22.62	53.38	41.31	23.84	9.47
浦口区	41.30	2.30	17.87	21.13	14.70	16.23	11.28
栖霞区	36.50	1.39	14.25	20.86	17.71	19.83	7.29
雨花台区	21.70	0.46	3.83	17.41	11.15	11.17	6.89
江宁区	74.50	6.58	34.65	33.27	28.74	36.01	19.06
六合区	49.10	6.12	23.59	19.39	12.73	22.47	9.16
溧水区	31.26	3.90	16.30	11.06	8.67	14.26	4.71
高淳区	31.28	5.95	16.35	8.98	9.56	17.42	3.50
无锡市							
锡山区	45.28	1.70	30.03	13.55	9.50	22.20	6.66
惠山区	45.36	1.42	28.75	15.19	5.73	29.23	6.64
滨湖区	34.83	0.47	14.96	19.40	9.80	25.65	5.34
梁溪区	42.21		6.62	35.59	9.59	30.94	10.09
新吴区	46.41	0.03	33.15	13.23	26.19	26.48	5.75
徐州市							
鼓楼区	17.93	0.34	5.52	12.07	2.86	4.81	3.76
云龙区	18.32	0.20	5.40	12.71	4.30	6.78	9.15
贾汪区	22.82	8.40	6.91	7.51	3.02	7.08	2.21
泉山区	26.35	0.32	7.80	18.23	12.87	7.21	7.33
铜山区	56.27	21.10	17.39	17.78	14.99	13.09	5.64
常州市							
天宁区	32.39	1.69	10.82	19.88	8.97	16.23	8.69
钟楼区	29.49	0.68	10.82	17.99	6.62	13.87	9.05
新北区	43.65	2.39	24.25	17.01	12.95	30.73	9.83
武进区	88.96	7.92	52.15	28.89	16.23	61.12	15.48
金坛区	37.07	5.76	18.69	12.62	7.19	18.08	5.97
苏州市							
虎丘区	36.77	0.53	22.78	13.46	28.10	21.45	5.90
吴中区	74.39	5.14	43.08	26.17	17.36	52.81	18.17
相城区	49.20	1.01	30.88	17.31	10.62	31.84	11.75

续表 5

（2016 年）

市辖区	从业人员（万人）	第一产业	第二产业	第三产业	在岗职工人数（万人）	私营企业从业人员（万人）	个体从业人员（万人）
姑苏区	47.99	0.03	16.44	31.52	12.36	35.07	11.93
吴江区	86.18	3.74	53.57	28.87	31.34	44.75	12.53
南通市							
崇川区	37.00		7.30	29.70	11.25	16.26	14.23
港闸区	16.75	0.45	9.80	6.50	5.54	7.93	3.32
通州区	69.80	16.40	33.40	20.00	18.97	21.80	12.32
连云港市							
连云区	7.81	0.37	2.17	5.27	4.39	4.90	2.34
海州区	40.53	7.28	12.47	20.78	10.45	10.74	7.08
赣榆区	57.46	18.54	22.10	16.82	7.03	8.62	4.60
淮安市							
淮安区	57.14	18.98	17.99	20.17	6.24	11.36	5.19
淮阴区	45.86	15.11	14.55	16.20	6.98	8.88	6.22
清江浦区	39.28	2.98	9.45	26.85	11.76	9.41	11.08
洪泽区	20.25	5.86	7.01	7.38	3.92	8.45	4.19
盐城市							
亭湖区	40.08	4.40	15.40	20.28	11.80	11.73	6.91
盐都区	39.96	8.00	15.75	16.21	9.55	11.17	5.72
大丰区	46.01	11.72	15.70	18.59	5.08	17.20	6.35
扬州市							
广陵区	29.46	0.76	14.77	13.93	14.85	13.03	9.75
邗江区	37.38	0.75	15.78	20.85	16.34	21.02	9.76
江都区	61.08	10.93	27.33	22.82	24.63	33.52	7.95
镇江市							
京口区	19.71	0.14	5.77	13.80	6.30	5.23	5.08
润州区	16.60	0.60	5.45	10.55	4.66	5.38	3.56
丹徒区	19.87	3.72	8.25	7.90	4.14	9.22	5.16
泰州市							
海陵区	28.90	0.90	11.10	16.90	10.96	12.96	6.77
高港区	15.10	2.50	7.00	5.60	11.11	8.76	4.58
姜堰区	43.70	10.50	17.10	16.10	21.68	20.92	5.51
宿迁市							
宿城区	46.24	12.44	18.10	15.70	1.06	7.16	9.35
宿豫区	36.14	10.33	13.21	12.60	1.04	7.84	4.82

续表 6

（2016 年）

市辖区	地区生产总值（亿元）	第一产业	第二产业	#工业	第三产业	地区生产总值指数（上年 =100）	人均地区生产总值（元）
南京市							
玄武区	590.20		18.83	10.14	571.37	109.1	91739
秦淮区	690.22		54.81	47.32	635.41	109.2	68133
建邺区	325.47		51.07	2.70	274.40	109.0	71203
鼓楼区	1123.03		84.93	40.66	1038.10	109.0	88953
浦口区	820.34	41.32	394.12	347.31	384.90	110.6	107989
栖霞区	927.23	7.60	565.87	510.57	353.76	109.0	135056
雨花台区	444.69	0.85	74.70	46.10	369.14	108.6	103033
江宁区	1680.52	60.88	892.56	765.18	727.08	109.5	139630
六合区	804.54	61.75	421.44	363.15	321.35	108.0	85626
溧水区	624.96	40.05	328.53	279.61	256.38	109.3	145865
高淳区	573.73	40.13	285.61	225.05	247.99	108.0	134190
无锡市							
锡山区	708.25	17.45	368.54	316.05	322.26	107.7	100661
惠山区	722.40	16.77	427.18	392.29	278.45	107.7	102027
滨湖区	829.07	4.21	364.37	318.39	460.49	108.4	118439
梁溪区	1071.30		170.30	133.60	901.00	107.1	112325
新吴区	1408.01	2.73	883.88	852.84	521.40	108.1	250714
徐州市							
鼓楼区	232.40	0.15	49.50	31.20	182.75	107.6	60854
云龙区	279.27	0.76	31.59	6.02	246.92	108.0	67294
贾汪区	284.25	22.23	142.30	137.01	119.72	108.5	66367
泉山区	519.60	0.41	77.16	32.73	442.03	107.6	73385
铜山区	974.81	77.99	505.35	448.92	391.47	108.0	93025
常州市							
天宁区	694.51	9.16	196.42	174.81	488.93	107.6	108594
钟楼区	649.73	3.07	217.76	193.67	428.90	107.5	105279
新北区	1155.03	18.08	606.44	580.33	530.51	109.5	167566
武进区	1968.99	40.22	1074.23	1025.22	854.54	108.0	136916
金坛区	600.02	33.83	302.26	253.35	263.93	112.8	107242
苏州市							
虎丘区	1066.41	2.29	673.28	630.95	390.84	107.9	180015
吴中区	1010.72	23.13	469.99	426.99	517.60	107.6	90034
相城区	633.75	11.38	308.66	243.92	313.71	107.1	86791

续表 7　　（2016 年）

市辖区	地区生产总值（亿元）	第一产业	第二产业	#工业	第三产业	地区生产总值指数（上年 =100）	人均地区生产总值（元）
姑苏区	622.30		66.32	22.32	555.98	106.1	65333
吴江区	1628.33	42.81	834.85	783.74	750.67	107.5	125420
南通市							
崇川区	682.69	0.13	170.45	115.82	512.11	109.0	96187
港闸区	337.27	1.87	190.60	160.83	144.80	109.0	119136
通州区	1026.66	56.41	507.36	424.85	462.89	109.3	89904
连云港市							
连云区	126.81	5.53	47.39	40.05	73.89	107.5	85222
海州区	310.73	17.43	87.38	68.25	205.92	108.5	39761
赣榆区	519.21	76.55	245.56	192.63	197.10	108.2	53885
淮安市							
淮安区	448.61	64.43	172.62	118.53	211.56	109.9	45408
淮阴区	435.72	69.05	182.39	156.51	184.28	109.8	55794
清江浦区	400.30	10.25	94.27	69.85	295.78	108.8	114568
洪泽区	255.31	33.63	103.71	89.26	117.97	108.9	75558
盐城市							
亭湖区	392.71	33.24	141.40	93.67	218.07	108.9	69417
盐都区	443.62	43.65	214.13	182.38	185.84	109.3	69358
大丰区	579.07	77.69	223.77	192.89	277.61	109.5	82412
扬州市							
广陵区	657.27	9.37	301.26	276.59	346.64	109.1	124426
邗江区	743.01	21.03	295.44	242.04	426.54	109.6	107856
江都区	939.63	59.65	453.94	384.55	426.03	109.2	93222
镇江市							
京口区	449.24	1.35	121.70	100.10	326.19	109.0	113230
润州区	369.00	1.56	131.76	86.76	235.68	109.2	121242
丹徒区	371.22	18.53	194.42	183.82	158.27	109.3	120448
泰州市							
海陵区	516.80	7.59	240.25	202.76	268.96	110.0	107903
高港区	423.06	12.00	245.74	225.26	165.32	111.2	167416
姜堰区	583.19	40.10	264.44	216.02	278.65	110.0	79829
宿迁市							
宿城区	286.20	21.96	109.98	74.80	154.26	109.4	46707
宿豫区	252.13	26.73	146.23	129.82	79.17	109.2	56424

续表 8

（2016 年）

市辖区	固定资产投资（亿元）	房地产开发投资	#住宅	公共财政预算收入（亿元）	#税收收入	公共财政预算支出（亿元）
南京市						
玄武区	133.93	90.66	63.29	48.91	44.86	41.97
秦淮区	226.19	104.62	79.81	70.14	59.86	66.39
建邺区	323.86	225.82	161.13	90.84	85.54	52.06
鼓楼区	251.44	132.59	69.94	94.12	83.02	71.79
浦口区	1070.04	312.59	240.61	109.62	100.19	98.47
栖霞区	603.66	318.62	279.03	112.51	102.68	65.59
雨花台区	242.01	179.27	118.04	69.72	63.83	55.32
江宁区	874.59	253.22	192.69	210.25	188.00	180.62
六合区	485.86	135.24	115.94	98.57	86.29	86.49
溧水区	552.33	47.49	33.61	51.28	41.04	67.87
高淳区	463.75	24.62	17.93	25.45	21.51	46.84
无锡市						
锡山区	713.88	67.89	52.79	72.24	64.03	73.13
惠山区	656.53	79.34	61.06	81.41	66.79	77.13
滨湖区	600.39	343.01	199.38	92.78	73.77	66.89
梁溪区	197.59	98.72	61.61	42.43	37.26	39.26
新吴区	128.46	74.87	44.45	160.54	143.91	101.78
徐州市						
鼓楼区	285.13	84.92	48.34	15.72	14.30	11.16
云龙区	294.90	76.73	58.06	21.54	19.72	15.51
贾汪区	250.62	9.27	7.53	21.74	16.93	32.95
泉山区	274.54	97.85	77.67	27.79	25.35	19.61
铜山区	783.45	35.90	23.76	68.36	53.63	108.00
常州市						
天宁区	381.44	67.00	43.03	46.82	40.05	26.15
钟楼区	350.90	88.94	48.21	37.21	32.78	25.49
新北区	807.46	83.51	68.16	102.58	87.68	58.22
武进区	1029.46	120.18	92.75	147.52	122.36	145.44
金坛区	403.68	43.01	28.82	43.38	38.23	52.98
苏州市						
虎丘区	530.06	219.81	196.15	129.80	120.54	84.55
吴中区	561.67	297.73	242.10	134.43	122.19	108.04
相城区	476.21	227.66	173.33	80.11	72.14	56.42

续表 9 （2016 年）

市辖区	固定资产投资（亿元）	房地产开发投资	#住宅	公共财政预算收入（亿元）	#税收收入	公共财政预算支出（亿元）
姑苏区	230.32	118.29	88.62	50.00	47.74	51.74
吴江区	681.02	289.51	222.79	165.25	144.99	159.29
南通市						
崇川区	331.74	105.16	68.94	67.62	57.62	44.06
港闸区	309.30	153.70	105.63	36.50	32.43	22.65
通州区	681.49	30.50	20.13	72.22	54.15	85.75
连云港市						
连云区	303.88	16.30	3.65	9.43	8.05	9.71
海州区	329.82	75.39	64.54	31.43	28.53	30.37
赣榆区	372.00	25.46	20.27	25.02	21.27	60.22
淮安市						
淮安区	354.20	49.07	39.74	33.44	26.04	67.94
淮阴区	339.56	35.01	26.23	40.58	30.12	62.71
清江浦区	376.05	89.30	53.06	50.08	34.84	46.35
洪泽区	202.65	12.50	8.58	23.24	18.42	41.48
盐城市						
亭湖区	392.50	49.01	30.27	35.31	26.38	41.22
盐都区	354.81	25.58	25.51	38.13	31.15	57.93
大丰区	453.80	38.98	23.68	59.26	47.55	89.38
扬州市						
广陵区	443.71	94.14	56.29	40.03	34.37	39.78
邗江区	592.53	148.92	96.34	63.97	49.82	61.72
江都区	709.43	51.86	44.97	55.15	42.39	85.24
镇江市						
京口区	434.74	58.52	42.70	18.06	16.96	16.45
润州区	427.57	122.43	90.75	20.66	18.39	18.56
丹徒区	354.53	15.52	11.81	25.70	22.07	29.24
泰州市						
海陵区	273.61	51.34	39.00	39.05	31.89	28.82
高港区	380.16	12.30	9.24	40.44	33.25	35.50
姜堰区	494.82	30.72	21.70	35.60	27.45	66.96
宿迁市						
宿城区	228.49	52.52	36.66	23.02	18.55	37.84
宿豫区	252.94	19.66	15.87	23.82	17.99	41.08

续表 10　　　　（2016 年）

市辖区	规模以上工业企业个数（个）	工业总产值（亿元）	内资企业	港澳台商投资企业	外商投资企业
南京市					
玄武区	9	36.02	14.42		21.61
秦淮区	33	165.68	107.03	2.53	56.11
建邺区	9	296.01	293.44	0.61	1.95
鼓楼区	24	173.03	145.16	25.02	2.85
浦口区	349	1690.99	1215.40	303.04	172.55
栖霞区	207	3037.83	1139.59	224.21	1674.03
雨花台区	55	259.58	253.98	3.44	2.17
江宁区	658	2918.90	983.86	135.77	1799.28
六合区	487	2339.90	1671.16	162.00	506.74
溧水区	499	1087.89	898.74	112.32	76.83
高淳区	331	939.19	831.48	58.58	49.13
无锡市					
锡山区	637	1130.91	736.98	158.44	235.50
惠山区	808	1225.78	858.88	238.93	127.97
滨湖区	404	492.87	335.33	48.98	108.56
梁溪区	101	234.05	185.68	9.56	38.80
新吴区	714	3304.49	688.37	365.37	2250.76
徐州市					
鼓楼区	5	12.62	12.01		0.61
云龙区	3	2.75	2.42		0.33
贾汪区	171	728.33	637.66	72.13	18.54
泉山区	13	12.36	6.63	0.21	5.51
铜山区	416	3552.96	3329.60	95.81	127.55
常州市					
天宁区	402	1065.80	650.24	171.71	243.85
钟楼区	310	943.65	657.65	139.63	146.38
新北区	988	2837.18	1127.49	596.09	1113.59
武进区	1598	4676.51	3754.93	558.42	363.16
金坛区	448	1210.26	936.98	146.64	126.63
苏州市					
虎丘区	690	2690.93	451.01	608.73	1631.19
吴中区	835	1226.49	559.55	191.66	475.27
相城区	742	1104.01	759.62	101.31	243.09

续表 11 （2016 年）

市辖区	规模以上工业企业个数（个）	工业总产值（亿元）	内资企业	港澳台商投资企业	外商投资企业
姑苏区	15	37.78	37.23	0.55	
吴江区	1304	3116.81	1465.10	723.37	928.34
南通市					
崇川区	75	307.61	149.36	30.02	128.23
港闸区	232	541.85	319.20	83.57	139.08
通州区	736	2142.58	1458.75	257.16	426.67
连云港市					
连云区	49	113.09	75.68	11.19	26.21
海州区	103	385.86	204.80	8.31	172.74
赣榆区	507	1636.15	1528.80	28.02	79.32
淮安市					
淮安区	368	840.48	777.03	43.28	20.18
淮阴区	453	1457.21	1351.27	27.94	78.00
清江浦区	141	405.82	343.72	12.97	49.12
洪泽区	329	727.03	653.49	58.09	15.44
盐城市					
亭湖区	234	746.10	681.93	3.41	60.77
盐都区	370	1001.83	846.54	50.66	104.63
大丰区	435	944.76	802.09	39.53	103.15
扬州市					
广陵区	289	1065.42	896.31	58.54	110.57
邗江区	375	1325.14	1017.84	171.51	135.79
江都区	583	2239.45	1990.14	91.34	157.97
镇江市					
京口区	48	297.21	280.97	6.43	9.81
润州区	74	131.49	74.35	39.96	17.19
丹徒区	356	1115.01	835.27	163.71	116.03
泰州市					
海陵区	271	1349.91	1018.43	28.81	302.67
高港区	247	1994.38	1706.35	19.68	268.35
姜堰区	521	1447.63	1279.05	49.88	118.71
宿迁市					
宿城区	223	259.36	204.03	48.96	6.37
宿豫区	247	416.64	370.78	28.62	17.24

续表 12 （2016 年）

市辖区	资产合计（亿元）	负债合计（亿元）	主营业务收入（亿元）	利润总额（亿元）	从业人员年平均人数（万人）
南京市					
玄武区	51.14	24.96	32.53	3.16	0.30
秦淮区	322.34	175.53	189.00	7.82	1.48
建邺区	381.73	102.09	294.19	39.51	0.87
鼓楼区	380.49	272.61	244.04	11.15	1.65
浦口区	1435.85	787.58	1668.07	120.69	8.86
栖霞区	2618.18	1376.64	3043.67	136.95	11.88
雨花台区	438.90	276.65	255.33	7.69	1.56
江宁区	2523.54	1395.47	2355.38	271.72	18.32
六合区	2097.09	1061.73	2347.91	175.66	13.27
溧水区	709.34	421.12	1081.37	117.87	7.97
高淳区	490.24	271.71	930.87	67.13	8.27
无锡市					
锡山区	1247.88	613.34	1101.48	72.75	12.90
惠山区	1109.93	662.62	1195.26	87.48	11.04
滨湖区	664.28	293.78	476.48	43.61	6.24
梁溪区	335.52	227.35	229.71	28.39	1.82
新吴区	3189.90	1384.98	3277.71	260.85	28.24
徐州市					
鼓楼区	5.86	3.09	13.00	0.82	0.40
云龙区	18.25	12.40	2.55	0.49	0.09
贾汪区	407.35	210.74	745.16	51.98	3.50
泉山区	26.60	19.32	12.23	1.12	0.19
铜山区	1438.77	523.13	3661.18	341.43	16.01
常州市					
天宁区	600.66	295.91	1104.03	69.37	7.12
钟楼区	632.73	331.72	974.89	58.21	6.15
新北区	2173.85	1177.69	2811.35	141.33	18.70
武进区	3565.80	1820.36	4945.20	280.02	37.12
金坛区	1024.77	678.93	1250.88	97.26	9.45
苏州市					
虎丘区	2197.45	1056.06	2551.67	149.52	24.14
吴中区	1365.02	717.37	1214.98	70.50	18.95
相城区	1109.15	601.85	1065.33	52.01	15.71

续表 13　　　　（2016 年）

市辖区	资产合计（亿元）	负债合计（亿元）	主营业务收入（亿元）	利润总额（亿元）	从业人员年平均人数（万人）
姑苏区	72.82	28.77	36.52	3.05	0.26
吴江区	3303.50	1837.93	3016.07	164.94	39.26
南通市					
崇川区	454.39	223.39	310.78	27.96	2.80
港闸区	478.32	229.15	514.70	37.80	4.06
通州区	1059.38	506.09	2113.40	150.13	16.80
连云港市					
连云区	105.41	57.88	110.07	3.11	0.56
海州区	533.31	286.81	359.03	49.00	3.08
赣榆区	589.17	207.87	1648.51	110.88	5.61
淮安市					
淮安区	218.95	112.03	842.44	30.53	4.46
淮阴区	525.47	178.20	1438.61	102.49	6.34
清江浦区	189.12	69.73	379.40	33.99	2.89
洪泽区	388.80	195.36	717.64	43.64	4.40
盐城市					
亭湖区	317.21	153.62	724.88	58.67	4.35
盐都区	454.43	166.04	985.65	51.58	7.11
大丰区	740.51	448.81	920.18	56.24	7.27
扬州市					
广陵区	554.71	250.12	1048.90	61.43	13.02
邗江区	755.34	398.17	1269.26	75.87	12.60
江都区	810.91	479.04	2199.79	165.70	12.84
镇江市					
京口区	305.17	193.29	305.74	17.74	1.48
润州区	128.94	59.84	130.07	6.63	1.39
丹徒区	862.45	481.10	1089.23	78.69	7.01
泰州市					
海陵区	642.39	324.60	1356.44	83.92	5.55
高港区	989.16	447.30	1971.96	169.39	9.09
姜堰区	638.12	340.29	1349.74	100.38	6.41
宿迁市					
宿城区	188.40	105.61	236.35	11.30	3.22
宿豫区	286.88	151.07	381.24	18.23	4.98

续表 14

(2016 年)

市辖区	社会消费品零售总额(亿元)	进出口总额(亿美元)	#出口总额	协议注册外资(亿美元)	实际使用外资(亿美元)
南京市					
玄武区	475.17	64.00	28.78	1.17	2.26
秦淮区	925.67	80.95	57.03	5.63	0.90
建邺区	198.58	10.11	7.29	1.87	2.70
鼓楼区	884.84	45.10	29.54	9.02	2.80
浦口区	302.25	13.39	11.37	3.12	4.92
栖霞区	239.16	104.12	42.60	0.78	5.27
雨花台区	366.62	31.07	21.71	3.24	2.79
江宁区	469.43	113.84	74.51	3.17	7.88
六合区	381.48	18.59	10.96	1.54	3.74
溧水区	193.53	6.31	5.51	0.05	1.92
高淳区	187.70	6.19	4.62	0.49	1.05
无锡市					
锡山区	164.65	42.63	33.46	4.71	3.51
惠山区	176.32	26.98	23.30	4.90	3.03
滨湖区	259.78	23.77	17.80	4.16	2.52
梁溪区	903.55	22.53	20.28	–0.34	0.31
新吴区	282.83	346.36	184.87	19.74	12.64
徐州市					
鼓楼区	396.79	0.31	0.29	0.46	0.41
云龙区	403.11	2.47	2.28	…	1.16
贾汪区	69.99	3.06	3.00	2.21	0.73
泉山区	527.99	2.85	2.79	1.18	1.04
铜山区	242.12	3.69	2.99	4.17	1.49
常州市					
天宁区	476.28	28.35	24.62	3.62	2.60
钟楼区	348.31	25.14	23.40	4.09	1.89
新北区	292.33	100.74	70.29	11.01	8.50
武进区	530.51	94.77	68.36	14.08	8.50
金坛区	252.38	16.72	13.20	4.67	3.20
苏州市					
虎丘区	251.50	340.18	227.66	8.32	6.08
吴中区	373.28	76.60	51.76	2.15	3.61
相城区	223.09	41.56	30.78	1.92	1.91

续表 15

（2016 年）

市辖区	社会消费品零售总额（亿元）	进出口总额（亿美元）	#出口总额	协议注册外资（亿美元）	实际使用外资（亿美元）
姑苏区	836.13	20.08	17.85	0.23	0.05
吴江区	467.66	211.35	140.20	11.11	6.16
南通市					
崇川区	398.30	54.78	34.11	1.33	1.15
港闸区	134.36	27.09	20.63	2.11	1.16
通州区	341.12	37.33	33.69	8.16	2.44
连云港市					
连云区	72.34	11.66	4.26	1.03	0.37
海州区	270.86	10.27	8.74	1.87	0.69
赣榆区	172.46	5.13	4.04	0.80	0.96
淮安市					
淮安区	172.23	2.43	2.31	4.75	1.45
淮阴区	119.08	2.20	1.60	4.75	1.58
清江浦区	285.87	3.60	3.11	1.11	0.69
洪泽区	94.03	1.24	1.13	3.22	1.51
盐城市					
亭湖区	251.14	5.60	5.11	0.91	0.34
盐都区	208.79	6.29	3.32	1.55	0.68
大丰区	172.77	16.21	8.74	4.74	1.45
扬州市					
广陵区	288.35	13.12	12.18	2.19	1.01
邗江区	287.09	19.57	16.81	2.04	2.08
江都区	252.44	13.95	10.55	1.26	1.10
镇江市					
京口区	288.83	13.33	10.13	1.84	0.69
润州区	177.85	5.29	4.41	0.61	0.62
丹徒区	68.42	5.64	5.18	2.79	1.07
泰州市					
海陵区	243.08	12.99	10.73	4.40	1.05
高港区	49.33	14.56	6.79	4.94	2.67
姜堰区	172.41	9.55	8.26	1.84	1.37
宿迁市					
宿城区	178.64	4.03	2.66	0.35	0.52
宿豫区	53.69	3.50	3.26	0.55	0.43

续表 16

(2016 年)

市辖区	普通中学在校学生(万人)	小学在校学生(万人)	专利申请受理量(件)	专利申请授权量(件)	医院个数(个)	医院床位数(张)	执业(助理)医师(人)	城镇居民人均可支配收入(元)	城镇居民人均生活消费支出(元)
南京市									
玄武区	2.03	2.29	7284	3375	16	2497	2095	55641	41663
秦淮区	2.20	3.37	4847	2514	39	7582	4071	50871	39933
建邺区	1.27	1.56	3061	1432	9	2199	1264	48776	29815
鼓楼区	3.13	5.32	5908	3131	41	16291	7673	54791	33036
浦口区	1.86	3.87	7090	2582	17	2041	1372	47374	31080
栖霞区	1.41	2.59	6137	2580	16	1827	1508	48379	34987
雨花台区	1.30	1.82	3754	1445	10	1059	706	48289	29515
江宁区	3.64	6.47	18575	8300	28	5429	2897	48526	31160
六合区	2.79	4.04	2898	1166	12	2922	2022	46147	29468
溧水区	1.43	2.26	4185	1591	6	1372	778	44082	25413
高淳区	1.38	1.91	1268	665	15	1557	886	45054	27611
无锡市									
锡山区	2.26	4.02	11134	6036	8	1884	1181	46295	22698
惠山区	2.63	4.57	12447	5614	5	1461	1278	47190	25536
滨湖区	1.61	3.34	8844	4249	29	8434	3034	48503	33231
梁溪区	1.44	4.61	3702	1382	46	10128	5142	46629	32043
新吴区	0.91	3.16	9655	4367	10	727	774	47357	26331
徐州市									
鼓楼区	0.25	2.61	913	494	13	2633	1578	32229	20574
云龙区	0.19	3.34	1432	702	20	3763	1509	32229	20574
贾汪区	1.53	4.24	1384	791	5	1420	885	27943	17736
泉山区	0.10	3.38	3076	1760	24	15034	4693	32229	20574
铜山区	4.37	12.70	5163	2118	11	1480	1812	31960	21599
常州市									
天宁区	0.65	3.51	2217	1071	12	10969	4386	46092	27098
钟楼区	0.47	3.54	5338	1581	6	621	734	45676	27143
新北区	2.33	4.63	9955	3927	5	1090	1497	48239	28112
武进区	5.08	9.98	21441	9621	12	3497	2662	48203	27080
金坛区	1.83	2.59	3414	810	10	2105	1289	43246	22545
苏州市									
虎丘区	1.87	3.83	15604	6634	13	3201	1329	52012	32492
吴中区	2.41	7.04	14104	7375	25	5345	2099	56013	33564
相城区	1.66	4.28	9388	4085	11	2659	1172	49749	30537

续表 17 （2016 年）

市辖区	普通中学在校学生（万人）	小学在校学生（万人）	专利申请受理量（件）	专利申请授权量（件）	医院个数（个）	医院床位数（张）	执业(助理)医师（人）	城镇居民人均可支配收入（元）	城镇居民人均生活消费支出（元）
姑苏区		5.21	1865	979	32	12562	4834	50815	35139
吴江区	3.89	8.69	10438	5872	13	4923	2547	54321	35369
南通市									
崇川区	0.67	4.10	4335	2292	24	8058	3927	41870	24382
港闸区	0.47	1.38	4143	1795	10	1796	800	41639	24382
通州区	3.27	4.92	5357	4004	7	3424	2376	40741	23614
连云港市									
连云区	1.14	1.88	664	569	8	851	885	34473	23289
海州区	3.56	6.11	2049	1066	27	5692	3180	30926	21751
赣榆区	5.59	10.13	1394	790	13	2884	2025	27199	16567
淮安市									
淮安区	4.17	5.85	2004	1367	7	2380	2198	26144	15769
淮阴区	3.08	6.05	2817	1257	6	4114	2769	28393	16186
清江浦区	2.63	2.91	2060	1015	24	4027	2582	36544	19171
洪泽区	1.29	1.82	2385	953	2	1005	716	30291	13992
盐城市									
亭湖区	1.31	3.87	1483	556	33	6469	3148	36031	20725
盐都区	2.43	3.60	4934	1174	3	2100	1743	32796	24947
大丰区	2.25	2.71	4402	1478	21	2951	1830	31104	17496
扬州市									
广陵区	0.60	3.19	4167	2386	16	5460	2627	38009	29599
邗江区	2.03	3.35	4344	2293	19	2053	1773	40260	29201
江都区	3.71	4.22	4632	2479	13	2952	1973	36558	23248
镇江市									
京口区	0.15	1.73	5704	2766	6	2234	1609	41997	26136
润州区	0.39	1.25	3011	745	14	3160	1646	41433	25783
丹徒区	0.89	1.41	3177	1687	2	380	510	40891	25323
泰州市									
海陵区	1.27	2.41	4998	2468	19	4565	2405	38074	23255
高港区	0.55	1.18	4640	667	4	568	422	37224	23651
姜堰区	3.18	3.16	6209	2743	12	2688	1610	36898	21711
宿迁市									
宿城区	1.13	5.33	1262	691	47	6005	2293	26063	16008
宿豫区	1.08	3.28	1543	530	28	2677	1021	21741	15218

版面负责人：张玉强

编　　辑：唐子午　马　萍

中华人民共和国统计法实施条例

第八章　附　　则

第五十二条　中华人民共和国境外的组织、个人需要在中华人民共和国境内进行统计调查活动的，应当委托中华人民共和国境内具有涉外统计调查资格的机构进行。涉外统计调查资格应当依法报经批准。统计调查范围限于省、自治区、直辖市行政区域内的，由省级人民政府统计机构审批；统计调查范围跨省、自治区、直辖市行政区域的，由国家统计局审批。

涉外社会调查项目应当依法报经批准。统计调查范围限于省、自治区、直辖市行政区域内的，由省级人民政府统计机构审批；统计调查范围跨省、自治区、直辖市行政区域的，由国家统计局审批。

第五十三条　国家统计局或者省级人民政府统计机构对涉外统计违法行为进行调查，有权采取统计法第三十五条规定的措施。

编辑：徐向忠

淮海经济区主要经济指标

（2016年）

地　区	土地面积	地区生产总值		第一产业增加值		第二产业增加值		第三产业增加值	
	绝对量（平方公里）	绝对量（亿元）	增长（%）	绝对量（亿元）	增长（%）	绝对量（亿元）	增长（%）	绝对量（亿元）	增长（%）
江苏省									
徐州市	11765	5808.52	8.2	542.88	2.0	2513.85	8.7	2751.79	9.1
连云港市	7615	2376.48	7.8	301.56	1.6	1049.90	7.8	1025.02	9.8
淮安市	10030	3048.00	9.0	324.61	1.7	1268.15	9.1	1455.24	10.6
盐城市	16931	4576.08	8.9	533.91	0.9	2050.02	9.2	1992.15	10.8
宿迁市	8524	2351.12	9.1	275.23	2.0	1139.97	10.1	935.92	10.2
山东省									
菏泽市	12239	2560.24	8.5	280.62	3.1	1312.55	8.7	967.07	9.8
聊城市	8628	2859.18	7.3	338.11	4.4	1414.66	6.2	1106.41	9.6
枣庄市	4564	2142.63	7.2	162.06	4.2	1097.91	6.0	882.66	9.2
济宁市	11187	4301.82	8.0	480.45	4.0	1949.67	6.2	1871.70	11.0
泰安市	7761	3316.79	7.2	280.93	3.5	1485.50	6.3	1550.36	8.7
日照市	5359	1802.49	8.1	146.97	4.3	851.94	8.0	803.58	8.9
莱芜市	2246	702.76	7.2	55.12	4.1	352.36	8.5	295.28	6.2
临沂市	17191	4026.75	7.6	358.95	4.0	1736.25	6.6	1931.55	9.2
德州市	10358	2932.99	7.2	296.23	3.7	1403.17	6.2	1233.59	9.2
安徽省									
亳州市	8521	1046.10	8.9	206.30	3.1	404.90	9.2	434.90	11.5
淮南市	5532	963.80	6.6	118.40	2.4	454.60	7.0	390.80	7.4
蚌埠市	5951	1385.82	9.4	200.01	3.7	609.12	9.3	576.69	11.5
淮北市	2741	799.00	5.0	61.60	3.2	450.20	3.3	287.30	8.1
阜阳市	9776	1401.90	9.0	302.30	3.1	557.70	9.4	541.80	12.0
宿州市	9939	1351.82	9.1	260.18	2.6	512.83	9.2	578.80	12.3
滁州市	13398	1422.80	9.2	225.50	3.1	707.20	9.7	490.00	11.5
六安市	15451	1108.10	7.2	203.20	3.0	490.60	6.7	414.30	9.9
河南省									
周口市	11959	2260.02	8.5	457.63	4.3	1038.00	9.2	764.40	10.2
商丘市	10704	1974.02	8.6	386.26	4.4	814.64	8.6	773.12	11.0
信阳市	18925	2034.25	8.3	446.05	4.3	805.26	8.4	782.93	10.9

续表1

（2016年）

地　区	人均地区生产总值（元）	地区生产总值中三次产业比重（%）	粮食总产量		油料总产量		棉花总产量	
			绝对量（万吨）	增长（%）	绝对量（万吨）	增长（%）	绝对量（万吨）	增长（%）
江苏省								
徐州市	66845	9.3：43.3：47.4	469.16	−0.4	13.45	20.0	2.07	−20.4
连云港市	52987	12.7：44.2：43.1	360.80	−0.4	11.40	−0.2	0.05	−66.7
淮安市	62446	10.6：41.7：47.7	458.55	−1.9	8.80	−0.9	0.01	1.2
盐城市	63278	11.7：44.8：43.5	687.31	−2.9	24.30	−13.7	1.13	−62.6
宿迁市	48311	11.7：48.5：39.8	384.54	−0.5	4.65	1.6	0.06	−1.5
山东省								
菏泽市	29904	10.9：51.3：31.8	766.51	3.4	23.17	−9.3	13.15	−21.5
聊城市	47624	11.8：49.5：38.7	495.90	−1.8	9.89	−3.2	2.35	−41.9
枣庄市	54984	7.6：51.2：41.2	163.25	−2.8	9.19	−4.1	0.32	−34.0
济宁市	51662	11.2：45.3：43.5	587.00	0.2	17.10	1.1	6.60	−22.7
泰安市	59027	8.5：44.8：46.7	262.10	−5.3	22.70	−2.8	0.65	−21.0
日照市	62357	8.1：47.3：44.6	88.48	−5.1	23.90	4.0	0.13	−50.2
莱芜市	51533	7.8：50.2：42.0	22.99	−11.4	2.36	20.3	0.31	97.3
临沂市	38803	8.9：43.1：48.0	412.40	−3.6	84.99	4.2	0.94	−1.1
德州市	50856	10.1：47.8：42.1	896.51	2.8	1.86	−22.2	4.32	−34.8
安徽省								
亳州市	20611	19.7：38.7：41.6	473.90	−2.3	5.10	−2.8	0.90	−53.3
淮南市	27990	12.3：47.2：40.5	284.80	−3.2	3.20	−17.6	0.32	−23.7
蚌埠市	41855	14.4：44.0：41.6	280.50	−2.1	38.19	−4.6	0.65	−32.7
淮北市	36427	7.7：56.3：36.0	126.88	−2.2	0.44	−8.6	0.07	−19.3
阜阳市	17642	21.6：39.8：38.6	557.20	−2.3	7.30	−5.6	0.90	−5.1
宿州市	24270	19.2：38.0：42.8	403.19	−2.2	23.72	−5.9	2.11	−18.4
滁州市	35301	15.9：49.7：34.4	427.00	−4.1	19.40	−1.4	0.91	−4.7
六安市	23298	18.3：44.3：37.4	314.20	−4.2	15.40	0.2	1.43	2.3
河南省								
周口市	25638	20.3：45.9：33.8	805.79	−2.9	48.17	3.4	1.29	−43.4
商丘市	27122	19.6：41.2：39.2	540.30	−3.2	34.60	−4.0	1.50	−14.6
信阳市	31570	21.9：39.6：38.5	576.73	−3.4	67.91	−1.6		

续表 2

（2016 年）

地　区	肉类总产量		水产品产量		规模以上工业企业个　数（个）	规模以上工业增加值		规模以上工业主营业务收入	
	绝对量（万吨）	增长（%）	绝对量（万吨）	增长（%）		绝对量（亿元）	增长（%）	绝对量（亿元）	增长（%）
江苏省									
徐州市	90.77	–9.4	18.88	0.5	2992	3010.33	9.8	13947.04	15.9
连云港市	29.50	–1.4	75.30	持平	1815	1302.48	9.3	5946.41	9.4
淮安市	30.39	–2.3	26.10	–1.0	2609	1626.18	9.8	7014.24	7.2
盐城市	81.40	–9.2	119.43	2.3	3185	2173.89	9.7	8870.47	10.3
宿迁市	32.86	–2.2	27.11	1.9	2599	1090.04	11.4	3896.33	4.9
山东省									
菏泽市	72.17	3.8	13.20	0.8	3261		10.0	7785.71	8.8
聊城市	58.10	1.0	8.87	5.4	2814		6.7	8888.75	0.5
枣庄市	25.40	–3.8	9.60	5.5	1406		6.2	3842.08	5.8
济宁市	60.70	–16.2	33.00	4.6	2624		6.3	5515.66	–0.8
泰安市	46.20	–3.3	9.30	0.2	1906	1261.80	6.9	5885.40	–6.2
日照市	30.52	16.8	60.74	2.0	646	604.70	8.6	2752.60	10.9
莱芜市	6.33	1.0	0.36	1.5	585	286.81	9.5	1919.63	6.3
临沂市	78.20	1.9	15.80	3.8	4047		7.5	10482.30	4.3
德州市	67.89	0.0	7.28	–14.9	3022	1528.90	6.7	10628.88	10.5
安徽省									
亳州市	32.70	0.6	5.80	2.0	931	272.00	10.0	972.00	12.2
淮南市	24.40	1.7	18.50	2.4	621	347.80	7.2	924.90	0.9
蚌埠市	36.57	5.8	12.79	3.1	1162		9.9	2553.95	15.3
淮北市	9.76	3.0	2.97	2.5	838	463.70	3.2	2376.50	2.3
阜阳市	66.60	2.2	10.80	2.9	1623	550.40	10.0	2055.80	13.6
宿州市	50.34	–4.8	4.72	5.0	1294	405.60	9.3	1772.05	11.9
滁州市	40.20	1.4	36.20	4.0	1515	642.30	9.8	2456.00	11.1
六安市	41.05	1.0	22.20	4.9	958	381.20	6.8	1422.90	4.5
河南省									
周口市	73.57				1299	1000.49	9.8	4483.47	11.2
商丘市	42.90	–3.9			1168		9.2	2671.60	12.8
信阳市			27.74	3.2	1081	610.20	8.8	2671.69	8.9

续表 3

（2016 年）

地　区	规模以上工业利税合计		规模以上工业利润总额		固定资产投资		房地产开发投资	
	绝对量（亿元）	增长（%）	绝对量（亿元）	增长（%）	绝对量（亿元）	增长（%）	绝对量（亿元）	增长（%）
江苏省								
徐州市	1871.50	7.3	1108.89	13.3	4797.33	12.5	549.13	16.8
连云港市	730.64	8.4	496.53	14.2	2385.16	14.8	235.41	14.6
淮安市			404.81	8.1	2535.19	15.1	321.41	13.3
盐城市			475.83	−15.7	3882.83	15.2	358.57	−2.5
宿迁市			391.93	4.6	2059.58	12.0	309.76	−14.6
山东省								
菏泽市	900.16	6.3	580.10	4.0	1218.21	13.5	282.61	9.3
聊城市	832.42	0.7	597.20	−0.4	2357.57	12.2	248.51	30.5
枣庄市	280.81	−6.3	174.81	1.3	1788.51	10.0	158.92	−14.9
济宁市	601.16	7.0	367.33	7.7	3279.0	13.4	363.9	18.0
泰安市	543.40	−11.8	368.50	−11.6	2899.60	10.7	181.10	24.8
日照市	131.01	38.1	84.80	39.8	1597.78	13.5	158.50	45.6
莱芜市	74.99	70.8	45.44	183.6	635.67	2.7	47.17	48.1
临沂市	775.80	3.1	522.40	1.3	3603.30	11.9	374.50	−4.7
德州市	827.37	−5.1	585.99	4.4	2537.78	13.4	220.38	2.7
安徽省								
亳州市	95.70	17.8	61.10	22.9	874.90	14.0	231.40	12.8
淮南市	92.48	26.7	33.50	70.6	955.00	3.8	121.90	5.2
蚌埠市	170.67	11.3	84.42	38.2	1666.43	14.3	388.58	−9.3
淮北市	150.60	45.8	73.80	122.6	958.90	3.6	92.10	−37.7
阜阳市	199.91	14.7	104.40	28.5	1292.60	28.6	350.50	32.4
宿州市	99.31	−1.1	69.46	−1.6	1269.98	12.1	235.78	7.3
滁州市	328.40	8.0	229.20	11.5	1699.20	16.6	336.20	0.5
六安市	95.10	10.0	64.68	12.4	1075.00	8.2	236.60	29.8
河南省								
周口市			482.57	10.6	1862.15	15.9	219.22	14.0
商丘市			148.39	13.3	1636.29	16.0	245.88	12.9
信阳市	236.45	2.7	172.08	9.3	2217.70	9.6	358.48	22.6

续表 4

（2016 年）

地　区	社会消费品零售总额		居民消费价格总指数（以上年为 100）（%）	进出口总额		# 进口总额		# 出口总额	
	绝对量（亿元）	增长（%）		绝对量（亿美元）	增长（%）	绝对量（亿美元）	增长（%）	绝对量（亿美元）	增长（%）
江苏省									
徐州市	2659.39	12.8	102.3	62.48	15.4	9.94	−2.9	52.54	19.7
连云港市	933.31	12.4	102.1	70.40	−12.5	33.56	−15.8	36.84	−9.3
淮安市	1083.83	11.7	102.2	35.04	−15.1	8.06	−28.1	26.98	−10.3
盐城市	1630.88	11.1	102.1	79.50	−2.1	32.12	7.2	47.38	−7.5
宿迁市	705.54	12.6	102.0	24.22	−6.8	5.51	−26.5	18.71	1.2
山东省									
菏泽市	1503.00	11.2	101.9	351.08	30.0	186.93	39.9	164.15	20.2
聊城市	1173.13	10.7	102.2	375.40	19.5	177.60	13.5	197.80	25.4
枣庄市	892.28	10.8	101.7	89.85	−9.4	8.64	−27.5	81.21	−7.0
济宁市	2071.89	8.4	102.2	359.80	6.5	135.5	9.1	224.3	5.0
泰安市	1462.80	9.9	102.0	134.60	−5.1	25.80	−21.9	108.80	0.0
日照市	660.09	9.3	101.9	820.30	−12.7	541.30	−20.8	279.00	8.8
莱芜市	347.80	8.4	101.8	112.57	1.9	47.78	−14.8	64.80	19.1
临沂市	2488.00	11.3	101.7	580.20	6.5	178.30	6.3	401.90	6.6
德州市	1394.97	10.9	101.8	211.23	7.3	61.20	2.4	150.02	9.4
安徽省									
亳州市	492.10	12.8	101.6	5.20	3.7	0.58	13.6	4.61	2.6
淮南市	512.50	11.6	101.2	2.75	−20.8	0.36	−22.8	2.39	−20.5
蚌埠市	643.99	12.9	101.6	17.60	−23.6	5.70	−17.2	11.90	−26.3
淮北市	315.90	11.5	101.3	6.13	6.3	0.43	32.2	5.70	4.5
阜阳市	759.40	12.5	101.5	11.23	−24.9	1.18	−17.5	10.05	−25.7
宿州市	476.92	12.3	101.4	4.70	−36.7	0.82	−14.7	3.87	−40.0
滁州市	515.20	12.7	101.7	23.34	14.2	6.46	7.4	16.88	17.1
六安市	541.50	11.7	102.1	5.27	−12.2	0.27	−68.2	5.00	−2.8
河南省									
周口市	1094.09	12.2	101.5	7.85	13.1	1.85	14.1	6.00	12.8
商丘市	754.00	12.9	101.1	2.46	−18.1	0.18	−47.0	2.28	−14.4
信阳市	981.47	11.5	101.6	4.81	−25.2	2.38	−6.2	2.43	−37.6

注：山东省各市进出口总额为人民币口径，其余地区为美元口径。

续表 5

（2016 年）

地　区	实际利用外资		邮电业务总量		年末固定电话用户（万户）	年末移动电话用户（万户）
	绝对量（亿美元）	增长（%）	绝对量（亿元）	增长（%）		
江苏省						
徐州市	15.06	5.5	246.69	27.6	115.78	762.01
连云港市	5.50	-31.3	119.96	53.9	71.20	368.05
淮安市	11.61	-4.3	126.06	59.4	57.06	383.34
盐城市	7.07	-11.1	173.17	53.9	98.80	584.97
宿迁市	4.50	51.0	130.21	31.1	47.00	371.56
山东省						
菏泽市	17.14	18.1	68.15	20.5	17.00	707.00
聊城市	4.42	26.8	25.67	14.3	32.00	435.86
枣庄市	6.94	11.0	71.18	13.6	26.31	349.27
济宁市	34.02	-40.6			51.51	826.00
泰安市	34.13	10.6	41.10		70.00	592.20
日照市	38.51	7.0	29.46	22.2	23.24	291.62
莱芜市	10.33	25.2	8.50	3.5	15.80	131.47
临沂市	5.10	27.6				
德州市	1.21	1.9	69.77	26.5	34.21	477.57
安徽省						
亳州市	7.20	10.1	52.30	53.4	24.70	276.10
淮南市	2.23	3.0	36.00	48.1	29.10	216.10
蚌埠市	15.04	8.0	23.69	-11.2	34.10	246.06
淮北市	6.48	8.0	14.15	5.6	22.18	161.86
阜阳市	2.03	10.0	65.80	28.9	41.00	491.70
宿州市	7.30	8.0	29.25	-7.0	35.02	416.38
滁州市	11.40	8.0	58.70	35.4	41.00	318.60
六安市	3.80	10.3	27.40		36.20	298.20
河南省						
周口市	5.22	6.4	119.56			
商丘市	3.26	5.4	129.77	55.5	38.59	591.45
信阳市	4.96	5.8	60.15	26.3	38.08	441.47

续表 6　　（2016 年）

地　区	一般公共预算收入		一般公共预算支出		金融机构年末存款余额（亿元）	#住户存款	金融机构年末贷款余　额（亿元）
	绝对量（亿元）	增长（%）	绝对量（亿元）	增长（%）			
江苏省							
徐州市	516.06	6.1	797.99	6.2	5495.31	3090.21	3620.21
连云港市	211.47	-27.5	373.12	-12.4	2501.84	1168.71	2046.93
淮安市	315.51	-9.9	483.47	-5.7	3066.00	1360.51	2304.22
盐城市	415.18	-2.7	730.33	-2.1	5255.06	2682.46	3699.32
宿迁市	238.08	10.3	425.05	4.6	2207.43	1086.33	1960.37
山东省							
菏泽市	185.04	8.8	429.65	7.3	3024.71	2216.64	1805.06
聊城市	187.50	8.6	357.81	3.2	3032.48	1936.04	2130.41
枣庄市	147.40	3.8	246.87	4.4	1672.73	1104.46	1100.32
济宁市	391.50	9.0	555.95	7.9	4612.11	2803.91	2879.27
泰安市	206.70	3.6	330.60	1.1	3056.19	1946.54	1936.68
日照市	128.73	10.6	205.05	10.6	2080.62	1114.31	2274.15
莱芜市	53.00	7.1	86.58	3.3	914.00	541.76	672.20
临沂市	293.90	11.7	574.30	7.6	5333.75	3322.60	3960.59
德州市	183.51	7.1	332.09	-1.7	2868.63	1943.30	1659.79
安徽省							
亳州市	87.02	7.0	278.60	0.3	1589.89	1006.40	1036.51
淮南市	97.45	13.5	218.00	9.6	1771.80	993.40	1172.95
蚌埠市	133.88	11.9	268.18	9.6	1855.14	867.32	1400.14
淮北市	59.18	-1.8	142.66	8.5	1321.81	654.90	795.50
阜阳市	133.44	11.2	440.10	2.0	2999.01	1902.30	1569.82
宿州市	95.62	11.2	311.35	5.7	1747.19	1143.96	979.35
滁州市	167.31	16.4	334.90	10.7	1975.25	1099.50	1428.03
六安市	98.26	3.6	342.10	8.3	2073.96	1170.70	1192.81
河南省							
周口市	103.86	7.7	475.50	9.5	2396.73	1952.17	976.40
商丘市	117.43	9.0	421.88	9.9	2287.21	1682.65	1288.55
信阳市	94.65	9.8	404.87	7.5	2692.33	1906.05	1442.69

续表 7

（2016 年）

地　区	各级各类学校数（所）	各级各类学校在校学生数（万人）	卫生机构数（个）	卫生技术人员数（人）	卫生机构床位数（张）
江苏省					
徐州市	1307	150.77	4584	55523	52247
连云港市	655	75.39	2726	26152	23281
淮安市	474	70.65	2237	31524	27529
盐城市	627	85.74	3233	39472	38663
宿迁市	793	99.42	2365	28412	25441
山东省					
菏泽市	1798	156.60	4276	50480	40597
聊城市	1424	111.41	695	30566	29315
枣庄市	666	62.13	2529	22877	20689
济宁市	1378	124.35	6721	53716	45018
泰安市	726	78.70	4213	35880	30716
日照市	415	43.69	603	15503	13863
莱芜市	188	15.64	326	7918	6737
临沂市					
德州市	1083	81.24	4864	28681	23202
安徽省					
亳州市	1444	86.71	1625	15690	17000
淮南市	1024	62.22	1568	16890	17000
蚌埠市	1273	50.32	1413	23487	17800
淮北市	448	30.44	712	10845	12204
阜阳市	2904	168.30	2633	35010	35582
宿州市	1833	100.63	1833	22200	20700
滁州市	1107	59.10	1629	16320	17314
六安市	1081	66.83	2310	18372	17460
河南省					
周口市	6956	222.30	7892	40029	38179
商丘市	2637	138.99	6325	37878	42534
信阳市	2059	114.25	4064	25029	6797

续表 8

（2016 年）

地 区	城镇化率（%）	全体居民人均可支配收入		城镇居民人均可支配收入		农村居民人均可支配收入	
		绝对量（元）	增长（%）	绝对量（元）	增长（%）	绝对量（元）	增长（%）
江苏省							
徐州市	62.44	22348	9.4	28421	8.4	15274	9.2
连云港市	60.20	21230	9.3	27853	8.3	13932	9.0
淮安市	59.68	22762	9.2	30335	7.9	14319	9.1
盐城市	61.60	24463	9.1	30496	8.1	17172	9.0
宿迁市	57.35	18957	9.3	24086	8.3	13929	9.1
山东省							
菏泽市	47.36	15661	9.7	22122	8.6	10705	9.2
聊城市	48.50	16607	8.9	23277	7.9	11387	8.3
枣庄市	55.47	20644	8.2	27708	7.4	13018	8.1
济宁市	55.25	21854	8.6	29987	7.5	13615	8.3
泰安市	59.06	23194	8.5	30299	7.7	14428	8.3
日照市	56.86	21291	8.9	28340	8.1	13379	8.6
莱芜市	61.12	24759	8.0	32364	7.1	14852	8.3
临沂市	55.84	21602	8.5	30859	7.8	11646	7.6
德州市	53.77	17467	9.0	22760	8.2	12248	8.7
安徽省							
亳州市	38.30	15514	9.2	25053	8.4	10576	8.6
淮南市	62.05	20795	7.5	28098	6.8	10848	7.0
蚌埠市	53.74	20479	9.4	28653	8.7	12591	9.0
淮北市	62.10	20238	6.9	27248	6.1	10653	7.8
阜阳市	40.24	15415	9.4	25483	8.5	9776	8.6
宿州市	40.03	15511	9.1	25533	8.1	9917	8.5
滁州市	50.40	17995	9.4	26286	8.8	10956	8.8
六安市	43.99	15837	8.7	24728	8.3	9960	8.3
河南省							
周口市	39.51	13822	8.1	22471	6.9	9279	8.2
商丘市	40.00	15027	8.2	25217	7.0	9605	8.1
信阳市	44.42	15853	7.8	23959	6.8	10651	8.2

附录四

INTRODUCTION OF ENTERPRISES

企业选介（2016年）

版面负责人：李　燕　王廷宝　许　清
　　　　　　陈晓红　卓卫华

编　　　辑：殷溪晨　柏　慧　刘云祥
　　　　　　孙　伟　董　方　王玉叶

中华人民共和国统计法实施条例

第五十四条 对违法从事涉外统计调查活动的单位、个人,由国家统计局或者省级人民政府统计机构责令改正或者责令停止调查,有违法所得的,没收违法所得;违法所得50万元以上的,并处违法所得1倍以上3倍以下的罚款;违法所得不足50万元或者没有违法所得的,处200万元以下的罚款;情节严重的,暂停或者取消涉外统计调查资格,撤销涉外社会调查项目批准决定;构成犯罪的,依法追究刑事责任。

第五十五条 本条例自2017年8月1日起施行。1987年1月19日国务院批准、1987年2月15日国家统计局公布,2000年6月2日国务院批准修订、2000年6月15日国家统计局公布,2005年12月16日国务院修订的《中华人民共和国统计法实施细则》同时废止。

编辑:徐向忠

2016年徐州市工业企业前五十强

（按主营业务收入排序）

序号	企业名称	序号	企业名称
1	徐州工程机械集团有限公司	26	徐州伟天化工有限公司
2	维维集团股份有限公司	27	国华徐州发电有限公司
3	江苏中烟工业有限责任公司徐州卷烟厂	28	徐州固城铜业有限责任公司
4	江苏天裕能源化工集团有限公司	29	睢宁县宁峰钢铁有限公司
5	徐州矿务集团有限公司	30	铜山华润电力有限公司
6	江苏协鑫硅材料科技发展有限公司	31	铜山县宏达精细化工厂
7	江苏中能硅业科技发展有限公司	32	徐州丰源铝业有限公司
8	徐州东南钢铁工业有限公司	33	江苏江昕轮胎有限公司
9	沛县金虹特钢有限公司	34	邳州市金龙生化制品有限公司
10	江苏胜阳木业集团有限公司	35	江苏沂州煤焦化有限公司
11	徐州东亚钢铁有限公司	36	徐州富山医疗制品有限公司
12	徐州大长实工程机械有限公司	37	江苏宗申三轮摩托车制造有限公司
13	大屯煤电(集团)有限责任公司	38	江苏润阳药业有限公司
14	徐州光环钢管科技有限公司	39	徐州金广机械有限公司
15	江苏星星家电科技有限公司	40	徐州金属熔剂厂
16	卡特彼勒(徐州)有限公司	41	江苏原元生物工程有限公司
17	徐州市永大化工有限公司	42	徐州天龙液压机械有限公司
18	江苏金彭车业有限公司	43	圣戈班(徐州)管道有限公司
19	徐州三原电力测控技术有限公司	44	徐州中宇石油化工科技有限公司
20	徐州海天石化有限公司	45	沛县万隆化工厂
21	江苏省精创电气股份有限公司	46	江苏侨昌诺恩农化有限公司
22	徐州宝丰特钢有限公司	47	江苏兴达钢铁集团有限公司
23	江苏嘉利精细化工有限公司	48	江苏晋煤恒盛化工有限公司
24	肯纳金属(徐州)有限公司	49	徐州金石彭源稀土材料厂
25	江苏四方锅炉有限公司	50	江苏万邦生化医药股份有限公司

2016年徐州市高新技术产业前五十强

（按主营业务收入排序）

序号	企业名称	序号	企业名称
1	徐州工程机械集团有限公司	26	江苏晋煤恒盛化工有限公司
2	江苏协鑫硅材料科技发展有限公司	27	徐州金石彭源稀土材料厂
3	江苏中能硅业科技发展有限公司	28	江苏万邦生化医药股份有限公司
4	徐州大长实工程机械有限公司	29	徐州崇德化工助剂厂
5	徐州光环钢管科技有限公司	30	铜山县光明金属添加剂厂
6	江苏星星家电科技有限公司	31	徐州卫生材料厂有限公司
7	卡特彼勒(徐州)有限公司	32	徐州程铭漆衬实业有限公司
8	徐州市永大化工有限公司	33	徐州市建平化工有限公司
9	徐州三原电力测控技术有限公司	34	徐州科达电器厂
10	江苏省精创电气股份有限公司	35	徐州诺特化工有限公司
11	江苏嘉利精细化工有限公司	36	沛县卫星化工厂
12	肯纳金属(徐州)有限公司	37	徐州吉文电子有限公司
13	江苏四方锅炉有限公司	38	徐州同一工程机械科技有限公司
14	铜山县宏达精细化工厂	39	沛县恒瑞化工有限公司
15	江苏江昕轮胎有限公司	40	江苏恩华药业股份有限公司
16	邳州市金龙生化制品有限公司	41	徐州彭祖中药饮片有限公司
17	江苏沂州煤焦化有限公司	42	徐州市东亚电器有限公司
18	江苏润阳药业有限公司	43	江苏润源能源科技发展有限公司
19	徐州金广机械有限公司	44	徐州通用高新磁电有限公司
20	徐州金属熔剂厂	45	徐州佳亿电源有限公司
21	江苏原元生物工程有限公司	46	徐州雷奥医疗设备有限公司
22	徐州天龙液压机械有限公司	47	徐州格利尔数码科技有限公司
23	徐州中宇石油化工科技有限公司	48	徐州龙田合成材料有限公司
24	沛县万隆化工厂	49	徐州市恒源电器有限公司
25	江苏侨昌诺恩农化有限公司	50	徐州科源液压有限公司

2016年徐州市贸易零售企业前五十强

（按销售额排序）

序号	企业名称	序号	企业名称
1	江苏金驹物流投资有限公司	26	徐州悦家商业有限公司
2	徐州中晟昌贸易有限公司	27	徐州东辰汽车销售服务有限公司
3	徐州淮海药业有限公司	28	徐州中收农机汽车销售有限公司
4	江苏省烟草公司徐州市公司	29	江苏马龙国华工贸有限公司
5	中国石油化工股份有限公司江苏徐州石油分公司	30	徐州花厅商贸有限公司
6	徐州徐工物资供应有限公司	31	徐州苏宁云商销售有限公司
7	徐州金鹰国际实业有限公司	32	徐州勇康蔬菜有限公司
8	江苏大屯煤炭贸易有限公司	33	徐州金茂汽车贸易有限公司
9	徐州工程机械集团进出口有限公司	34	徐州润东之田汽车销售服务有限公司
10	江苏万邦医药营销有限公司	35	新沂市窑湾粮库
11	江苏恒盛农业生产资料有限公司	36	徐州宝景汽车销售服务有限公司
12	徐州华东煤炭交易市场有限公司	37	徐州润东丰田汽车销售服务有限公司
13	国药控股徐州有限公司	38	徐州仁旺商贸有限公司
14	徐州医药股份有限公司	39	徐州鑫诚利达商贸有限公司
15	江苏欢乐买商贸股份有限公司	40	徐州金源钢材贸易有限公司
16	徐州鼎丰物资贸易有限公司	41	丰县范楼粮食储备库
17	江苏恩华和润医药有限公司	42	丰县裕展食用菌专业合作社
18	徐州科栋商贸有限公司	43	徐州润东之风汽车销售服务有限公司
19	徐州福森进出口有限公司	44	丰县凯旋食用菌专业合作社
20	江苏中汇贸易发展有限公司	45	丰县同鑫农产品生产专业合作社
21	徐州工程机械保税有限公司	46	江苏新沂江海粮油收储有限公司
22	沛县长胜物资贸易有限公司	47	徐州之星汽车有限公司
23	中国石油天然气股份有限公司江苏徐州销售分公司	48	徐州惠民农业科技发展有限公司
24	江苏恩华和信医药营销有限公司	49	青岛啤酒(徐州)淮海营销有限公司
25	徐州中央百货大楼股份有限公司	50	徐州万帮金通汽车销售服务有限公司

2016年徐州市建筑企业前三十强

（按总产值排序）

序号	企业名称	序号	企业名称
1	江苏大汉建设实业集团有限责任公司	16	江苏荣德建设有限公司
2	江苏集慧建设集团有限公司	17	徐州市鑫拓市政工程有限公司
3	江苏中阳建设集团有限公司	18	江苏昱诚建设有限公司
4	江苏汉中建设集团有限公司	19	沛县防腐保温工程总公司
5	中煤第五建设有限公司	20	江苏汉皇安装集团有限公司
6	徐州运成建设(集团)有限公司	21	江苏双信建筑工程有限公司
7	江苏嘉泰建设工程有限公司	22	沛县铁路工程公司
8	徐州汉韵环球建筑安装工程公司	23	江苏兴梁建设工程有限公司
9	新沂市远大建筑安装工程有限公司	24	江苏力山建设工程有限公司
10	江苏奥宇建设工程有限公司	25	江苏省淮海建设集团有限公司
11	徐州汉源建设集团有限公司	26	徐州天利达建筑安装工程有限公司
12	江苏九鼎环球建设科技集团有限公司	27	江苏陆峰建设工程有限公司
13	江苏汉瑞铁路建筑工程有限公司	28	江苏路泰建筑安装工程有限公司
14	江苏宝嘉建设集团有限公司	29	江苏汉邦建设集团有限公司
15	江苏中盛建设集团有限公司	30	睢宁县城市建设工程总公司

2016年徐州市房地产企业销售前三十强

(按销售面积排序)

序号	企业名称	序号	企业名称
1	徐州南湖置业有限公司	16	徐州嘉旭房地产开发有限公司
2	徐州荣凯置业有限公司	17	新沂建桥置业有限公司
3	江苏汇川房地产开发有限公司	18	徐州嘉一置业有限公司
4	徐州万汇置业有限公司	19	荣盛(徐州)房地产开发有限公司
5	徐州泰龙置业有限公司	20	华润置地(徐州)发展有限公司
6	徐州鼎尚置业有限公司	21	徐州新优势房地产开发有限公司
7	睢宁金以德房地产开发有限公司	22	丰县金牛置业有限公司
8	上海绿地集团徐州新诚置业有限公司	23	沛县华丰房地产开发有限公司
9	徐州绿润置业有限公司	24	徐州市开甲置业有限公司
10	徐州中锐建设有限公司	25	邳州市宏利达房地产开发有限公司
11	绿地地产集团徐州东部置业有限公司	26	徐州煌庭房地产开发有限公司
12	徐州汇力置业有限公司	27	江苏金柏盛置业有限公司
13	徐州苏宁置业有限公司	28	邳州精享裕房地产开发有限公司
14	江苏润安置业有限公司	29	新沂市城投置业有限公司
15	徐州富兴源置业有限公司	30	徐州新创置业有限公司

2016年徐州市重点耗能工业企业前百家

（按综合耗能量排序）

序号	单 位 名 称	序号	单 位 名 称
1	铜山华润电力有限公司	26	徐州丰成盐化工有限公司
2	国华徐州发电有限公司	27	徐州荣阳钢铁有限公司
3	徐州矿务集团有限公司	28	铜山县利国钢铁有限公司
4	江苏阚山发电有限公司	29	徐州中泰能源科技有限公司
5	徐州华宏特钢有限公司	30	江苏兴达钢铁集团有限公司
6	徐州华润电力有限公司	31	徐州铁矿集团有限公司
7	大屯煤电(集团)有限责任公司	32	邳州市金龙生化制品有限公司
8	徐州东南钢铁工业有限公司	33	沛县金虹特钢有限公司
9	江苏晋煤恒盛化工有限公司	34	江苏协鑫硅材料科技发展有限公司
10	徐州宝丰特钢有限公司	35	江苏成钢集团有限公司
11	江苏徐塘发电有限责任公司	36	徐州泰发特钢科技有限公司
12	江苏天裕能源化工集团有限公司	37	徐州天成氯碱有限公司
13	徐州中联水泥有限公司	38	徐州聚成铸造科技有限公司
14	徐州华鑫发电有限公司	39	徐州利国镇北钢铁有限公司
15	维维集团股份有限公司	40	徐州东兴能源有限公司
16	徐州东亚钢铁有限公司	41	徐州腾达焦化有限公司
17	江苏中能硅业科技发展有限公司	42	徐州协鑫环保能源有限公司
18	徐州伟天化工有限公司	43	徐州建平环保热电有限公司
19	淮海中联水泥有限公司	44	徐州中兴纸业有限公司
20	圣戈班(徐州)管道有限公司	45	光大环保能源(邳州)有限公司
21	江苏沂州煤焦化有限公司	46	徐州金山桥热电公司
22	徐州牛头山钢铁有限公司	47	徐州华联玻璃制品有限公司
23	考伯斯(江苏)炭素化工有限公司	48	沛县坑口环保热电有限公司
24	徐州市龙山水泥有限公司	49	徐州大华玻璃制品有限公司
25	徐州博丰钢铁有限公司	50	徐州恒发玻璃制品有限公司

（按综合耗能量排序）

序号	单位名称	序号	单位名称
51	徐州华隆热电有限公司	76	徐州天虹时代纺织有限公司
52	徐州荣昌玻璃制品有限责任公司	77	徐州罗特艾德环锻有限公司
53	睢宁县宁峰钢铁有限公司	78	徐州海天石化有限公司
54	丰县鑫源生物质环保热电有限公司	79	新沂市泷山建材科技有限公司
55	徐州工程机械集团有限公司	80	邳州市巨龙化工厂
56	徐州徐轮橡胶有限公司	81	徐州宏昌粮油购销有限责任公司
57	铜山县新汇热电有限公司	82	徐州天元纸业有限公司
58	利民化工股份有限公司	83	江苏久久水泥有限公司
59	江苏省瑞丰盐业有限公司	84	徐州南区热电有限责任公司
60	江苏苏醇酒业有限公司	85	邳州市江山木业有限公司
61	邳州市伟龙聚氨脂制品有限公司	86	徐州市永强木业有限公司
62	徐州建滔能源有限公司	87	徐州藺家坝水泥制造有限公司
63	丰县鑫成环保热电有限公司	88	江苏伟业铝材有限公司
64	徐州中原木业有限公司	89	新沂市阳光热电有限公司
65	邳州市中鑫木业有限公司	90	徐州光大铸管有限公司
66	泰山石膏(邳州)有限公司	91	徐州得隆生物科技有限公司
67	徐州徐腾木业有限公司	92	江苏中烟工业有限责任公司徐州卷烟厂
68	江苏大运发玻璃制品有限公司	93	睢宁县鑫旺轧辊有限公司
69	江苏花厅生物科技有限公司	94	江苏中酿食品投资有限公司
70	江苏新春兴再生资源有限责任公司	95	邳州市鑫达化工有限公司
71	徐州天福缘食品有限公司	96	徐州恒信木业有限公司
72	徐州诺特化工有限公司	97	江苏宏康玻璃制品有限公司
73	江苏星星家电科技有限公司	98	邳州市骏豪铸造厂
74	睢宁县冠兴轧辊制造有限公司	99	江苏华昌铝厂有限公司
75	徐州强盛城市煤气有限公司	100	徐州胜海机械制造科技有限公司

2016年徐州市其他服务业企业前五十强

（按营业收入排序）

序号	企业名称	序号	企业名称
1	中国石油化工股份有限公司管道储运分公司	26	江苏徐工广联机械租赁有限公司
2	江苏徐州港务(集团)有限公司	27	江苏十全电子商务有限公司
3	中国移动通信集团江苏有限公司徐州分公司	28	徐州五岳生辉生态农业发展有限公司
4	江苏宝通物流发展有限公司	29	徐州顺衡速运有限公司
5	睢宁县润企投资有限公司	30	徐州市九州生态园林工程有限公司
6	中国电信股份有限公司徐州分公司	31	邳州市铁佛寺景区管理有限公司
7	江苏连徐高速公路有限公司	32	邳州市中远运输有限公司
8	新沂市交通投资有限公司	33	邳州市东大医院有限公司
9	江苏省邮政公司徐州分公司	34	徐州华夏商务管理有限公司
10	新沂市城市投资发展有限公司	35	邳州市九龙山景区开发有限公司
11	徐州金地商都集团有限公司	36	新沂市江海航运有限公司
12	中国石化集团管道储运公司	37	徐州矿务集团第二医院
13	徐州矿务集团总医院	38	邳州市东方航运有限公司
14	上海铁路局徐州货运中心	39	大屯煤电(集团)有限责任公司中心医院
15	中国联合网络通信有限公司徐州市分公司	40	徐州鸿安运输公司
16	徐州公路运输集团有限责任公司	41	徐州矿务集团第一医院
17	云光信息技术(徐州)有限公司	42	徐州紫庄蔬菜交易市场
18	邳州港上银杏博览园景区管理有限公司	43	邳州苏源农电管理有限公司
19	邳州华通物资贸易有限公司	44	新沂市二湾港运输有限公司
20	徐州报业传媒集团(徐州日报社)	45	徐州市保安公司
21	江苏中润物流有限公司	46	沛县航联运输有限公司
22	徐州大屯劳动服务有限公司	47	徐州骏捷通运输有限公司
23	徐州市公共交通有限责任公司	48	徐州全鸿运输有限公司
24	徐州仁慈创伤外科医院(徐州市急救医疗中心金山桥分站)	49	江苏省碾庄陇海粮食储备库有限公司
25	江苏创新投资集团有限公司	50	新沂市道路运输有限公司

中国统计出版社最新图书简目

（仅供参考，以实际出版为准）

统计资料

中国统计年鉴　中国统计摘要　中国发展报告
中国经济普查年鉴　国际统计年鉴　金砖国家联合统计手册
中国-东盟国家统计手册　中国农村统计年鉴　中国县域统计年鉴
中国城市统计年鉴　中国对外直接投资统计公报　中国地区经济监测报告
中国贸易外经统计年鉴　中国零售和餐饮连锁企业统计年鉴　中国商品交易市场统计年鉴
大中型批发零售和住宿餐饮企业统计年鉴　中国农产品价格调查年鉴　中国住户调查年鉴
中国价格统计年鉴　中国能源统计年鉴　全国农产品成本收益资料汇编
中国环境统计年鉴　中国建筑业统计年鉴　国外资源、能源和环境统计资料汇编
中国工业统计年鉴　中国城乡建设统计年鉴　中国县城建设统计年鉴
中国城市建设统计年鉴　中国科技统计年鉴　中国房地产统计年鉴
中国证券期货统计年鉴　中国劳动统计年鉴　中国第三产业统计年鉴
工业企业科技活动资料　中国社会统计年鉴　中国高技术产业统计年鉴
中国人才资源统计报告　中国教育统计年鉴　中国人口和就业统计年鉴
文化及相关产业统计概览　中国文化及相关产业统计年鉴　中国教育经费统计年鉴
中国民族统计年鉴　中国残疾人事业统计年鉴　中国民政统计年鉴
中国乡镇街道行政区域简册　中国基本单位统计年鉴　中国妇女儿童状况统计资料（英）

省级综合统计年鉴系列

北京 天津 河北 山西 内蒙古 辽宁 吉林 黑龙江 上海 江苏 浙江 安徽 福建 江西 山东 河南 湖北 湖南 广东 广西 海南 重庆 四川 贵州 云南 西藏 陕西 甘肃 青海 宁夏 新疆 新疆生产建设兵团

市(县)级综合统计年鉴系列

滨海新区 石家庄 唐山 邯郸 保定 沧州 邢台 廊坊 承德 衡水 秦皇岛 张家口 太原 大同 阳泉 长治 晋城 朔州 晋中 运城 忻州 临汾 吕梁 呼和浩特 呼和浩特新城区 鄂尔多斯 包头 沈阳 大连 长春 吉林 延吉 四平 通化 松原 哈尔滨 齐齐哈尔 黑龙江垦区 上海浦东新区 南京 无锡 徐州 常州 苏州 南通 连云港 淮安 盐城 扬州 镇江 泰州 宿迁 江阴 丹阳 海门 杭州 宁波 温州 嘉兴 湖州 绍兴 金华 衢州 舟山 台州 丽水 合肥 安庆 马鞍山 福州 厦门 宁德 漳州 龙岩 南昌 九江 上饶 新余 抚州 萍乡 赣州 吉安 景德镇 济南 青岛 潍坊 枣庄 日照 滕州 郑州 洛阳 平顶山 三门峡 商丘 信阳 济源 汝州 武汉 十堰 荆州 宜昌 荆门 咸宁 长沙 广州 深圳 惠州 东莞 汕尾 南宁 柳州 桂林 来宾 河池 防城港 海口 三亚 成都 贵阳 黔南 毕节 昆明 西安 咸阳 延安 宝鸡 安康 铜川 汉中 榆林 兰州 庆阳 银川 乌鲁木齐 兵团一师 兵团十师

调查年鉴系列

天津 山西 内蒙古 辽宁 吉林 上海 福建 江西 河南 湖北 湖南 广西 重庆 四川 云南 甘肃 宁夏 新疆

统计方法应用/实用手册

实用SAS统计分析教程　马克威统计分析与数据挖掘应用案例　统计公文知识问答
乡镇统计人员岗位知识培训系列教材：辅助调查员岗位基础知识　乡镇统计人员岗位基础知识
县级统计人员岗位知识培训系列教材：Excel在统计工作中的应用　简明统计分析
地市级统计人员岗位知识培训系列教材：统计报告与演示　Excel在统计工作中的应用

统计通俗读物/统计科普图书

国家统计局核心统计指标变迁　货架上的统计　账本里的统计

重点图书

砥砺奋进的五年——从十八大到十九大　新编英汉汉英统计大词典　中华医学统计百科全书
新常态下的中国服务业：理论与实践　新动能新产业发展报告-2017
挑大学选专业2018—考研择校指南　挑大学选专业2018—高考志愿填报指南